SV

Roger de Weck
Die Kraft der Demokratie

Eine Antwort auf die autoritären Reaktionäre

Suhrkamp

Bibliographische Information der Deutschen Nationalbibliothek
Die Deutsche Nationalbibliothek verzeichnet diese Publikation
in der Deutschen Nationalbibliographie;
detaillierte bibliographische Daten im Internet über
http://dnb.d-nb.de abrufbar.

Erste Auflage 2020
© Suhrkamp Verlag Berlin 2020
Alle Rechte vorbehalten, insbesondere das der Übersetzung,
des öffentlichen Vortrags sowie der Übertragung
durch Rundfunk und Fernsehen, auch einzelner Teile.
Kein Teil des Werks darf in irgendeiner Form
(durch Fotografie, Mikrofilm oder andere Verfahren)
ohne schriftliche Genehmigung des Verlages
reproduziert oder unter Verwendung
elektronischer Systeme verarbeitet,
vervielfältigt oder verbreitet werden.
Satz: Satz-Offizin Hümmer GmbH, Waldbüttelbrunn
Druck: GGP Media GmbH, Pößneck
Printed in Germany
ISBN 978-3-518-42931-0

Inhalt

Einleitung 9

I. Im Bann der Reaktionäre, im Sog der Machtwirtschaft ... 21
Das Autoritäre war nie weg und ist zurück 23 – Wenn die Gegenwart Vergangenheit ist: Konservative in der Sinnkrise 26 – Der »bürgerliche« Schulterschluss 30 – »Weniger Demokratie bringt mehr Freiheit« 32 – Von der Marktwirtschaft zur Machtwirtschaft 35 – Demokratie – die nützliche Idiotin? 38 – Deregulierung nährt den Populismus, Populismus dereguliert die Demokratie 41 – Unsichtbare Hand des Markts, harte Hand der Marktradikalen 46 – Der schwere Stand des Mittelstands 50 – Bietet Demokratie keine echten Alternativen, sucht man Alternativen zur Demokratie 54 – Die Verwirtschaftlichung des Denkens 57 – »Die Antwort ist die Autorität der Demokratie, nicht die autoritäre Demokratie« 63 – Die Schweiz: Avantgarde des Populismus 68 – Auf der Suche nach dem verlorenen Bürgertum 75 – Autoritäres liegt in der Luft 79 – Schule der Demokratie 82 – Liberale wider die liberale Demokratie 84 – Demokratie und Sozialdemokratie 91 – Identitätspolitik 92 – Die Postliberalen – und die vier Teilsiege der Reaktionäre 100

II. Aus dem Arsenal der Reaktionäre 105
Politische Korrektheit – eine Nebensache rückt in den Mittelpunkt 106 – »Meinungskorridore« und »Mainstream« 110 – Empfindlich und unerbittlich: Die Kulturkämpfer 116 – Die antikorrekte Empörungskultur 118 – Andere Zeiten, anderes Deutsch 121 – Ist politische Korrektheit unpolitisch? 125 – Die hoch politische Unkorrektheit 129 – Weltethos, Weltinnenpolitik? Nein, die Nation über alles 133 – Die geistig-amoralische Wende 135 – An allem schuld: Der »Moraladel« 137 – Das deregulierte Ich-Ich-Ich – das nationale Wir-Wir-Wir 140 – Das große reaktionäre Verdrehen 142 – Vordenker

der Neuen Rechten 146 – Rechts ist männlich 154 – Vaterländisch-viriles Raunen 159 – Rückschrittliche prägen die Zukunftsdebatte – und den öffentlichen Raum 167 – Die Nation preisen, den Staat betrügen 175 – Alles ist »Wahn«, »Hysterie«, »Paranoia«, »Furor« und »Terror« 181 – »Kraft durch Hass«: Wenn Rapper Kollegah Alexander Gauland hilft 184 – »Fast jede Generation erlebt einen solchen Rückschlag« 193

III. Die Demokraten unterschätzen die Demokratie 197
Seele und Saat der Demokratie 198 – Jede Demokratie ist anders I: Westeuropa 200 – Jede Demokratie ist anders II: Mittel- und Osteuropa 203 – Das Kommen und Gehen der Ideologien 205 – Nie im Lot – Freiheit, Gleichheit, Nachhaltigkeit 206 – Ökodiktatur: Mehr Diktatur als öko 208 – Der unedle Weg zum edlen Kompromiss 210 – Niedergang? Die Demokratie ist im Übergang 213 – Demokratie als Entdeckungsverfahren 216 – Die hybride Aufklärung 218 – Langsamkeit oder Lähmung? 223 – Demokratie kann nicht alle Erwartungen einlösen 225

IV. Zwölf Vorschläge für die Demokratie 231
Konstruktion und Komposition 232 – Damit Gestrige nicht die Zukunft kapern 234 – Handeln schafft Hoffnung 283

Europäisches Nachwort 285

Anmerkungen 293

Dank 325

Meinen Enkelkindern

Einleitung

Was ist eine Elite – eine, die hohe Ansprüche erfüllt und den Namen verdient? Sie müsste Vorbild sein, verantwortungsvoll handeln, die Interessen des Gemeinwesens über die eigenen stellen. Der Weitblick darf nicht fehlen, das Denken in übergeordneten Zusammenhängen. Zu viel verlangt? Elite ist nicht Establishment.

Im Gegensatz zur Elite wollen Etablierte weniger die Zukunft mitgestalten als vielmehr die Gegenwart verlängern: den Status quo verewigen, dem sie Macht, Geld, Geltung, Privilegien verdanken. Und dann gibt es noch die sogenannten Promis, reich, schön, oder beides, und manchmal begabt. Prominente (besagt das lateinische Wort) »ragen hervor«, jedoch nicht immer notwendig durch Talent oder Leistung, sondern weil der unersättliche Medienbetrieb sie für verwertbar hält – die einen mehr, die anderen weniger. Es gibt ja auch B-Promis und C-Promis. New York hat sogar D-Promis: *d-list celebrities*. Donald Trump stand anfangs auf der D-Liste.

Trump gehörte weder zur Elite noch zum Establishment, aber er setzte alles daran, im Promi-Alphabet nach vorn zu rücken. Er suchte den New Yorker Medienwirbel, genoss ihn und fand im Fernsehen eine Bühne, die ihn landesweit berühmt machte: die Castingshow *The Apprentice* (Der Lehrling). Donald Trump, Boss und Showmaster, drillte junge Talente, die sich bei ihm um eine Stelle bewarben. Gern demütigte er die Kandidaten, Widerspruch zwecklos. Einmal maßregelte er eine allzu aufrichtige Anwärterin. Die rechtfertigte sich, sie sei halt ein ehrlicher Mensch. »Wie dumm ist das«, befand Trump.[1] Sein sonores »You're fired« beschloss die Show – Sie sind entlassen: Einer der Bewerber schied aus. Seit Trump ins Weiße Haus gewechselt ist, feuert er Minister und Mitarbeiter.

Seine Wahl zum Präsidenten der USA stellte ein Paradoxon dar. So wie Trump mit Kandidaten umging, so verfährt der amerikanische Ultrakapitalismus mit all den Überzähligen und Unterqualifizierten … – die dann Trump wählen. Ausgegrenzte küren den Ausgrenzer. Die Reaktion vieler Verlierer ist die Wahl eines Reaktionärs, der einzig die Gewinner respektiert.

Was steckt dahinter? Alles deutet darauf hin, dass wieder das Recht des Stärkeren angesagt ist. Ausgerechnet seinen despotischen Charakterzügen verdankte Trump den Quotenerfolg im Fernsehen und den Wahlerfolg als Kandidat der Republikaner, die er unterwarf.

Die liberale Demokratie wurde namentlich zu dem Zweck geschaffen, für die Stärke des Rechts zu sorgen, wider das Recht des Stärkeren. Doch mittlerweile sehen sich viele nach dem »starken Mann«. Sie huldigen ihm, solange er anmaßend und aggressiv auftritt. Das »Volk« bewundert ihn – und das Volk bilden diejenigen, die ihn bewundern. Die anderen gehören nicht dazu. In Trumps Worten sind sie lauter »Volksfeinde«.

In Großbritannien unterscheidet der Rechtspopulist Nigel Farage zwischen dem »wirklichen Volk« und dem Rest. Die Alternative für Deutschland (AfD) stempelt Gegner zu »Volksverrätern«. Die Freiheitliche Partei Österreichs (FPÖ) ortet »Verrat an der eigenen Bevölkerung«. Für die Schweizerische Volkspartei (SVP) übt die Elite »Verrat am Volkswillen«. Als der französische Staatspräsident den Aachener Freundschaftsvertrag mit der Bundesrepublik paraphierte, habe Emmanuel Macron »den Straftatbestand des Verrats« erfüllt, sagte Marine Le Pen, die Chefin des Rassemblement National.[2]

Verräter – das V-Wort ist Programm, es richtet sich gegen die Liberalität. Und »liberal«, dieses Adjektiv ist eindeutiger, als gespottet wird. Es steht für alles, was zur Freiheit aller beiträgt:
– eine Demokratie, in der die Menschen in gleicher Freiheit und freier Gleichheit leben;
– faire Wahlen und Abstimmungen;
– die Menschenrechte, den Rechtsstaat;
– das Aufteilen der Staatsmacht zwischen den Bürgerinnen und Bürgern, dem Parlament, der Regierung und der unabhängigen Justiz, um Übermacht zu verhindern;

- den (vorerst verlorenen) Kampf von Kartellbehörden gegen wirtschaftliche Übermacht;
- die Freiheit zu forschen und die Erkenntnisse in die Debatte einzubringen;
- die Freiheit des Worts, der Meinung, der Medien und der Künste, um diese erkenntnisorientierte Debatte zu ermöglichen;
- die Freiheit, aus der Debatte politische Schlüsse zu ziehen und selbst Politik zu machen oder sich vertreten zu lassen: durch Parteien und Organisationen, die ebenfalls in freier Gleichheit und gleicher Freiheit wirken.

Das ist liberal und macht die liberale Demokratie aus. »Verräter« jedoch verdienen keine Freiheit. Wer mit dem V-Wort um sich wirft, wendet sich gegen die Freiheit aller. Und will eine unfreie Demokratie. Das ist ein Widerspruch in sich. Denn Freiheit ist der Sinn und Zweck des pragmatischen Ideals, das wir Demokratie nennen. Eine unfreie Demokratie ist keine. Illiberale Demokratien sind undemokratisch, also halbe oder ganze Diktaturen – und Diktaturen sind hart, auch die halben.

Lang und länger wird Trumps V-Liste von Oppositionspolitikern, Parteifreunden, hohen Beamten, Offizieren, Strafverfolgern, Whistleblowern, ehemaligen Mitarbeitern, die allesamt Verrat begangen hätten. Die älteste liberale Demokratie der Welt hat einen Präsidenten, der illiberal und undemokratisch handelt. Er beschädigt sie. Aber nur weil sie bereits beschädigt war, hatte einer wie Trump überhaupt eine Chance, gewählt zu werden.

Der Staatschef der Uneinigen Staaten von Amerika meidet die Elite. Dank tiefer Steuern und Deregulierungen hat Trump die Gunst eines beträchtlichen Teils des ökonomischen Establishments gewonnen. Er sonnt sich im Abglanz von Promis wie der Reality-TV-Diva Kim Kardashian. Er beruft sich auf das Volk. Doch in der trumpschen Machtwelt ist etwas Wesentliches nicht vorgesehen: die Bürgergesellschaft, der demokratische Diskurs, ein offenes öffentliches Leben. Die Res publica, die öffentliche Sache, ist Trumps Privatsache. Hauptsache, er herrscht. So hatte er es bereits als *celebrity* gehalten. Das Zelebrieren der Macht ist nun der Kern seiner Politik wie seiner Propaganda. Und die wirkt: Allmählich kommt bei vielen Zeitgenossen die Vorstellung gar nicht mehr auf, dass es zum Recht des Stärkeren eine Alternative gäbe.

Unablässig arbeiten antiliberale Politiker daran, die Institutionen der liberalen Demokratie schlechtzumachen. In ihrer Propaganda bilden Parlament, Justiz und Medien das Reich des Bösen: des Elitären. Sie sind »volksfern«, weil sie den »volksnahen« Anführer schwächen, seine Macht begrenzen, sein Gebaren beaufsichtigen, ein Impeachment einleiten. All das ist ja gerade ihre Aufgabe. Doch Autoritäre wie Donald Trump vermengen bewusst die demokratischen Institutionen und die darin wirkenden Personen. Die Lawine persönlicher Anwürfe gegen einzelne Abgeordnete, Richter, Staatsanwälte, Journalisten und Notenbanker kann den Blick dafür trüben, dass diese Individuen unabhängige Institutionen vertreten, dass sie einen Dienst an der Demokratie versehen. Dies verkörperten in idealtypischer Weise der erste Whistleblower, der dem Generalinspekteur der US-Geheimdienste die Ukraine-Machenschaften von Donald Trump meldete und damit die Impeachment-Vorermittlungen auslöste, oder der vom Präsidenten viel gescholtene, aber unanfechtbare Sonderermittler Robert Mueller, der fair und hart fragliche Russland-Verbindungen untersuchte.

Denn jenseits der persönlichen Stärken und Schwächen, der Weltanschauung und der Eigeninteressen ihrer Funktionsträger ist die liberale Demokratie dazu da, Allmacht zu verhindern. Sie verteilt nicht nur die Staatsmacht auf die gesetzgebende, die vollziehende und die rechtsprechende Gewalt. Sie ermöglicht es zudem der Opposition, den Interessengruppen und Nichtregierungsorganisationen, den internationalen Organisationen und den Medien, sich Gehör zu verschaffen, Einfluss zu nehmen. Die illiberale Demokratie will all dies verhindern oder erschweren.

Liberale Demokratie teilt die Staatsmacht in viele Machtstücke. Niemand bekommt ein zu großes Stück, keiner hat mehrere Stücke. Die gestückelte Macht wird in verschiedenen demokratischen Institutionen eingebettet, so kann sie niemand zusammenfügen und aus einer Hand ausüben. Diese Staatsform ist bestrebt, jede Hegemonie abzuwenden. Das ist nicht die ganze liberale Demokratie, aber es ist ihr Leitgedanke. Eine diametral andere »Leitkultur« hat die illiberale Demokratie: Macht soll sich ungehindert entfalten, das Machtstück kann nicht groß genug sein.

Einst riefen Autoritäre nach der Diktatur. Das tun sie nicht mehr oder, wenn schon, verklausuliert. »Die Rechtlosigkeit hat sich Seidenhandschuhe angezogen«, sagte Friedrich Dürrenmatt 1990. Drei Wochen vor seinem Tod hielt er eine Lobrede auf den Schriftsteller, Dissidenten und Staatspräsidenten Václav Havel. Und meinte, die Herrscher in der »spättotalitären« Tschechoslowakei hätten so gründlich manipuliert, dass sie nicht länger morden und foltern lassen mussten.[3] Wie immer bei Dürrenmatt war der Rückblick zugleich ein Ausblick. Heute wissen Herrschsüchtige, dass eine förmliche Diktatur unnötig ist, wo sich jede sogenannte »Demokratie« autoritär führen lässt. Siehe in Singapur die obrigkeitliche Demokratie, auf den Philippinen die polizeiliche, in Russland die gelenkte, in der Türkei die repressive, in Ungarn und Polen die illiberale Demokratie. Siehe in Brasilien Jair Bolsonaros Kerker-Demokratie, die per Kungelei den linken Präsidentschaftskandidaten Lula einsperren ließ; der Richter, der ihn verurteilt hatte, avancierte zum Justizminister, doch ein Jahr nach der Wahl änderte der Oberste Gerichtshof seine Rechtsprechung und Lula kam frei. Und vierzehn Monate lang sahen wir Italiens Hetzer-Demokratie à la Matteo Salvini.

Schon im Jahr 1923 schrieb Carl Schmitt, der Jurist und spätere Staatsdenker der Nazis: »Eine Demokratie kann militaristisch oder pazifistisch sein, absolutistisch oder liberal, zentralistisch oder dezentralisierend, fortschrittlich oder reaktionär, und alles wieder zu verschiedenen Zeiten verschieden, ohne aufzuhören, eine Demokratie zu sein.«[4] Zu lesen in dem Band *Die geistesgeschichtliche Lage des heutigen Parlamentarismus*, dessen zweite Auflage er mit einer »Vorbemerkung über den Gegensatz von Parlamentarismus und Demokratie« versah. Carl Schmitt ist heute die Lichtgestalt reaktionärer Publizisten.

Die illiberale Demokratie ist die Demokratie der Antidemokraten – und eine neue Art, Diktaturen zu legitimieren. In der demokratischen Hülle steckt die Fülle des Autoritären. Der ungarische Ministerpräsident Viktor Orbán führt das mit verschlagener Brutalität vor. Das Idol der Reaktionäre in Europa beschwört die »christlich-abendländische« Vergangenheit – »und in diesem Sinn ist der neue Staat, den wir in Ungarn bauen, kein liberaler Staat, sondern ein illiberaler«. Orbán vollzieht den »Systemwechsel« zur neuen »Staatsform, die am besten fähig ist, eine Nation erfolgreich zu machen«, so die wichtigste Rede seiner bisherigen Amtszeit im Juli 2014.[5] Liberale Demokratie baue »auf dem Gedanken auf, dass wir alles tun dürfen, was die Freiheit des Anderen nicht einschränkt«. Er hingegen mache die Freiheit »nicht zum zentralen Element der Staatsorganisation«. Ungarn müsse sich »von den in Westeuropa akzeptierten Dogmen und Ideologien lossagen«. Denn die siegreichen »Stars« im Wettlauf um die beste Staatsform seien »Singapur, China, Indien, Russland, die Türkei«. Orbán fuhr fort: Das Volk erwarte von ihm, »die neue Organisationsform des ungarischen Staats […] zu schmieden«. Und in dieser Arbeit gebe er, bei aller »Berücksichtigung« der Menschenrechte und der Individuen, etwas anderem den Vorrang: der Nation als »Gemeinschaft, die organisiert, gestärkt, ja sogar aufgebaut werden muss«. Im Juli 2019 zog der Ministerpräsident eine erste Zwischenbilanz: Die Errichtung seiner Autoritärdemokratie werde weitere fünfzehn Jahre beanspruchen.[6] Dann ist Orbán erst siebzig Jahre alt.

Unter den Gegnern der liberalen Demokratie finden sich Freunde der Diktatur und die neuen Autoritärdemokraten. Die Grenzen sind fließend, aber in allen Ländern relativieren, strapazieren, ignorieren sie die Menschenrechte. Alle teilen den Willen zur Willkür. Und fast alle sind Nationalisten. Medien nennen diese Kräfte »rechtsbürgerlich« oder »nationalkonservativ«. Das ist ungenau. Bürgerliche nämlich sind stolz auf die schönste, fragilste Errungenschaft bürgerlicher Revolutionen des 18. Jahrhunderts: die Menschenrechte. Konservative möchten das Bestehende bewahren, und das ist vorderhand die bedrängte liberale Demokratie.

Ein brauchbarer Sammelbegriff ist »Neue Rechte«, so wie die Neue Linke im Jahr 1968 aufbegehrte und lang weiterwirkte. Die 68er gossen alte linke Denkmuster in neue Formen und sie entwickelten neue Denkmuster. Nun imitiert das im Westen die Neue Rechte, wobei ihr glänzende Intellektuelle fehlen. Auch sie setzt auf – allerdings humorfreie – Provokationen: Sie will nämlich die Gesellschaft verhärten, wo die Neue Linke lustvoll das Bürgerlich-Rigide gelockert hatte. Neurechte rufen ebenfalls eine Revolution aus, ihre »Konservative Revolution«. Sie wollen »Begriffe besetzen«. Und diese Kämpfer für die Rückkehr zur Willkür bilden genau wie die Neue Linke eine buntscheckige Schar. Dazu zählen Rechtspopulisten, Rechtsradikale, Rechtsextremisten (samt den Neonazis, Identitären oder »Reichsbürgern«) und Rechtsterroristen. Frankreich hat seine nicht neue Nouvelle Droite. In den USA ließen sich die Neokonservativen von evangelikalen Eiferern und der Tea-Party-Bewegung rechts überholen.

Die gedanklich radikalsten Neurechten, wiewohl sie gediegen aufzutreten pflegen, sind die »Libertären«, die so tun, als seien sie konsequente Liberale. Sie träumen von der Gründung »staatsfreier Privatstädte«. Am liebsten möchten sie zugunsten des Markts den demokratischen Staat nahezu einreißen. Ohne den Rechtsstaat gilt dann die eigengesetzliche Führerschaft der Marktmächtigen: das Gesetz der wirtschaftlich Starken, die sozial Schwache ausmustern oder ausbeuten. Unterdrückung im Namen der Freiheit – das Muster ist allen Neurechten gemein.

Diese Kräfte sind unterschiedlich populistisch, unterschiedlich radikal, unterschiedlich extremistisch, unterschiedlich neu, unterschiedlich rechts, in sehr unterschiedlichem Ausmaß antiliberal, illiberal, marktfundamental und national. Sie haben sich in den verschiedenen Ländern ganz verschieden ausgeprägt. Aber wie Viktor Orbán neigen sie allesamt zu autoritären »Staatsformen« (die Libertären zur Marktdiktatur).

Und so erweisen sich die Neuen Rechten als Reaktionäre, das ist der zweite Sammelbegriff. Wer im Europa und im Amerika des

21. Jahrhunderts das Autoritäre wieder hervorholt, ist anachronistisch. Wenn Regierende nach Gutdünken schalten und walten, ist es ein Rückschritt. Reaktionär waren die Gegner der jungen liberalen Demokratien, deren erste 1776 in Gestalt der Vereinigten Staaten entstand. Gestrig sind heutige Gegner der liberalen Demokratie, weil sie dem Westen kein anderes Zukunftsmodell bieten als das uralte Muster, das noch jedes Mal Stillstand, Willkür und Unbill heraufbeschwor: Ballung statt Teilung der Macht.

Freiheit sei die »Unabhängigkeit von eines Anderen nöthigender Willkür«, schrieb 1797 Immanuel Kant, der Philosoph der Aufklärung.[7] Wer hinter die klug erarbeiteten, hart erkämpften politischen Errungenschaften dieser Aufklärung zurückfällt, ist reaktionär. Und wird in diesem Buch so genannt, egal, ob er extremistisch, radikal oder »bloß« rechtspopulistisch ist.

Der Reaktionär, er reagiert. Er verkörpert die andauernde Reaktion auf die epochale Aktion, die in der Geistesgeschichte Aufklärung heißt. Und die bis heute in schönster »Geistesgegenwart« zweifelt, fragt, forscht, debattiert, lernt, entdeckt und entwickelt, also Aktion bleibt. So etwas können nur eigenständige Menschen leisten, möglichst mündige Bürgerinnen und Bürger eines möglichst selbstbestimmten Gemeinwesens, das sich von niemandem lenken lässt. Ohne es für die absolute Wahrheit zu halten, nehmen sie das Wissen der Wissenschaften ernst: zum Beispiel die Erkenntnisse der Umweltwissenschaften.

Die Aufklärung ist nicht Zustand, sondern Suche, an ihrem Anfang steht der Zweifel. Die liberale Demokratie, Kind der Aufklärung, muss denn auch deshalb jeder Übermacht wehren, weil Machtmenschen – seien sie nationalistische Anführer, seien sie transnationale Wirtschaftsführer – in der Regel zu wenig zweifeln. Demgegenüber sollte die liberale eine lernende Demokratie sein: sich infrage stellen, selbstkritisch ihre Schwächen sehen und ausbessern, sich fortentwickeln, bei Bedarf neue Felder der Politik demokratisieren, um auf der Höhe der Zeit zu bleiben. Nur so lässt sich das demokratische Prinzip durch alle Umbrüche von Gesellschaft, Wirtschaft und Technik behaupten.

Offenkundig aber überwiegt die Macht der Gewohnheit: Seit Langem unterlassen es die Demokraten, die Institutionen und Verfahren der liberalen Demokratie zu modernisieren. Ebenso wenig suchen sie neue Machtmittel, um auch in der digital-globalen Zukunft den Primat der Demokratie über die Ökonomie zu sichern. Big Business und Big Data haben fusioniert. Der neoliberale und der diktatorische Kapitalismus *made in China* sind fortan unzertrennlich. Das bleibt nicht ohne Folgen: Der Welt der Konzerne wird die demokratische Logik noch fremder. Im Bann der Megamacht von Global Players, die wenig Selbstzweifel hegen und die Politik als ihre Dienstleisterin betrachten, erwuchs aus der liberalen die neoliberale Demokratie. Ökonomie lenkt Demokratie. Verkehrte Welt: Die Wirtschaft reguliert den Staat. So war's ganz und gar nicht vorgesehen.

Aber die Demokratie hat sich angedient, statt sich zu erneuern. Sie ist stehen geblieben. Das war ein Geschenk an die Illiberalen: Kaltblütig nutzen sie die Schwäche der nicht mehr ganz so liberalen Demokratie. Seit der gewaltigen Finanz- und Vertrauenskrise von 2008, die andauert, haben sie noch leichteres Spiel. Doch selbst als diese Krise die Handlungsschwäche und Überforderung der Demokratien offenlegte, blieb die Debatte über unerlässliche Demokratiereformen aus. Nur Wirtschaftsreformen standen zur Diskussion.

Das Jahr 2008 brachte den ersten globalen Einbruch der Wirtschaftsgeschichte. Anders als in der Großen Depression von 1929 erbebten alle Weltregionen. Es war kein üblicher Abschwung der Konjunktur, sondern ein zweifaches Systemversagen: eine Krise der Ökonomie und eine Krise der Politik, die das Ausrasten der Ökonomie ermöglicht hatte. Wirtschaftshörig – und bis heute leicht fatalistisch – hatte die neoliberale Demokratie dem Kapitalismus freie Hand gelassen, worauf dieser außer Rand und Band geriet: In den Worten des Wirtschaftsethikers Peter Ulrich fehlte sowohl der »Rand«, der Sinn für die Grenzen von Marktmacht und Gewinnmaximierung, als auch das »Band« zur Bürgergesellschaft: das elementare Gefühl dieser globalen Spieler für ihre Verantwortung gegenüber der Demokratie.[8]

Freilich darf die Tugendkritik an maßlosen Wirtschaftsführern (abgesehen davon, dass der Mittelstand maßvoll blieb) nicht von der relevanteren und konstruktiveren Systemkritik ablenken: Nur eine renovierte, erstarkte Demokratie kann den Primat der Politik durchsetzen. Doch einer Diskussion über Umbauten des politischen Systems weichen die planlosen konservativen, liberalen und linken Parteien weitgehend aus, obwohl es um ihre Existenz geht. Die meisten Politikerinnen und Politiker wollen die neue Lage nicht wahrhaben: Aus dem Kapitalismus ist der heutige Ultrakapitalismus geworden, der die liberale Demokratie schwächt. Die Mutter aller Deregulierungen, die Freiheit des Kapitalverkehrs, war ein kolossaler Machtgewinn für die Wirtschaft, ein gewaltiger Machtverlust für die nationalen Demokratien und die wenig ausgereifte europäische Demokratie. Seitdem zieht das Kapital einfach woandershin, wenn Parlament und Regierung nicht spuren.

Die liberale Demokratie ist dermaßen erpressbar geworden, dass sie das vollends internalisiert und sie den Stolz verloren hat. In vorauseilendem Gehorsam frönt sie dem Standort- und Steuerwettbewerb, also dem liebedienerischen Buhlen um die Gunst der Unternehmen. Wie viel kleiner sind da der Gefühlsraum und der finanzielle Spielraum, um all jene Menschen einzubinden, die der global-digitale Ultrakapitalismus aufs Abstellgleis geschoben hat. Oder die gekränkt sehen, dass ihre Kenntnisse nach und nach irrelevant werden, ihre analoge Arbeit zweitrangig, ihre Region noch peripherer wird. Bald nagt das Ressentiment, auch von der Demokratie ausrangiert zu werden, zumal wenn die Hilfe und Aufmerksamkeit der Politik nachlassen. Wer sich als Restposten vorkommt, sucht Anerkennung bei Reaktionären, die Identität stiften und mit Nigel Farage beteuern: Du bist nicht Rest, du bist Volk, die anderen sind der Rest. Dabei bestärken neurechte Gruppen den »entwerteten Mann« (Walter Hollstein) darin, ein Macho zu bleiben.[9] Und sie spenden das Gemeinschafts- und Wohlgefühl, ein Macho unter Machos zu sein. Reaktionäre Parteien haben mehr Wähler als Wählerinnen – und mehr Dörfler als Städter.

AfD & Co. lenken den soziokulturellen und wirtschaftlichen Unmut geflissentlich auf die demokratischen Politikerinnen und Politiker: nie auf das Wirtschaftssystem, das die drastische Ungleichheit erzeugt. Neurechte stützen den Ultrakapitalismus, der viel Geld von unten nach oben umverteilt, indem sie die Bürger »drinnen« gegen die Migranten »draußen« aufbringen. Donald Trump wettert zwar gegen die Elite, aber dieser Präsident der kleinen Leute hat die Bessergestellten noch besser gestellt. Vier Fünftel der Steuersenkungen zu Beginn seiner Amtszeit gingen an die Reichen.

Wie alle Reaktionäre lockt und verprellt Trump die Verlierer, die Vergessenen. Die nächste Welle der großen Enttäuschung ist nur eine Frage der Zeit. Hintergangene und Übergangene werden sich weiter radikalisieren. Oder aber zu einer erneuerten liberalen Demokratie zurückfinden? Diese müsste willens sein und befähigt werden, ihre Aufgabe zu erfüllen: der Wirtschaft vernünftige, faire Rahmenbedingungen zu setzen.

Vorderhand ist der Ultrakapitalismus so viel stärker als die Demokratie, dass er sie in Krisen gleich zur Kasse bitten kann; 2008 hatte die Allgemeinheit einen Teil der privaten Verluste zu tragen. Das kostete Geld und Glaubwürdigkeit. Trotzdem ist keine breite Diskussion über unerlässliche Reformen der liberalen Demokratie aufgekommen. Sporadisch werden Chancen, Risiken und Nebenwirkungen der direkten Demokratie erörtert. Gut so. Aber auch in der direktdemokratischen Schweiz ist das Kernproblem ungelöst: das Machtgefälle zwischen Ökonomie und Demokratie.

Der erste Teil dieses Buchs erörtert die Gründe für den gleichzeitigen Aufmarsch des Ultrakapitalismus und der Neuen Rechten. Viel gefährlicher als die Lautstärke der Reaktionäre ist die Schwäche von Konservativen, Liberalen und Linken, schleichend verunsichert, nicht immer standfest, ganz ohne Vorstellung einer zukunftstauglichen Demokratie. Viele machen sich bereitwillig die reaktionäre Kritik am Aufgeklärten zu eigen.

Der zweite Teil schildert Grundmuster, Methoden und Vorgehen der Reaktionäre in ihrem Kulturkampf (wider die liberale Demokratie) und ihrem Kampf der Kulturen (wider den Islam und die Migranten). Das pausenlose Denunzieren der Moral ebnete einer hoch politischen Unkorrektheit den Weg. Doch der Populistenklamauk überspielt ihre Unfähigkeit: Die Neue Rechte der Neinsager ist eine Neue Rechte der Versager, sobald sie regiert und zur Sachpolitik gezwungen ist. Auch verkämpft sie sich gegen unaufhaltsame gesellschaftliche Entwicklungen: Zum Beispiel und zum Glück verliert sie alle ihre Rückzugsgefechte gegen die Parität der Geschlechter. Und die Wahlerfolge der Reaktionäre bleiben in halb Europa unter ihren Erwartungen.

Der dritte Teil zeigt die Kraft der Demokratie auf, und der *vierte Teil* umreißt die Arbeit an ihrer Modernisierung. Diktatoren sorgen sich Tag und Nacht um ihr Überleben. Was tun die Demokraten? Warum entwickeln sie kaum Strategien, um das Bestehen und Gedeihen der Demokratie zu sichern? In vielen Ländern bleibt sie resilient. Zwar ist sie in die Defensive geraten, aber sie weist die Reaktionäre in die Schranken, oft laufen sie auf. Jedoch reicht das nicht. Die Aufgabe liegt darin, die Demokratie zukunfts- und aktionsfähig zu machen, sie zu modernisieren, Zutrauen zu wecken – damit die Demokratie ihre volle Kraft entfaltet. Nur so werden aufgeklärte Kräfte die Zukunftsdebatte und die politische Agenda prägen. Grüne, Sozialliberale und Linke, gemeinsam mit vielen Liberal-Konservativen und der aufstrebenden Generation Greta: Diese Demokraten brauchen mehr denn je, was sie verbindet und ausmacht, nämlich Perspektiven des Fortschritts. Wer handelt, ist optimistisch. Sonst würde er nicht handeln.

Wer aber wird handeln und die liberale Demokratie erneuern? Weder die Autoritären, die diese Demokratie als elitär schmähen, noch das Establishment, das weiterhin sehr bequem lebt in der unbequemer werdenden Gegenwart. Und schon gar nicht der Big-Business-Big-Data-Verbund, der fischblütig mit jedem politischen System dealt. Wer sonst? Die Bürgergesellschaft.

Wir sind die, auf die wir warten.

I.

Im Bann der Reaktionäre, im Sog der Machtwirtschaft

Im Dezember 2018 sprach Greta Thunberg auf der Klimakonferenz der Vereinten Nationen im polnischen Katowice. Die damals fünfzehnjährige Initiatorin der Umweltbewegung Fridays for Future wandte sich an die Politiker: »2078 werde ich meinen 75. Geburtstag feiern. Falls ich Kinder habe, werden sie vielleicht den Tag mit mir verbringen. Vielleicht werden sie mich nach Ihnen fragen. Vielleicht werden sie fragen, warum Sie nichts unternommen haben, obwohl noch Zeit dazu war. Sie sagen, dass Sie Ihre Kinder mehr als alles andere lieben, aber gleichzeitig stehlen Sie ihnen ihre Zukunft.«[1]

Das ist die eine Welt.

Alexander Gauland lebt in einer anderen: »Ich glaube nicht, dass man irgendetwas sinnvoll bewirken kann mit einer Klimapolitik«, und noch weniger, dass Fridays for Future »etwas Sinnvolles beitragen kann«. Überhaupt, was soll die »entartete Angstmache« der Grünen? Der Co-Fraktionsvorsitzende der Alternative für Deutschland wischt in seinen Reden und Interviews die Ökologie vom Tisch, denn: »Entschuldigung, ökologisch hat nichts mit der nationalen Identität zu tun«.[2]

In der reaktionären Welt fehlt die Umwelt. Keine neurechte Partei befasst sich ernsthaft mit Umweltpolitik. Weil es gestern keine gab, ist heute keine nötig. Der brasilianische Präsident Jair Bolsonaro und sein amerikanischer Kollege Donald Trump bilden eine Achse der Kaputtmacher. Sie bestärken einander darin, schlimme Klima- und Umweltschäden in Kauf zu nehmen. Für die beiden zählt nur die Ökonomie – weg mit der Ökologie.

Europäische Reaktionäre üben da mehr Vorsicht, weil auch ein Teil ihrer Wählerschaft ergrünt. Opportunistisch hat Marine Le Pen das Programm ihres Rassemblement National mit einer Prise »National-Ökologie« abgeschmeckt. Ökominimalismus ist aber auch bei ihr angesagt. Die FPÖ widmet dem Umweltschutz nur drei Zeilen ihres aktuellen Parteiprogramms.[3] In einem 43 Seiten starken Positionspapier zerzauste die SVP jede erdenkliche Maßnahme des Umwelt- oder Klimaschutzes – und machte selbst keinen Vorschlag.[4] Alexander Gauland beteuert: »Die Grünen sind für uns der Hauptgegner. Sie sind die Partei, die am weitesten von uns entfernt ist. Die Grünen werden dieses Land zerstören, wenn sie ans Regieren kommen.«[5]

»Blut und Boden«, das Blut soll rein bleiben, aber der Boden darf verseucht werden. Ökologie ist das Nichtthema der Reaktionäre. Die Klimafrage löst sich deshalb nicht in Luft auf, also machen sie das Nichtthema zum Antithema. Mit der Geldhilfe umweltschädlicher Konzerne finanzieren sie lauter Denkfabriken, Institute, Vereine, Komitees, Tagungen und Berichte, die sich dem einzigen Thema widmen: Das Thema ist keines, jedenfalls kein großes, auch wenn der Amazonas brennt. Einst drohte dem Gelehrten Galileo Galilei das kirchliche Anathema, der Bannfluch damaliger Reaktionäre – er war nämlich so frech zu behaupten, die Erde kreise um die Sonne. Das rechte Weltbild verkürzt sich heute auf die Migranten, den Islam, die Nation. Der Raubbau an den Lebensgrundlagen? Hysterie. Die wissenschaftlichen Erkenntnisse? Fragwürdig. Lösungen? Unnötig. Fridays for Future? Eine klimareligiöse Erweckungsbewegung. Die Neue Rechte negiert Probleme, für die sie kein Patentrezept hat. Das Verneinen von Komplexität ist ein Grundmuster der Reaktionäre. Ihr autoritäres »Man muss nur hart durchgreifen« zerschellt an der Umweltfrage, also stellt sich diese nicht, nicht wirklich, schon gar nicht dringlich.

Das Autoritäre war nie weg und ist zurück

Bis zur Erfindung der liberalen Demokratie war das Autoritäre eine Konstante der Weltgeschichte – bei den meisten Urvölkern und erst recht in Hochkulturen. Die demokratischen Ansätze in griechischen Stadtstaaten und in der Römischen Republik waren Ausnahmen von der Regel, dass die Welt Alleinherrscher brauchte. Die Demokratie hat diese archaische Kraft nicht überwunden, bloß gedrosselt und eingedämmt. Doch jetzt werden die Deiche gegen den Autoritarismus allenthalben unterspült. In Ungarn brechen sie, in Polen sind sie aufgeweicht, in Großbritannien strapaziert, in den USA beschädigt, in Italien derzeit in Reparatur. In Österreich sickert das Autoritäre ein, in der Schweiz schlägt es hohe Wellen, aber die direkte Demokratie hat hohe Staumauern errichtet. In der Bundesrepublik wie in manch anderen Demokratien halten die Dämme bislang ganz gut – Russland und die Türkei haben sie längst eingerissen. Wie robust oder verwundbar die Demokratie auch immer ist, das Autoritäre will sich Bahn brechen.

In den Augen der Neurechten ist diese liberale Demokratie ohnehin eine bloße Episode. Das Archaische, das in die Tiefen der Vorzeit reicht, halten sie für robuster als den Firnis der Zivilisation. Der Westdeutsche Björn Höcke, Co-Vorsitzender der Thüringer AfD und Mitgründer der extremistischen Parteiströmung »Der Flügel«, verherrlicht altgermanisch die stammesähnliche »Volksgemeinschaft«, in die sich die Deutschen zu fügen hätten und aus der alles Fremde »abzuschieben« sei. Stämme haben Stammesführer, Nationen Anführer, und die Grausamkeit war ihnen seit je ein bewährtes Machtmittel.

So prägt Archaisches auch das 21. Jahrhundert. Wehe den Wehrlosen, wenn Donald Trump den tribalen Siegerkult betreibt – wenn er (wie der Historiker Timothy Snyder sagt) »den Stammesschrei Build that Wall! ausstößt«: Baut diese Mexiko-Mauer, um unser Territorium zu markieren.[6] Rupert Murdoch und seine Propaganda-Meute bei Fox News befallen die liberale Demokratie von Westen her, während aus Osten russische Internettrolle ausreiten. Wladimir Putin müht sich, mit grimmigem Antlitz den Zaren zu mimen, dem die Macht ein patrimoniales Eigentum ist. Auch vor der sakralen Unfehlbarkeit des Sultans Recep Tayyip Erdoğan hat die Demokratie das Knie zu beugen. Lega-Imperator Matteo Salvini kennt kein Erbarmen mit Mittelmeerflüchtlingen, als Innenminister wandte er lieber sein altertümliches Recht des Stärkeren an.

Manchmal ist es auch nur Verstaubtes, das aufscheint. An den beiden Enden der k.-u.-k.-Achse Wien–Budapest neigt man zum Monarchischen. Die größte Postille in der westlichen Reichshälfte nennt sich *Kronen Zeitung*. Lang umschmeichelte diese Kurtisane die ganz und gar nicht Freiheitliche Partei Österreichs, von der sie in Ibiza aber dreist betrogen wurde. So wechselte die blessierte Hofdame schnurstracks zu dem plötzlich innig geliebten jungen Landesherrn Sebastian der Wendige. In der ungarischen Reichshälfte wiederum kennt der Wille zur Macht des Potentaten Viktor der Grobe keine Grenzen. Orbán nennt sein Gottesgnadentum »christliche Demokratie« – er unterzeichnete die neue Verfassung an einem Ostermontag, die »Osterverfassung«.

Ein nationales »Glaubensbekenntnis« leitet nun diese Verfassung ein. Sie schwächt das Verfassungsgericht und sorgt für regierungstreue Richter. Das Wahlrecht privilegiert Orbáns Fidesz-Partei. Die Medien, die Universitäten, die Forschung, die Museen und Theater sind unter Kontrolle. Die unbequemen Geisteswissenschaften ernten nur Hohn. Seit je misstraut das »christliche Abendland« dem subversiven Gedanken der Freiheit, den die Epoche der Aufklärung in die Welt und in viele Köpfe pflanzte. Freiheit des Individuums, der Bürgerin, des Bürgers, der Wissenschaft, der Kunst und Kultur, des Worts, der Meinung und der Presse ist »nicht zentral«, wie Orbán in seiner Grundsatzrede vom 26. Juli 2014 festhielt.[7]

Der Ungar demontiert die Demokratie, er demoliert den Rechtsstaat. Trotzdem sind konservative Politiker in Deutschland und Österreich, Spanien oder Frankreich »nicht bereit, Orbán als Demokraten infrage zu stellen«, so CSU-Veteran Horst Seehofer.[8] Das ist nichts Neues. In der Geschichte fiel es den Demokraten häufig schwer, sich von Antidemokraten abzugrenzen. Konservative und Liberale haben sich in stürmischen Zeiten leichthin der »Ruhe und Ordnung« von Diktatoren ergeben, am schlimmsten, als sie mit dem Ermächtigungsgesetz Hitler freie Hand gaben. Oder sie schufen selbst eine Diktatur wie 1933 der österreichische Christlichsoziale Engelbert Dollfuß. Im selben Jahr ging die an sich erzdemokratische Schweizer FDP eine kurzzeitige Wahlallianz mit der halb faschistischen, halb nationalsozialistischen Frontenbewegung ein. Bürgerliche Politiker demonstrierten in Zürich Seit' an Seit' mit Schlägertrupps, die *Neue Zürcher Zeitung* lobte diesen »Weiheakt der vaterländischen Aktion«.[9]

Autoritäre Anwandlungen hatten schon viele Demokraten. Die Bundeskanzler Konrad Adenauer und Willy Brandt ließen unbescholtene Marxisten mit Berufsverbot belegen. In der Nachkriegszeit waren die westdeutsche FDP und erst recht die FPÖ durchaus auch Sammelbecken von Alt-Nazis. Die grüne Bewegung hatte einzelne bräunliche Urheber, heute flirtet eine Handvoll Naturschützer mit einer Ökodiktatur. Und selbstverständlich hat jede Denkschule einen anderen Begriff des Autoritären. Für den Meisterdenker der 1968er-Studentenbewegung, den Philosophen Herbert Marcuse, übte die liberale Demokratie »repressive Toleranz« aus, weil sie die Macht der Mächtigen mehre.[10] Für reaktionäre Polterer ist das Parlament schon dann »diktatorisch«, wenn es zum Segen der Umwelt – oder auch bloß der Nichtraucher – Gebote und Verbote erlässt.

Wenn die Gegenwart Vergangenheit ist: Konservative in der Sinnkrise

Die Kirche nennt ihre im Erwachsenenalter getauften Schäfchen Neophyten. Oft sind diese neuen Gläubigen Eiferer: intolerant wie die Neokonservativen, die jetzt weltweit auftrumpfen, und streng dogmatisch wie die Neoliberalen, die nach wie vor den Ton angeben. Das Präfix »neo« ist hier zum Fingerzeig geworden, dass eine demokratische in eine sehr direktive bis autoritäre Grundhaltung umschlagen kann. Archaisches lässt sich sehr wohl in moderne Formen gießen.

Die politische Familie der Liberalen ist ein buntes Allerlei: Sozialliberale wollen soziale Not lindern, weil sie Unfreiheit bedeutet; Wirtschaftsliberale fordern jederzeit noch mehr Freiheit vom Staat; Liberalkonservative hängen an der bürgerlichen Freiheit. Die stets uneinigen Liberalen debattieren und streiten – während für neoliberale Doktrinäre der Markt das letzte Wort hat, fast unfehlbar wie der Papst. »Die Partei, die Partei, die hat immer recht!«, schmetterte das kommunistische Lied, und so militant wie die Parteihörigkeit ist die Marktergebenheit. Gläubige Neoliberale verkörpern das Gegenteil liberaler Bourgeoisie; über Letztere schrieb ihr feinsinniger Philosoph Odo Marquard, die liberale Bürgerwelt bevorzuge »das Mittlere gegenüber dem Extremen, die kleinen Verbesserungen gegenüber der großen Infragestellung [...], die Ironie gegenüber dem Radikalismus«, vermerkte er liebevoll.[11]

Und die Konservativen? Nie hatten sie »ein so geschlossenes Gedankengebäude wie die Konzepte der beiden großen historischen Gegenspieler Sozialismus und Liberalismus«, schreibt der grüne Ministerpräsident von Baden-Württemberg, Winfried Kretschmann. Sein Buch *Worauf wir uns verlassen wollen* plädiert »für eine neue Idee des Konservativen«.[12] Kretschmann sucht nach einem zeitgemäßen Begriff des Konservativismus, den er »als ein höchst wandelbares Kind des Wandels« sieht. Die jetzige Aufgabe sei weniger »erhalten, was ist«, als vielmehr »erhalten, was uns erhält«: ein menschenfreundliches Klima; natürliche Ressourcen, die sich regenerieren; die Luft zum Atmen; biologische Vielfalt. Der grüne Konservativismus eröffnet der – allerdings kleinen und bedrohten – Gattung der optimistischen Bewahrer neue Aussichten.

Die Frage ist nur, ob ein solcher Konservativismus die buchstäblichen, sehr traditionellen Konservativen anspricht, die jetzt oft ins Neokonservative gleiten und ins Reaktionäre kippen. Sie fühlen sich als Zurückgelassene des digital-globalen Umbruchs, und peu à peu dann auch als entbehrliche Bürgerinnen und Bürger. Das geht weit über den episodischen Protest von Pegida-Wutbürgern hinaus. Quer durch die Mittelschicht rufen Neokonservative nach der »Konservativen Revolution«. Einst war das der Schlachtruf der Diktaturfreunde in der Weimarer Republik. Jetzt widerhallt er in der ganzen westlichen Welt. Autoritäre sprechen damit jenen Teil der Konservativen an, der zutiefst erschrocken ist.

Es ist schlicht eine Überforderung, in der Großen Transformation konservativ zu sein. Wenig lässt sich konservieren, und wenn, dann sind es eher liebgewordene Gegenstände als althergebrachte Verhältnisse und Werte. Gleichsam kompensatorisch geben sich manche Zeitgenossen der Leidenschaft hin, alte Häuser minutiös zu renovieren, Oldtimer in Schwung zu halten, Dirndl und Janker, Loden und Lederhose zu tragen. Doch im Umschwung sämtlicher Lebensbereiche steigt die Wahrscheinlichkeit, dass überrollte Konservative gar nicht wertkonservativ bleiben können, sondern der ewigen reaktionären Versuchung erliegen.

Das sehr ideologische Zauberwort »Disruption« impliziert, dass plötzlich alles Neue legitim ist und dass sich das Vorhandene rechtfertigen muss. Dies widerspricht der Weltanschauung der Konservativen und ihres Philosophen Hermann Lübbe, der zunächst »von der Vernünftigkeit des Bestehenden« ausgeht und umgekehrt vom Neuen verlangt, sich nach und nach zu beweisen. Doch woran Struktur- und Wertkonservative festhalten möchten, verschwindet ohne Aufschub. Es fehlen die Muße und der Raum für eine fontanesche konservative Gelassenheit. Und die Verlustangst schmerzt manchmal noch mehr als der Verlustschmerz.

Daraus erwachsen Wutbürger? Genau besehen, sind viele eher mürrisch denn wütend, mehr sauer als aufgebracht. Der Zürcher Philosoph Georg Kohler wittert kollektives Missvergnügen: »Was künftig gilt, ist so unvorhersehbar wie die Ergebnisse der nächsten Disruption. Demgegenüber lehrt die wiederholte Erfahrung der vergangenen siebzig Jahre eben doch, dass die ganz großen Krisen ausgeblieben sind. Die Welt des Westens ist unübersichtlich, aber bürgerkriegsfern und einigermaßen sozialstaatsstabilisiert. Zum Gegebenen-im-Fluss, so scheint es, existiert kein glaubwürdiger Gegenentwurf«, schrieb Kohler 2018 in dem Essay »Warum es heute so schwierig ist, konservativ zu sein«.[13] Gut versicherte, aber stark verunsicherte Bürgerinnen und Bürger befällt »das Gefühl einer eigentümlich stumpfen, zugleich vielstimmigen Alternativlosigkeit. Eine Gemengelage von Groll und Gleichgültigkeit, Nervosität und manchmal hysterischer Zuversicht, von Betriebsamkeit und Pessimismus, die den verbindlichen Basiskonsens der freiheitlich-demokratischen Staatenwelt nicht einfach aufbricht, aber ständig erzittern lässt«. Ist es jene »merkwürdige Verstocktheit«, die Siegfried Kracauer in der Weimarer Republik ausmachte?

Vielleicht darf der Konservative nur in ruhigen Perioden konservativ sein. Nach revolutionären und kriegerischen Jahrzehnten seufzte 1825 in einem Brief der alte Goethe über das »Unheil unserer Zeit, die nichts reif werden lässt«.[14] In schnellen Epochen, wenn die Gegenwart schon Vergangenheit ist, lockt die Rückschrittlichkeit. Darin liegen die Sinnkrise der Konservativen und der tiefere Grund, warum gutbürgerliche Parteien in halb Europa vom Kurs abgekommen sind. Sie driften ins neurechte Fahrwasser, ziemlich orientierungs- und bald auch seelenlos. Panisch versuchen sie, dem reaktionär gesinnten Teil ihrer Wählerinnen und Wähler zu gefallen:

- Unter dem Demagogen Boris Johnson sind die britischen Konservativen oft nur noch die Fortsetzung der populistischen Brexit-Farage-Partei mit anderen Mitteln.
- In Frankreich trieben die liberalkonservativen Républicains so sehr Richtung Rassemblement National, dass der Unterschied

minim wurde und die Partei in der Bedeutungslosigkeit versank.
- Mühelos verbündete und verbrüderte sich die spanische Christdemokratie – die nach wie vor viele Nostalgiker der Franco-Diktatur in ihren Reihen hat – mit ihrer rechtsradikalen Abspaltung, der Vox-Partei.
- In der Eidgenossenschaft paktiert die traditionsreiche Establishment-Partei FDP mit der reaktionären Schweizerischen Volkspartei, sobald es um Staatsabbau geht. Und es geht immer um Staatsabbau.
- In Wien bilden die Christdemokraten und die »Autoritärfreiheitlichen« ein seltsames Paar, sie üben sich in rivalisierender Konvergenz. 2019 musste der neokonservative Bundeskanzler Kurz mit seinen FPÖ-Partnern brechen: Nach der »Ibiza-Affäre« half kein anderes Mittel mehr. Doch die FPÖ ist schon wieder salonfähig.

In seinen beiden Wahlkämpfen als Kanzlerkandidat verfolgte Kurz die Strategie, die Reaktionäre eins zu eins zu kopieren. Seine Berater hatten dies in ihrem Papier »Strategische Grundanlage und Positionierung« vom 21. Juli 2016 empfohlen, das dem unerschrockenen Publizisten Robert Misik und der Wiener Wochenzeitung *Falter* zugespielt wurde.[15] Das Dokument analysierte die »Grundstimmung« in Austria: Unsicherheit, Abstiegsangst, Unmut über Flüchtlinge, »System-Verdrossenheit«, Ärger über »die da oben«. Das Fazit der Berater von Kurz: »Einzige Möglichkeit in dieser Situation politisch erfolgreich zu sein, ist eine Position einzunehmen, die diese Stimmung bedient; ›Anders sein – Anti-Establishment‹ [...] – ›gegen das System‹«. Wandel durch Annäherung! Diese Empfehlung befolgte Sebastian Kurz, der seither die Themen der FPÖ bewirtschaftet und in der österreichischen Seele verankert – bis hin zur vielsagenden Absurdität, dass Kurz und der FPÖ-Hardliner Herbert Kickl im Wahlkampf 2019 zwischendurch auf denselben Werbespruch kamen: »Einer, der unsere Sprache spricht.«[16] Das Kurz-System verkörpert das etablierte System, das systematisch so tut, als bekämpfe es das System. Die neuen Dialektiker sind rechts.

Der »bürgerliche« Schulterschluss

Das ermuntert Viktor Orbán, erst recht die Neokonservativen in Wien und ganz Europa zu umarmen. Er will der christlich-demokratischen Fraktion im Europäischen Parlament keinesfalls den Rücken kehren, wiewohl diese seine Fidesz-Partei suspendiert hat – doch die Christ- und die Autoritärdemokraten bändeln jetzt wieder an. Solchen Schulterschluss zwischen Konservativen und Reaktionären nennt man »bürgerlich«: Das ist die Tünche, um die Fassade schönzufärben. »Bürgerlich« vom Scheitel bis zur Sohle, verfolgt der AfD-Co-Fraktionsvorsitzende Alexander Gauland den Kurs, »die CDU innerlich so zu verändern, dass wir langfristig mit ihr Verantwortung übernehmen können«. Das betreibt seine Partei »durch Einwirken auf die Basis«: auf die Wählerinnen und Wähler der Union. Und »mitten in die CDU hinein«, indem ihre Politiker weichgeklopft werden. Es wirkt. Einige ostdeutsche Christdemokraten sind bereits wachsweich, sie suchen ihr Heil oder Unheil in »ergebnisoffenen Gesprächen« mit der AfD – was die CDU-Spitze bislang verbietet.[17]

Ein Verhältnis der gleichzeitigen Kooperation und Konkurrenz nennt man auf Neu- und Wirtschaftsenglisch *coopetition*. Die Reaktionäre gehen aus »Koopetitionen« mit Konservativen und Liberalen meistens als Gewinner hervor. »Wir wollen kein Stück vom Kuchen, wir wollen die ganze Bäckerei«, frontal hat das der »Flügel«-Extremist und Brandenburger AfD-Vorsitzende Andreas Kalbitz angekündigt.[18] Politiker der Mitte übernehmen gern die Legende, die ein Teil der Medien fast unbesehen verbreitet: Das Emporkommen der Neurechten sei darauf zurückzuführen, dass etablierte Parteien die Zuwanderung ignoriert, wenn nicht bagatellisiert hätten. Über die Jahre und Jahrzehnte hat sich aber gezeigt: Am besten gedeihen die reaktionären Kräfte in den Ländern, in denen sich bürgerliche Parteien – ohne Verzug, ohne Bedenken – in die Umlaufbahn der Fremdenfeinde begeben haben, am deutlichsten in der Schweiz, in Österreich und Italien. Die Nachahmer verliehen dem neurechten Original noch mehr Relief, die Kopisten halfen den Extremisten; die Vorurteile gegen Migranten und Muslime wurden schicklich.

»Keine Toleranz für die Intoleranten!« Gilt dieser Appell an die Wehrhaftigkeit mehr den islamistischen als den reaktionären Fundamentalisten? Immerzu wabert der Gedanke, sie »einzubinden«, um sie zu bändigen. Das erweist sich jedes Mal als Illusion, denn für Neurechte bleibt der Gegner selbst als Partner ein Feind. Wo neurechte Parteien an der Regierung beteiligt wurden, hat dieser Erfolg sie mehr enthemmt als entzaubert. Diese Machtbesessenen verstehen es als untrügliches Zeichen der Schwäche, wenn eine »Altpartei« mit ihnen koalieren muss oder sich auf sie einlässt. In den USA waren die Republikaner die Partei der Konservativen von altem Schrot und Korn: die Grand Old Party. Erst reichte sie den Rassisten aus den südlichen Bundesstaaten den kleinen Finger, bald nahmen die Neokonservativen die ganze Hand, die Tea-Party-Bewegung den Arm, und fortan waren die Gemäßigten einarmig. Am Schluss blieb ihnen nichts anderes übrig, als sich Donald Trump zu ergeben.

Im *Spiegel* forderte der frühere Bundespräsident Joachim Gauck von der CDU eine »erweiterte Toleranz in Richtung rechts«.[19] Vor dem »Zerbröckeln der Demokratie«, wenn sie sich auf die Autoritären einlässt, warnen dagegen die Harvard-Professoren Steven Levitsky und Daniel Ziblatt in ihrem Buch *Wie Demokratien sterben*.[20] Unentschieden bis zerrissen ist in Deutschland das konservative Lager. Viele flüchten sich in den Gemeinplatz, man müsse auf die AfD-Wähler zugehen, nicht aber auf die AfD-Politiker. Doch wohin führt letztlich dieses »Zugehen« auf eine hemmungslose Basis? Sie wählte erst Rechtspopulisten, dann Rechtsradikale, Rechtsextremisten und Quasi-Nazis. Jeder konservative Volksversteher spielt den Volksverführern zu, wenn er sich nach den Verführten richtet. Und wo genau beginnt die schleichende Korruption von CDU-Exponenten, die »ganz pragmatisch gesprächsbereit« sind gegenüber den »vielen Vernünftigen« in der ostdeutschen AfD? Nicht nur in der Bundesrepublik, in ganz Europa gibt es plötzlich die neue Spezies der besonnenen Reaktionäre, »die in ihrer Partei Schlimmeres verhindern«. Es verhält sich genau umgekehrt: Diese »maßvollen« Rechtspopulisten verbünden sich mit maßlosen Rechtsextremisten, und gerade der Mix erhöht die Wahlchancen reaktionärer Parteien. Solche Rollenteilung, um in aller Breite zu mobilisieren, bremst nicht etwa den Radikalismus, sondern stärkt ihn – erst recht, wenn demokratische Parteien darauf hereinfallen, was sie in zynischer Naivität immer wieder tun.

»Es gilt zu erkennen, dass die Populisten eher für eine laute Minderheit als für die schweigende Mehrheit sprechen. Erst der Opportunismus des Mainstreams von Mitte-rechts verhilft ihnen zu wahrem Einfluss, ob nun durch offizielle Koalitionen oder stillschweigendes Kopieren, was beides die politische Kultur dauerhaft verändert«, so das Fazit einer Berliner Rede von Jan-Werner Müller, dem Autor des dichten kleinen Buchs *Was ist Populismus?*.[21]

»Weniger Demokratie bringt mehr Freiheit«

Wer im Gemeinwesen die verschiedensten Interessen friedlich (will heißen bei allgemeiner mittlerer Unzufriedenheit) austarieren möchte, der hat nur die eine Versuchsanordnung: die liberale Demokratie. Sie muss laufend weiterentwickelt und jetzt renoviert werden, um auch weiterhin zweckdienlich zu sein. Aber der Grundgedanke bleibt: Ihre sämtlichen Einrichtungen dienen dem Zweck, unnötige schwere Konflikte in der Gesellschaft zu vermeiden oder zu vermindern. Das ist das große Potenzial der liberalen Demokratie. Derzeit schöpft sie es schlechter aus, als es ihr in den Jahrzehnten nach dem Zweiten Weltkrieg mitunter gelang.

Jederzeit ruft jede politische Ordnung Frust hervor. Aber der ist alles in allem kleiner, wenn an die Stelle der Menschenverachtung die Menschenwürde tritt, wenn Minderheiten einbezogen statt ausgegrenzt werden und ein Rechtsstaat vor Willkür schützt. Darf die Staatsmacht weder die Meinungen noch die Medien zensieren, steigt auf jeden Fall die Wahrscheinlichkeit, dass grobe Missstände behoben werden, wiewohl in der Regel zu langsam. Müssen Forscherinnen, Künstler und Intellektuelle keine staatlichen Übergriffe fürchten, dann haben wissenschaftliche Einsichten, kulturelle Einblicke und vernunftgeleitete Debatten eine etwas höhere Chance, sich der breiten Öffentlichkeit zu vermitteln. Bei allem Verdienst und Versagen, Wertvollem und Wildwuchs, Glanz und Elend der Aufklärung – das ist ihr politisches Erbe, glasklar definiert, aktuell wie eh und je.

Wer dieses friedensstiftende Erbe ausschlägt, also die Konflikte in der Gesellschaft zuspitzt, der muss früher oder später repressiv werden. Die Franzosen sprechen von den *jusqu'au-boutistes*: jenen Radikalinskis, die »bis ans Ende gehen« – und das Ende ist bitter. Diese Menschen brauchen, lieben und wollen den Konflikt. Kompromisse dulden sie nicht, sie sehen nur »faule Kompromisse«. Und derlei Autoritäre wirken stets »in Volkes Namen«, »im Auftrag der Nation«, im abendländischen »Überlebenskampf« – derzeit auch im langen Schatten des Überwachungsstaats mit seinem Zwilling, dem Überwachungskapitalismus. Dabei geben sie sich als gute Demokraten aus, ihr Feindbild ist ja »bloß« die liberale Demokratie: die einzige, die Vorkehrungen gegen das Autoritäre trifft und den Opfern staatlicher Willkür die Möglichkeit eröffnet, sich zu wehren.

Reaktionäre lassen das nicht gelten. Bewusst stiften sie Verwirrung, stellen sie die Dinge auf den Kopf. »Je weniger liberal die Demokratie, desto demokratischer ist sie«, sagt in Paris der weltweit einflussreiche Intellektuelle der Nouvelle Droite, Alain de Benoist, ein Bewunderer von Viktor Orbán.[22] Auf den ungarischen Regierungschef solle man hören, empfiehlt de Benoist, denn nur die illiberale Demokratie nehme das Volk ernst: »Sobald es begreift, dass die vorgeblichen Volksvertreter gar nichts mehr vertreten und dass derlei Repräsentation einer Entwendung der Volkssouveränität durch das souveräne Parlament gleichkommt, dann versucht das Volk, selbst über die eigenen Belange zu entscheiden. Und da schlägt die Stunde der illiberalen Demokratie«, freut sich de Benoist. Seine Essays erscheinen auch in den USA, sie finden Anklang bei amerikanischen Libertären wie dem Paypal-Gründer Peter Thiel.

Als Donald Trump Anfang 2017 das Amt des Präsidenten der Vereinigten Staaten antrat, sprach er zur überschaubaren Menge vor dem Kapitol: »Heute übergeben wir die Macht nicht bloß von einer Regierung an die nächste oder von einer Partei an die andere. – Nein, wir verlagern die Macht weg von Washington, D. C., und geben sie zurück an euch, das amerikanische Volk. […] Der 20. Januar 2017 wird in Erinnerung bleiben als der Tag, an dem das Volk wieder zum Gebieter über diese Nation wurde.«[23]

Das Volk ist Trump: Es war eine Kampfansage an die fünf Instanzen, die seine Macht einschränken – Parlament, Justiz, Zentralbank, Medien und internationale Organisationen. Donald Trump arbeitet seither an seiner illiberalen Demokratie. Mit Notrecht umgeht er den Kongress. Er verleumdet Richter und Staatsanwälte. Vor Anhörungen zum Impeachment versucht er, Belastungszeugen einzuschüchtern. Er belehrt und bedrängt die unabhängige Notenbank Federal Reserve. Er wertet Qualitätsmedien als »Fake News« ab. Er zermürbt internationale Instanzen wie die Welthandelsorganisation (WTO). Und beruft sich auf das amerikanische Volk: auf sich selbst.

Einer steht für das Volk, alle anderen arbeiten gegen das Volk, lautete vom ersten Tag an die Botschaft des Propaganda-Präsidenten: Volksvertreter schaden dem Volkswohl, Richter sind volksfern, kritische Medien Volksfeinde. Das ist autoritäre Agitation an der Staatsspitze. Trump suggeriert den Bürgerinnen und Bürgern, der starke Mann verleihe ihnen endlich eine Stimme. Anders gesagt, die illiberale Demokratie gebe den kleinen Leuten die Freiheit zurück, die ihnen die liberale Demokratie gestohlen habe. In dieser Logik ist Illiberalität nicht repressiv, sie erlöst: Weniger Demokratie bedeutet mehr Freiheit. Und der Abbau der Bürgerrechte stärkt die Bürger. Das ist der typische reaktionäre Umkehrkniff (siehe dazu Teil II). Der Trick verfängt. Demokratieabbauer kommen – in der Regel und bei allen Regelbrüchen – demokratisch an die Macht.

Trump repräsentiert die illiberale Demokratie des illiberalen Ultrakapitalismus. Im Weißen Haus haben das Reaktionäre und das Autoritäre zusammengefunden, der Nationalismus und der männliche Chauvinismus, die Herrschaft des Geldes und die Hegemonie des Boulevards. Wie wurde möglich, was vor Kurzem noch undenkbar schien: Was ist geschehen?

Von der Marktwirtschaft zur Machtwirtschaft

In seinem glänzenden, 1100 Seiten starken Buch *Das Europa der Könige* schildert der deutsche Historiker Leonhard Horowski die Machtspiele an Fürstenhöfen des 17. und 18. Jahrhunderts, durchaus auch, um »anhand nur scheinbar verjährter Beispiele über die Art nachzudenken, in der Macht ausgeübt wird, in der Eliten sich abgrenzen, sich rechtfertigen und vor lauter alternativloser Selbstgewissheit immer wieder scheitern, ohne deswegen notwendigerweise dumm oder gar böse zu sein«.[24] Horowski folgert: »Wer sich einmal angesehen hat, wie lauter individuell vernünftige Menschen mit der größten Überzeugung Dinge tun, die uns nach bloß drei Jahrhunderten wie der reine Irrsinn vorkommen, der mag es sich danach auch zweimal überlegen, etwas nur deswegen für richtig zu halten, weil das im Hier und Heute alle anderen tun.«

Oft wird dieser pure Irrsinn schon viel früher offenkundig. Mit Überzeugung und Selbstgewissheit hat das liberale Establishment den weltweiten Vormarsch des Ultrakapitalismus betrieben, unbeirrt durch alle Krisen hindurch, konsequent seit den siebziger Jahren. Dieses Unterfangen ist gelungen. Trotzdem mündet es jetzt in ein doppeltes Fiasko: Sowohl die liberale Wirtschaft als auch die liberale Demokratie sind weniger liberal geworden. Die Marktwirtschaft hat sich in eine Machtwirtschaft verwandelt, im Sog der Geld- und Datengewalt von Wall Street und Silicon Valley, aber auch im Clinch zwischen den USA und ihrem erzkapitalistischen Gegenspieler China. Zudem rütteln zwei Spielarten des Autoritarismus am

Fundament liberaler Demokratien: die Willkürherrschaft der Reaktionäre; und die Geldherrschaft von Milliardären, sprich Plutokratie. Der Sieg der Neoliberalen bedrängt den Liberalismus und die Liberalität – eine fatale Erfolgsgeschichte.

Der Name stellt es klar, im Kapitalismus hatte das Kapital seit je Vorrang vor den anderen »Produktionsfaktoren«, wie die Ökonomen sagen: vor der Arbeit und der Umwelt. Es bedarf ja des Geldes, der menschlichen Anstrengung und der natürlichen Ressourcen, um ein verkäufliches Gut herzustellen. Die Kapitalgeber waren immer stärker als die Arbeitnehmer und Umweltschützer; Letztere traten erst in den sechziger Jahren überhaupt auf den Plan. Noch krasser ist das Ungleichgewicht aber im heutigen »Ultrakapitalismus«. Warum gerade diese Bezeichnung? Die Übermacht des Kapitals kennt fast keine Schranken mehr:

– Der Produktionsfaktor Kapital hat sich mit einem neuen vierten Produktions- und Kontrollfaktor verknüpft – den Daten. *Big Money* und *Big Data* stehen im Bunde, das hat die Position des Kapitals ungemein gefestigt. Der Geld- und Datengewalt von Riesenkonzernen wissen die Demokratien wenig entgegenzusetzen. Den digitalen Ultrakapitalismus prägt ein dreifaches Machtgefälle: zwischen den Unternehmen und den Verbrauchern, die laufend ihre Verhaltensmuster, ihre wunden Punkte und sonstige Daten zu ihrer Privatsphäre preisgeben; zwischen den Auftrag- bzw. Arbeitgebern und den prekär Beschäftigten, da sich die digitale Welt für lose Arbeitsverhältnisse und ausfernde Arbeitszeiten eignet; schließlich zwischen der raschen Ökonomie und der langsamen Demokratie, weil Gesetzgeber und Regulatoren der rasanten Entwicklung hinterherhinken.

– Obendrein mehrte die radikalste aller Deregulierungen die Macht des Kapitals, nämlich der Abbau praktisch aller Kontrollen der weltweiten Kapitalflüsse. Kapital darf seit der neoliberalen Wende frei dorthin schnellen, wo es am wenigsten besteuert wird. Das hat die Nationen zu einem zerstörerischen Wettkampf um noch tiefere Steuersätze verleitet – bis zu dem Irrwitz, dass das Kapital und die Kapitaleinkünfte vielerorts gar nicht mehr besteuert werden. Das war ein Kahlschlag.

Für die Demokratien bedeutet es eine doppelte Einbuße: an Steuereinnahmen und an Handlungsspielraum. Das mobile Kapital spielt die Staaten gegeneinander aus. Also haben mehr und mehr Staaten letztlich kapituliert und im Zweifel ihr nationales Recht nach dem Stärkeren ausgerichtet, dem Kapital. Die von den Parlamenten verabschiedeten Steuergesetze schreiben dieses Recht des Stärkeren fest und legitimieren es. »Die politische wie die bürgerliche Gesetzgebung proklamieren, protokollieren nur das Wollen der ökonomischen Verhältnisse«, notierte trocken Karl Marx in *Das Elend der Philosophie*.[25] Aus Angst davor, Investoren zu verschrecken und im internationalen Wettbewerb der Wirtschaftsstandorte zurückzufallen, haben die Gesetzgeber dem Kapital immer günstigere Rahmenbedingungen offeriert, auf Kosten der Beschäftigten.

Entlastet nämlich der Staat das Kapital und die Unternehmen, muss er zwangsläufig die Arbeit und die Arbeitnehmer stärker belasten. Das tut er in Gestalt höherer Einkommens- und Verbrauchssteuern, Abgaben, Beiträge zur Sozial- und Krankenversicherung oder Gebühren für öffentliche Dienstleistungen. Sonst brechen die Einnahmen weg, und die öffentliche Hand vermag selbst elementare Aufgaben nur noch unzulänglich zu erfüllen, was immer öfter der Fall ist. Derzeit vernachlässigen die meisten Länder die Modernisierung und den Ausbau wichtiger Infrastrukturen, mangels Einkünften. Bald gilt dann dieser demokratische Staat als verschwenderischer, verschuldeter, obrigkeitlicher, räuberischer »Steuerstaat«, der die Bürgerinnen und Bürger ausbeutet. In der rechten Diktion arbeiten geplagte Deutsche bis zum »Steuerzahlergedenktag« (2019 fiel er auf den 15. Juli) »für den Staat«, als liege das Mitfinanzieren von Bundestag und Landtagen, Justiz und Polizei, Schulen, Universitäten und Krankenhäusern, Straßen und Müllabfuhr nicht auch in ihrem Interesse.

Demokratie – die nützliche Idiotin?

Zwei sehr verschiedene, sehr verwandte Kräfte schüren die Staatsverdrossenheit: Ultrakapitalisten und Rechtspopulisten sagen einhellig, der Staat koste viel und bringe wenig. Beide wirken unentwegt darauf hin, dass dem tatsächlich so wird. Und beide bläuen den Menschen ein, der Staat sei ein Feind, er bedrohe die Freiheit. Es ist der demokratische Rechtsstaat, den sie meinen. Im Grunde verunglimpfen sie die liberale Demokratie. Und die Spirale dreht sich: Der Ultrakapitalismus erzeugt eine Schicht von Verängstigten und Verlierern, die von der handlungsschwachen liberalen Demokratie enttäuscht werden. Und die Neue Rechte bestärkt diese Unzufriedenen, sich vom Staat – von Parlament, Regierung und Justiz – abzuwenden. Demokratie ist seither im Dauerstress.

Neoliberale fordern den schlanken Staat, Reaktionäre den Nachtwächterstaat, was auf dasselbe hinausläuft: Er soll privates Eigentum sichern, reichlich Geld ausgeben für Militär und Polizei, für Recht und Ordnung, sonst aber das Recht (in Gestalt von Regulierungen) abbauen und die Märkte wenig ordnen. Der Ultrakapitalismus wie der Populismus sehen im Gemeinwesen nicht die traditionsreiche Demokratie mündiger Bürgerinnen und Bürger, dieses Ideal ist ihnen fremd. Vielmehr degradieren sie den demokratischen Staat zum eilfertigen Dienstleister und den Bürger zum willigen Verbraucher.

Wie selbstverständlich erwartet das Kapital, dass jede Regierung die Unternehmen gleichsam als Kunden umwirbt, damit sie im Land bleiben. Und der Citoyen mutiert seinerseits zum motzenden Konsumenten von Staatsleistungen, die ihm stets zu teuer, nie gut genug sind, so das landläufige rechtspopulistische Wehklagen. Die Frage nach der Rolle des Staats verkürzt sich zur baren Kosten-Nutzen-Kalkulation. Der kostengünstige »Standort« für Firmen zählt mehr als das Gemeinwesen, das nicht aufwendig sein darf. Demokratie als Kostenfaktor: In Boulevardzeitungen sind die Diäten aller Abgeordneten aller Parlamente aller Staaten allezeit zu hoch. Frei nach dem geflügelten Wort des amerikanischen Präsidenten John F. Kennedy fragt der »Verbraucherbürger« nicht, was er für die Demokratie tun kann, sondern was die Demokratie ihm bringt. Und was sie ihn kostet.

Ein Rechtspopulist der ersten Stunde war der dänische »Steuerrebell« Mogens Glistrup, der 1971 die Steuerhinterziehung zur Tugend stilisierte, weil jedes Erheben von Abgaben unmoralisch sei. Wer keine Steuern zahle, der sei als Patriot zu ehren wie die dänischen Widerstandskämpfer, die während der deutschen Besatzung im Zweiten Weltkrieg die Eisenbahn lahmlegten. Dieser Steuerhasser übrigens geriet später zum Islam-Hasser: »Natürlich bin ich Rassist. Jeder gute dänische Mann und jede gute dänische Frau ist Rassist. In diesem Land ist man entweder Rassist oder Landesverräter.«[26]

Seit Glistrup, der dem Bürgersinn jeden Sinn nahm, wenden sich Reaktionäre weniger an den Bürger als an den »Verbraucher von Politik«. Sie halten ihn bei Laune, gern mit Mätzchen und Schnäppchen. Rechtspopulistische Billiganbieter bedienen lieber die Ressentiments als die Nachfrage nach guten Lösungen. Das Parteiprogramm ist Marketing pur, um heftige Emotionen der Politikkonsumenten zu entfachen, so wie ein Produktmanager die Käuferwünsche bewirtschaftet. Derlei Ultrapopulismus ist ein Fabrikat der Marktgesellschaft, die sämtliche Lebensbereiche durchdringt: auch die Demokratie. Schon 1993 vermerkte der konservative Autor und langjährige Herausgeber der *Frankfurter Allgemeinen*, Joachim Fest, in dem kleinen Band *Die schwierige Freiheit*, Demokratie sei auf möglichst eigenständige Bürger angewiesen, während die Marktwirtschaft willige Verbraucher benötige und erzeuge.[27] Inzwischen sind die Menschen noch leichter zu manipulieren, weil sich der Konsument in einen Lieferanten seiner Daten und mithin seines Psychogramms verwandelt hat.

Ist die Demokratie schwächer als das Kapital, mindert es das Ansehen und das Selbstbewusstsein vieler Politiker. Rasch gewöhnt sich die Wirtschaft an die latente Servilität der öffentlichen Hand. Das Ultrakapital will ohnehin keine starke, ordnende Hand, sondern eine freigebige. Im Standortwettbewerb um das Ansiedeln von Firmen und Arbeitsplätzen hat der Staat Rabatte oder Zuschüsse zu gewähren. In Krisen trägt er einen beträchtlichen Teil der Verluste, zumal wenn der Ultrakapitalismus Konzerne hervorbringt, die *too big to fail* sind (viel zu groß, als dass sie bankrottgehen dürften). Ausgerechnet die staatsskeptische, in ihrer Rhetorik staatsfeindliche neoliberale Ideologie hat Unternehmen großgezogen, die eine Staatsgarantie genießen.

Aber eisern pochen Konzerne auf noch tiefere Unternehmens- und Kapitalsteuern. Unbeirrbar nutzen sie alle legalen Tricks zur Steuervermeidung. Vom PR-Hüllwort »Corporate Citizenship« (Bürgersinn der Firmen) bleibt da nichts übrig. In einzelnen Jahren zahlte der erfolgreiche Riesenkonzern Amazon praktisch keine Steuern in den USA, während sein Eigentümer Jeff Bezos 150 Milliarden Dollar anhäufte. Ein Staat, der sich schröpfen lässt, demotiviert den staatsbürgerlich denkenden Teil der Öffentlichkeit. Und stärkt die Gewinnverschiebungskonzerne samt der uferlosen Branche der Steuervermeidungsfachleute. Ist die Demokratie eine nützliche Idiotin? Erweckt sie diesen Anschein, können Reaktionäre umso hämischer die Solidarität als Floskel hinstellen, den Gemeinsinn torpedieren. Aber im Verbund mit Neoliberalen setzen sie alles daran, dass die Idiotin nützlich bleibt: Sie versuchen, die Arbeit an einer internationalen Mindeststeuer für Konzerne auszubremsen (mehr dazu in Teil IV). Die Organisation für wirtschaftliche Zusammenarbeit und Entwicklung (OECD) betreibt dieses hoch komplexe Vorhaben gegen zähen Widerstand – und wird auf Schritt und Tritt behindert. Für Konzerne sind die heutigen Verhältnisse steuerparadiesisch, für die Demokratie sind sie unhaltbar.

Geräuschlos arbeitet nämlich der üppige »Garantiestaat« zum Vorteil derer, die lautstark den schlanken Staat fordern. Seit der großen Finanz- und Vertrauenskrise von 2008 bleiben viele Banken direkt oder indirekt am Tropf des Staats oder seiner Zentralbanken. Die Bürgerinnen und Bürger sollen das nicht zu sehr merken. In einer verschämten und verbrämten Studie räumte die Bundesregierung in Berlin widerwillig ein: Allein die Rettung der in der Krise gestrauchelten deutschen Banken (einzelne Hilfsprogramme laufen noch) dürfte die Allgemeinheit an die siebzig Milliarden Euro kosten, den Niederschlag des Wirtschaftseinbruchs auf die öffentlichen Haushalte und die Arbeitslosenversicherung nicht eingerechnet.

Deregulierung nährt den Populismus, Populismus dereguliert die Demokratie

Im Zeichen des Neoliberalismus hatten westliche Demokratien die Bankenwelt dereguliert. 2008 mussten sie aber – da eine Katastrophe drohte und es keinen Ausweg gab – Milliardenverluste schultern. Seither bedrückt viele Bürgerinnen und Bürger ein halb bewusstes, halb unterschwelliges Gefühl demokratischer Ohnmacht. Die Harvard-Ökonomen Carmen M. Reinhart und Kenneth S. Rogoff haben Dutzende Bankenkrisen untersucht.[28] Das Bankwesen solle man aggressiv regulieren, sonst entflamme die Spekulation, die in Verwerfungen resultiere, empfehlen sie. Nach 2008 folgte man ihrem Rat – aber nur kurze zehn Jahre lang und auch nur für die Geschäftsbanken: nicht für das riesige »Schattenbankensystem« der Fonds und Vermögensverwalter wie Blackrock. Von Neuem dereguliert nun Donald Trump die amerikanischen Banken, obwohl viele von ihnen zu wenig flüssige Mittel haben und zuweilen Geldspritzen der Federal Reserve benötigen. Die Wall Street freut's, andere Finanzplätze fordern Gleichbehandlung. Weltweit zögert darum die Politik, dem nach wie vor anfälligen Bankwesen strengere Auflagen zu machen.

Ohne das Finanz- und Demokratieversagen von 2008 gäbe es vermutlich keinen US-Präsidenten Trump. Doch seinetwegen dürfte es ein zweites, noch heftigeres »2008« geben. In der Bankenwelt sind Deregulierungen Enthemmungen: Sie ziehen eine Kette von Krisen nach sich. Die nächste Katastrophe des Laisser-faire wird abermals

Geld und Vertrauen kosten, rund um den Globus. Dann geraten liberale wie illiberale Demokratien in arge Bedrängnis. Die Autoritären dürften bei Bedarf noch repressiver werden, um sich zu halten. Und die Demokraten: Erholt sich die liberale Demokratie von einem abermaligen Versagen?

2016 stimmten 46 Prozent der Amerikanerinnen und Amerikaner für Trump, der dank des Wahlsystems siegte. Bei vielen war das Vertrauen in die liberale Demokratie erschüttert – worauf Donald Trump nun neue Vertrauensverluste programmiert. Ein Teufelskreis. Doch den Reaktionären ist das recht, weil jede weitere Krise ihnen Wähler zuführt. Gerät der Ultrakapitalismus in Nöte, stürzt er die ihm ergebene Politik ins Unglück. Mit der liberalen Ökonomie kommt die liberale Demokratie ins Schleudern, zumal wenn frisch-fröhlich ein Teil der Geschäftswelt weiterhin überzieht, als wäre 2008 nichts Schlimmes geschehen: als sei der Vertrauenseinbruch bereits verwunden. Dabei hat er einen beispiellosen Umbruch der politischen Landschaft nach sich gezogen, wie ihn die westliche Welt seit dem Zweiten Weltkrieg nicht erlebt hatte.

Der Erschütterung der Ökonomie folgte der Erdrutsch in der Politik. Die Iden des März? Vorbote der Krise war im März 2000 das Bersten der sogenannten »Dotcom-Blase« von jungen Internetfirmen gewesen. Dieser Kollaps der digitalen New Economy ruinierte Kleinanleger, die den neoliberalen Schalmeienklängen verfallen waren; unzählige Börsenneulinge sahen sich getäuscht. Von 2006 an mehrten sich jedoch die Zeichen eines noch massiveren Absturzes, der 2008 richtig losging.

Die Neue Rechte aber zieht Profit aus den Kalamitäten und Disparitäten, die jetzt die Gesellschaft kopfscheu machen. Die Angstgesellschaft ist ihr Revier, von der Verunsicherung lebt sie. Sie nutzt und beschleunigt die Erosion der Glaubwürdigkeit traditioneller Parteien, die der Ultrakapitalismus zusehends überfordert. Ein Teil der Konzernwelt hat den Staat zur Flickbude degradiert, und die Regression der Politik zur Flickschusterei lädiert die Politiker. Umso leichter schleusen reaktionäre Parteien den Groll ihrer Klientele nur in die eine Richtung: Versagt haben einzig die Politik, die Demokratie, die Europäische Union – nie und nimmer das Wirtschaftssystem. Das Problem des Prekariats, das die Neue Rechte besonders umwirbt, sind nie Amazon und andere ausbeuterische Arbeitgeber, sondern die »Altparteien«. Unüberhörbar beschweigen Reaktionäre die Fehlentwicklungen des Kapitalismus. Warum diese Einseitigkeit?

Die Französin Le Pen, die Niederländer Geert Wilders und Thierry Baudet, der Italiener Salvini, die Deutschen Gauland, Kalbitz und Chrupalla oder der FPÖ-Stratege Herbert Kickl – sie verschwenden wenig Gedankenarbeit auf eine Wirtschaftspolitik, die ihren Wählerinnen und Wählern nachhaltig helfen würde. Die neurechten Programme in einem Wort: weniger Steuern, mehr Ausgaben und das Fernhalten ausländischer Arbeitskräfte. Das ist das »ökonomische« (und »ökologische«) Rezept.

Die Neue Rechte hat nicht den Hauch eines Ansatzes, wie sich der Ultrakapitalismus etwas gleichgewichtiger gestalten ließe. Reaktionäre, die das Gestern zum Maßstab erheben, entwickeln keine Wirtschaftsmodelle für morgen und übermorgen. Auf ein ernsthaftes Nachdenken über die krisenhafte Ökonomie, die laufend die Arbeit entwertet, verzichten sie. Keine neurechte Partei will wahrhaben, dass in der Arbeitsgesellschaft die Arbeit am meisten Identität stiftet: Sie spendet weit mehr Identität als die Nation, weit mehr Zusammenhalt als das abgenutzte »Wir und die anderen« der Fremdenfeinde. Trotzdem sucht die Neue Rechte nicht nach Alternativen zur unsozialen Machtwirtschaft. Auch die Alternative für Deutschland hat keine.

In Europa, dem Kontinent der Exporteure, können sich die Reaktionäre schon gar nicht am achtlosen Vorgehen des Protektionisten Trump orientieren, der blindlings seine Importnation abschottet. Und der »America first«-Präsident eröffnet kaum Zukunftschancen für die Mittelschicht, die in seiner Amtszeit weiter ausgelaugt wird. Dafür gilt »Make America Great Again«, abgedroschen und abgekürzt MAGA. Meint Trump ein Amerika wie vor der Ära des Ultrakapitals? Nein, freier Kapitalfluss ist auch für ihn eine Selbstverständlichkeit. Der Präsident bremst nur die Einfuhr ausländischer Waren. Den Kapitalstrom, den Kern des Ultrakapitalismus, tastet er nicht an. Wohlweislich deshalb, weil die hoch defizitären USA auf steten Zufluss asiatischen und europäischen Gelds angewiesen sind, um die Löcher zu stopfen. Und weil sonst die Kapitaldrehscheibe Wall Street zum Stillstand käme. Der trumpsche Protektionismus ähnelt dem »Merkantilismus«, wie ihn der Sonnenkönig Ludwig XIV. und sein Finanzminister Jean-Baptiste Colbert im 17. Jahrhundert betrieben, damals schon erfolglos. Diese Art »Protektion« der eigenen Provinz- und Protestwähler ist buchstäblich rückständig: Sie gilt einem Kapitalismus, den es nicht mehr gibt. Und sie schadet der eigenen Klientel.

Der Präsident wird viele seiner ressentimentgeladenen Anhänger desillusionieren, soweit sie sich von wirtschaftlichen Rückschlägen überhaupt noch ernüchtern lassen. Längst haben das New Yorker Global- und das kalifornische Silicon-Valley-Digitalkapital die Bürger zweiter Klasse aus amerikanischen Regionen dritter Klasse abgeschrieben. Die Investoren haben den Mittleren Westen und den »Rostgürtel« hinfälliger Schwerindustrien im Nordosten der USA von ihrer Landkarte gestrichen. Umso leichter konnte 2016 der Kandidat Trump mit seiner Rhetorik aus der analogen Vergangenheit Menschen fangen, die an der digitalen Gegenwart verzagen. Jetzt bedient er sie reichlich mit dem Anachronismus, nach dem sie sich sehnen, der aber weder Arbeitsplätze noch Hoffnung schafft. Endlich haben die Beiseitegeschobenen ihren Repräsentanten, lang hatten sie sich danach gesehnt. Aber er repräsentiert nicht wirklich und nicht wirksam ihre Interessen. Und morgen oder übermorgen: Schwenken sie, immer gereizter, noch weiter nach rechts?

Die vom Dreierpack »Strukturwandel – Globalisierung – Digitalisierung« beschwerten Menschen pflegen Politiker zu wählen, die ihnen wenig bringen. Und wo der Neuen Rechten jedes Konzept für Reformen fehlt, flüchtet sich ausgerechnet diese Schar von Moralhassern in Moralpredigten. Sie leiert, die Politik sei verdorben, verfilzt, korrupt und faul. Reaktionäre beschuldigen die »Elite« der Verworfenheit, nicht der Ausbeutung. Reaktionäre wettern gegen »die da oben« – und umsorgen die Oberschicht. Denn in Wahrheit imponiert ihnen eine Wirtschaftsordnung, die Starke stärkt. Und so ehren sie die wahre Macht, sie beschenken generös das Establishment. Die AfD möchte die Erbschaftssteuer ersatzlos streichen. Der »volksnahe« Matteo Salvini wollte Italien in eine Steueroase für vermögende Ausländer und italienische Rückkehrer verwandeln, sogar eine Flat Tax einführen: einen einheitlichen Steuersatz für Arm und Reich. Der Milliardär Christoph Blocher und seine Schweizerische Volkspartei der Steuersenkungen werden nicht müde zu betonen, dass es den Reichen gut gehen müsse, damit es allen gut gehe. Gleich nach seiner Wahl senkte Donald Trump die Steuern. Das eine Prozent Amerikaner, das am meisten verdient, erhielt 83 Prozent des Gelds, auf das der Staat verzichtete. In seiner Amtszeit haben es Kleinkriminelle schwerer als Betrüger an der Börse: Letztere werden seltener verfolgt, milder bestraft. Die Börsenaufsicht zieht knapp die Hälfte der Bußgelder gar nicht mehr ein.

Der Blick in die Geschichte lohnt sich, »um uns daran zu erinnern, wie wenig selbstverständlich unsere Selbstverständlichkeiten sind«, schreibt Leonhard Horowski, der Historiker der Fürstenhöfe. Die Demokratieverächter schauen ehrfürchtig zu autoritären Konzernfürsten auf, wie man einstmals Seiner Majestät huldigte. Der Populismus als Produkt, aber auch als Sponsor des Ultrakapitalismus.

Trump verkörpert den Übergang von der Marktwirtschaft zur Machtwirtschaft. Und die passt den Ultrakapitalisten wie den Reaktionären, die beide sozialdarwinistisch denken. Beide singen das Hohelied der freien Wirtschaft und den Refrain vom unfähigen Staat, den man ausnutzt und demütigt. Ob neoliberal oder nationalistisch, beide Kräfte bekämpfen transnationale Regulierungen. Superreiche und Superreaktionäre treten oft in Personalunion auf: zum Beispiel in Gestalt des Verlegers Rupert Murdoch, des Staatshassers und Venture-Kapitalisten Peter Thiel, des libertären Großindustriellen Charles G. Koch, des Milliardärs und US-Handelsministers Wilbur Ross, des Plutopopulisten Christoph Blocher – oder des Populisten Nigel Farage, der allerdings bloß 250 Millionen Dollar sein Eigen nennt. AfD-Gönner wirken lieber unerkannt, diskret aus der Eidgenossenschaft wie die Immobiliendynastie Conle und August von Finck junior.

Der deregulierte Kapitalismus nährt den Populismus – der Populismus deregulierte die Demokratie. Beide spalten das Gemeinwesen. Bürgerinnen und Bürger ziehen sich zurück in ihre geschlossenen Kreise. Doch eine gespaltene Gesellschaft kann nicht länger die »offene Gesellschaft« der Freiheit und Freiheiten sein, die der Philosoph Karl Popper skizzierte. Ultrakapitalismus und Rechtspopulismus sind Vorstufen zum Autoritarismus.

Unsichtbare Hand des Markts, harte Hand der Marktradikalen

Eile herrscht: So pflegen jetzt Autoritäre ihren Autoritarismus zu rechtfertigen. Alles sei dringlich inmitten der »Völkerwanderung«, wie die Neue Rechte warnt, und in Zeiten »schöpferischer Zerstörung« (Joseph Schumpeter), wie Neoliberale verheißen.[29] Im globalen Kulturkampf gegen islamische und afrikanische Massen kämpft das Abendland um sein Überleben – im globalen Wirtschaftskampf sind alle Konzerne existenziell gefährdet. Jederzeit besteht »sofortiger Handlungsbedarf«. Das ist die Stunde der Autoritären. Die Dramatik der Verhältnisse untermauert ihre Kritik an der schwerfälligen Demokratie. Ausnahmezustände rechtfertigen es, die freie Debatte abzuwürgen, die Einwände kleinlicher »Bedenkenträger« abzuschmettern – die offene Gesellschaft lässt sich ganz und gar unkreativ zerstören.

Wie viel Demokratie erträgt der Ultrakapitalismus? Sein Vordenker, der neoliberale Ökonom Milton Friedman, beriet 1975 den chilenischen Diktator Augusto Pinochet. Und empfahl ein »shock program«, eine Schocktherapie für Chile.³⁰ Der Ratschlag des weltberühmten Wirtschaftsprofessors von der Universität Chicago wurde befolgt und von Pinochets Chicago Boys umgesetzt, lauter ehemaligen Friedman-Studenten: Ihre »Es muss weh tun, sonst wirkt es nicht«-Politik verdoppelte den Anteil der in Armut lebenden Chilenen auf vierzig Prozent der Bevölkerung. Das Regime unterdrückte die Menschen und ließ die Nation hochleben.

Die neoliberale Pinochet-Diktatur, die Rücksichtslosigkeit der britischen Deregulierin Margaret Thatcher, der Aufstieg Singapurs – wo Firmen freier sind als Bürger – und die Anfänge des Kaderkapitalismus nach chinesischer Art kündeten ab den späten siebziger Jahren davon, dass Markt und Autoritarismus keine Gegensätze mehr waren.³¹ Im Gegenteil, Hand in Hand arbeiten die unsichtbare Hand des Markts und die harte Hand der Regierung. Die Premierministerin Thatcher wollte, wie jetzt die Neue Rechte, ihre demokratischen Widersacher ausgrenzen. Die Gewerkschaften, deren Macht sie brach, waren in den Worten der Eisernen Lady nicht Gegner, nicht Gegenspieler, nicht Opponenten, sie waren »der Feind im Inneren«. Den ging sie mit ihren *politics of pain* umso härter an, als der auswärtige Feind – der Kreml-Kommunismus – mehr und mehr schwächelte.

Als ein Jahrzehnt später der »Ostblock« und die Sowjetunion zerbrachen, der real existierende Sozialismus inexistent wurde, verhärtete sich der Austeritätskapitalismus weiter: Nun musste er noch weniger Rücksicht auf Verlierer nehmen, denn Unzufriedene waren ungefährlich geworden – sie könnten ja nicht mehr »zu den Kommunisten überlaufen«. Diese Urangst hatte im Kalten Krieg die Antikommunisten geplagt. Deswegen hatten sie die soziale Marktwirtschaft kräftig ausgebaut, um die Menschen versöhnlich zu stimmen und den Zulauf zu revolutionären Parteien zu mindern. Ähnlich hatte der Reichskanzler Otto von Bismarck im 19. Jahrhundert die allerersten Sozialversicherungen eingeführt; so wollte er den Sozialdemokraten das Wasser abgraben.

Doch nach dem Mauerfall und dem Zusammenbruch des sowjetischen Imperiums waren die Unterprivilegierten kein Risiko mehr. Auch die verbliebenen Antikapitalisten wirkten ziemlich harmlos in der anbrechenden Ära, in der erwiesenermaßen nur noch der Kapitalismus funktionierte. War das berüchtigte »Ende der Geschichte« gekommen, das der Politologe Francis Fukuyama im Jahr des Mauerfalls ausrief? Klang damals eine lange Epoche aus, in der sich Alternativen zum Kapitalismus angeboten hatten? Fukuyama lag weniger falsch, als es gemeinhin heißt: Vorderhand fehlen in der Tat fundierte, wirklich breit praktikable Gegenmodelle zum Kapitalismus, was ihn massiv und nachhaltig stärkt.

Ein Gesetz politischer Physik besagt: Systeme sind beständiger, wenn eine Systemalternative fehlt. Trotz krasser Ungerechtigkeiten oder – neutral formuliert – wachsender Ungleichgewichte können sie stabil bleiben. Wer unter den Härten des Systems leidet, meutert vielleicht wie Frankreichs »Gelbwesten«. Aber er erntet bloß Depression (weil sich eh wenig ändert) und eine milde oder harte Repression. Der Feudalismus währte in seinen diversen Ausprägungen 900 lange Jahre. Alle Bauernaufstände waren zum Scheitern verurteilt, weil den Rebellen das realistische, allgemein anwendbare Modell einer anderen Gesellschaft und Wirtschaft fehlte. Die Reformation setzte sich auch deshalb durch, weil sie den Feudalismus vorerst nicht infrage stellte – Martin Luther bestärkte ihn vielmehr. Erst als sich die (laut dem Soziologen Max Weber vom Protestantismus untermauerte) liberal-kapitalistische Alternative zu konturieren begann, fiel eine alte Monarchie nach der anderen.[32]

Doch je stärker die Disparitäten und Spannungen in der Gesellschaft, desto repressiver wird das System, um die Stabilität zu erzwingen. Und hier täuschte sich Fukuyama gewaltig, der an der kalifornischen Universität Stanford im libertär denkenden, autoritär handelnden Silicon Valley forscht: Aktuelle Alternativen zum Kapitalismus fehlen ganz und gar. Aber Alternativen zur liberalen Demokratie gibt es zuhauf. Es sind lauter autoritäre Gegenentwürfe – erst recht bei den Libertären, die an ihren Planspielen »staatsfreier Privatgebiete« werkeln, in denen die Demokratie stillsteht, das Parlament seine Türen schließt und private Schiedsgerichte die Justiz ersetzen. Investoren bilden die Regierung, die mit den Einwohnern Verträge schließt. Und wie verfährt ein profitorientiertes Gemeinwesen mit unrentablen Einwohnerinnen und Einwohnern? Libertäre Utopien tragen die Handschrift des Autoritärkapitalismus. Und der nährt das Obrigkeitsdenken.

Eine überparteiliche Studie (der Democracy Fund Voter Study Group) misst regelmäßig die Einstellung der US-Bürgerinnen und -Bürger zur Demokratie.[33] Noch vor Kurzem sehnte sich ein Drittel der Befragten nach einem »starken Leader, der sich weder mit dem Kongress noch mit Wahlen herumplagen muss«. Nach Trumps Exzessen sank der Anteil auf immerhin noch ein Viertel. Aber von Umfrage zu Umfrage erstarkt in den Vereinigten Staaten der Ruf nach einem Militärregime, bereits ein Fünftel der US-Amerikaner strebt in diese Richtung. Und je schlechter die Ausbildung, desto deutlicher der Hang zum Militarismus. Wer in Randgebieten seine Existenz fristet, zu den Abgehängten der Wirtschaft zählt, sich als bloßer Statist der Demokratie vorkommt, der sucht Anlehnung, Halt, Zugehörigkeit, Selbstbewusstsein und Sinn, wie die Uniform sie manchem Mann bietet.

Auch Europa kennt »Räume der politischen Verlassenheit«, ergab eine Studie der Berliner Denkfabrik Progressives Zentrum und ihres Pariser Partners Explain.[34] Nach 500 persönlichen Interviews »an der Haustür« in strukturschwachen Hochburgen der AfD und des Rassemblement National lautete die Quintessenz der Forscher: »Klassische« neurechte Themen wie der Fremdenhass sind für die Menschen nicht vorrangig. Sie lehnen sich im Gefühl des Alleinseins an die Autoritären an, aber beiderseits des Rheins hoffen sie letztlich, die demokratische Politik werde zu ihnen zurückkehren und sich auch in abgelegenen Gebieten nützlich machen. Demokratiebrachen warten darauf, von Demokraten beackert zu werden.

Der schwere Stand des Mittelstands

Zu Beginn der digitalen Ära hatten viele »das Ende der Distanzen« vermutet: Das Internet hebe die räumliche Entfernung auf. Wo man in einem Land arbeite, werde unerheblich. Das Gegenteil traf ein. Der jetzige Kapitalismus setzt auf Treffpunkt-Metropolen wie New York, London oder Schanghai, auf urbanisierte Wissensregionen wie das Silicon Valley oder die chinesische Megalopolis um das Perlflussdelta: 55 Millionen Einwohner in acht Städten (Hongkong und Macau nicht mitgerechnet), 1950 wohnten ein paar tausend Fischer und Bauern dort. Unersetzlich ist die Produktivität der ganz persönlichen Zusammenarbeit. Die transdisziplinäre Forschung lebt vom Austausch verschiedenster Wissenschaftlerinnen und Wissenschaftler. Und je medialer die Gesellschaft, desto größer das Bedürfnis nach unmittelbarer Begegnung. Die Steuern zahlt man, wo es am günstigsten ist – die Menschen findet man, wo viele sind. Weltweit boomen Stadtregionen, während sich kleinere Ortschaften und praktisch alle ländlichen Gegenden entvölkern und den Zentren entfremden. Das stärkere Gefälle zwischen urban und rural mag auf Jahrzehnte hinaus alles Reaktionäre begünstigen, denn die Landflucht verstärkt sich von Jahr zu Jahr, rund um den Globus. Sie hinterlässt bei den im Wortsinn zurückgelassenen Menschen ein *No-future*-Gefühl. Trist die periphere Gegenwart, die Vergangenheit leuchtet und lockt.

»Es geht um Würde und Anerkennung«, resümiert die Zürcher Politologin Silja Häusermann, Mitherausgeberin des Bands *The Politics of Advanced Capitalism*.[35] Sie untersucht den Umbruch in Politik, Ökonomie und Meinungsklima der westlichen Demokratien. Häusermann bündelte ihre Erkenntnisse in einem langen Gespräch mit dem Onlinemagazin *Republik*.[36] »Mit Ausnahme von Südeuropa ist in ganz Europa etwa die Hälfte der Jobs in der produzierenden Industrie verschwunden.« Diese Wende zu den Dienstleistungen habe »nicht nur eine ökonomische, sondern auch eine kulturelle Dimension«: Rechter Protest gelte dem Wandel der Gesellschaft und nicht einzig dem wirtschaftlichen Abstieg. In der neuen Dienstleistungsgesellschaft nämlich steige die sogenannte Bildungsrendite enorm: Wer eine Hochschule besucht hat, verdient in den Vereinigten Staaten 60 bis 70 Prozent mehr als Beschäftigte ohne Hochschulabschluss, im europäischen Schnitt 30 Prozent mehr, im egalitären Skandinavien 20. Diese sehr ungleiche Lohnstruktur kennzeichne den »postindustriellen Arbeitsmarkt«. Wolle der Sozialstaat das wettmachen, müsse er hohen Aufwand treiben, viel mehr umverteilen, wovon er absehe. Allerdings sei materielle Benachteiligung allein auch nicht ausschlaggebend. Gerade Deutschland zeige, »dass die Verbindung von zunehmender Ungleichheit und rechtsnationaler Mobilisierung so direkt nicht ist. Es ist das letzte Land in Westeuropa, in dem der Rechtspopulismus auf das Tapet gekommen ist – trotz zunehmender Ungleichheit seit gut fünfzehn Jahren«.

Zentral sei vielmehr das sinkende Ansehen und Selbstvertrauen wenig qualifizierter Arbeitnehmer: Sie sind »in den meisten Ländern nicht arm oder arbeitslos. Aber der Wert ihrer Arbeit, zum Beispiel von manueller oder von als ›hart‹ konnotierter Arbeit, hat abgenommen. Sie ist weniger wichtig und wird weniger wertgeschätzt. Die Löhne stagnieren. Vor allem sehen [diese Menschen], dass andere soziale Gruppen plötzlich bessere Perspektiven haben«, erläutert die Forscherin. Hauptsorge der unteren Schichten sei »nicht die materielle Not, sondern ein Gefühl von Bedrohung und Bedeutungsverlust. Das kann man mit Sozialleistungen nicht kompensieren«. Schlüsselfaktor für die Wahl reaktionärer Kräfte sei das Bildungsniveau: »Es gibt eine Unmenge von Studien zur Frage, warum Leute solche Parteien wählen. Die meisten führen letztlich auf die eine oder andere Weise zur Bildung zurück.« Häusermanns Fazit: »Motor der politischen Veränderungen ist ökonomische Verunsicherung«, die aber bald »kulturell konnotierte Mobilisierungen« auslöst. In der Politik sei das nichts Ungewöhnliches: »Auch die Arbeiterbewegung war eine kulturelle Bewegung. Auch sie hat das Versprechen eines besseren Status gemacht. Jede politische Mobilisierung hat einen identitären oder kulturellen Anteil.«

So gedeihen reaktionäre Parteien und Bewegungen keineswegs

nur dort, wo Not herrscht. Die wirtschaftliche Struktur der europäischen Regionen spielt eine Rolle, aber keine beherrschende. Denn auf je eigene Weise ist die Neue Rechte in West und Ost, Nord und Süd emporgeschnellt. Reaktionäre wirken in Skandinavien, das auf Gleichheit bedacht ist, wie in Spanien, wo sich die Einkommensschere sehr weit auftut. Sie blühen im armen Ungarn, in der reichen Schweiz und im zweigeteilten Italien. Der Populismus breitete sich in der dynamischen, wohlhabenden Lombardei früher aus als im stagnierenden, armen Mezzogiorno.

Wer auf den Wohlfahrtsstaat angewiesen ist, etwa weil er seine Stelle verloren hat, wählt öfter linke Parteien. Wer es noch ziemlich gut hat, aber das Ausfransen des Wohlstands am Horizont sieht, zieht die Rechten vor. Nicht nur unterqualifizierte Beschäftigte sind in Sorge. Auch Facharbeiter fürchten, dass ihre Berufe nichts mehr zählen, ihre wertvolle Expertise nach und nach entwertet wird. Viele in der Mittelschicht beschleicht die Aussicht, entbehrlich zu werden. Sie wissen, dass Arbeitgeber einerseits in Wissensregionen mit höher qualifizierten Fachleuten investieren und anderseits die Massenproduktion an ferne »Standorte« verlagern, in denen die Steuern, die Umweltstandards und die Löhne niedrig sind. Der vom freien Kapitalfluss ausgeübte Steuer- und Lohndruck stößt drei Prozesse an, die einander verstärken, allesamt zum Nachteil der Bürgerinnen und Bürger und zum Schaden der Demokratie:

— Die steuerliche Entlastung des Kapitals und die Belastung der Arbeit sind ein zusätzlicher Anreiz, in Software und Roboter zu investieren, um menschliche Arbeit »einzusparen«. Noch rascher werden noch mehr Berufsleute überflüssig und einer Demokratie überdrüssig, die mit den Folgen ihrer Politik nicht fertig wird oder als überlasteter Reparaturbetrieb des Ultrakapitalismus werkelt. Das Vorgefühl eines Teils der Bevölkerung, unnötig zu werden, kann durchaus in Wut umschlagen — aber meistens in Entfremdung, und für eine Demokratie ist nichts fataler als eine um sich greifende Gleichgültigkeit.

— Besteuert der Staat kaum noch das Kapital und die Kapitalein-

künfte, wird er automatisch unsozial: Die Normalverdiener aus der Mittelschicht müssen die rudimentäre Absicherung der Unterschichten schultern, die besser situierten Kapitaleigner werden kaum herangezogen. Das trägt wenig zur Beliebtheit der Demokratie bei.
– Der Staat gerät in die Zwickmühle, weil unter dem Lohndruck das besteuerbare Einkommen der Normalverdiener eher stagniert. Hingegen steigt die Zahl der Kleinverdiener und Empfänger von Transferleistungen (zumal die Rentner länger leben). In dieser Klemme wird das Sparen zum Staatszweck. Die öffentliche Hand kürzt die Leistungen für die Allgemeinheit: nicht bloß bei wichtigen Infrastrukturen, dem Sozial- und dem Gesundheitswesen – oft auch bei der Bildung. Dabei bedarf es großangelegter Ausbildungsoffensiven, um im digitalen Umbruch die Mittelschicht für die beruflichen Ansprüche von morgen zu wappnen und den bildungsferneren Milieus den Zugang zum Arbeitsmarkt von heute zu ebnen.

Verlierer dieser drei Entwicklungen ist der Optimismus. Für die wenig ausgebildeten Arbeitskräfte verschlechtert sich alles: die Chancen auf dem Arbeitsmarkt, der Lohn, die Leistungen der Sozialversicherung, das Ansehen in der Gewinnergesellschaft, die Beachtung durch Politik und Medien. Man fühlt sich minderwertig. So verdüstern sich die Aussichten der unteren Mittelschicht – doch wo die Mittleren zahlreich seien, gebe es bei den Bürgern am wenigsten Aufstände und Zwist, schrieb Aristoteles im 4. Jahrhundert v. Chr. Erodiert der Mittelstand an seinem unteren Ende, beunruhigt das die ganze Mittelschicht. Tendenziell sinkt die Kaufkraft, die Zukunftsperspektiven verschwimmen, und das Vorgefühl dräut, den Kindern oder Enkeln werde es wohl schlechter gehen als einem selbst. Schon ihr Vater habe liebend gern über die Politik und Washington, D. C., gewettert, erzählte Hillary Clinton einmal in einem nostalgischen Augenblick, noch bevor sie sich als US-Präsidentin bewarb.[37] Aber in ihrer Jugend in Illinois seien der Mittelklasse gute öffentliche Schulen und ein erschwingliches Gesundheitswesen zuteilgeworden. Das Einfamilienhaus – klein, wie man sich's vorstellt – habe auch dazugehört. Von dieser inzwischen bedrängten Mittelklasse aber, gestand die Politikerin, sei sie heute »offensichtlich weit entfernt«. Soziale und geografische Distanz vermengen sich im Sog der Urbanisierung. Die Neue Rechte versteht sich darauf, dieses doppelte Ferngefühl zu bewirtschaften. Ihre Wählerschaft verweigert den einheimischen »Eliten« wie den zugezogenen Underdogs die »Anerkennung und Würde«, die sie selber vermisst. Würde Hillary Clintons Vater jetzt lauter schimpfen?

*Bietet Demokratie keine echten Alternativen,
sucht man Alternativen zur Demokratie*

Grimm und Groll vermengen sich jedoch mit einer guten Dosis Geschmeidigkeit, um die eigene Stelle zu sichern, die Berufsaussichten zu wahren. Schwankt der Mensch zwischen Bürger, Verbraucher und Untertan – devot wie in Trumps Castingshow, aber hadernd wie die vom »You're fired« Entwürdigten –, ist die liberale Demokratie bereits in der Defensive. Der Bürgersinn weicht dem Verbraucherstumpfsinn. Anpasser entwickeln anstelle der Bürgertugenden den sicheren Untertaneninstinkt, im Sinne der Mächtigen zu denken.

Wie der Staat beugen sich auch viele Bürgerinnen und Bürger dem Gesetz des Ultrakapitals, aus Ohnmacht, Orientierungslosigkeit, Opportunismus. In den vier vergangenen Jahrzehnten boten die Demokratien »keine realistische Alternative« zu einer Politik, die sich halb resigniert, halb geschmeidig in den Dienst der Kapital- und Arbeitgeber stellte. Die liberale Demokratie jedoch wird undemokratisch, wenn sie stets den Sachzwängen einer Machtwirtschaft unterliegt, die sie nicht zu ordnen vermag. Ein bisschen mehr nach rechts, ein Spürchen nach links – die Wählerinnen und Wähler wählen, und dann entscheidet der Markt? Auf die Dauer spüren alle, dass in der Wirtschaftspolitik die Regierung tut, was eine andere Regierung auch täte. Die Franzosen sprechen hier von *la pensée unique*, vom Einheitsdenken. Unterschiede schrumpfen zu Nuancen. In Wahlkämpfen entbrennt heftiger Widerstreit der gleichen Meinungen.

Das wertet die ganz »anderen« Themen der Reaktionäre auf, ihre Kampfthemen und an erster Stelle ihren Rassismus. Laut Trump ist die Stadt Baltimore, in der Afroamerikaner zwei Drittel der Bevölkerung ausmachen, ein »von Ratten und Nagetieren verseuchter Saustall«.[38] An der dortigen Johns-Hopkins-Universität forscht Yascha Mounk über den Zerfall der Demokratie (so auch der Titel seines jüngsten Buchs). Er sieht eine liberale Demokratie, die »zur Spielwiese von Milliardären« werde, die leichthin »die Rechte der Schwachen« schwächen. Der amerikanisch-deutsche Politologe ortet einen »undemokratischen Liberalismus«.[39] Andere Wissenschaftler sprechen von einer »liberalen Autokratie«.[40] Und bietet die Demokratie keine echten Alternativen, sucht man nach Alternativen zur Demokratie.

Genau da setzen die Reaktionäre an, sie bieten Pseudoalternativen. Der starke Mann – denn offenbar soll es ein Mann sein – wird es richten. Er wird durchregieren, die Steuern senken (was die Wirtschaft belebe und Haushaltsdefizite wettmache), den unfähig-korrupten Staat abbauen (was Geld spare), die abgehobenen Bürokraten in der fernen Hauptstadt bändigen (was dem Bürger endlich Einfluss verleihe), Ruhe und Ordnung durchsetzen (wozu rigorose Strafen verhülfen), die Migranten abschrecken (was eine »gesunde Härte« erfordere), die Nation wieder in ihr Recht setzen (als ließen sich Probleme in die Nachbarländer exportieren). Lauter giftige Allheilmittel, verunglückte Rezepte und stumpfe Zauberformeln, die jedoch immer wieder ziehen. Das Betäubungsmittel Propaganda wirkt stärker, als liberale Geister es wahrhaben wollen. Und reaktionäre »Vollstrecker des Volkswillens« müssen die Propagandawalze auffahren, sonst sind sie verloren. In ihrem Streben liegt nämlich eine enorme Zumutung, die erst einmal breit beworben werden muss: Das Volk soll sein Schicksal in die Hand nehmen, indem es sich in die Hand des Anführers begibt, fügsam und biegsam. Nur in der Hingabe der Wählerinnen und Wähler an ihren Wahlmonarchen wird die Nation souverän. Ohne Daueragitation ist diese dreiste Botschaft schwerlich anzubringen. Sie fordert, in neurechter Dialektik, ein »rückschrittliches Voranschreiten«: Aus Untertanen sollen wieder stolze Bürger werden, indem sie sich dem starken Mann ergeben. Nur einer reaktionären Partei in Europa, der AfD, fehlt vorerst eine solche Identifikationsfigur, eine Rolle, die weder Alexander Gauland noch Andreas Kalbitz ausfüllen, ganz zu schweigen von Björn Höcke.

Ebenso dialektisch beschwört die Neue Rechte die einmütige »Volksgemeinschaft« – und spaltet die Gesellschaft. Sie polarisiert und bringt die Bürger gegeneinander auf. Aber in ihrer Vorstellungswelt scharen sich alle hinter der Führung: Prekariat und Plutokraten, die Klein- und die Großbürger. Unter dem Dach des Nationalen soll der soziale Abstand schwinden. In der *Frankfurter Allgemeinen* schrieb Alexander Gauland 2018, die AfD verbinde »zum einen die bürgerliche Mittelschicht« und »zum anderen viele sogenannte einfache Menschen, deren Jobs oft miserabel bezahlt werden oder nicht mehr existieren, die ein Leben lang den Buckel krumm gemacht haben und heute von einer schäbigen Rente leben«.[41] Der Co-Fraktionsvorsitzende der AfD kritisierte genau die Politik zugunsten der Bürger, die er als erzkonservatives CDU-Mitglied während vier Jahrzehnten verfolgt hatte. Auf einmal war er am Puls der kleinen Leute. Sinneswandel? Der Zyniker Matteo Salvini muss sich da schon gar nicht verstellen: »Ich höre den Leuten zu, so hören sie auf mich.« Autoritäre sind ganz Ohr – und lassen keinen mitreden. Die Chefreaktionäre sind beratungsresistent. Das kostete den hochmütigen Matteo Salvini fürs Erste die Macht. Und könnte Donald Trump die Wiederwahl erschweren.

Seine Gegnerin im Präsidentschaftswahlkampf von 2016 war Hillary Clinton. Zwei Jahre zuvor hielt die New Yorker Senatorin eine Ansprache vor Gästen des Wertpapierhauses Goldman Sachs. Just in dieser Hauptschlagader der Finanzströme bekundete Clinton, ganz nebenbei, ihr leises Unbehagen an der wirtschaftshörigen Demokratie. Zwiespältig, wie viele Liberale sind, bemängelte sie die

Hegemonie jener Finanzwelt, die sie trotzdem oder gerade darum hofierte: »Ich sehe im Land wachsende Angst und sogar Unmut darüber, dass das [politische] Spiel manipuliert sei. Doch als ich aufwuchs, hatte ich nie dieses Gefühl. Nie.« Auf dieses Gefühl setzte dann ihr Gegenkandidat Trump. Die Wahlen 2016 würden zeigen, »ob Amerika eine freie Nation ist oder ob für uns die Demokratie bloß eine Illusion ist: ob wir faktisch kontrolliert werden von der Handvoll globaler Sonderinteressen, die das System manipulieren«.[42]

Demokratie ist, wenn Reaktionäre gewinnen? Ausgerechnet Businessman Trump empörte sich, dass Big Business die Politik beherrsche (was ja sein bestechendes Geschäftsmodell im New Yorker Immobilienboom gewesen war). Das blieb eines von Trumps Hauptargumenten im Augenblick, als er sich anschickte, von der Demokratie Besitz zu ergreifen: Nach dem Take-over ließ dann der neue Mehrheitsaktionär der USA Inc. die übrigen Anteilseigner auflaufen. Als Magnat der Politik agiert Donald Trump kaltschnäuziger als die »globalen Sonderinteressen«, die er in Gestalt von Hillary Clinton verteufelt. Die Zerrüttung der amerikanischen Demokratie war Trumps Chance.

Die Verwirtschaftlichung des Denkens

Zur Welt der Reaktionäre gehört das Grobschlächtige wie die FPÖ zu Ibiza, die AfD zu Pegida, die Injurie zur Lega und Trump zu seinen 11 390 Tweets seit Amtsantritt, so der Zwischenstand Mitte Oktober 2019 – wobei er mit 271 Tweets in der zweiten Oktoberwoche seinen Allzeitrekord gebrochen hatte.[43] Jedes Mal schrammen Neurechte an der Karikatur ihrer selbst, was auf Dauer auch ermüdet. Wie viel subtiler sind da die politischen Entwürfe der Neoliberalen. Sie poltern nicht gegen die Demokratie, lieber entziehen sie ihr im Stillen zahlreiche Befugnisse. Sie beschneiden den Freiraum für demokratische Entscheidungen. Und das fängt im Gedanklichen an.

Erstens: In der raumgreifenden Marktgesellschaft »verwirtschaftlicht« das Denken – denn alles und jedes wird an der Elle der Ökonomie gemessen. Demokratische, soziale, ökologische, gesellschaftliche und kulturelle Werte rücken in den Hintergrund. Ökonomie wird zur Ideologie, zum *Ökonomismus*, nachgerade zur »Produktion von Wahrheit« im Sinne des Philosophen Michel Foucault, den die Neoliberalen spät entdeckt haben und für sich pachten. Die Demokratie hingegen produziere Unfreiheit, sagen sie: Das Recht, das uns vor Willkür schützt, sei freiheitsfeindliche Bürokratisierung. Und wenn schon Regulierung, setzt sich die Wirtschaft nach Möglichkeit selbst ihre Rahmenbedingungen. Auf dem Höhepunkt des Neoliberalismus arbeiteten in deutschen Bundes- und Landesministerien rund hundert Lobbyisten. Laut Bundesrechnungshof schrieben einige an Gesetzesentwürfen mit; noch heute gehen sie in einzelnen Ministerien ein und aus, wie zu Hause, ohne Anmeldung. Abgemeldet ist die Demokratie. Der Markt, der einen Rahmen braucht, wird selbst zum Rahmen. Der Soziologe Ulrich Beck sprach vom »Imperialismus des Ökonomischen« über alle Lebensbereiche.[44]

Zweitens: Vor lauter Verwirtschaftlichung wird Ökonomie wertvoller als Demokratie. Dem Ökonomismus ist das demokratische Prinzip zuwider: Er seufzt ob der langen, langsamen, oft langweiligen Suche nach Lösungen, die breit getragen werden und darum nachhaltig sind. Was als Bürokratiekritik daherkommt, ist Kritik an der liberalen Demokratie. Die Staatsschelte hört nämlich prompt auf, sobald es um autoritäre Staaten geht. Marktradikale loben die Entscheidungsfreude asiatischer Potentaten. Der Frankfurter Wirtschaftshistoriker und Kapitalismusbewunderer Werner Plumpe pflegt Regierungen zu größter Zurückhaltung zu ermahnen, sei der Markt doch viel gescheiter als sie. Gleichzeitig rühmt Plumpe »die starke Stellung der staatlichen Autoritäten« im totalitären China: Das sei die wesentliche Ursache für »eine der größten Erfolgsgeschichten in der Weltwirtschaftsgeschichte«, schrieb er in seinem 2019 erschienenen Buch *Das kalte Herz. Kapitalismus: Geschichte einer andauernden Revolution.*[45] Verkürzt sich die Welt auf die Wirtschaft, keimt sogar bei Neoliberalen der frevelhafte Gedanke, dass dank Informationstechnologie die Diktaturen leistungsfähiger sein könnten: dass eine künstlich intelligente Big-Data-Planwirtschaft eines Tages effizienter und weniger krisenanfällig wäre als die Marktwirtschaft.

Drittens: Die Gestaltungskraft nationaler Staaten schwindet, denn für Fragen wie die Erderwärmung oder die Steuervermeidung kann es nur transnationale Antworten geben. Doch das Errichten wirksamer transnationaler Demokratien, am weitesten gediehen in der Europäischen Union, erfordert Jahrzehnte. Vorderhand lassen sich weite Teile der Globalwirtschaft schlecht regulieren oder nur auf undemokratische Weise: Regierungen verhandeln untereinander und stellen dann ihre Parlamente vor vollendete Tatsachen. 1776 in der Amerikanischen, 1789 in der Französischen Revolution war die Nation die Wiege der Demokratie – wird sie zu ihrem Krankenbett?

Viertens: Im Zuge internationaler Abkommen zum Schutz des geistigen Eigentums und von Investitionen im Ausland übertragen die Staaten hoch politische Beschlüsse privaten Schiedsgerichten. Ein unzufriedener Investor kann sich an diese Privatjustiz wenden, wenn aus seiner Sicht die vom Parlament verabschiedeten Gesetze das Abkommen verletzen.

Fünftens: Das Privatisieren öffentlicher Unternehmen und Aufgaben (bis zum Betrieb elektronischer Wahlsysteme oder Haftanstalten) amputiert die Demokratie: Sie verliert den Zugriff auf Teilbereiche des Gemeinwesens. Manchmal gibt sie sogar lebenswichtige Infrastrukturen wie die Wasserversorgung preis. Die Transparenz für die Bürgerinnen und Bürger leidet.

Sechstens: Nicht nur die entscheidende Liberalisierung der Kapitalströme mehrte die Wirtschaftsmacht. Auch Deregulierungen des Arbeitsmarkts können die Demokratie schwächen. Die 2002 politisch gewollten Billigjobs haben einen neuen und großen Bezirk der deutschen Gesellschaft abgesteckt, den »Niedriglohnsektor«, wie es in der Sprache der Technokraten heißt. Das sind gut 22 Prozent der Erwerbstätigen in der Bundesrepublik, rund 10 Prozentpunkte mehr als in Österreich und der Schweiz. Da arbeiten viele Männer und noch mehr Frauen sehr hart, aber sie verdienen wenig. Sie wenden sich am ehesten von der Demokratie ab, weil sie von ihr wenig erwarten und ohnehin der Existenzkampf die Lust an der Politik in den Hintergrund rückt.

Siebtens: In den USA – wo Trump mehr Generäle denn je in die Regierung holte – ist der weitgehend unkontrollierte »militärisch-digitale Komplex« noch mächtiger als der »militärisch-industrielle Komplex«, der aus dem Zweiten Weltkrieg hervorging. Letzterem misstraute ein Insider, der kriegserprobte US-Oberbefehlshaber und spätere Präsident Dwight D. Eisenhower. In seiner Abschiedsrede 1961 kritisierte der Republikaner die Allianz »des riesigen militärischen Establishments und der großen Rüstungsindustrie. […] Wir müssen auf der Hut sein vor unberechtigten Einflüssen des militärisch-industriellen Komplexes, ob diese gewollt oder ungewollt sind. Die Gefahr für ein katastrophales Anwachsen unbefugter Macht besteht und wird weiter bestehen. Wir dürfen niemals zulassen, dass das Gewicht dieser Kombination unsere Freiheiten oder unseren demokratischen Prozess bedroht«, mahnte Eisenhower.[46]

Achtens: Die USA sind in ihrem Handelskrieg und mit ihrer Strategie der Sanktionen dazu übergegangen, Drittländern detailliert Verbote zu erteilen, sie haben beispielsweise ihr Quasi-Veto gegen zu viel Zusammenarbeit mit dem chinesischen Huawei-Konzern eingelegt. Demokratien erhalten gleichsam kriegswirtschaftliche Befehle.

Neuntens: Bei der Wirtschafts- und Lobbymacht von Google, Apple, Facebook, Amazon (Gafa) fällt es der liberalen Demokratie schwer, das zu tun, was ihr obliegt: Monopolmacht zu zerschlagen und dem Markt einen Rahmen zu setzen, der den Interessen der Bürgerinnen und Bürger Rechnung trägt. Der Brüsseler Kommission gelingt es dann und wann, Strafen zu verhängen, Gafa-Übermacht einzudämmen – nicht aber, sie zu verhindern. Luciano Floridi, Philosoph der Information in Oxford und honorarfreies Mitglied des Google-Beirats »Recht auf Vergessen«, liebäugelt damit, die Gafa-Macht offiziell kenntlich zu machen. Namentlich in den USA werde »Politik vor allem von riesigen Unternehmen gemacht, ohne dass sie die Verantwortung übernehmen. […] Wenn die Unternehmen A, B und C dermaßen viel Macht und soziale Kontrolle haben, dann sollten sie mit an den Verhandlungstisch kommen und offen zeigen, wie sie abstimmen – so dass man sehen kann, wofür sie eintreten. Allerdings würde man so zugeben, dass die Politik selbst ziemlich erledigt ist«, meinte er in der deutschsprachigen Ausgabe des Onlinemagazins *Wired*, des langjährigen Zentralorgans von Silicon Valley.[47]

Zehntens: Plattformen wie Facebook können die Demokratie beschädigen, indem ihre Algorithmen hoch emotionale Posts und sehr provokative politische Werbung systemisch bevorzugen. Das hält die Nutzerinnen und Nutzer bei der Stange, was höhere Werbeeinnahmen verspricht. In einem Wort: Facebook verdient gutes Geld mit Polarisierung. Für Demagogen – diese Freunde des Shitstorms – ist das ein Segen.

All dies greift die Substanz der Demokratie an. Es herrscht Inhaltsarmut, aber eine hoch professionelle Politdarstellung, in der Großmäuler brillieren, macht das wett: eine Show-Demokratie? Sie ist mitunter ereignisreich und belanglos wie eine Fernseh-Soap, in der eine Lachmaschine das Lachen besorgt: berechnender Unernst. Das lockt Komiker und Kabarettisten in die Politik, so den Gründer der Fünf-Sterne-Bewegung Beppe Grillo, den slowenischen Comedian und Ministerpräsidenten Marjan Šarec, den ukrainischen Satiriker und Präsidenten Wolodymyr Selenskyj, den Europaabgeordneten Martin Sonneborn mit seiner Spaßpartei (die aus dem Satiremagazin *Titanic* hervorging), den reaktionären Blödelschauspieler und guatemaltekischen Präsidenten Jimmy Morales, den brasilianischen Clown Tiririca, der glanzvoll ins Parlament wiedergewählt wurde, oder den Humoristen Jón Gnarr, zeitweiliger Bürgermeister von Reykjavik: »Wir können mehr versprechen als alle anderen Parteien, weil wir jedes Wahlversprechen brechen werden«, versprach er. Ist die Politik »ziemlich erledigt«, können Käuze den Job ziemlich gut erledigen. Selbst der ZDF-Fernsehunterhalter Jan Böhmermann vom »Neo Magazin Royale« spielte in seiner unernsten Seriosität mit dem Gedanken, für den SPD-Vorsitz zu kandidieren.

Der 2009 verstorbene Deutschbrite Ralf Dahrendorf war Soziologe, in Bonn FDP-Staatssekretär, Brüsseler Kommissar, Präsident der London School of Economics, Rektor eines Oxford-Colleges – er fing als Abgeordneter im Bundestag an und hörte als Lord im Oberhaus auf. Kühl porträtierte er die »globale Klasse«, die er in- und auswendig kannte.[48] Diese Schicht schaue auf Regierungen und Parlamente herab, meinte er (was später der Facebook-Gründer Mark Zuckerberg kundtat, als er bei Anhörungen im Kongress zu Washington oder im Europäischen Parlament fast nur ausweichende Antworten gab). »Es verwundert nicht – denn das ist eine historische Konstante –, dass eine neue Klasse die traditionellen Institutionen als hinderlich für ihre Entfaltung betrachtet und der Meinung ist, sie müssten entweder zerschlagen oder ignoriert werden.« Dahrendorf glaubte, den Anfang vom Ende der Demokratie zu erleben. Darauf deutete auch ein Buch eines weiteren bedeutenden Soziologen, des Briten Colin Crouch: *Postdemokratie*.[49]

Auf dem Papier verläuft alles ganz demokratisch, aber der ultrakapitalistische Teil der Wirtschaft hat die eigentliche Macht über die Postdemokratie. Ihrerseits ist die gelenkte Demokratie ein bloßes Instrument des Anführers. So oder so, Demokratie wird zur Leerformel. In der gelenkten Demokratie ist die Justiz Vollzugsorgan der Regierung. Und eine postdemokratische Regierung versteht sich als Zuarbeiterin der Unternehmen. Sei es murrend, sei es im Brustton der Evidenz, erkennt sie den Primat der Ökonomie über die Politik an, so wie der Vasall einst seinem Lehnsherrn beistand. »It's the economy, stupid!« (Auf die Wirtschaft kommt es an, Dummkopf!), das war in den euphorischen Jahren des Neoliberalismus der Wahlkampfspruch des US-Demokraten Bill Clinton, der das Weiße Haus an die Wall Street heranrückte. Die Verwirtschaftlichung des Denkens reduzierte die Demokratie zum Anhängsel der Ökonomie. Gleichzeitig expandierte die alte Marktwirtschaft zur neuen Marktgesellschaft, deren Sprache ebenfalls ökonomisiert ist, etwa wenn die Ärztin und der Sozialarbeiter »Klienten« haben, der Journalist für »Nutzer« schreibt, Universitäten wie Konzerne »evaluiert« werden, im »Ranking« auf- und absteigen. Das autokratische Managen von Unternehmen und das demokratische Regieren von Staaten fallen unter dasselbe neudeutsche Wort: Governance. Ein Sinnbild der Unwucht.[50]

»Die Antwort ist die Autorität der Demokratie, nicht die autoritäre Demokratie«

Sowohl der Ultrakapitalismus als auch die Neue Rechte rütteln am liberalen Fundament: dem Aufsplitten aller Macht. Autoritäre wollen Allmacht, die globale Wirtschaft baut ihre Vormacht aus. Beides reibt die Demokratie auf. Für sie kämpften Demokraten jahrhundertelang – und binnen kurzer Frist ist sie in Bedrängnis geraten.

Der Historiker Heinrich August Winkler hat im ersten Band seiner *Geschichte des Westens* die Ursprünge der allmählichen Trennung der verschiedenen Gewalten im Staate nachgezeichnet.[51] Der erste Schritt war im 11. und 12. Jahrhundert der heftige Streit über die Investitur, die Amtseinsetzung von Bischöfen und hohen Geistlichen. Sollte Papst Gregor VII. sie ernennen oder aber Heinrich IV., »König durch Gottes gerechte Anordnung«? Dem Monarchen und späteren deutschen Kaiser war seine weltliche Macht gottgegeben, also beanspruchte er auch kirchliche Befugnisse. So forderte er den Papst heraus. Der wiederum nutzte seine geistliche Macht zu weltlichen Zwecken. Er setzte Heinrich IV. ab, verhängte den Bann über ihn, er schloss ihn aus der Kirche aus. Dem König blieb nichts anderes übrig, als im Büßerhemd den schmählichen Canossagang anzutreten: In der oberitalienischen Burg, in der Gregor VII. gerade weilte, leistete der Salier 1077 erst einmal Abbitte. Zwar entbrannte der Streit gleich wieder neu, aber die Trennung von geistlicher und weltlicher Gewalt nahm ihren Lauf: »So gebt dem Kaiser, was des Kaisers ist, und Gott, was Gottes ist!«, wie das Matthäus-Evangelium Jesus von Nazareth zitiert.

Die nächsten Schritte folgten in England, das »die Trennung von fürstlicher und ständischer Gewalt« vollzog, schreibt Winkler. Die Stände waren der Adel, der Klerus und das Bürgertum namentlich in Gestalt der City of London. Die Magna Charta (Große Urkunde) von 1215 verbriefte ihnen rudimentäre Grundrechte, so den Anspruch auf ein ordentliches Gerichtsverfahren, das Verbot willkürlicher Haft und unverhältnismäßiger Strafe: lauter Errungenschaften, die heutige Länder in der Abwehr von Migranten strapazieren. Die USA pferchen mittelamerikanische Kinder in Grenzlager, trennen sie von den Eltern. Die Abschreckungspolitik der Europäischen Union läuft darauf hinaus, unwillkommene Afrikaner der Folter in libyschen Lagern auszusetzen. Australien hält Geflüchtete auf der Insel Nauru gefangen. Die Schweiz bringt abgewiesene Asylsuchende manchmal in fensterlosen Bunkern unter, wo sie »eingegrenzt« sind – die Betroffenen dürfen ein eng abgestecktes Gebiet nicht verlassen. Der Westen fällt im 21. Jahrhundert hinter die Magna Charta aus dem 13. Jahrhundert zurück.

Diese erste Urkunde band britische Könige an die Gesetze. Und 1689 bekräftigte eine weitere Urkunde, die Bill of Rights, dass »das Aussetzen von Gesetzen oder ihrer Anwendung kraft königlicher Autorität, ohne Zustimmung des Parlaments, illegal ist«.[52] Von da aus war es ein kleiner, riesiger Schritt zum Aufklärer Charles de Secondat de Montesquieu, der 1748 in Genf sein epochemachendes Buch *Vom Geist der Gesetze* veröffentlichte.[53] Darin brachte er die Gewaltenteilung auf den Punkt. Der Franzose ging von der »ewigen Erfahrung« aus, dass »jeder Mensch, der Macht hat, dazu neigt, sie zu missbrauchen«: zum Beispiel Boris Johnson, dem sein Wille zum Brexit eine Zeit lang alle unheiligen Mittel heiligte; oder Donald Trump, der die Ukraine unter Druck setzte, gegen den Sohn seines demokratischen Rivalen Joe Biden vorzugehen. Darum sei der Staat so zu ordnen, schrieb Montesquieu, dass die Macht verteilt werde und widerstreitende Gewalten einander Schranken setzten: »Il faut que le pouvoir […] arrête le pouvoir«, Macht soll Macht stoppen. Damit jeder in Freiheit lebe, dürfe kein Mensch und keine Menschengruppe – weder der König noch der Adel, aber auch nicht das Volk – die wichtigsten Machtbefugnisse kumulieren, nämlich gleichzeitig »Gesetzgeber sein, Erlasse umsetzen und Urteile sprechen«.

Reaktionären ist diese über Jahrhunderte erkämpfte Trennung von gesetzgebender, vollziehender und rechtsprechender Gewalt zuwider. In Polen wie in Ungarn nimmt die Regierung die Justiz an die Kandare. Schweizer Bundesrichter, die das löchrige Bankgeheimnis weiter löcherten und Amtshilfe an französische Steuerfahnder bewilligten, müssen um ihre Wiederwahl durch das Parlament bangen. In Brasilien verhalf ein Richter dem Präsidenten Jair Bolsonaro zur Wahl, indem er sich mit der Staatsanwaltschaft absprach, um den gefährlichsten Gegenkandidaten Lula in Haft zu bringen: Der käufliche Richter avancierte zum Justizminister. Der türkische Präsident Recep Tayyip Erdoğan wie sein amerikanischer Kollege Trump regieren gern per Dekret, wenn nicht per Drohung. Powerplay statt *checks and balances.*

Nach der x-ten Niederlage, die ihm Volksvertreter und Justiz zugefügt hatten, verunglimpfte im Herbst 2019 Boris Johnson dieses »Zeug, das im Parlament und in den Gerichten passiert«.[54] Via Facebook beschimpfte er Abgeordnete der eigenen Partei, die sich seiner Politik widersetzen. Via Twitter verunglimpfte Trump widerborstige Republikaner als »menschlichen Abschaum«.[55] In Jerusalem verließ der langjährige Likud-Ministerpräsident Benjamin Netanjahu eine Pflichtsitzung der Knesset, das Handy in der Hand, und schnödete über die Volksvertreter: Die »wollen, dass ich hier sitze, aber ich brauche sie nicht. Ich rede direkt mit euch«. Mit »euch« »war das über die sozialen Medien zugeschaltete Volk gemeint«, erläuterte die FAZ.[56]

Die »mediale Unmittelbarkeit« auf Facebook erleichtert es Machtmenschen, die Institutionen der Demokratie links liegen zu lassen. Erste, Zweite, Dritte, Vierte Gewalt? Soziale Medien sind jetzt die Fünfte Gewalt. Twittern ist Regieren, und Facebook ist fast so wichtig wie das Parteibuch. Die »charismatische Herrschaft«, die 1919 der Soziologe Max Weber umriss, hat ihre digitale Form gefunden.[57] Die Digital-Charismatiker haben nun, was sich seit je alle Volkstribune gewünscht hatten: direkten Zugang zum Volk. Sie sind nicht bloß gewählt, sondern »auserwählt«, wie sich Trump überhöhte.[58] Die institutionelle tritt zugunsten der persönlichen Macht zurück. Schwächelt der Rechtsstaat, erstarkt der starke Mann. Den Autoritären ist das in der liberalen Demokratie ganz entscheidende, äußerst heikle und von Land zu Land höchst unterschiedlich ausgestaltete und austarierte Gefüge der staatlichen Institutionen egal.

Inzwischen führen Reaktionäre und Autoritäre sowohl große Staaten als auch das große Wort. Das verdanken sie nicht in erster Linie ihrem Populismus, der in einigen Ländern immer schlechter ankommt und außer in Italien nirgends die Mehrheit der Bürgerinnen und Bürger anspricht – auch wenn viele Medien alles Demagogische aufgreifen und nicht selten aufwerten. Den Ausschlag gibt ebenso wenig die Geldmacht neurechter Milliardäre: Auch in Ländern, in denen keine Plutopopulisten ihre Schatulle öffnen, ist das Reaktionäre hochgekommen. Und die nie ganz einfach zu lebende Vielfalt der Kulturen ist schon gar nicht die eigentliche Ursache des reaktionären Aufmarschs, denn viel Fremdenhass erfüllt Mittel- und Osteuropa mit Ausländeranteilen von weniger als zwei Prozent, in Polen 0,6 Prozent. Und der neue Nationalismus, der alle Weltgegenden befällt, würde in einem Europa ohne EU noch stärker werden. Die Europäische Union ist sein Hassobjekt, aber nicht sein Ursprung.

Von Land zu Land hat sich der neurechte Populismus anders ausgeprägt: hüben stärker, drüben schwächer, das eine Mal früher, das andere Mal später, je nach der nationalen Geschichte und Tradition, nach dem Wahlsystem, der Parteienlandschaft, dem Befinden der Bürgerinnen und Bürger. Aber so clever viele reaktionäre Parteien die Wählerstimmen kurzfristig zu maximieren wissen, so sehr sie mittelfristig planen und so fleißig sie langfristig ihre Themen setzen – der eigentliche Grund ihres Auftrumpfens liegt woanders: Auf die Dauer laugt es die demokratischen Parteien aus, eine liberale Demokratie zu verteidigen, die nicht mehr ganz so liberal ist. Ihr Unbehagen ist mit Händen zu greifen, zumal ihnen die Vision fehlt, das Liberale legitimer zu machen.

»Die Antwort auf den Autoritarismus, der uns allseitig umgibt, ist nicht die autoritäre Demokratie, sondern die Autorität der Demokratie«, sagte Emmanuel Macron im April 2018 vor dem Europäischen Parlament.[59] Aber ob wirtschafts- oder sozialliberal, konservativ oder links, einem Großteil der Politik fehlen die Ideen und eine Strategie, um
- den Primat der Politik zu behaupten;
- das Zusammengehen von Kapital- und Datenmacht zu regeln und, wo nötig, zu verbieten;
- das Kapital zu belasten;
- die Arbeit zu entlasten;
- den Raubbau an den natürlichen Ressourcen zu stoppen.

»Gelingt es, in einer liberalen Parteiendemokratie noch politische Handlungsfähigkeit herzustellen? Das ist, glaube ich, die Frage, um die alles kreist« – Robert Habeck findet sich mit einer Demokratie in der Defensive nicht ab.[60] Und wie der Co-Vorsitzende der Grünen sorgt sich auch der CDU-Politiker Thomas de Maizière. In einem eindrucksvollen FAZ-Interview dachte der scheidende, entsprechend freimütige Bundesinnenminister 2018 ganz laut nach: »Mit der Frage der Wirkmacht von Politik sind wir zum ersten Mal in der Finanzkrise konfrontiert worden. Wir in der Regierung, aber auch alle anderen Menschen im Land haben sich gefragt: Wer hat eigentlich das letzte Wort? Die Banken oder die Politik? Hat man überhaupt noch einen politischen Gestaltungsspielraum? Das gilt auch für die Migration. Lässt sie sich überhaupt steuern? Ähnlich ist es mit der Digitalisierung. Lässt sich das politisch noch regeln, oder kommt das einfach über uns? Die Frage ist also berechtigt, ob der Staat noch die Macht hat.«[61] De Maizière bejahte zweckoptimistisch die Fragen, ohne seine pflichtschuldig bekundete Zuversicht näher zu begründen.

Solange die »Erosion des Vertrauens« in die Gestaltungskraft der Politik anhält, »ist es schwer, Begeisterung für die Demokratie zu wecken«, weiß Habeck. Laut einer Studie der Körber-Stiftung glaubte 2019 die Hälfte der befragten Deutschen, die Bundesrepublik habe »im Zuge der Globalisierung die Kontrolle über die Gestaltung [ihrer] Politik verloren«: Demokratie als virtuelle Realität.[62] Macht stoppt Macht, schrieb einst Montesquieu. Wer stoppt Ohnmacht?

Die Schweiz: Avantgarde des Populismus

Parlament, Regierung, Justiz und andere: Die liberale Demokratie braucht leistungsfähige Institutionen. Und die Neue Rechte will sie zerrütten. Nirgends haben Reaktionäre, Hand in Hand mit Ultrakapitalisten, die staatlichen Institutionen dermaßen schlechtgemacht wie in der Schweiz mit ihrer direkten Demokratie. Allerdings blieben diese Institutionen erstaunlich widerstandskräftig, ähnlich wie (bei Wahrung aller Proportionen) in Washington das Repräsentantenhaus und die Justiz dem Präsidenten Trump zusetzen oder in London das Unterhaus und der Oberste Gerichtshof Boris Johnson auflaufen ließen.

Das kleine helvetische Labor für politische Experimente destillierte sehr früh den hochprozentigen Willen zur Macht neuer Autoritärdemokraten heraus, nämlich der plutokratischen Dynastie Blocher: des Vaters und Selfmademan Christoph und seiner Tochter Magdalena Martullo-Blocher, ebenfalls Milliardärin. Sie folgte ihm als Chefin des Chemiekonzerns EMS in Graubünden. Sie beerbte ihn als Vizepräsidentin der stärksten Kraft im Lande, der Schweizerischen Volkspartei. Und die Tochter soll Ministerin in Bern werden wie zuvor der Vater. Die Blochers lenken das Unternehmen, die Partei, in einiger Hinsicht auch die Schweizer Politik. Dafür wenden sie Unsummen auf, ohne dies groß zu verstecken – so wenn sie mit dem Hubschrauber vor der Kongresshalle landen, in der Christoph Blocher das versammelte SVP-Fußvolk vor der volksfernen Elite warnt.

Denn die Blochers betrachten sich als die wahre Elite. Wie vom Helikopter herab schauen sie auf die Schar der Volksvertreter und Staatsdiener. Aus Sicht von Christoph Blocher ist das Parlament »Zeitverschwendung« und eine »Dunkelkammer« der Machenschaften.[63] Die Minister in der Kollegialregierung, die sieben Bundesräte, sind im Wortgut der SVP die »sieben Zwerge«. Die Partei wollte die Europäische Menschenrechtskonvention und das Bundesgericht aushebeln. SVP-nahe Kreise lancierten Volksbegehren, um den öffentlichen Rundfunk abzuschaffen und die Zentralbank kaltzustellen – alles im Namen einer Volksherrschaft, die auf mehr Vorherrschaft des Blocher-Clans hinausgelaufen wäre.

An der Urne sagte das Volk durchwegs Nein zu derlei »Volksdemokratie«. Und in einem seltenen Kraftakt lehnte das Parlament Blochers Wiederwahl als Mitglied des Regierungskollegs ab. Trotzdem hat sein siegloser Kampf gegen die demokratischen Institutionen die Schweizer Politik verändert, sie eingeschüchtert. Wer sich den planvollen Rufmordangriffen der SVP aussetzt, braucht ganz gesunde Nerven: Teile der Verwaltung sind schwer verunsichert, und an vorauseilendem Gehorsam fehlt es nicht, man will sich dann doch lieber nicht exponieren. Die Ruchlosigkeit schreckt etliche Köpfe vom Einstieg in die Politik ab. Nationalisten hebeln aus, was die helvetische Nation kennzeichnete: ihren Pragmatismus. Die einst außergewöhnlich lösungsorientierte Schweizer Politik ist nunmehr auf die Maximierung von Stimmen durch Krawallmarketing aus. All das erfüllt den Zweck, den Staat zu schwächen, wie das auch Trump in den USA betreibt. Die Schweiz und die Vereinigten Staaten – zwei extrem ökonomistische Länder, die sich umso wendiger dem Ultrakapitalismus verschrieben haben.

Gernegroß sieht sich die Schweiz als Schwesterrepublik der USA, übernahm sie doch 1848, als sie sich vom Staatenbund zum heutigen Bundesstaat wandelte, Teile der amerikanischen Verfassung. Und so gedieh sie zur ersten liberalen Demokratie auf dem Kontinent. Gleichzeitig könnte das direktdemokratische Land als eine Art Frühwarnsystem für parlamentarische Demokratien fungieren: Die vielen Volksbegehren greifen aufkommende Stimmungen unverzüglich auf, sie setzen neue Themen sofort auf die politische Agenda, früher als in repräsentativen Systemen. So hat die Schweiz im Kleinen vorweggenommen, was Amerika jetzt vorführt. Die von Plutokraten, Managern und Marktradikalen über Jahrzehnte betriebene Staatsschelte – an der Grenze zum Hass auf alles Politische – hat die einst staatstreuen Konservativen dem Staat entfremdet. Was staatsbürgerlicher Geist war, sehr konservative Staatsverbundenheit, gilt nun als Staatsgläubigkeit.

Vor vier Jahrzehnten keimte in der Eidgenossenschaft, was derzeit andere Nationen in Demokratiekrisen stürzt: die wachsende Staatsverachtung rechter Staatslenker; der Hohn auf die Bürokratie statt der Achtung vor teils hoch qualifizierten Beamtinnen und Beamten; die systematische Geringschätzung staatlicher Fachkompetenz und die naive Überbewertung der Kompetenz von Managern; das Hohelied auf die Wirtschaft und das Hohnlied auf die Vertreter demokratischer Institutionen. »Mehr Freiheit, weniger Staat«: Schweizer Wirtschaftsführer und ihre Freisinnig-Demokratische Partei (FDP) erfanden 1978 diesen Slogan, der nach und nach die politische Landschaft des ganzen Westens veränderte. Vielen europäischen und amerikanischen Konservativen gilt der demokratische Staat nunmehr als Gefährder statt als Gewähr der Freiheit. Und auch diese Parole gaben die frühen Schweizer Neoliberalen im Mai 1978 aus: Mehr Selbstverantwortung, weniger Staat. Das Individuum solle für seine Gleichstellung selber sorgen, nur nebenbei auf das solidarische Gemeinwesen bauen. Beide Leitsprüche waren eine weltweite Premiere und ein Omen: 1979 avancierte Margaret Thatcher zur britischen Premierministerin, 1980 Ronald Reagan zum US-Präsidenten, zwei Staatsabbauer. Die Ära des neoliberalen Staats-Bashings begann. Das war ein Förderprogramm für den Rechtspopulismus, zu dessen Kernkompetenzen das Bewirtschaften jeglicher Staatsverdrossenheit zählt.

In der Geschichte war die Schweiz eine Pionierin sowohl des Fortschritts als auch des Rückschritts – 1848, 1968, 1978 sind drei Wegmarken.

Der Sonderfall von 1848. Im Jahr der bürgerlichen Revolutionen in Europa war die Eidgenossenschaft Avantgarde des Liberalismus. Die Liberalen setzten sich in der Schweiz gegen die Reaktionäre durch, während sie rundum in Deutschland, Österreich, Italien und Frankreich am Ancien Régime und seiner erbarmungslosen Repression scheiterten. Von überall her flohen verfolgte Bürgerliche auf die kleine helvetische Insel des Fortschritts. Eine intellektuelle, künstlerische, unternehmerische Elite strömte ins Land, was Europas erste liberale Demokratie nachhaltig stärkte.

Das Paradox von 1968. Just im Revoltejahr der Neuen Linken war die Schweiz Vorreiterin des Rechtspopulismus. Mitten im Studentenaufruhr und zum ersten Mal in Europa setzte eine Partei das Thema der Zuwanderung zuoberst auf die politische Agenda. Die Kleinpartei »Nationale Aktion gegen die Überfremdung von Volk und Heimat« sammelte die erforderlichen 100 000 Unterschriften und reichte ein extremistisches Volksbegehren ein. Es forderte, 350 000 italienische »Fremdarbeiter« von einem Tag auf den anderen auszuweisen. Als die Schweizer Männer nach zwei Jahren erregter Debatten darüber abstimmten, lehnten bloß 54 Prozent das menschen- und fremdenfeindliche Ansinnen ab. Und die Frauen? Sie hatten seinerzeit noch kein Stimm- und Wahlrecht. Der Mikroprozessor war soeben erfunden worden, aber der politische Prozess blieb bis 1971 Männersache.

Damals trat der Prototyp heutiger Rechtspopulisten auf den Plan, in Gestalt von James Schwarzenbach, dem Präsidenten der Nationalen Aktion. Dieses frühere Mitglied der völkischen »Frontisten« und Verehrer des italienischen Diktators Benito Mussolini gab sich als »der« wahre Demokrat, so wie heute die AfD dem Halbdiktator Viktor Orbán huldigt und gleichzeitig mehr Demokratie fordert. Schwarzenbach verlegte faschistische und antisemitische Bücher, wie das jetzt der Aktivist Götz Kubitschek tut, Leiter des Verlags Antaios in Sachsen-Anhalt. James, *very british, old fashioned,* erweckte einen erzbürgerlichen Anschein wie jetzt Alexander Gauland. Und wie Björn Höcke konnte der Schweizer hetzen und hetzen lassen: »Die Geburtenquote der Italiener liegt bedeutend höher als jene der Schweizer. Der heutige Anfangsbestand an Italienern genügt, um die Schweiz ohne einen Schuss zu erobern«, warnte seine Nationale Aktion. Jetzt beschwört Höcke den »Geburten-Dschihad« (wie er die hohe Natalität islamischer Migrantinnen bezeichnet). Gauland sieht den »Versuch, das deutsche Volk allmählich zu ersetzen«.[64]

James Schwarzenbach, Spross einer Dynastie von Textilindustriellen, war ein Vorläufer des heutigen Plutopopulismus. Dieser keineswegs leutselige, ungemein distanzierte Volksverführer wusste als Erster im Land das aufstrebende Medium Fernsehen für seine Kultur der Bedrohung zu nutzen, ähnlich wie Reaktionäre nun Facebook und Twitter bespielen. Schwarzenbach war ein Virtuose der heute üblichen Grenzüberschreitungen nach der sagenhaften Echternacher Art: zwei Schritte vor, einen zurück. »Eine Diktatur ist gar nicht schlecht. Ich finde, die Behauptung, Diktatur sei schlecht, Demokratie sei fein – das lässt sich schön abwägen«, sagte er 1986 in einem TV-Interview, das in seinem Engadiner Alterssitz aufgezeichnet und zur besten Sendezeit ausgestrahlt wurde.[65]

Die Konversion von 1978. Ausgerechnet die Liberalen, die 1848 den Schweizer Bundesstaat errichtet hatten, begannen mit dem neoliberalen Herabsetzen des Staats. Staatsverweigerung, wenn nicht Staatsfeindlichkeit bestimmt mittlerweile die bürgerliche Weltanschauung. Die Wende der staatstragenden FDP zur Partei der Staatsvermeidung war ein Frühindikator der ultrakapitalistischen Transformation. Kein Zufall, dass die Trendumkehr in einer Volkswirtschaft begann, die jeden zweiten Schweizer Franken im Ausland verdient und sich beflissen globalisiert hat. Dem Staats-Bashing frönen heute am stärksten die Länder, in denen der Globalisierungsglaube die nahtlose Fortsetzung des alten Ökonomismus war, etwa in der angelsächsischen Welt.

Der nächste Schritt – von der Staatsschelte zur Attacke auf die Demokratie – war nur eine Frage der Zeit. Die Neoliberalen dienten als Katalysatoren der Neuen Rechten. Und die Schweiz zeigte, wie Marktgläubige, die unablässig vor der Staatsgläubigkeit warnen, rechten Scharfmachern den Weg ebnen. Doch erst einmal schadeten sich die Liberalen selbst. Die Schweizer FDP hatte bei ihrer neoliberalen Wende einen Wähleranteil von 25 Prozent, heute rund 15. Der Anteil der Schweizerischen Volkspartei dümpelte bei 10 Prozent, derzeit sind es gut 25 Prozent.

Hier war die Eidgenossenschaft abermals eine Avantgardistin des Rückschritts. Anfang der neunziger Jahre entwickelte Christoph Blocher gleichsam das Pilotprojekt einer hoch effizienten, gut geölten Demagogie-Maschine, Vorbild der Reaktionäre in Westeuropa: die Schweizerische Volkspartei. Sie vereinigte Erzkonservative, Konservative, Neoliberale, auch einige Rechtsradikale und Libertäre, aber sie hielt einen Sicherheitsabstand zum Rechtsextremismus. Und sie summierte von Anfang an sämtliche Erfolgsfaktoren reaktionärer Politik in Europa:

– Als Erste setzte die SVP auf die Drei-Felder-Wirtschaft, die mittlerweile alle europäischen Rechtspopulisten betreiben: gegen Ausländer und Islam, gegen die EU, gegen die »vom Volk abgekoppelte« Elite.

– Als Erste verfolgte sie den Kurs, sich als einzig wahrhaft demokratische Partei darzustellen, aber die demokratischen Institutionen zu denunzieren.

– Als Erste verknüpfte sie das Neoliberale und das Nationalistische (wie das heute die Entente der marktradikalen AfD-Co-Fraktionsvorsitzenden Alice Weidel mit ihrem deutschnationalen Kollegen Alexander Gauland verkörpert). Offen und offensiv zelebrierte die SVP die nationalen Mythen und den internationalen Markt. Ihr Standort-Patriotismus – entlastet unsere Unternehmen! – übertünchte lange Zeit den Zielkonflikt zwischen politischem Nationalismus und wirtschaftspolitischem Internationalismus, der in den USA Donald Trump zu schaffen macht. Mit ihrer Strategie gewann die SVP Sympathien in der Geschäftswelt. Der Spekulant und Unternehmer Blocher schmäht wohlweislich nicht die ganze »Elite«, sondern vorzugsweise die »classe politique«, wie er sagt: die Kaste der Politiker. So schont er verbündete Wirtschaftsführer, etwa den Präsidenten der großen Lebensversicherung Swiss Life.

– Als Erste stand die SVP ohne Wenn und Aber zur Geldherrschaft:

Christoph Blocher und Familie (geschätztes Vermögen mehr als zehn Milliarden Euro), Europas größter Autohändler Walter Frey (schätzungsweise zwei Milliarden) und weitere Oligarchen sorgen dafür, dass die SVP mehr Geld hat als alle übrigen Schweizer Parteien zusammen. Weltweit hat keine Kraft so viel Kampfgeld pro Bürgerin und Bürger. Erfolgreich widersetzt sie sich jedem Ansinnen, Transparenz in der Finanzierung von Parteien und Kampagnen herzustellen.

– Als Erster baute Blocher eine doppelte Medienmacht auf. Einerseits erlag ein Teil der Deutschschweizer Presse der Faszination der Macht eines Anführers, der zu seinen besten Zeiten lauter Showauftritte hinlegte, das Publikum in den Bann zog. Anderseits kaufte Blocher Zeitungen, was er anfangs rundheraus leugnete, bis er überführt wurde. Sein Getreuer Roger Köppel – Scharfmacher im Schweizer Parlament und zeitweise Dauergast deutscher Talkshows – avancierte auf undurchsichtige Weise zum Verleger des einst liberalen, nunmehr reaktionären Magazins *Die Weltwoche*. Andere SVP-Freunde versuchten, die FDP-nahe *Neue Zürcher Zeitung* zu übernehmen, die nun nach rechts tendiert und in Deutschland um Rechtsnationale wie Hans-Georg Maaßen buhlt: »Für mich ist die NZZ so etwas wie ›Westfernsehen‹«, twitterte der frühere Präsident des Bundesverfassungsschutzes, wogegen sich die Zeitung verwahrte.

– Als Erste reaktionäre Partei entwickelte die SVP die rechte Standardmethode des brutalen Verunglimpfens von Christdemokraten und Liberalen, um sie einzuschüchtern und Opportunisten gefügig zu machen.

– Als Erster gelang es ihr, Zweckbündnisse und Wahlallianzen mit Parteien zu schließen, die zur liberalen Demokratie stehen. Das »Manifesto Project« (von der Deutschen Forschungsgemeinschaft und dem Wissenschaftszentrum Berlin mitfinanziert) wertet international Parteiprogramme aus.[66] Die SVP lässt sich anhand der Daten als rechteste aller westlichen Parteien einstufen, gleichauf mit der »Freiheitspartei« des Islamhasspredigers Geert Wilders in den Niederlanden. Aber sobald es um Steuersenkungen und Abstriche am Sozialstaat geht, paktieren viele Liberale und Christdemokraten mit den Reaktionären, oft mit stupender Leichtigkeit.

Nach drei Jahrzehnten der Dominanz geriet die SVP 2018 allerdings erstmals richtig in Bedrängnis, sie verlor Volksabstimmungen und Sitze in den kantonalen Parlamenten. Auch bei den Schweizer Parlamentswahlen 2019 erlitt sie herbe Verluste. Ihr Leib- und Magenthema der Fremdenangst hatte die Sättigungsgrenze erreicht. Ihr Anti-EU-Kurs schadete der Exportwirtschaft. Ihre Strategie, die Umweltpolitik ins Lächerliche zu ziehen, spaltete die eigene Anhängerschaft. Die Schweiz war als Erste in den Rechtspopulismus eingestiegen. Wird sie auch als Erste aussteigen? War 2018 eine Wegmarke wie 1848, 1968 und 1978?

Auf der Suche nach dem verlorenen Bürgertum

In Philadelphia sprach 1787 eine Passantin den amerikanischen Gründervater Benjamin Franklin auf der Straße an und fragte, was die soeben erarbeitete Verfassung der Vereinigten Staaten denn wohl bringen werde. »A Republic, if you can keep it«, antwortete Franklin: eine Republik, so ihr sie bewahren könnt.[67]

Die liberale Demokratie bewahren – das war das Kernanliegen eines aufstrebenden Bürgertums, das Benjamin Franklin verkörperte, der Unternehmer, Verleger, Drucker, Erfinder des Blitzableiters. Er und seine Mitstreiter hatten in der ersten bürgerlichen Revolution der Geschichte die erste bürgerliche Demokratie errichtet. Überall, wo diese liberale Demokratie sich später durchsetzte, war das Bürgertum ihre Stütze. Von 1918 bis 1933 blieb die Weimarer Republik auch deshalb instabil, weil ein Großteil der Bourgeoisie nicht oder nur halbherzig zur Demokratie stand. Demgegenüber konnte die Bundesrepublik – zweifellos eine der liberalsten Demokratien – sich vor allem auf das in der Nachkriegszeit besonders lebendige, geschichtsbewusste Bildungsbürgertum und auch das Besitzbürgertum stützen, das im Zweiten Weltkrieg eines Besseren belehrt worden war. Nur, diese Bourgeoisie gibt es immer weniger. Jedenfalls nicht in der alten Prägung. Und nicht mehr so prägend. Der liberalen Demokratie kommt ihre bisherige gesellschaftliche Basis abhanden.

In der Nachkriegszeit rüttelten die 68er-Rebellen an der Hegemonie des Bürgertums, aus dem viele von ihnen stammten. In Ostmitteleuropa räumte der Sozialismus mit der Bürgerlichkeit auf; dort schwächelt die Tradition der Liberalität noch mehr, auch in den ostdeutschen Bundesländern. Jetzt entbürgerlichen Globalisierung und Digitalisierung die Gesellschaft weiter. Sie reiben das Kleinbürgertum auf. Und verwässern vollends das charakteristische bürgerliche Klassenbewusstsein, das im 19. und 20. Jahrhundert die Romane von Honoré de Balzac bis Theodor Fontane, von Gottfried Keller bis Thomas Mann durchwob. Viele »Bürgerliche« nehmen sich je länger, desto weniger als solche wahr. Steil bleibt das Gefälle zwischen Gutsituierten und Besitzlosen. Aber ganz neue weltanschauliche Prioritäten wie die Sorge um die Umwelt, die Leidenschaft fürs Digitale oder die Furcht vor dem Islamismus überlagern die soziale Frage. Gerade die Grünen sind ein großes Sammelbecken für bürgerliche, postbürgerliche und unbürgerliche Milieus, ein Novum in der Politik. Das trägt zu ihrem derzeitigen Erfolg bei.

Zudem entwurzeln die internationalen Lebensläufe und die völlig normal gewordenen Diskontinuitäten in der Berufslaufbahn den aktivsten Teil einer Bourgeoisie, die sich im herkömmlichen (oder gar klassenkämpferischen) Sinne nie als solche begriffen hat. Im Familienleben erfolgt der Übergang vom Patriarchat zur gleichberechtigten Partnerschaft und zum Patchwork: Bislang Unbürgerliches hat sich eingebürgert. Im Geschäftsleben erleben wir den Übergang vom ehrbaren Kaufmann hanseatischer Couleur zum Apple-Chef Tim Cook oder zur dreißigjährigen Start-up-Unternehmerin: Der neue Einheitslook mit Jeans, Hoodie oder grauem T-Shirt und hellen Sneakers kündet davon, dass die digitale Welt bourgeoise Formen hinter sich lässt. Sie stellt andere Anforderungen. Das Ultrakapital bedarf des »flexiblen Menschen« (Richard Sennett), den die gutbürgerlichen Rigiditäten – das tut man, das tut man nicht, das tut man heimlich – nur behindern.[68]

Dazu kommt, dass zwei Wesensmerkmale der Bürgerlichkeit nivelliert werden: Was bleibt auf Dauer von der Vorstellung einer mündigen Bürgerin, eines mündigen Bürgers, wenn die nicht mehr gut genug sind und sich mit künstlicher Intelligenz »optimieren« müssen, um auf der Höhe der Zeit zu sein? Eine vorerst uferlose Frage. Und vor allem: Was bleibt vom Privaten, dem Inbegriff des Bürgerlichen?

Gleichzeitig schrumpfen die Privatsphäre und ihr Stellenwert. Vieles trägt dazu bei: die digitalen Bühnen des Selfie-Exhibitionismus wie Instagram oder Facebook; Promis und Influencer, die ihre eigene Intimsphäre vermarkten; das Eindringen des People-Journalismus in jede Tabuzone – und vor allem die Datensammler. Big Data vergesellschaftet das Individuum und individualisiert die Gesellschaft: Google & Co. wissen über manchen Menschen mehr als seine Angehörigen. Vor dem Gesetz sind alle gleich, nicht vor den Algorithmen. Sie vermessen zu kommerziellen, polizeilichen und politischen Zwecken den Bürger, Verbraucher und Untertan. Sie dringen ungefragt in seine Privatsphäre, ermitteln seinen Freundeskreis, das Liebesleben, die Hautfarbe, Religion, die politische Haltung, Krankheiten und Süchte. Versicherungen wollen so ihre Tarife individualisieren, Fahnder mit »vorhersagender Polizeiarbeit« (*predictive policing*) bessere Prävention leisten und Parteien die Politikverbraucher lenken. Letzten Endes: Warum eigentlich Wahlen, samt anachronistischen Wahlkabinen, wenn Facebook die Gedanken der Nutzerinnen und Nutzer kennt, ihr Wahlverhalten antizipieren könnte? Enden der Überwachungsstaat und der Überwachungskapitalismus in einer »Überwachungsdemokratie«? Liberal wäre sie nicht.

Ohne Privatsphäre keine bürgerliche Demokratie – und keine Freiheit. Wer seine Daten preisgibt, denunziert sich präziser als jeder Denunziant. Wer die Daten hat, beaufsichtigt das Individuum, soweit es eines bleibt. Der chinesische Totalitarismus hat bei seinen

1,4 Milliarden Untertanen die Privatsphäre aufgehoben. »Privatsphäre ist gefährlich«, lautet die Leitlinie von Überwachungsstaaten. Und das Leitmotiv des Überwachungskapitalismus *made in Silicon Valley* bekundet ohne Beileid: »Die Privatsphäre ist tot« (*privacy is dead*). Beide Varianten bedingen ein politökonomisches System, in dem nicht etwa die mündigen Bürger jeder Machtballung misstrauen, sondern umgekehrt die Staatsmacht den Bürgern misstraut und ungestüme Wirtschaftsmacht die Nutzer benutzt. Der überwachte Mensch ist kein selbständiges Subjekt, bloß ein Objekt politischer und kommerzieller Macht- und Manipulationsstrategien. Auf diese Weise mutieren algorithmische Überwacher zu »Über-Wächtern« (so die Technikhistoriker David Gugerli und Hannes Mangold), beseelt vom digitaltechnokratischen Glauben, die Interessen der Bürger besser wahrzunehmen als die Bürger selbst.[69] Allmählich fügen sich viele dieser entbürgerlichten Bürgerinnen und Bürger solchem Aufpassertum. Die liberale Demokratie wird ihres Sinns für Freiheit entleert, nachdem sie der Ultrakapitalismus ihres Handlungsspielraums beraubt hat. Mit dem Tod der Privatsphäre stürbe das Aufklärungsideal des möglichst großen Freiraums für Citoyennes und Citoyens.

Im digitalen Ultrakapitalismus, der alles durchleuchtet, ist das Private nicht mehr so privat – und das Liberale nicht mehr so liberal. Denn auch die DNA des Liberalismus wird durchgeschüttelt, nämlich das private Eigentum. Faktisch wurde das Individuum seiner Daten enteignet, denn darüber verfügen Sammler und Jäger wie Facebook. Auch die Blockchain-Technologie, etwa für private Währungen wie Bitcoin, relativiert das Eigentum: Wem was gehört, beglaubigt letztlich die Mehrheit in der »Blockkette« (»distributed consensus«, wie es im Jargon heißt). Konfusion herrscht auf dem weiten Feld des geistigen Eigentums. Umstritten sind sowohl der Begriff als auch der Schutz dieser Art von Eigentum: Er wird in der Gentechnik laufend ausgebaut, im Internet laufend missachtet. Auch die Ökologie verändert den bourgeoisen Eigentumsbegriff: Die Privatisierung von Lebensgrundlagen wie Wasser akzeptiert ein wachsender Teil der Gesellschaft nicht mehr.

Obendrein sind fast alle Aktionäre an der Börse bloße Pseudoeigentümer; sie haben keinen persönlichen Bezug zu den Unternehmen, deren Miteigner sie sind. Derlei Eigentum verpflichtet nicht: Es sei »ohne Funktion« und erzeuge »keine moralische Treuepflicht«, schrieb schon 1942 der Ökonom Joseph Schumpeter in *Kapitalismus, Sozialismus und Demokratie*.[70] Der Wissenschaftler und zeitweilige Unternehmer sah die »unvermeidliche Auflösung der kapitalistischen Gesellschaft« voraus.

In Westeuropa spaltete die Globalisierung das Wirtschaftsbürgertum in eine eher beharrliche Hälfte, die sich gern dem heimischen Markt widmet, und eine eher innovative Hälfte, die oft auch die internationalen Märkte erschließt. Der alte bürgerliche Filz zerfranst. Sinnbild ist der Niedergang der 150 Jahre alten Institution Deutsche Bank, früher der Dreh- und Angelpunkt eines Netzwerks bourgeoiser Konzernherren. Sie lenkten im Hintergrund sehr eigennützig die Wirtschaftsnation, hielten bei Bedarf aber durchaus auch deren Gesamtinteresse im Blick. Auf diese Old Boys folgten die Global Player. Sie wenden unterschiedlichste internationale Strategien an, deshalb haben sie auf der Ebene der nationalen Demokratie nur wenig gemeinsame Interessen zu koordinieren. Dem Haus der Demokratie fehlt sein alter Sockel: ein selbst- und traditionsbewusstes Bürgertum.

Autoritäres liegt in der Luft

»Der freiheitliche, säkularisierte Staat lebt von Voraussetzungen, die er selbst nicht garantieren kann«, besagt das berühmte »Böckenförde-Theorem«, das der Staatsrechtler und Rechtsphilosoph Ernst-Wolfgang Böckenförde im Jahr 1964 aufstellte: Das Gedeihen der Demokratie hänge von der »moralischen Substanz« der Individuen ab, von ihrem »staatstragenden Ethos« der Toleranz und Achtung der Vielfalt, vom entsprechenden Wir-Gefühl im Gemeinwesen –

in den Worten Montesquieus vom *esprit général*.[71] Eine solche »allseitige Geisteseinstellung« könne die liberale Demokratie jedoch nicht hoheitlich propagieren, da sie sonst gar nicht mehr liberal sei, argumentierte Böckenförde. Bestenfalls könne sie indirekt wirken: Verfolge der Staat moralische Ziele wie die soziale Gerechtigkeit, schaffe er damit ein Klima, in dem Moral ernst genommen werde. Und genau hier haben Reaktionäre ihren bislang größten Sieg errungen – sie haben den *esprit général* verändert, den der Sozialabbau zuvor bereits lädiert hatte. Im neuen Klima werden Ethos und Moral von vornherein belächelt, befehdet, als politische Korrektheit abgetan (mehr dazu in Teil II). Von der linken *tageszeitung* bis zur bürgerlichen *Neuen Zürcher Zeitung* – die Liebe einzelner Feuilletonisten zur Moralkritik entfachte sich zur blinden Passion.

Wie Nietzsche schrieb: »Skepsis an der Moral ist das Entscheidende«, zu lesen in der Sammlung seiner Nachlassfragmente, veröffentlicht unter dem Titel *Der Wille zur Macht*.[72] Rechts und inzwischen oft auch links der Mitte läuft ein – mehr zynischer als realpolitischer – Machtdiskurs der Rückkehr zur Strenge, um »problematische« Gruppen zu disziplinieren. Arbeitslose sollen »aus der sozialen Hängematte« geholt werden. Bei Hilfsbedürftigen erzeugt Sozialabbau angeblich »heilsamen Druck«. All jene, »die sich den Grundregeln unserer Gesellschaft verweigern« und den »inneren Frieden« bedrohen, solle man »härter bestrafen«, das helfe gegen den Hass: Selbst Sozialliberale wie der Politologe Yascha Mounk wettern gegen die deutsche »Strafmilde« – als ob die französische oder britische »Strafhärte« irgendeinen Unterschied ausmache.[73] Die Abschreckung neuer Zuwanderer erfordere »knallharte Regeln«, die »mit aller Härte« durchzusetzen seien, fordern auch Sozialdemokraten.[74] – Endlich Schluss mit der Naivität! Das ist die Devise, als seien wir jahrzehntelang das Volk der Arg- und Ahnungslosen gewesen, als müsse die Riesenschar der Blauäugigen endlich die Augen öffnen. Bei einem solchen Wandel des *esprit général* kokettiert mancher Zeitgenosse, der das Bürgerliche pflegt, weniger mit humanistischer Bildung als mit Antihumanismus. Es ist die Politik aller bürgerlichen Parteien in Europa, »die Schrauben fester anzuziehen«. Autoritäres schwingt in der Luft, und die Lufthoheit haben Wortführer, die von einer Politik »mit Herz und Härte« säuseln. Damit meinen sie: so viel Mitgefühl wie nötig, so viel Indifferenz wie möglich. Im Zweifel Zwang – die nicht mehr ganz so liberale Demokratie ist viel zu liberal. Das ist der anschwellende Grundton, an dem sich ein Teil der Mitte und der Medien orientieren, zur hellen Freude der Reaktionäre.

Und wo steht das nicht mehr ganz so bürgerliche Bürgertum: Entfernt es sich von seiner Demokratie? Ja und nein, nuanciert die maßgebliche Studie *Verlorene Mitte. Feindselige Zustände. Rechtsextreme Einstellungen in Deutschland 2018/19*.[75] Ja, denn zwei von drei Befragten neigen zur Ansicht, dass die Parteien »die Probleme nicht lösen«. Nein, denn solche Vorbehalte schlagen nicht in Ablehnung der Demokratie um. Ebenfalls zwei von drei Befragten meinen, dass »die deutsche Demokratie im Großen und Ganzen gut funktioniert«.[76] *Verlorene Mitte*, der Titel führt also in die Irre? Abermals ja und nein. Alles in allem ist das Meinungsbild gemischt. Vor allem bleibt ungewiss, was die wenigsten Umfragen zu messen vermögen: ob die gute Meinung zur liberalen Demokratie tief empfunden, emotional verankert, nachhaltig ist – inwieweit Demokraten bereit sind, für ihre Demokratie einzustehen.

Und hier ist sehr wohl eine gewisse Verlorenheit der Mitte auszumachen. In seinem in der Zeitschrift *Merkur* erschienenen Essay »Wir, die Bürger(lichen)« konstatiert der Rechtsphilosoph Christoph Möllers: Den Aufmarsch der Reaktionäre gäbe es nicht »ohne eine politisch schwach mobilisierte bürgerliche Mitte, die erschrocken zusieht, wie die Welt zerfällt, an der sie hängen sollte, weil sie in ihr ordentlich bis sehr gut, jedenfalls überdurchschnittlich lebt«.[77] Die liberale bis linksliberale Mitte sei an sich einflussreich. Allerdings bleibe sie passiv, da sie bisher an eine Welt geglaubt habe, »in der Politik ihr weder etwas nehmen noch geben kann«, schreibt Möllers. In dem Milieu, das der Professor von der Humboldt-Universität aus nächster Berliner Nähe beobachtet, sei man »notorisch überbeschäftigt. Die Anforderungen des individuellen Erfolgs, der

Selbstvervollkommnung und der Familiengründung kosten Zeit und stehen politischem Engagement entgegen. Außerdem verstehen sich viele Bürger gar nicht als unpolitisch – und es ist nur zu verständlich, warum. Sie informieren sich und diskutieren, gehen zur Wahl, sie erziehen ihre Kinder, sie engagieren sich in Vereinen, und sie gehen für die Europäische Union oder für die Fakten auf die Straße. Aber so wichtig all dies sein mag, so ist doch immer weniger klar, ob es genügt«, sinniert Möllers: Wohltemperiertes Engagement reichte, als die Demokratie wie gewohnt funktionierte – jetzt nicht mehr, wo reaktionäre Kräfte eine andere politische Ordnung anstreben.

Schule der Demokratie

Was tun? Zu den Belangen, die der liberale Staat direkt beeinflussen darf und soll, »gehört der Erziehungsauftrag der Schule, auch wenn der heute leider nur noch schwach wahrgenommen wird«, meinte Ernst-Wolfgang Böckenförde 2009 in einem *taz*-Interview.[78] Eine Studie zu den staatsbürgerlichen Kenntnissen von Vierzehnjährigen (International Civic and Citizen Education Study 2016, im deutschen Sprachraum nahm einzig das Bundesland Nordrhein-Westfalen teil) zeigte auf: Mädchen wissen mehr über die Demokratie als Jungs. Und die deutschen Jugendlichen schnitten mäßig ab, hinter ihren italienischen Altersgenossen.[79]

Blogger, Vlogger (Video-Blogger), Serien-Junkies und überhaupt die audiovisuell sozialisierten Jahrgänge sind verliebt in Narrative. Traumfabriken und Influencer stellen am laufenden Band die benötigten Storys her. Die Netflix-Erfolgsserie *House of Cards* bildete schon 2013 eine illiberale Demokratie der Neurotiker im Weißen Kartenhaus zu Washington ab, auch Produktionen wie *Designated Survivor* malen die Welt der Politik in finsteren Farben. Reaktionäre Meinungsmacher hingegen sind um wohlgefällige Storys nicht verlegen: Diese Superpatrioten schwelgen in nationalen Bilderwelten, lassen Helden und Mythen aufleben, weit weg vom politischen Alltag. Im Vergleich dazu ist Demokratie nüchtern. Abgesehen vom Spielfilm *The Report* über die Enthüllung der CIA-Verhörtechniken durch den Kongress und von der Kultserie *Borgen* über eine fiktive dänische Premierministerin, die vor allem ein gehobenes Publikum ansprach: Es fehlen die Narrative.

Schluss mit der Tradition staatsbürgerlicher Bildung? Ende dieser Story? In Nordeuropa bleibt der »Erziehungsauftrag« vorrangig, das belegt die erwähnte Studie aus dem Jahr 2016. Die Demokratiekenntnisse von Jugendlichen waren weltweit in Dänemark, Schweden, Finnland, Norwegen und Estland mit am höchsten, in dieser Reihenfolge. Das mag dazu beigetragen haben, dass Fridays for Future von Schweden aus in die Welt ausstrahlt, mit politisch hellwachen Jugendlichen, die den Demokraten Beine machen. Allgemein aber stelle man »länderübergreifend einen unglaublichen Wissensverlust fest«, ärgert sich in Baltimore Yascha Mounk: »Die Menschen können Grundfragen zur Demokratie nicht mehr beantworten. Staatskunde ist als Schulfach unwichtig geworden. Den großen Philosophen von Platon bis Machiavelli war klar, dass ein sich selbst regulierender Staat nur überleben kann, wenn er viel daransetzt, seine politischen Werte an die nächste Generation weiterzugeben. Heute halten wir das für etwas sehr Abstraktes. Auch Eltern geben der politischen Bildung ihrer Kinder nicht mehr dasselbe Gewicht.«[80] In den USA ist die aus dem 19. Jahrhundert stammende Bewegung für ein humanistisch-staatsbürgerliches Großziehen der Schülerinnen und Schüler in den achtziger Jahren fast erloschen. In seinem letzten Buch, wenige Monate vor seinem Tod, plädierte der israelisch-schweizerische Philosoph und Psychologe Carlo Strenger leidenschaftlich für eine Wiederbelebung dieser *liberal education*.[81] Die beidseits des Atlantiks von vielen Universitäten lancierten Studiengänge in *digital humanities* sind da kein Ersatz: Im Vordergrund steht das Anwenden der Informationstechnologie in den Geisteswissenschaften, nicht die Arbeit an einem zeitgemäßen Humanismus, der das Digitale und Demokratische verknüpft.

Auf der Suche nach dem verlorenen Optimismus des verlorenen Bürgertums: Warum eigentlich will sich die liberale Demokratie nicht zukunftstauglich machen? Weshalb debattieren Demokraten nur sehr sporadisch über neue Institutionen auf der Höhe des digitalen Zeitalters und über zusätzliche Machtmittel, um mit der Wirtschaft auf Augenhöhe zu bleiben, endlich den Primat der Politik durchzusetzen. Die Parteien verschwenden keine Zeit darauf, die Zukunft der liberalen Demokratie zu planen, auch wenn ihre Zukunft davon abhängt.

Liberale wider die liberale Demokratie

Die Bürgerinnen und Bürger, die sich als Liberalkonservative, Wirtschaftsliberale oder Sozialliberale auf den Liberalismus berufen – just diese Stützen der liberalen Demokratie unterlassen es, die Demokratie von morgen zu denken. Es herrscht Lähmung weit über die deutsche FDP hinaus, haben sich doch Parteien rechts und teils auch links der Mitte »freidemokratisiert«, um eine Beobachtung des Politologen Thomas Biebricher aufzugreifen.[82] Bis vor Kurzem verfolgten auch die Sozialdemokraten in den meisten Ländern eine ökonomistische Politik, die im Kern auf Liberalisierungen baute, unter Einbußen für schwächere Mitmenschen (am härtesten in Nordeuropa, wiewohl auf hohem Niveau des Sozialstaats); sie hofften, dies werde die Wirtschaft beleben und eine Umverteilung von Wachstumsgewinnen ermöglichen – die nicht im Ansatz stattfand. Leichthin gehen die freidemokratisierten Kräfte über den Umstand hinweg, dass auch Reformen der Demokratie anstehen. Marktwirtschaft bedarf vernünftiger Rahmenbedingungen, Machtwirtschaft sollte entmachtet werden. Das ist die neue demokratische Aufgabe. Sonst etabliert sich die …
– … *Milliardärsdemokratie.* Die Parteien links und rechts der Mitte haben vorerst keine Antwort auf die Frage, wie der ungeheuren

Selbstbereicherung einer winzigen Schicht zu wehren sei. Sie greifen die Kritik an der mittlerweile gemeingefährlichen Ungleichheit der Vermögensverhältnisse auf – rein rhetorisch. In Wirklichkeit geschieht praktisch nichts. So viel Geld und Geldmacht in so wenigen Händen widerspricht aber vollständig dem liberalen Gedanken einer Gesellschaft, in der Menschen nicht über Menschen herrschen (wie es Ralf Dahrendorf, noch als FDP-Politiker, definierte).

Sinnbild der Fehlentwicklung ist das neofeudalistische Regime spendabler Milliardäre, das sich im Nu durchgesetzt hat und kaum hinterfragt wird. Mancher Spender gibt zu ethischen Zwecken das auf unethische Weise verdiente Geld aus. Einigen amerikanischen Mäzenen ist mittlerweile der eigene Superreichtum nicht mehr geheuer. Mitte 2019 veröffentlichten sie einen Aufruf an die künftigen »Präsidentschaftskandidaten von 2020«, den achtzehn Milliardärinnen und Milliardäre unterzeichneten: »Amerika steht in der moralischen, ethischen und ökonomischen Verantwortung, unseren Reichtum stärker zu besteuern.«[83] Ausgerechnet sie werfen die Frage auf, der die allermeisten Parteigänger der liberalen Demokratie ausweichen: Wie demokratisch sind das Prinzip willkürlicher Zuwendungen und eine raumgreifende Privatisierung des Gemeinwohls in einer Zeit, in welcher der Staat elementare Aufgaben im Dienst der Allgemeinheit nicht mehr zu finanzieren vermag?

Verkehrte Welt: Milliardäre verlangen eine Beschränkung der Geldmacht. Sie wollen jene Umverteilung, die Mitte-Politiker nicht zu fordern wagen und die im Nu als »sozialistisch« verschrien wird.
– ... *Spagat-Demokratie.* Auch fehlt den Parteien jede strategische Antwort auf die Frage, wie sich in Zukunft der ultrakapitalistische Dauerdruck auf die Mittelschicht verringern lässt, also auf ihre ureigene Klientel. Sie verdrängen die Gefahren für die liberale Demokratie, wenn asymmetrische Wirtschafts- und Sozialreformen die Bessergestellten kaum betreffen, den Normalverdienern empfindliche Opfer abverlangen und den Schwächsten am meis-

ten zusetzen; so werden diese noch stärker an den Rand verwiesen – bis zu dem Punkt, da sie erbost Reaktionäre wählen oder resignieren und sich innerlich verabschieden. Die »Traditionsparteien«, schrieb Dahrendorf, hätten vor lauter »Förderung eines Kapitalismus ohne Regeln und Grenzen« gänzlich vergessen, »dass alle Bürger auf dem gleichen Boden der Grundrechte der Teilnahme [an der Demokratie und ihrem Diskurs] stehen müssen. Märkte sind immer Regelwerke. Nie darf es einigen erlaubt sein, die Grundchancen anderer zu beschneiden; Privilegien und Marktkonkurrenz sind unvereinbar«.[84]

Eine zweistöckige Demokratie des mutwilligen *Enrichissez-vous* (Bereichert euch) oben und der »zumutbaren Opfer« unten wird für die Betroffenen zur Zumutung. In ebendiesem Spagat, der die gesamte Gesellschaft versteift, haben die britischen Konservativen ihre Partei, die Demokratie und das Land verschlissen. Der Zusammenhalt ging verloren im Abstieg der Provinz und im Aufstieg Londons, im Ruin der Industrie und im Boom des Finanzplatzes, im Pendlerelend der Kleinverdiener und Eldorado der Reichen. Mit dem Brexit versuchten die Tories – regelrecht kompensatorisch –, woran Reaktionäre jedes Mal scheitern, weil aus dem Omelett nie wieder ein Ei wird: die gute alte Nation zu restaurieren. Damit haben diese Nationalisten ihre Nation abermals gespalten, auch zwischen Jung und Alt, zwischen Schottland und England. Der Versuch, die Globalität der Wirtschaft mit *splendid isolation* in der Politik zu verknüpfen, ist hoffnungslos.

– *… Amazon-Demokratie.* Marktbewunderer sind blind für die Verwandlung dessen, was weiterhin »Markt« heißt, aber nur noch bedingt so funktioniert. Agora, Forum, Basar, die mittelalterlichen Jahrmärkte, die Wochenmärkte auf Plätzen und Straßen heutiger Städte – seit der Antike brauchte jeder Markt eine Unzahl Intermediäre: kleine oder größere Händler und Zwischenhändler, die in der Wirtschaft wie im Alltag prägend waren. Viele werden jetzt von den Mega-Intermediären verdrängt, von der Handvoll weltumspannender, hoch effizienter, kostengünstiger Internetplattformen für Vermarktungen aller Art. Solche übermächtigen Konzerne kannte die Weltwirtschaftsgeschichte bisher nicht. Sie sind allgewaltiger als das einstige Erdölimperium Standard Oil, das die USA 1911 in 34 Gesellschaften aufteilten. Zu den raumgreifenden Plattformen zählen Amazon, Alibaba, Alphabet (mit Google und Youtube), Apple, Facebook (mit Whatsapp und Instagram). Der Markt verteilte einst die Macht. Heute bündelt er sie in ungekanntem Ausmaß. Das ist der neue Mechanismus, und er hat einen Grund: Daten- und Marktmacht sind eins geworden. Dieser freie Markt bringt Unfreiheit.

Der Umschwung der Markt- in eine Machtwirtschaft ist doppelt relevant, für die liberale Demokratie wie für die liberale Wirtschaftsordnung. Aber freidemokratisierte Wortführer im deutschen Sprachraum konfrontieren ungern alte Glaubenssätze mit der neuen Wirklichkeit. Mitten im Paradigmenwechsel veranstalten sie ein Festival des Gedankenkonformismus. Das fängt bei vielen wirtschaftswissenschaftlichen Fakultäten an, in denen Neoliberale noch immer den Ton angeben. Ausgerechnet sie, die sonst für mehr Wettbewerb eintreten, haben der unbequemen Konkurrenz andersdenkender Ökonomen jahrzehntelang wenig Platz und Lehrstühle eingeräumt. Die neue und prägende Generation kritischer Volkswirte, für die etwa die Franzosen Thomas Piketty und Gabriel Zucman stehen, hat in Deutschland, Österreich und der Schweiz wenig Auslauf.[85] Der neoliberale Übervater Friedrich August von Hayek wird an den Fakultäten Frankreichs, Großbritanniens und der USA zur Kenntnis genommen, aber nicht verehrt. Die Hayek-Gesellschaft in Berlin ist mittlerweile nur noch ein reaktionärer Klub. Zu den Mitgliedern zählen Alice Weidel, die AfD-nahe Ostdeutsche Vera Lengsfeld oder der Tessiner Milliardär Tito Tettamanti; daheim in der Schweiz agiert er als Strippenzieher reaktionärer Medien und als Türöffner von Steve Bannon, dem ehemaligen Strategen Trumps, der die Neue Rechte in Europa koordinieren möchte.

Für Hayek führen bereits kleine Staatseingriffe in den Markt auf den *Weg zur Knechtschaft*, so sein Buch aus dem Jahr 1944.[86] Doch jetzt, da der vermachtete Markt die liberale Demokratie zu knechten beginnt, haben die zwar beredten, aber ideenlosen Neoliberalen wenig in die Debatte einzubringen. Stromlinienförmig setzt sich das bei Mitte-Parteien fort, sehr wohl auch mangels neuer Impulse ihrer Gewährsleute aus der Grals- und Ladenhüterwissenschaft. So verharrt der politische Diskurs bei den alten, im global-digitalen Umsturz ungeeigneten Kategorien.

1. Nach wie vor erklingt das Hohelied der »Ordnungspolitik«, wonach der Staat die Marktordnung bestimmt, die Rahmenbedingungen setzt, aber möglichst nicht in den Markt eingreifen sollte. Tatsächlich prägen heute die globalen Mega-Plattformen diese Marktordnung. Keine Wettbewerbsbehörde kommt ihnen bei, und sei es mit Milliardenbußen. Bislang war kein Gesetzgeber in der Lage, ihnen einen Rahmen zu setzen – ein liberaler Offenbarungseid. Doch die Parteien links und rechts der Mitte haben noch nicht einmal den Ansatz einer »Plattform-Politik«: Ihnen fehlt eine Strategie, wie sich der Big-Money-Big-Data-Komplex zügeln oder zerschlagen ließe.

2. Unablässig wird die private Wirtschaft gegen den Staat ausgespielt, obwohl Zukunftsbranchen in Symbiose mit diesem geschmähten Staat gedeihen, von Cleantech bis Gentech, von der künstlichen Intelligenz zur Raumfahrt. Verkehr, Energie, Infrastruktur, Finanz- und Landwirtschaft, Gesundheits- und Bildungswesen: Der real existierende Kapitalismus ist eine gemischte Wirtschaft, ein Ineinander von Privatem, Halböffentlichem und Öffentlichem. Nicht nur Großbanken haben fast gratis ihre Staatsgarantie, aber die Parteien links und rechts der Mitte haben keine eigentliche Politik, wie sich der »Garantiestaat« aus der *Too-big-to-fail*-Falle befreien könnte.

Wie die Neue Rechte blenden die freidemokratisierten Kräfte aus, was nicht ins Weltbild passt. Die Folge ist eine um sich greifende »Politiklosigkeit« auf Zukunftsfeldern der Demokratie, von einem Primat der Politik ganz zu schweigen. In gemischten Volkswirtschaften und auf vermachteten Märkten ist es aber ein demokratisches Muss, das Wechselspiel von Staat und Konzernen strategisch zu gestalten: fraglos auch zum Nebenzweck, das Geben und Nehmen auszubalancieren – vor allem aber, weil der Staat vom Krisenmanager zum Ermöglicher wird. Nach dem Zweiten Weltkrieg verfolgte das damals sehr periphere Bayern eine Industriepolitik, dem das heute vor Wirtschaftskraft strotzende Bundesland seine Erfolgsgeschichte verdankt; die pragmatische CSU hatte keine Hemmungen, mitzugestalten. In der Gegenwart aber soll der Staat immer nur reparieren statt antizipieren.

3. In der Praxis der liberalen Demokratie haben die zwei in Zukunft wichtigsten Größen noch immer das geringste Gewicht: die Arbeit (neudeutsch »Human Resources«) und die natürlichen Ressourcen. Aller Voraussicht nach fällt weniger bezahlte Arbeit an und im Gegenzug (noch) mehr unbezahlte, freiwillige, gemeinnützige Arbeit. Was machen die Mitte-Parteien daraus, dass der Stellenwert der marktfähigen Arbeit abnimmt? Und: Sind Mitte-Parteien willens, eine faire ökologische Marktordnung durchzusetzen? Das Schonen und Regenerieren der Lebensgrundlagen ist vorrangig, aber der verfälschte und verfälschende Markt operiert mit Preisen, die nicht den ganzen Aufwand für die Ressourcen und ihre Regenerierung beinhalten.

Über die Marktordnung hinaus geht es hier um die Gesellschaftsordnung. All das sind zentrale Fragen einer derzeit inexistenten Demokratiepolitik. Freidemokratisierte Parteien wollen lieber wirtschaftsfreundlich sein als demokratiefreundlich. FDP-Freiheit als die Befreiung von Steuern, von Haushaltsdefiziten, von Umverteilung und von »Umweltparagrafen«? Freiheitlich – ist dies nur das Verbieten von Verboten und von Enteignungen? Warum verbeten sich freidemokratisierte Kräfte eine Kritik am Ultrakapitalismus, die das maßgebliche weltweite Wirtschaftsmedium *Financial Times* fast jeden Tag übt, intensiv und auf hohem Niveau?

Ralf Dahrendorf war wahrscheinlich noch EU-Kommissar in Brüssel, als er diese Zeilen formulierte: »So, wie die Menschen sind, bedarf Gesellschaft jeder Art gewisser Regeln, und diese müssen geschützt, sanktioniert werden; zumindest ein ›minimaler Staat‹ ist unumgänglich. So, wie die Menschen sind, können diese Regeln und die zu ihrem Schutz ersonnenen Instanzen sich als irrig erweisen, sie müssen daher veränderbar bleiben; die Chance des Wandels und damit auch des Fortschritts ist Voraussetzung zur Bekämpfung des Irrtums. Womit der Liberalismus beinahe schon definiert wäre: Misanthropie plus Hoffnung, der Versuch, die praktische Notwendigkeit von Herrschaft so intim wie möglich mit den größten Lebenschancen der größten Zahl zu verbinden, der Glaube an die Kraft und das Recht des einzelnen Menschen, getaucht in den Zweifel an der Vollkommenheit der menschlichen Dinge, ein Stück Moral und ein Stück Erkenntnistheorie.« So steht es im 1975, in analogen Zeiten, erschienenen Band 15 von *Meyers Enzyklopädischem Lexikon* (bevor es mit dem *Brockhaus* fusionierte).[87]

Und das ist gleichsam auch der Anspruch an eine liberale Demokratie: In digitalen Zeiten muss sie bewusster lernen, auf dass sie sich modernisieren kann. Außerdem ist es eine Vision der Europäischen Union, die sich unverzagt als lern- und erneuerungsfähig erweist, sogar rascher als nationale Demokratien. Im 21. Jahrhundert haben Christdemokraten, Sozialdemokraten und Liberale das Demokratische in der EU etwas weiterentwickelt, das Europäische Parlament wesentlich gestärkt, wiewohl nicht genug. Aber bislang sehen sie davon ab, die Institutionen der nationalen Demokratie zu renovieren und auf die Entwicklung der Europäischen Union abzustimmen – hier bleiben Mitte und Linke seltsam untätig.

Demokratie und Sozialdemokratie

Ganz besonders unter Druck ist jene Linke, der Dahrendorf 1983 den Untergang verkündet hatte. »Wir erleben das Ende des sozialdemokratischen Jahrhunderts«, schrieb der Soziologe in *Die Chancen der Krise*.[88] Den Totenschein stellte er etwas vorschnell aus, weil danach die Sozialdemokratien in manchen Ländern richtig blühten, da und dort in Europa halten sie sich bis heute gut. Visionär war aber Dahrendorfs ehrerbietige Begründung: »In seinen besten Möglichkeiten war das Jahrhundert sozial und demokratisch. An seinem Ende sind wir (fast) alle Sozialdemokraten geworden. Wir haben alle ein paar Vorstellungen in uns aufgenommen und um uns herum zur Selbstverständlichkeit werden lassen, die das Thema des sozialdemokratischen Jahrhunderts definieren: Wachstum, Gleichheit, Arbeit, Vernunft, Staat, Internationalismus.« Indessen habe dieses Themenbündel, von allen Parteien aufgegriffen, nun »seine Möglichkeiten erschöpft«. Er postulierte: »Ein Themenwechsel findet statt.« Den hatte er Jahre zuvor in einem *Zeit*-Essay mit einem Satz auf den Punkt gebracht: »Melioration statt Expansion, gutes Haushalten statt Überfluss, menschliche Tätigkeit statt Arbeit, und dann in einem Wort, das sehr alt ist – Freiheit.«[89] Dahrendorf plädierte für »einen Wandel unserer Einstellung«.

Der soziologische Beobachter Dahrendorf blickte weit und bleibt aktuell: In damaliger Sprache forderte er qualitatives statt quantitatives Wachstum, sparsamen Umgang mit Ressourcen und ein neues Verständnis von Arbeit. Der deutsch-britische Kosmopolit sah die Rückkehr des Nationalen, der Wissenschaftler den neurechten Verdruss an der Vernunft voraus. Gleichzeitig badete der sehr normative Freidemokrat im damals taufrischen neoliberalen Zeitgeist: mehr Freiheit, weniger Gleichheit und »Gleichmacherei« durch den Staat. *Here we are*, Jahrzehnte später ist all das Realität. Sein Lob der abklingenden Sozialdemokratie war eine schlechte Prognose für die liberale Demokratie. Es liest sich wie ein Nachruf: »Ein Verdienst der sozialdemokratischen Epoche ist vor allem festzuhalten: Sozialdemokraten haben das, was wir etwas lose Demokratie nennen, durchgesetzt und verteidigt. Die Verbindung von Rechtsstaat und den Institutionen der offenen Gesellschaft ist die politische Form der sozialdemokratischen Epoche.«

Merkwürdig nur, dass jetzt Konservative und Liberale unentwegt Ratschläge zum Besten geben, was die Sozialdemokraten tun müssten, um »für die kleinen Leute« attraktiv zu bleiben. Das gab es in der Geschichte noch nie: die Klage über den Schwund einer Partei, die man heftig bekämpft. Auch Medien, die der SPD nicht wohlgesonnen sind, ergehen sich in Abhandlungen darüber, was sie besser machen müsse. Vergießen die Meinungsmacher Krokodilstränen? Nicht nur. Sie wünschen sich eine Sozialdemokratie, die stark genug ist, die Demokratie zu stützen, aber auch willig bleibt, eine freidemokratisierte Politik zu verfolgen – das ist die allgemeine Erwartung. Willkommen waren Schröder-Blair-Sozialdemokraten des »Dritten Wegs«: Sie setzten das Unpopuläre um, das bürgerliche Parteien vorsichtshalber nur predigten. Die deutsche Linke wagte, was die deutsche Mitte scheute, nämlich die in ihrer Überhärte teilweise verfassungswidrigen Hartz-IV-Reformen des Arbeitsmarkts. Die SPD erntete damals Lob für diese Politik, die einen Teil ihrer Basis vor den Kopf stieß. Aus denselben Kreisen erntet sie jetzt Kritik, dass sie sich von ihrer Basis entfernt habe – und dass sie sich von den Hartz-IV-Reformen entferne. Verstanden?

Identitätspolitik

Weil der Kreisschluss nicht aufgeht, muss er durchbrochen werden, so wie man ein Pferd nicht ewig Zirkel reitet. Und das gemeinsame Schlachtross der Konservativen und Reaktionäre heißt »Identitätspolitik«. Sie werfen der Linken vor, sie habe sich von den »kleinen Leuten« verabschiedet, weil sie sich nur noch mit Minoritäten und deren besonderer Identität identifiziere: mit den Frauen (die allerdings schon immer die Mehrheit bilden), den Homo-, Trans- und Intersexuellen, den Migrantinnen und Migranten. Es zeugt von der Verunsicherung unzähliger Sozialdemokraten, dass sie sich diesen Schuh sogar anziehen.

Neokonservative Publizisten haben sich in Rage geschrieben: Identitätspolitik gefährde die freie, erkenntnisorientierte, aufgeklärte Diskussion, weil nicht mehr jeder Diskussionsteilnehmer als gleichwertig gelte – plötzlich zähle weniger das gute Argument als die richtige Identität dessen, der das Argument vorbringe; den Ausschlag gebe nicht, was gesagt wird, sondern wer es sagt; es komme nicht auf die Botschaft, sondern auf den Absender an. Das untergrabe die Egalität. Zum Beispiel würden Farbige den Weißen die Legitimität absprechen, sich zu ihren Belangen zu äußern. In der Tat kommt das vor, in der angelsächsischen Welt oft.

Die schwarze Britin Reni Eddo-Lodge erregte jüngst kurzes Aufsehen mit ihrem Buch *Warum ich nicht länger mit Weißen über Hautfarbe rede*.[90] Gerade antirassistische Weiße seien »farbenblind«, meinte Eddo-Lodge: Sie vergäßen, dass im Alltag wie im Beruf ihr Weißsein ein permanentes Privileg sei, schrieb die Journalistin. Deshalb seien Weiße auch beim besten Willen ungeeignet, die Sorgen der Schwarzen zu thematisieren.

Auf dem Studienfeld der sogenannten »Kritischen Weißseinsforschung« (*Critical Whiteness Studies*) hinterfragen einzelne weiße Wissenschaftlerinnen und Wissenschaftler sogar die eigene Berechtigung zu forschen. 2012 veröffentlichte eine Habilitandin am Karlsruher Institut für Technologie eine sehr lesenswerte Arbeit, in der sie den Rassismus in der europäischen Kunstgeschichte aufarbeitete.[91] Die Autorin Anna Greve vermerkte: »Ich halte meine eigene *weiße* Position unter den gegebenen gesellschaftlichen Verhältnissen nicht für überwindbar, und so werde ich es nicht vermeiden können, immer wieder auch an der Fortschreibung *weißer* Dominanz mitzuwirken.«

Die beiden »Identitätspolitikerinnen« schreiben so, als könne die Debatte über Farbenblindheit deren Überwindung nicht wirklich befördern: als sei Identität stärker als jede vernunftgeleitete Diskussion und jede wissenschaftliche Betätigung. Dabei ist es der Kerngedanke der Forschung, dass Sachkundige bei ihrer Arbeit den eigenen Stand- und Ausgangspunkt transzendieren, so wie oft auch Weltliteratur von der Genialität des Perspektivenwechsels lebt.

Für die Freiheit der Wissenschaften, Künste und Medien wäre in der Tat Gefahr im Verzug, wenn die unerlässliche Selbstreflexion zulasten der ebenso evidenten Selbstbestimmung von Autorinnen und Künstlern, Journalisten und Forscherinnen ginge. Aber Wachsamkeit sollte nicht gleich mit Dramatisierung einhergehen. Im deutschen Sprachraum muss man linke identitätspolitische Exzesse schon ein bisschen mit der Lupe suchen. Reaktionäre und Konservative ereifern sich über die wenigen Fälle, während sie mit der allgegenwärtigen rechten Identitätspolitik – von der »Leitkultur« bis zur »Assimilation« – keine Mühe haben. »Identitäre« und Völkische sind Aktivisten des »Unkritischen Weißseins«. Demgegenüber sind Grenzüberschreitungen des Kritischen Weißseins eine eher seltene Ausnahme, welche die Reaktionäre zur beherrschenden Regel hochstilisieren.

Im Jahr 2005 – die FAZ kam mangels Beispielen fast anderthalb Jahrzehnte später noch darauf zurück – erörterte das *Bulletin* des Berliner Zentrums für transdisziplinäre Geschlechterstudien an der Humboldt-Universität das Thema »Weibliche Genitalbeschneidung: Die Schwierigkeit, sich zu positionieren«.[92] Das Vorwort fragte, »inwieweit sich ›westliche‹ Feministinnen und Aktivistinnen in dieses Thema einmischen dürfen«, ohne rassistisch zu werden. Es gelte zur Kenntnis zu nehmen, dass schwarze Frauen ihrerseits weiße Feministinnen »aufrufen, ›vor der eigenen Tür zu kehren‹ und sich mit Körpernormierungen [...] in der eigenen Kultur auseinanderzusetzen«. Im Text fehlte die klare Absage an eine lebensgefährliche Praxis, die auch in Europa Abertausende Mädchen ein Leben lang an Körper und Seele verletzt. Die Autorin schien abwägen zu wollen zwischen einem gewissen Respekt für afrikanische Bräuche und den Rechten der Opfer: zwischen Kulturrelativismus und universeller Geltung der Menschenrechte. Sie bedauerte, »in den Mediendebatten und unter Aktivistinnen« habe sich ausschließlich »der Menschenrechtsansatz durchgesetzt«.

Auf zweierlei Weise lassen sich der Schutz und die Achtung von Minderheiten ad absurdum führen: indem die Menschenrechte ihrer Mitglieder relativiert werden, wozu Rechte viel öfter neigen als Linke; oder wenn ebendiese Mitglieder einzig und allein als Angehörige der Minderheit wahrgenommen, auf bloß diese Dimension ihrer vielfältigen Identität reduziert werden – auf die Hautfarbe, die Konfession, das Geschlecht, die sexuelle Präferenz. Mindestens so wichtig wie die Identität ist die Individualität. Wer jedoch immer nur als Schwarzer gesehen wird, kann nur als Schwarzer antworten – so wie Hannah Arendt 1964 in ihrem berühmten Fernsehgespräch mit dem späteren *Spiegel*-Chefredakteur Günter Gaus seufzte: »Wenn man als Jude angegriffen wird, muss man sich als Jude verteidigen. Nicht als Deutscher oder als Bürger der Welt oder der Menschenrechte oder so. Sondern: Was kann ich ganz konkret als Jude machen?«[93]

Der Konservative Francis Fukuyama, der zuletzt ein ganzes Buch wider die Identitätspolitik vorlegte, erkennt sehr wohl das Diskriminieren und Schikanieren von Minderheiten, die Übergriffe, die Polizeigewalt, auch das Einkommensgefälle.[94] »Kritik der Identitätspolitik darf nicht übersehen, dass dies tatsächliche, dringliche Probleme sind, die konkrete Lösungen erfordern«, bekräftigte er in einem Essay für das Magazin *Foreign Affairs*.[95] Allerdings pochen die allermeisten Konservativen zwar auf Gleichheit in der Debatte, bekämpfen aber vehement sozial-, bildungs- und wirtschaftspolitische Maßnahmen der Gleichstellung in der Alltagsrealität. Diese Herzensfreunde der Ungleichheit höhnen über das »Multikulti-Gutmenschentum«, das Gleichheit leben will. *Égalité* ist ihnen egal. Ihnen gegenüber solle man jedoch, bitte sehr, egalitär sein.

Trotzdem hat der aufklärerisch anmutende Feldzug europäischer Reaktionäre gegen die in Europa verhältnismäßig seltenen Übertreibungen der Identitätspolitik viele Sozialliberale und Linke irregemacht. Zwar ist es weniger die Identitätspolitik als vielmehr der überhandnehmende reaktionäre Hass-Sprech, der den demokratischen Diskurs beschädigt. Schicker ist es aber allemal, #MeToo und »Multikulti« als das hinzustellen, was die Debatte tötet. Den Kreuzberg hinunter bis nach Charlottenburg rieselt das Wohlbehagen, so ein ganz klein bisschen »reaktionär aufgeklärt« zu sein. Auch der pauschalisierende Kulturkampf gegen »den« Islam, den es so wenig gibt wie »das« Christentum, eignet sich dafür, auf unaufgeklärte Weise das Unaufgeklärte zu verurteilen.

Wer die Proportionen wahrt, dem sticht nicht die Handvoll linker Erleuchteter ins Auge, welche die universelle Geltung der Menschenrechte strapaziert, am präsentesten in Teilen der Kunst-, Theater- und Tanzwelt. Vielmehr sieht er zuallererst die Fortschritte, die dieser Universalismus dank des sozialdemokratischen und grünen Einsatzes für die Integration von Frauen, von Migrantinnen und Migranten machen konnte. Reaktionäre wenden sich gegen die Menschenrechte (die sie selbst beanspruchen). Vielen Konservativen sind diese Menschenrechte recht, solange sie nicht zu sehr für Migranten und Homosexuelle gelten. Und just solche Kreise halten der Linken vor, dem Universalismus untreu zu werden?

Von 1789 bis 1794 debattierten die französischen Revolutionäre heftig, ob ihre junge Erklärung der Menschen- und Bürgerrechte universell sei: ob sie für Farbige und Sklaven gelten solle. Und sie kamen keine Sekunde auf den Gedanken, dass den Bürgerinnen das Wahlrecht ebenfalls zustehe. Lang galt de facto ein Universalismus der weißen Männer, an dem die Frauenmehrheit und die Minderheiten nur sehr bedingt teilhatten. Doch wenn nun Bürgerinnen und Minoritäten – manchmal militant, manchmal geduldig – einen allseits gelebten Universalismus einfordern, schrecken auch heute viele Konservative auf. Und versuchen, das als Identitätspolitik zu diskreditieren.

Grüne und Sozialdemokraten waren Vorkämpfer des Einbezugs benachteiligter Gruppen in die Demokratie, getreu der Regel, dass »alle Menschen vor dem Gesetz gleich sind« (deutsches Grundgesetz), dass »Vorrechte der Geburt, des Geschlechtes, des Standes, der Klasse und des Bekenntnisses ausgeschlossen sind« (österreichisches Bundes-Verfassungsgesetz), dass »frei nur ist, wer seine Freiheit gebraucht, und dass die Stärke des Volks sich misst am Wohl der Schwachen« (wie der Schriftsteller Adolf Muschg die hinreißende Präambel der schweizerischen Bundesverfassung prägte). Eine historische Leistung der Linken war und ist es, dass dies ganz konkret etwas stärker gelebt wird.

Die Bundesrepublik, Österreich und die Eidgenossenschaft zählen mehr Bürgerinnen als Bürger, doch im Bundestag sitzen bloß 31 Prozent Volksvertreterinnen, im österreichischen Nationalrat 39 Prozent, im Schweizer Nationalrat 42 Prozent. Linke Parteien stellen mehr Kandidatinnen auf als bürgerliche. Ohne solche Identitätspolitik wären die Parlamente noch weniger repräsentativ. Ebenso finden sich in den drei linken Fraktionen des Deutschen Bundestags weit mehr Abgeordnete mit Migrationshintergrund (Die Linke rund 19 Prozent, Grüne 15 Prozent, SPD 10 Prozent) als etwa in der Union (3 Prozent).[96] Ohnehin haben namentlich die Grünen früh Spitzenpolitiker mit Migrationshintergrund hervorgebracht. Was würde aus der liberalen Demokratie, wenn die Linke die Anliegen der Migrantinnen und Migranten ignorierte? Wenn sie keine Integrations- und Identitätspolitik verfolgte, alles in allem mit Augenmaß?

Wie jede Politik ist natürlich auch die Identitätspolitik nicht frei von Zielkonflikten. In der Tat: Frauen gleichzustellen und Migranten zu berücksichtigen, missfällt einem Teil der alten sozialdemokratischen Wähler, männlichen Angestellten und Arbeitern. Aber hier nuanciert die Politologin Silja Häusermann: »Heute ist die Vorstellung sehr verbreitet, dass ganz viele Menschen, die dreißig Jahre Sozialdemokratie gewählt haben, jetzt plötzlich rechtsnational wählen. Diese Vorstellung ist falsch. Die These der direkten Wählerwanderung stimmt empirisch nicht. [...] Der größte Anteil am linken Wählerschwund in der Arbeiterklasse geht aufs Konto des Strukturwandels. Diese soziale Gruppe ist schlicht viel kleiner geworden. Dazu kommt eine gewisse Demobilisierung, also dass ehemals sozialdemokratische Wähler nicht mehr wählen. Aber der direkte Wählerstrom von den Sozialdemokraten zu den Rechtsnationalisten ist sehr gering. Diese Kräfte mobilisieren neue Arbeiterstimmen vor allem bei Wählern, die vorher nicht politisch verankert waren«, analysierte sie in der *Republik*.[97]

Ohnehin hat die Mehrheit der Christdemokraten, die ja nach wie vor zur sozialen Marktwirtschaft steht, vergleichbare Schwierigkeiten mit ihrer traditionellen Basis: Selbst ein gutes Auffangnetz verhindert nicht, dass der Strukturwandel Geltung und Selbstvertrauen konservativer Wähler ankratzt – und diese dann den Reaktionären zuführt. Manchem Verdrossenen bieten der Nationalismus und das reaktionäre Elite-Bashing eine Kompensation. Und gegen populistische Patentrezepte gibt's kein Patentrezept: »Die Linke versucht seit zwanzig Jahren herauszufinden, was sie machen kann, um solchen Wählern aus der ehemaligen Arbeiterklasse und der unteren Mittelklasse etwas anzubieten. Aber es funktioniert nicht: Sie kommt bei diesen Gruppen weder mit klassischer Sozialpolitik noch mit sozialer Investitionspolitik an. Die Ökonomen sagen etwas paternalistisch: ›Wir müssen sie ausbilden!‹ Aber diese Wähler wollen das gar nicht«, sagt Häusermann.

Trotzdem hält sich in vielen Medien und Salons die *conventional wisdom* (gängige Weisheit), die volksferne Identitätspolitik habe die Linke ins Verderben gestürzt – obwohl gerade die identitätspolitisch führenden Grünen einen Aufschwung nehmen. Der Dramaturg Bernd Stegemann bläst in dieses Horn. Identitätspolitik sei bloß »das Problem einer wohlmeinenden bürgerlichen Klasse, die mit Rührung auf das Elend der Welt« blicke und moralisch-romantisch von der sozialen Frage ablenke: So meckert dieser Vordenker der Minibewegung »Aufstehen«, die er mit der Die-Linke-Politikerin Sahra Wagenknecht lancierte, bevor sie sich zurückzog.[98] Doch sowohl die »Frauenfrage« als auch die »Migrantenfrage« sind durchaus soziale Fragen: Besonders oft ist die Armut weiblich und migrantisch.

In den Vereinigten Staaten beschlossen die Republikaner vor einem halben Jahrhundert, nicht die Armut, sondern den ärmsten Teil der Bevölkerung zu bekämpfen, die Afroamerikaner. Das war der Beginn der rechten Identitätspolitik. 1969 veröffentlichte Kevin P. Phillips, ein 28-jähriger Stratege der Republikanischen Partei und Wahlkampfberater von Präsident Richard Nixon, das aufsehenerregende Buch *The Emerging Republican Majority*.[99] Darin empfahl er, auf die »negrophoben Weißen« des Südens der Vereinigten Staaten zu setzen. Fünf Jahre zuvor hatte der Kongress in Washington den Civil Rights Act erlassen. Dieses neue Bürgerrechtsgesetz verbot die Rassentrennung und andere Demütigungen der Schwarzen. Der demokratische Präsident Lyndon B. Johnson hatte es gegen rabiaten Widerstand eines Teils der Republikaner durchgedrückt, gemeinsam mit dem schwarzen Pastor Martin Luther King, der dafür den Friedensnobelpreis erhielt. Ein Jahr nach dem Mordanschlag an dem Bürgerrechtler Luther King stellte nun der republikanische Machiavellist Phillips eine Rechnung auf, die später bestens aufgehen sollte: »Von jetzt an werden die Republikaner nie mehr als zehn bis zwanzig Prozent der Neger-Stimmen bekommen, und mehr als das brauchen sie auch gar nicht«, erläuterte er im Gespräch mit der *New York Times*.[100] Seiner Partei empfahl er, künftig die Ressentiments gegen die Schwarzen zu bedienen. Das werde in ländlichen Bundesstaaten des *Sun Belt* (Sonnengürtels) weit mehr weiße Wähler bringen als schwarze Wähler kosten. Die Grand Old Party solle den Unmut der weißen Unter- und Mittelschicht über die Gleichberechtigung schwarzer Mitbürger elektoral ausbeuten. Nebenbei sollten die Republikaner auch die spanischsprachigen Latinos und die »Mandarine des liberalen Establishments« an der Ostküste schlechtmachen. Kevin Phillips – der sich später in einen der härtesten Kritiker der Republikaner verwandelte – empfahl eine Politik der Wut statt jener »Politik der Würde«, wie sie der Philosoph Avishai Margalit in seinem 1996 erschienenen Plädoyer für eine »decent society« (redliche Gesellschaft) umreißt. »Das ganze Geheimnis in der Politik«, sagte der republikanische Stratege schon 1968, sei »zu wissen, wer wen hasst«.[101] Danach handelt Trump.

Die Postliberalen – und die vier Teilsiege der Reaktionäre

Phillips' Intervention war die Geburtsstunde der rechten Identitätspolitik. Sie hat die Vereinigten Staaten verändert, schließlich einen Rassisten ins Weiße Haus getragen. Aber: Natürlich sei die linksliberale Identitätspolitik schuld an dem Vormarsch »der wild gewordenen republikanischen Partei«, beteuert ahistorisch und anklagend der New Yorker Politologe Mark Lilla.[102] Er ist einer der unzähligen Sozialliberalen, die das Reaktionäre zusehends fasziniert – worüber er das Buch *Der Glanz der Vergangenheit. Über den Geist der Reaktion* verfasste.[103] Die Neue Rechte schürt seit je die Intoleranz, sie steht ganz offen dazu, sie bekämpft Toleranz. Und hat es fertiggebracht, dass mehr und mehr Tolerante an ihrer Toleranz zweifeln, wenn nicht verzweifeln. Auch in Europa haben sich Liberale und Linke dermaßen in die Defensive drängen lassen, dass manche sich die reaktionäre Kritik am Aufgeklärten zu eigen machen – es wächst die Schar der Postliberalen. Ihr Degout vor der angeblichen Willkommenskultur läuft auf das Ansinnen hinaus, die »nötige Härte« gegenüber Migranten aufzubringen, was sie aber lieber nicht ausformulieren.

Doch wer Migration – diese Konstante der Weltgeschichte – ablehnt, übersieht die Vorgeschichte der Europäer. In dem kleinen Band *Was ist europäisch?* erinnert der Schriftsteller Adolf Muschg, früherer Präsident der Akademie der Künste in Berlin, an die mythologischen Ursprünge des Kontinents: Seine Namensgeberin Europa »war eine phönizische Königstochter, die mit ihren Gespielinnen in der Gegend des heutigen Gaza-Streifens Blumen pflückte, als Zeus sie in Stiergestalt entführte und über das östliche Mittelmeer nach Kreta trug. Europa ist keine Europäerin – damit fängt unsere Geschichte an«.[104] Überdies war die entführte Europa ein Gewaltopfer, wie jetzt Abertausende Nicht-Europäer an den Stränden des Mittelmeers.

In den allermeisten Ländern der EU gelingt der stets konfliktträchtige und aufwendige, oft schwierige Einbezug von Migrantinnen und Migranten in die Gesellschaft. Migration ist alles in allem eine Erfolgsgeschichte. Zwar versuchen Reaktionäre, jede einzelne Straftat von Menschen mit Migrationshintergrund zu »verwerten«, um Ressentiments zu wecken. Zwar haben ein paar deutsche und französische Städte die Integration erschwert und obendrein die »Desintegration« begünstigt: Sie ließen zu, dass Türken bzw. Algerier sich in bestimmten Vierteln isolierten, während andere Städte eine anspruchsvolle Politik der breiten Durchmischung von Nationalitäten und Volksgruppen verfolgten. Zwar ist die sogenannte Flüchtlingspolitik der EU ein grausames Schwarzpeterspiel, das noch tiefer in Europas Seele schneidet, als es die Reaktionäre tun. Aber: Migration hat die Mehrzahl der Einwanderungsstaaten insgesamt mehr bereichert als belastet.

Diese nuancierte Betrachtungsweise ist ebenso legitim – und ebenso anfechtbar – wie andere Blickwinkel. Doch die Untergangsszenarien, der Katastrophenalarm, das plumpe Karikieren der »Willkommenskultur« und das fiebrige Pauschalisieren unguter Einzelerfahrungen leiten die Debatte. Warum sind manche Sozialliberale für derlei Katastrophismus besonders empfänglich? Vielleicht weil sie schon immer alle Schuld der Welt auf sich luden, auch weil ihr Denken glücklicherweise von Infragestellungen lebt – aber nicht zuletzt, weil der *esprit général* es als schlimmste Sünde etabliert hat, »volksfern« zu sein. Und das war im Lauf der Jahre der erste Teilsieg von Reaktionären, die ihrerseits nur für eine Minderzahl der Bürgerinnen und Bürger sprechen. »Das Volk« vertreten sie überhaupt nicht: Da muss nur einmal der Präsident des Fußballklubs FC Schalke 04 Afrikaner beleidigen, und die Fans schwenken Plakate, auf denen zu lesen ist: »Rote Karte«. Mental sind die Reaktionäre allgegenwärtig, real halb so stark.

Das deutschsprachige Feuilleton gehört zum Weltkulturerbe. Doch selbst in seinen Hallen hallt das Mantra, am deutschen und Weltunglück sei das liberal-tolerant-moralisch-naiv-gutmeinende-treudoofe Wesen bzw. Unwesen schuld: schuldig am Vormarsch der Reaktionäre (der sich vielerorts sogar verlangsamt), am Niedergang der Sozialdemokratie (den die Grünen halbwegs wettmachen), an der Fremdenfeindlichkeit (die von einem halben Stadion elitär-abgehobener Schalke-Fans angeprangert wird), an der Flüchtlingsfrage (die ohne Sozialliberale natürlich längst gelöst wäre), an der Identitätspolitik (dieser Erfindung der US-Republikaner), an der Krise der liberalen Demokratie. Zu alledem taugt der eierlegende Wollmilchsündenbock: der liberal-abgehoben-tolerante Gutmensch. Und das ist der zweite Teilsieg der Reaktionäre, die uns seit Jahr und Tag einhämmern, »kosmopolitisch-intellektuell Aufgeklärte« hätten uns alles Unglück eingebrockt. Aus jeder Misere macht die Neue Rechte gleich eine Malaise der Toleranz. Standhafte Sozialliberale aller Parteien, Tolerante aller Schattierungen – im Zweifel seid ihr gefährlich, weil nicht böswillig genug!

Der Zweifel gehört zum Intellektuellen wie zum Liberalen, der Masochismus nicht. Waren es nicht Intellektuelle der Liberalität wie Ralf Dahrendorf und Ulrich Beck, Paul Krugman und Dani Rodrik, Publizisten und Journalisten wie Robert Misik in Österreich, Daniel Binswanger in der Schweiz, Thomas Fricke oder Uwe Jean Heuser in Deutschland, die beizeiten auf die Exzesse der Globalisierung hinwiesen? Die voraussagten, es werde Globalisierungsverlierer geben? Die früh und vergeblich forderten, die Gewinne aus der Globalisierung umzuverteilen? Die von Anfang an sahen, dass mit der Globalisierung mehr Zuwanderung einhergehen werde? Die umso verantwortungsbewusster verlangten, massiv in die Integration zu investieren? Ausgerechnet die unbequemen Stimmen, die früh und frech vor Risiken und Nebenwirkungen des digital-globalen Ultrakapitalismus warnten, gelten heute als hauptverantwortlich für die sieben Plagen der Jetztzeit – just die Klarsichtigen sind angeblich blauäugig gewesen. Und das urliberale Anliegen, die Emanzipation, ist von der Agenda gestrichen. Auf der neuen Agenda steht: Ich bin intolerant und sollte gegenüber den Intoleranten toleranter werden. So erreichen die Reaktionäre ihren dritten Teilsieg, Toleranz für die Intoleranz zu schaffen. Das, wovor Karl Popper warnte.

Im neuseeländischen Exil – in Christchurch, wo ein Dreivierteljahrhundert später 51 Moscheegänger dem Rechtsextremismus zum Opfer fielen – schrieb Karl Popper *Die offene Gesellschaft und ihre Feinde*. Das berühmte Buch erschien 1945. Um die Gefahr »intoleranter Philosophien« wusste der Autor nur zu gut, »denn es kann sich leicht herausstellen, dass ihre Vertreter nicht bereit sind, mit uns auf der Ebene rationaler Diskussion zusammenzutreffen, und beginnen, das Argumentieren als solches zu verwerfen; sie können ihren Anhängern verbieten, auf rationale Argumente – die sie ein Täuschungsmanöver nennen – zu hören«.

Heute erschallt in postliberalen Kreisen die doppelte Botschaft: keine Toleranz gegenüber intoleranten Islamisten, aber etwas mehr Toleranz gegenüber intoleranten Rechtsradikalisten! Wer zugezogene Antidemokraten an die Kandare nimmt, verteidigt unsere Zivilisation. Wer aber einheimischen Antidemokraten eine Abfuhr erteilt, dem fehlt es an Dialogkultur. Wer gegenüber Menschen aus anderen Kulturkreisen auf die Werte der Aufklärung – also des Grundgesetzes – pocht, verteidigt die Demokratie. Wer jedoch rechte Pöbler gegen die demokratische Kultur an die Werte der Aufklärung gemahnt, betreibt volksferne Moralisiererei. Könnte es sein, dass die kompasslosen Postliberalen in ganz anderer Manier tatsächlich »volksfern« sind? Sie sind gänzlich abgekoppelt von der großen Mehrheit der Bürgerinnen und Bürger, denen die AfD viel mehr Angst einflößt als das Gutmenschentum und die Identitätspolitik. Von Letzterer spürt die Mehrzahl nichts, soweit sie überhaupt weiß, was das ist. An der hoch politischen Unkorrektheit der Reaktionäre stören sich mehr Bürgerinnen und Bürger als an der vielgeschmähten politischen Korrektheit.

Wohin eigentlich schlingern die Postliberalen? Vor allem möchten sie »nicht mehr naiv« sein, nicht moralistisch, nicht »Mainstream« und auf jeden Fall antikorrekt. Es scheint, dass sie besser wissen, was sie nicht wollen, als was sie wollen. Manche haben eine Allergie gegen die Grünen: gegen jene politische Kraft, die vorderhand einen beträchtlichen Teil der Bürgerinnen und Bürger überzeugt, weil sie bei aller Introspektion zielstrebig ein Vorhaben verfolgt, selbstkritisch, nicht ohne Selbstzweifel, aber ohne mea culpa. Den anderen, die schwanken oder schwenken, sagt Schwedens neue Pippi Langstrumpf mit den Zöpfen: »Ihr seid nicht reif genug.«

II.

Aus dem Arsenal der Reaktionäre

Wer sind die schlimmsten Feinde der Freiheit? Die Diktatoren? Die Autoritären, die ihre Demokratien lenken? Ein selbstherrlicher US-Präsident? Oder Donald Trumps Nachahmer weltweit, die im Namen des Volkes die Bürgerinnen und Bürger entmachten? Geheimdienste wie die National Security Agency, die Überwachungsstaaten ausbauen? Facebook, das über uns mehr weiß als einst die Stasi über die Bürger der DDR? Oder die Erzkonservativen, denen die Menschen vor dem Gesetz ungleich sind, je nach Glauben, Herkunft, Geschlecht? Falsch – zumindest für Reaktionäre sind politisch Korrekte die eigentlichen Freiheitsfeinde.

Rechte Wortführer geißeln den »Tugendterror«, die »Moraldiktatur«, den »subtilen Totalitarismus« der politischen Korrektheit, kein Wort ist ihnen zu stark. Sie donnern gegen die »Sprachpolizei«, ja die »Sprach-Gestapo«, was sie aber nicht hindert, den Oberzensor Viktor Orbán zu bewundern, der in Ungarn die Freiheit der Medien und Wissenschaften einschnürt. Reaktionäre mögen die gelenkte Demokratie, aber sie hassen das »betreute Denken«, das die politische Korrektheit uns angeblich aufnötigt. »Ich darf nicht einmal mehr reden, wie mir der Schnabel gewachsen ist«, »Wieder wird mir ein Stück Freiheit gestohlen«, »Das wird man ja wohl noch sagen dürfen« – der Empörungswettbewerb läuft.

Politische Korrektheit – eine Nebensache rückt in den Mittelpunkt

Die Debatte ist hoch emotional, und Scharfmacher spitzen sie zu, mit freundlicher Unterstützung von Liberalen und Konservativen. In gemeinsamer Allergie kommen sich Antikorrekte verschiedener Couleur ein bisschen näher, Christdemokraten und Reaktionäre, Sozialliberale und Illiberale, Demokraten und Autoritäre. Hier haben sie gar keine Berührungsängste. Das macht die Brisanz des Streits über die politische Korrektheit aus: Sie ist der Kristallisationspunkt, an dem sich eine lose Verbindung verfestigt – die Liaison der Reaktionäre mit dem hadernden Teil des Bürgertums, der in Krisenzeiten oft nach rechts driftet. Indem sie das politisch Korrekte anprangern, können Autoritäre als Hüter der Freiheit auftreten, Konservative sich ein letztes Mal gegen die aussterbende Spezies der Weltverbesserer austoben und schwankende Sozialliberale doch noch zum rechten Zeitgeist finden. Den Reaktionären nützt es, dieses im Alltag der Europäer unerhebliche Phänomen zu einem Symbol des ganz großen Unbehagens aufzubauschen, als drücke uns alle das Joch einer Schreckensherrschaft. Das »Man darf ja gar nichts mehr sagen« ist Teil der Agenda von Neurechten, deren menschenverachtendes Vokabular genau das Gegenteil beweist – denn am laufenden Band sagen sie, was sich unter ehrenhaften Menschen von selbst verbietet: Sie verunglimpfen, verleumden und demütigen, sie nehmen keine Rücksicht, aber: »Man darf ja nichts mehr sagen.«

Referenzmedium der antikorrekten Aktivisten, auch im deutschsprachigen Raum, ist das Onlinemagazin *Spiked*, das einst *Living Marxism* hieß. Britische Trotzkisten gründeten es als Blatt ihrer kleinen Revolutionary Communist Party. Doch in den neunziger Jahren konvertierten diese staatshungrigen Marxisten zu Libertären, deren absolutes Feindbild der Staat, deren Hassobjekt die politische Korrektheit und deren Zielscheibe zudem die Umweltpolitik ist, denn alle drei würden unerträglichen Zwang ausüben. Das brachte ihnen viele Dollar des US-amerikanischen Milliardärs Charles G. Koch ein, der rechtsradikale und antiökologische Kräfte finanziert. Exponenten von *Spiked* schreiben gern für die Zeitungen des reaktionären Verlegers Rupert Murdoch. Und betätigen sich für die Partei des Populisten Nigel Farage. Die bekannte *Spiked*-Netzwerkerin Claire Fox, die mit Farage im Europäischen Parlament sitzt, möchte das Herunterladen von Kinderpornografie aus dem Internet erlauben. Das gehöre zu ihrem »Kampf gegen Zensur und für freie Rede«.[1]

Sprache ist Politik, und in ihrer Sprachpolitik gehen einige Eiferer der politischen Korrektheit manchmal sehr weit – noch viel weiter gehen freilich die rechten Vorkämpfer des Antikorrekten. Beide arbeiten an der Sprache des 21. Jahrhunderts, bloß in diametral entgegengesetzte Richtungen:

– Politische Korrektheit nennt respektvoll die Menschen so, wie sie bezeichnet werden möchten, beispielsweise als Schwarze. Politische Unkorrektheit verunglimpft die »Neger«.
– Korrekte wollen zugewanderte »Mitbürgerinnen und Mitbürger« einbinden. Im antikorrekten Duktus sind sie eine »herbeigekommene Bevölkerung« oder gar »Gesindel«, so grenzen sie der AfD-Co-Fraktionsvorsitzende Alexander Gauland bzw. sein Parteikollege Nicolaus Fest aus.[2]
– Politische Korrektheit sucht menschenfreundliche Worte. Sie spricht beispielsweise von »Geflüchteten«, was die individuellen Tragödien konkreter vor Augen führt als »Flüchtlinge«. Es fließen »Flüchtlingsströme«, nicht aber Ströme von Geflüchteten; »Ströme« lassen uns an anonyme Massen denken, wo es in Wirklichkeit um individuelle menschliche Schicksale geht. Die politisch unkorrekte Sprache entmenschlicht: Gauland will keine Ausländer »importieren«, dafür die Hamburgerin Aydan Özoğuz – sie sitzt wie er im Bundestag – »in Anatolien entsorgen«.[3]
– Politisch Korrekte wollen das Deutsch fortentwickeln, um die Vielfalt zu unterstreichen und alle gleich zu behandeln. Sie sprechen Frauen, Männer und Transsexuelle an: Bürger*innen. Neben das Fürwort »man« stellen sie die Varianten »frau« und »mensch«. Politische Unkorrektheit dagegen holt vergessene Kampfwörter wie

»Volkstod« aus der jahrzehntelangen Versenkung. Und dieser oder jener missliebige Politiker »gehört nicht zu unserem Volk und hat hier keinen Platz«, raunt Gauland mit drohendem Unterton.[4]
Die Neue Rechte denunziert die politisch korrekte Rede- und Schreibweise, um die eigenen Sprach- und Denkmuster einzuschleusen, und zwar durchaus mit Erfolg. Wer die Begriffe setzt, beherrscht die Debatte. Mehr und mehr Konservative machen sich das Scharfmacher-Vokabular zu eigen, so in der Anti-Flüchtlingspolemik (»Asyl-Tourismus«), im Europadiskurs (»Moloch Brüssel«) oder in Sachen Korrektheit (»totalitär«). Politische Korrektheit, mit ihrer Moral des verbotenen oder gebotenen Worts, ist ein Reizthema. Die Neue Rechte reizt es aus, weil es sich auszahlt. Und so brandmarken inzwischen auch maßvolle Zeitgenossen die »Tyrannei der politisch Korrekten«.[5]
Nuancieren verboten? Zum Differenzieren gäbe es allen Grund. So fällt auf, dass die vielen warnenden Artikel zum Thema fast immer dieselbe Handvoll Fälle politischer Korrektheit aufgreifen, mehr redundant als relevant. Um die *political correctness* in Europa hochzuspielen, führen ihre Kritiker Exzesse an nordamerikanischen Universitäten an. Mit Wonne verspotten die Antikorrekten Irrungen (»Mitgliederinnen und Mitglieder«, »Bürgerinnenmeisterinnen«), die selten oder gar nie auftauchen. Denn auf dem gereiften Alten Kontinent bleibt die Überkorrektheit alles in allem eine Nebensache – die regelmäßig in den Mittelpunkt rückt. Sie verärgert mehr, als sie vorkommt. Genau besehen ist keine Polemik dermaßen frei von Alltagsrelevanz wie diejenige gegen die Korrektheit. Wohldosiert ist diese ja auch gar nichts anderes als Höflichkeit. Gesittete Menschen, und sie bilden die Mehrzahl, achten die Gefühle der Frauenmehrheit und der Minoritäten. In Teilen der westlichen Welt sind – vorderhand – die Zeiten vorbei, da Schwule und Lesben ein Doppelleben führen mussten, Juden manchmal geduldete und meistens verfolgte Außenseiter waren, Roma und Sinti auf Anhieb kriminalisiert wurden und praktisch alle Minoritäten der Willkür, wenn nicht dem Völkermord zum Opfer fielen. Auch die Nachfahren derer, die von Sklavenhaltern, Kolonialherren und Apartheid-Schergen gedemütigt wur-

den, prägen heute das globale Dorf. Deshalb hat das Wort »Neger« ausgedient, das auf die »subalternen Menschen« in kolonialen und postkolonialen Verhältnissen deutete, so der Geschichtsphilosoph Achille Mbembe.

Gerade Konservative möchten jedoch am liebsten herrlich unkorrekt sein, trotz ihres sonstigen Hangs zur Gediegenheit. Sie berufen sich gern auf das Mantra des »Das wird man ja wohl noch sagen dürfen«, sprechen die als unkorrekt identifizierten Begriffe am Schluss aber doch nicht aus: weil sie keine Rüpel sind und keine sein wollen. Im Austausch mit einer Afroeuropäerin würden sie »Negerin« unbedingt meiden. Es ist eine hübsche Inkonsequenz: Antikorrekte sind im Alltag so korrekt wie Korrekte. Nur online lässt mancher Troll seinem Groll freien Lauf, denn es ist viel einfacher, im unpersönlichen bis anonymen Netz niederträchtig zu sein. Das Internetgrundübel der Hassrede schwächt mehr und mehr das Grundrecht der freien Rede: Die Staaten und Silicon Valley löschen bestimmte Postings und Tweets. Sie filtern aber nicht nur die Brühe, die der »gärige Haufen« (wie Gauland die AfD nennt) absondert – sie beaufsichtigen letztlich ein Forum der politischen Debatte. Deswegen sind soziale Medien unfreier geworden. Weniger die politische Korrektheit als vielmehr der hasserfüllte Online-Neusprech schadet de facto der Meinungsfreiheit. Verfassungsjuristen definieren sie in erster Linie als »Abwehrrecht der Bürger gegen den Staat«, auch wenn sie in bestimmten Fällen mittelbar eine »Drittwirkung« entfaltet: Laut der jüngeren Rechtsprechung dürfen beispielsweise Twitter oder Facebook keine rechtlich zulässigen Meinungsäußerungen verbieten oder entfernen.

»Meinungskorridore« und »Mainstream«

Wer in seiner Kneipe am Stammtisch sagt, was man am Stammtisch so mal sagt, der erntet Beifall, denn er spricht mit Gleichgesinnten in privatem Kreis. Via soziale Medien ist nun aber der Stammtisch öffentlich geworden. Das hat diesen Treffpunkt des gesunden oder verderblichen Volksempfindens, der guten und unguten Bauchgefühle, der falschen Klarheiten und veritablen Klischees aufgewertet. Einst errangen Wahlkämpfer im Landgasthof die Lufthoheit über die Stammtische. Doch nun beansprucht der digitale Stammtisch selbst die hoheitliche Legitimität, als verkörpere er den Willen der Mehrheit im Land. Die »Sorgen der Bürger« solle man endlich ernst nehmen, schallt es von allen Seiten. Auf einmal gilt es als heilsam, ja demokratisch, wenn haltlose Anwürfe, niedrige Instinkte und unsinnige Meinungen breiten Ausdruck finden – Korrektheit ist schlimm, Unkorrektheit heilsam und weiterführend.

In der Tat schließt die Meinungsfreiheit sehr wohl die Freiheit zur sozialmedialen Stammtischmeinung ein, solange diese die weit gesteckten Grenzen des Strafgesetzes nicht sprengt. Das bedeutet freilich nicht, auf jede Meinung sei einzugehen, von vornherein verdiene jede einen Meinungsaustausch. Gute Politikerinnen und Politiker gehen zwar aus Überzeugung und Eigeninteresse unermüdlich auf die Menschen zu, hören ihre Sorgen, registrieren ihre Erwartungen – sie sind Virtuosen des Repetitiven, tausendmal führen sie die gleichartige Diskussion; Wahlkämpfer tun dies von morgens früh bis abends spät. Aber allen Menschen, einschließlich der Journalisten, steht es frei, in Debatten nur einzusteigen, wenn wirklich neue Elemente zu debattieren sind. Massenmedien behandeln ein Thema ausgiebig, bis irgendwann jede Meinungsnuance zum Ausdruck gekommen ist: bis geschrieben und gesagt worden ist, was zu schreiben und zu sagen war. Oft kristallisiert sich eine Art Fazit heraus, oder anders gesagt: Die Menschen haben sich grosso modo ihre Meinung gebildet. In den sozialen Medien jedoch findet keine Debatte ein Ende. Jahre- und jahrzehntelang werden widerlegte Vorwürfe rezykliert, längst beantwortete Fragen aufgeworfen, alte Streitpunkte aufgewärmt, ohne dass irgendein relevanter Aspekt hinzukäme: Der digitale Stammtisch dreht sich im Kreis. Und auch offline bevorzugen Reaktionäre Diskussionen, die mangels neuer Fakten und konkreter, also falsifizierbarer Einwände stereotyp verlaufen.

Die Meinungsfreiheit umfasst indessen das Recht eines jeden Individuums, eine Debatte auch einmal abzuhaken. Zum Beispiel: Wer sich auf die Zweifler am stark menschengemachten Klimawandel erst wieder einlassen will, wenn sie endlich fundierte wissenschaftliche Studien aus den besten Forschungsstätten dieser Welt vorlegen, dem ist nichts vorzuwerfen und schon gar nicht Missachtung der Meinungsfreiheit. Genau das aber unterstellen erfolglose Klimaskeptiker: Theoretisch herrsche Meinungsfreiheit, praktisch werde ihre Meinung »ausgegrenzt«, weil sie weder Mainstream noch politisch korrekt sei – lautet ihre Meinung.

Diese Lesart hat sich vielerorts durchgesetzt. Auch einige deutsche Intellektuelle sehen sich als Opfer, weil sie sich außerhalb gängiger »Meinungskorridore« bewegten und dafür büßen müssten. Was steht hinter diesem Korridor-Grundmuster? In einem Essay, der Ende 2019 in der *Neuen Zürcher Zeitung* erschien, schilderte die Schriftstellerin Monika Maron offen und ehrlich ihr Gefühl der Ungerechtigkeit: »Rechte fragt man nicht, mit Rechten redet man nicht, Bücher von Rechten liest man nicht, Rechten darf man ihre Stände auf Buchmessen verwüsten, Rechten hört man nicht zu und antwortet ihnen nicht – und wer oder was rechts ist, entscheidet jeder, der sich für links hält. Schon die Frage, ob der Klimawandel wirklich nur menschengemacht ist oder wie viel Einwanderung eine Gesellschaft verträgt, ohne schwerwiegenden Schaden zu nehmen, oder ob dieses Genderkauderwelsch wirklich den Frauen nutzt, kann ausreichen, um rechter Gesinnungsart verdächtigt zu werden.«[6]

Die in Ostberlin aufgewachsene Autorin subtiler Romane und prägender Essays beschleichen heute wieder jene Gefühle, die sie bis 1987 beschlichen, als sie noch in der DDR schrieb und bei heiklen Passagen zauderte, »was ich mir wohl einbrocke«. Klar, heute in der Bundesrepublik würden ihre Bücher nicht verboten. »Aber es gibt auch in einem Rechtsstaat Möglichkeiten, Menschen wegen unerwünschter Meinungen die Existenz zu erschweren oder sogar zu zerstören. Wenn Zweifel schon verdächtig sind, wenn Fragen als Provokationen wahrgenommen werden, wenn Bedenken als reaktionär gelten, wenn im Streit nur eine Partei immer recht hat, können einen alte Gefühle eben überkommen.« Die Schriftstellerin wehrt sich seit Jahren dagegen, ihrer politischen Haltung wegen moralisch abgeurteilt zu werden. Marons Malaise hat der Berliner Rechtsphilosoph Christoph Möllers in seinem erwähnten *Merkur*-Essay auf unübertroffene Weise seziert:[7] Das Problem der Politik liege in der schwierigen Abgrenzungsfrage, »wann ein politisches Anliegen auch als moralisches ausgewiesen werden sollte. Natürlich gelten für die Behandlung von Flüchtlingen oder die Gleichstellung Homosexueller moralische Argumente. Nur sind die politischen Nebenwirkungen zu beachten, wenn man sie verwendet. Eine besteht im Ausschluss der politischen Gegner. Der kann richtig sein. Nicht alle Fragen sind moralisch verhandelbar – und die Unsicherheit bei der Formulierung einer solchen Grenze ist ein großes Problem. Aber diese Schwierigkeit hängt auch damit zusammen, dass mehr Fragen moralisch verhandelbar sind, als uns lieb sein kann. Das Anzünden von Flüchtlingsheimen ist nicht moralisch verhandelbar, aber die Grenzöffnung schon. Wer Letztere moralisch festzurrt, vertreibt die Gegenseite aus dem etablierten politischen Diskurs. In der deutschen Diskussion zeigt sich das an dem geradezu lachhaften Ärger großer Teile des liberalen Milieus verschiedener politischer Affiliationen – von Rot-Grün bis zur CDU – über die CSU. Die CSU war gegen die Grenzöffnung und ist für eine quantitative Begrenzung der Zuwanderung. Vieles spricht dagegen, aber es ist eine Position, die innerhalb des etablierten politischen Diskurses möglich bleiben muss. Wer sie für moralisch unzulässig erklärt, verengt den Raum legitimer Politik, so dass bestimmte Positionen sich einen Ort außerhalb dieses Raums suchen. Das ›bürgerliche Lager‹ wird dann so bestimmt, dass viele Bürger aus ihm herausfallen«, warnt Möllers.

Sowohl das moralische als auch das antimoralische Überladen politischer Positionen ist ein in Deutschland besonders ausgeprägtes Phänomen, quer durch alle Lager. Die einen werden als politisch korrekte »Gutmenschen« verlästert – als müsse sich der Mensch (frei nach Albert Camus) letztlich für seine guten Taten rechtfertigen, nicht für seine schlechten. Nationalkonservative, die in anderen Ländern wie selbstverständlich in die politische Palette gehören, werden reflexartig in die Schmuddelecke gedrängt, auch wenn längst nicht alle dorthin verwiesen werden sollten. Und Deutschnationale wiederum verteidigen – wider eine angeblich »gleichgeschaltete Öffentlichkeit« – selbst Rechtsradikale wie Alexander Gauland, die tatsächlich eine menschenverachtende Sprache sprechen, in vielen Fällen auch eine entsprechende Politik verfolgen. Doch aus dem unentwirrbaren Knäuel von Moral und Antimoral, Korrektheit und Antikorrektheit, realpolitischer Ideologie und ideologischer Realpolitik ragt plötzlich ein kleiner Strang, an dem alle ziehen: In regelmäßigen Abständen kämpfen alle für die Meinungsfreiheit – für ihre Meinungsfreiheit.

In ihrem Essay bedauerte Monika Maron, dass »die grün-linke Seite, verstärkt durch eine gewandelte CDU, den Kampf um die Deutungshoheit gewonnen« habe. Herrscht denn »Meinungsunfreiheit« schon deswegen, weil sich eine Meinung breiter durchsetzt als die übrigen? Weil andere Stimmen klar die Meinungsführerschaft erringen und es – wie jederzeit in jeder Gesellschaft – »herrschende Meinungen« gibt, wiewohl nicht nur kluge? Maron richtete einen liberalen Appell an die Träger der herrschenden Meinung, die Position der Widersacher differenziert zu betrachten. Was natürlich auch diese Widersacher unterlassen. Ob rechts, konservativ, liberal oder links, ob ökologisch oder antigrün, ob voller Sorge oder voller Zuversicht, dass ein Land wie die Bundesrepublik eine Ausnahmesituation wie im Flüchtlingsjahr 2015 bewältigen kann – sämtliche Teilnehmerinnen und Teilnehmer an der öffentlichen Debatte verhalten sich letztlich gleich, sie möchten schlicht und einfach ihrer Meinung Nachdruck verleihen. Lieber bringen sie ihre Argumente zur Geltung, als erst einmal die Argumente der Widersacher sachte abzuwägen. Und alle versuchen, die Debatte so zu lenken, dass entlang ihrer Logik debattiert wird.

In ganz seltenen Fällen durchbrechen zwei Diskutanten dieses Schema, zum Beispiel als sich der Philosoph Jürgen Habermas und der spätere Papst Benedikt XVI., Joseph Kardinal Ratzinger, am 19. Januar 2004 auf einem Münchner Podium darüber unterhielten, inwiefern die Vernunft dem Glauben Grenzen setzen könne und umgekehrt. Es war ein ganz außergewöhnliches, wahrscheinlich epochales Gespräch, nicht nur der Qualität der Argumente wegen, sondern weil beide immer auf das stärkste Argument ihres Gegenübers eingingen und nicht – wie in der Politik üblich – auf das schwächste. Wer idealistisch eine solche Gesprächsführung auch in der deutschen Politik anmahnt, hat zwar an sich recht, sollte aber alle politischen Lager und an erster Stelle die neurechten Antiaufklärer ermuntern, sich um einen diskursiveren Diskurs zu bemühen.

Meinungsfreiheit bedeutet nicht, dass es keine Deutungshoheit geben darf, sondern sie ermöglicht wechselnde Deutungshoheiten unterschiedlicher Intensität und Dauer. Die Meinungsfreiheit schützt natürlich auch faktenarme bis faktenfreie Meinungen, verleiht ihnen aber in der Regel wenig Überzeugungskraft – es sei denn, ein Donald Trump wiederholt unablässig frei Erfundenes, bis seine Anhänger schließlich seine Propaganda und seine Verschwörungstheorien internalisiert haben. Stehen die Fakten außer Zweifel, sät Trump erst recht den Zweifel.

In Sachen Ökologie haben Umweltpolitiker nicht zuletzt darum die Meinungsführerschaft errungen, weil Skeptiker des vorwiegend menschengemachten Klimawandels die breit abgestützten wissenschaftlichen Studien nur oberflächlich in »Zweifel« zu ziehen wissen. An solchem Zweifel darf man zweifeln, da er kaum belegt und dafür umso öfter geäußert wird. Zweifel an sich ist nicht über jeden Verdacht erhaben. Meinungsfreiheit gilt auch bei Faktenfreiheit, bringt aber nicht viel.

Die kritischsten Meinungen zur Migrationspolitik oder zum Islam haben über die vergangenen Jahre ebenfalls breiten Platz in den

Medien, in den Bestsellerlisten gefunden und Zustimmung in einem Teil der Öffentlichkeit geerntet. Wer trotzdem den Vorwurf erhebt, die Meinungsfreiheit der Rechten werde eingeengt, müsste folgerichtig vor ebendiesen Rechten warnen, die bekanntlich ihrerseits für die Meinungsfreiheit wenig übrig haben. Donald Trump, Jair Bolsonaro, Viktor Orbán oder auch nur der rechte Schweizer Wirtschaftsminister Guy Parmelin versuchten, die Wissenschaftsfreiheit zu beschneiden, die Veröffentlichung missliebiger Studien zu verhindern, die Medien einzuschüchtern. Alexander Gauland drohte, Journalisten »aus der Verantwortung zu vertreiben«. Zu solchen Versuchen war von Intellektuellen, die sich gegen »Korridore« wenden, bislang kaum Kritisches zu vernehmen.

Oder sind die politisch korrekten Medien schuld an den politisch korrekten »Korridoren«? Verantwortet der deutsche Journalismus eine geradezu unerträgliche Asymmetrie der Meinungschancen? Gemäß der stark beachteten Studie des Reuters-Institut an der Universität Oxford vertraut die Anhängerschaft rechter Parteien in Europa jenen Kanälen, die ein boulevardesk-populistisches Angebot bereitstellen, beispielsweise RTL oder dem italienischen Fernsehen – wahrlich kein Vorbild für ARD und ZDF. Laut der Oxford-Umfrage gelten die *Tagesschau* (ARD) und *heute* (ZDF) als die zwei glaubwürdigsten Medienangebote in Deutschland überhaupt.[8] Ohnehin decken die überregionalen Lesemedien die ganze Bandbreite von deutschnational (in der großen *Bild*-Zeitung) bis links (mit der kleinen *tageszeitung*) ab. Über die Jahre hat der Medienbetrieb antinationalistische Positionen – die etwa der Ökonom Heiner Flassbeck einbringt, wenn er die Eurokrise auf die deutsche Sparwut und den Lohndruck des selbstgerechten »Exportweltmeisters« zurückführt – stärker unterbelichtet als nationalistische Positionen des Eurokritikers und AfD-Gründers Bernd Lucke.

Als im Herbst 2019 Hamburger Studenten zwei Vorlesungen von Lucke verhinderten, missbilligte auch die *taz* den »infantilen Protest«, denn »Universitäten sind Orte des Diskurses. Dazu gehören unterschiedliche Meinungen. Diesen Diskurs haben die Protestierenden nicht zugelassen.«[9] Seit eh und je wirft man Studenten vor, was man derzeit auch der Gymnasiastin Greta Thunberg und ihren Fridays-for-Future-Freundinnen vorwirft: dass sie jung sind. Längst bevor der Begriff der politischen Korrektheit in die Welt kam, haben Studenten aller Länder immer mal Vorlesungen gestört, was sie des Öfteren besser unterlassen hätten. Doch aus Einzelfällen der jüngsten Zeit lässt sich auch da keine »Meinungsunfreiheit« ableiten.

Empfindlich und unerbittlich: Die Kulturkämpfer

Trotzdem glauben oder spüren viele Bürgerinnen und Bürger, dass es heute ein bisschen riskanter geworden ist, sich zu Wort zu melden. Denn das Netz kennt keine Gnade und alle Willkür. Es wechselt nahtlos von der Kritik zur Fertigmache, ganz ohne Proportionen skandalisiert es Belangloses, während es Belangvolles ignoriert. Der öffentliche Raum kann sich in einen Strafraum verwandeln – und als die wüstesten, gemeingefährlichsten haben sich rechte Shitstorms erwiesen. Vor allem sind Kulturkämpfer zugleich empfindlich und unerbittlich. Althergebrachte Verteilungskämpfe sind hart im Nehmen, hart im Geben: Mitten in einer Tarifrunde sparen Arbeitgeber und Gewerkschafter nicht mit Schelte und Kraftausdrücken – stets auf dem Weg zum Kompromiss. Bei Kulturkämpfern geht es jedoch ums Ganze – Brexit Ja oder Nein, wo war da der Mittelweg?

Für Monika Maron lief Angela Merkels Flüchtlingspolitik des Jahres 2015 auf »kollektiven Selbstmord« hinaus,[10] gleichzeitig hält es die Essayistin für grünen Irrwitz, dass »uns nun täglich mit dem Weltuntergang gedroht wird«. Kulturkämpferische Auseinandersetzungen dienen weniger der differenzierten Erkenntnis als vielmehr dem Kampf um jene »kulturelle Hegemonie«, die der Postmarxist Antonio Gramsci als Voraussetzung von Machtverschiebungen ansah. Wer in einer Gesellschaft das herrschende Denken präge, dem falle schließlich die politische Herrschaft zu, schrieb der italienische

Philosoph und Häftling des Diktators Benito Mussolini in den *Gefängnisheften*, die er zwischen 1927 und 1935 verfasste.[11] In solcher Machtlogik sind selbst fundierte, empirisch erhärtete Gegenmeinungen kein Anreiz nachzudenken, sondern ein Ansporn, gegen den Widersacher nachzulegen.

Doch gehört zur Meinungsfreiheit die Gegenmeinungsfreiheit: Das Pendant zur freien Rede ist die freie Widerrede. Wer über Meinungskorridore klagt, sagt implizit, seine Meinung werde von zu vielen Kritikern zu schnell, zu hart und zu wenig argumentativ kritisiert. Die heftige Debatte, die an sich ein Beweis für die Meinungsfreiheit ist, gilt dann als Beweis faktischer Unfreiheit. Intellektuelle »wider den Mainstream« sehen sich alsbald als Opfer der politischen Korrektheit, ja als Geächtete, und verlieren doch nie ein gutes Wort über diejenigen, die antikorrekt von reaktionären Parteien verachtet und geächtet werden, die Geflüchteten – die Allerschwächsten.

Blaming the Victim heißt William Ryans Klassiker aus dem Jahr 1971, in dem der Psychologe präzise herausarbeitet, wie zur Aufrechterhaltung von Ruhe und Ordnung den Schwachen alle Schuld in die Schuhe geschoben wird. Antikorrekte Intellektuelle wie Jörg Baberowski unterstellen heute vielen Opfern, sie wollten Opfer sein. »Wer laut ruft und die Rhetorik des Beleidigten gut genug beherrscht, erzielt einen Machtgewinn, ohne sich anstrengen zu müssen«, höhnte der begabte Historiker und weniger talentierte Polemiker an der Humboldt-Universität zu Berlin.[12] Er zählt zu denen, die übel schmähen und übel geschmäht werden, gleichermaßen beleidigen und beleidigt tun: Auch Kritiker der politischen Korrektheit spüren es deutlich, wenn sie unkorrekt angegangen werden. Baberowski wehrte sich vor Gericht gegen pauschale Anwürfe, er sei rechtsradikal. Doch um der Meinungsfreiheit willen meinten die Richter: Das wird man wohl noch sagen dürfen.

Svenja Goltermann lässt das Opfertheorem von Baberowski ohnehin nicht gelten. Die Historikerin an der Universität Zürich und Autorin von *Opfer. Die Wahrnehmung von Krieg und Gewalt in der Moderne* erörtert in dem Buch die Behauptung, »dass sich viele

Menschen letztlich nur deshalb als Opfer bezeichneten, um Aufmerksamkeit auf sich und ihr Leid zu ziehen, sich gegen Kritik zu immunisieren und die Verantwortung für die eigene Lage anderen zuzuschieben«.[13] Für solche Inkriminierungen fehle es jedoch »notorisch an Belegen. Tatsächlich spricht vieles dafür, dass die Vorstellung, Menschen würden sich inflationär als Opfer darstellen, deshalb so plausibel erscheint, weil sie in den Massenmedien seit einiger Zeit dauernd wiederholt wird«, schließt Goltermann.[14]

Die antikorrekte Empörungskultur

An einzelnen amerikanischen Universitäten sowie im Kulturleben von New York und Hollywood haben ein paar Fanatiker die *political correctness* zur politischen Religion erhoben. Die USA neigten freilich schon immer dazu, sich wellenartig zu exaltieren. Europa hingegen disputiert ziemlich abstrakt über das richtige Maß an Korrektheit: weil konkrete Paradefälle verhältnismäßig selten auftreten – gerade deswegen werden sie hochstilisiert.

Zum Beispiel möchte die Historische Kommission der Humboldt-Universität die »Erinnerungskultur« des geschichtsträchtigen Hauses erweitern. Am prominentesten Ort, vor dem Senatssaal, plant sie von 2020 an Wechselausstellungen. Die erste soll jenen Hochschulangehörigen »mit Zivilcourage« gelten, die »gegen Ungerechtigkeit und Diskriminierung eingetreten sind und dabei Nachteile für das eigene Fortkommen in Kauf genommen haben«. Ist das wiederum eine Diskriminierung der hauseigenen und männlich-weißen Nobelpreisträger, deren Porträts von dieser Galerie an eine andere Stelle der Präsidialetage verlegt werden? »Von wegen Meinungsfreiheit: [...] Dürfen wir jetzt nur noch sehen, was ideologisch gerade gefällt?«, entrüstete sich eine Kommentatorin der *Frankfurter Allgemeinen*.[15] Zuweilen ist nicht nur die Erinnerungskultur, sondern auch die antikorrekte Empörungskultur revisionsbedürftig.

Kläglich scheiterten 2019 ein paar Unduldsame, die an der Frankfurter Goethe-Universität »antimuslimischen Rassismus« witterten und eine Tagung (zur Frage »Das islamische Kopftuch: Symbol der Würde oder der Unterdrückung?«) vereiteln wollten. Eine Handvoll Intoleranter hetzte auf Instagram. Und lief auf. Die Vertreterin des Allgemeinen Studierenden-Ausschusses, Fatma Keser, verurteilte den Versuch, »Islam-Kritik mit Rassismus gleichzusetzen«. Trotzdem wird dieser Fall oder Nicht-Fall immerzu als Beleg für das Überhandnehmen politischer Korrektheit angeführt.

Kurzes Aufsehen erregte die Berliner Alice-Salomon-Hochschule, benannt nach einer Pionierin der Frauenbewegung. Ein Flaneur fängt mit dem Blick Frauen und Blumen ein: Eugen Gomringers Gedicht »avenidas«[16] prangte in hohen Lettern auf der Südfassade des Hauses. Unter den rund 75 Prozent Studentinnen weckten die Verse seit Längerem ein leises und lauter werdendes Unbehagen. War's nun ein »Akt der Kulturbarbarei«, so die Staatsministerin für Kultur,[17] oder gesunder Frauenverstand, dass dieses Gedicht einem anderen weichen musste? Jedenfalls fiele es keiner Kunst-am-Bau-Kommission ein, einen Kasernenhof mit der Ode Christiana Mariana von Zieglers zu schmücken, in der die Dichterin 1739 »im Namen einiger Frauenzimmer« auf die Mannsbilder schaute (»Du weltgepriesenes Geschlechte, / Du in dich selbst verliebte Schaar«).

Wie auch immer, »von einem feministischen Bildersturm« in Europa könne »keine Rede sein«, schrieb eine Kunstkritikerin der *Süddeutschen Zeitung*.[18] Eine große Basler Ausstellung mit angeblich »kinderpornografischen« Werken des Malers Balthus erntete praktisch keine politisch korrekte Kritik, dafür Lobeshymnen in der Presse. Die Provokationsstrategien der Musikbranche, der Zynismus vieler Serien oder der Kult um den schillernden Schriftsteller Michel Houellebecq künden nicht unbedingt davon, dass in der kulturellen Produktion durchweg politische Korrektheit angesagt wäre. Die fröhliche Leidenschaft von Comedians und Kabarettisten, Grenzen zu überschreiten, lässt ebenfalls überhaupt nicht nach – in den USA ist sie noch wilder entbrannt: Die Heimat der Korrektheit ist auch ein Hort der Unkorrektheit. Trigger-Entwarnung? Doch nicht ganz.

Viel zu reden gab eine Zeit lang das Bearbeiten von Kinder- und Jugendbüchern – so wenn *Pippi Langstrumpfs* Vater vom »Negerkönig« zum »Südseekönig« mutierte, weil Kinder die heute als anstößig empfundenen Wörter historisch nicht einordnen könnten. Weder die Fußnote »Das Wort ›Neger‹ war früher geläufig« noch das Einordnen in einem Nachwort, weder Eingriffe in den Text noch der Status quo sind völlig schmerzfrei. Konfuzianer und Ehetherapeuten vertreten die Weisheit, der Mensch solle mit Problemen leben, die sich nicht lösen lassen, zumal wenn jede Lösung neue Probleme hervorrufe. Dagegen ist die Korrektheit nicht gefeit.

So gab es ehedem »schwererziehbare« Kinder (was auch an der Erziehung liegen mochte), sie galten als verhaltensgestört. Im Sinne des Kindeswohls wurden daraus »verhaltensauffällige«, »verhaltensoriginelle«, schließlich »verhaltenskreative« Mädchen und Jungs. In der Tat finden sich schwierige Bengel, deren Benehmen bewundernswert kreativ ist. Aber auf der Suche nach dem fairen Wort können sich die Korrekten in Euphemismen verlieren. Statt zu differenzieren, stanzen sie neue Wortschablonen. Damit nutzen sie den Reaktionären, die nur vordergründig die Korrektheit bekämpfen, aber in Wirklichkeit eine nuancierte Sprache des Taktgefühls und der Empathie für Minderheiten ablehnen.

So mimosenhaft Korrekte sein können, so ridikül ist der antikorrekte Drang zum Dramatisieren, der Hang zu Wallungen auf Knopfdruck. »Der Ungeist der politischen Korrektheit metastasiert sich gerade durch die Universitäten, den Kulturbetrieb, Redaktionsstuben bis hin in die Politik«, derlei Warnungen lesen wir tagaus, tagein im deutschsprachigen Kampfblatt gegen alles Korrekte, der *Neuen Zürcher Zeitung*.[19] Monoman und etwas monoton hat sie sich dem Thema verschrieben. Politische Korrektheit sei »ein Kennzeichen von totalitärem Denken«, donnert seinerseits *Cicero*, das »Magazin für politische Kultur«, und errichtet einen Nazi-Popanz: Die »Diktatur der politischen Korrektheit« wirke im Ergebnis wie die Reichskulturkammer des NS-Ministers für Volksaufklärung und Propaganda, Joseph Goebbels.[20]

Der vorauseilenden Wehleidigkeit von Ultrakorrekten steht das Ausrasten vieler Antikorrekter gegenüber. Sie empören sich ohnehin lieber über den Stil oder die Stillosigkeit von Feministinnen als über die Diskriminierung der Frauen – außer es handelt sich um Musliminnen. Die Lohnlücke zwischen Mann und Frau von gut zwanzig Prozent ist ihnen häufig eher egal, das islamische Kopftuch nicht. Furchtbar gern schaukeln die Parteien sich gegenseitig hoch, bar jeglicher Selbstreflexion und Selbstironie: Politisch Korrekte kämpfen für die Freiheit, das Kopftuch zu tragen oder auch nicht, Antikorrekte um die wenig bedrohte Freiheit, dieses Kopftuch zu kritisieren. Und beide lenken dabei von dem Thema ab, das gewiss das Leben der allermeisten Frauen – egal welchen Glaubens oder Nichtglaubens – erleichtern würde: Lohngleichheit.

Im Idealfall schärft politische Korrektheit unseren Sinn für alte Sprachmuster, die alte Hierarchien abbilden, in welchen die Frauen selten auf einer Stufe mit den Männern standen. Im schlechten Fall sind ihre Befürworter anmaßend: wenn sie andere Blickwinkel gar nicht erst zulassen und alles gleich als Aggression werten. Dann schlägt ausgerechnet diese Kultur der Rücksichtnahme in Belehrungen um, wenn nicht in schiere Unerbittlichkeit.

Andere Zeiten, anderes Deutsch

Die gelegentlichen Malheurs und Übertreibungen der politisch korrekten Sprache erregen Aufsehen. Noch auffälliger ist jedoch das Missverhältnis zwischen ihrer geringen Bedeutung und dem großen Aufschrei. Soll man sich wirklich derart entrüsten wie Thierry Chervel, Mitgründer des maßgeblichen Onlinekulturmagazins *Perlentaucher*? In Chervels Augen will die politisch korrekte Sprache »die Realität nicht beschreiben, sondern zurichten«.[21] Genau genommen verhält es sich allerdings so, dass auch die konventionellste Sprache Realitäten schafft und nicht bloß spiegelt. Ist die Arbeit an einer etwas anderen Ausdrucksweise da wirklich so anmaßend wie vielfach behauptet? Antikorrekte kritisieren nicht bloß die misslungenen Worte und Wörter: Sie skandalisieren überhaupt den Vorsatz, neue gesellschaftliche Realitäten deutlicher zu spiegeln. Ist das ein Frevel oder im Gegenteil ein Dienst an der Sprache? Andere Zeiten, anderes Deutsch.

Beziehungsweise andere Länder, andere Sprachbilder. Der beidseits des Rheins beheimatete Chervel weiß: Deutsche sprechen von den Säugetieren, also aus der Perspektive des Säuglings an der Mutterbrust, Franzosen wiederum von den »Brüste tragenden« *mammifères*: Sie nehmen die Perspektive der stillenden Mutter ein. Der Schriftsteller Georges-Arthur Goldschmidt ging in seinem Essayband *Als Freud das Meer sah* solchen belangvollen Gegensätzen nach.[22] Der deutsche Ausdruck untermauert das alte deutsche Ideal wohlbehüteter und oft überbehüteter Kinder, deren Bedürfnisse durchwegs Vorrang vor denen ihrer Mutter haben. Der französische hingegen reflektiert die Sicht der schon länger emanzipierten Französinnen, deren Interessen und Vorlieben so viel zählen wie die ihrer (vielleicht etwas herber erzogenen) Kinderschar.

Überall schreitet die Emanzipation fort. Da ist es weder trostlos noch skandalös, sondern logisch, dass das in einer Männerwelt gewachsene Deutsch den Übergang zur nächsten Welt vollzieht, in der auch Frauen den Ton angeben, die Literatur und die Filme mitprägen, das öffentliche Wort und manche Fernsehtalks führen: von *Anne Will* und *Maybrit Illner* zu *Dunja Hayali* und *Maischberger*. Mit wechselndem Sprachglück experimentiert das Deutsch; es sucht nach Formen, die nicht länger wie selbstverständlich das Femininum dem Maskulinum unterordnen, sondern der neuen Balance von Frau und Mann gerecht werden. Im Grunde ist eine solche Neuverhandlung von Konventionen ein banaler historischer Prozess.

Wer aber bedauert, dass westliche Gesellschaften daran arbeiten, die Hierarchie der Geschlechter abzutragen, und wen diese sehr demokratische Umwälzung befremdet, der verlegt sich dann eben aufs Motzen über Doppelungen (»Studentinnen und Studenten«), Abkürzungen (»StudentInnen« oder »Student_innen«), neutrale Partizipien (»Studierende«), das generische Femininum (»Studentinnen« meint die Studenten mit) oder »Student*innen« (der Stern gilt den Trans- und Intersexuellen). Den meisten Varianten allerdings begegnet man selten – oder: begegnet *mensch* selten? Diese Wortschöpfung der Feministen klingt gar nicht schlecht! Und müsste Kritikern gefallen, denen der repetitive Hinweis auf alle Geschlechtszugehörigkeiten und Nichtzugehörigkeiten (selbst wo diese eher irrelevant sind) auf den Keks geht. Indessen ist es vollkommen üblich, eine Rede mit »Meine Damen und Herren« zu beginnen und in der Politik die Bürgerinnen und Bürger anzusprechen. Die meisten Schweizer Medien erwähnen seit den achtziger Jahren beide Geschlechter, ganz unaufgeregt und unaufregend.

Gleichwohl sei die politisch korrekte Sprache ein Gräuel, wehklagen Puristen – genauer: ein Greuel, wie die alte Rechtschreibung vorschrieb. An die umstrittene Orthografie von 1996 gewöhnten sich die Schreiberinnen und Leser. Im Ergebnis wird es ebenso undramatisch sein, wenn die deutsche Sprache allmählich etwas weiblicher wird – im besten Fall sogar eine Spur sensibler? Wer Feingefühl hat, zieht Heimbewohner den Heiminsassen vor. Praktischer als der behindertengerechte ist der barrierefreie Zugang zu einem Haus. Und das politisch korrekte »erwerbslos« ist treffender als »arbeitslos«, wo doch viele Hausfrauen und immer mehr Hausmänner hart arbeiten, ganz ohne Erwerb.

Politisch korrekt muss nicht schwerfällig und kann stimmiger sein als herkömmliches Deutsch. Stil und Moral sind keine zwangsläufigen Gegensätze. Allerdings bringt jede Sprachdebatte ihre Eiferer hervor. Die Puritaner der politischen Korrektheit und die Sprachpuristen pochen stur auf ihre unterschiedlichen Reinheitsgebote. »Sprachen, wie Regierungen, neigen zur Degeneration«, spottete Samuel Johnson, der 1755 das *Dictionary of the English Language* herausgab. Sprachschützer beschwören seit je »zerstörerische Eingriffe«, so auch der »Verein Deutsche Sprache« in einem Manifest wider die politische Korrektheit.[23] Er misstraut jedem Update unserer Sprache (sorry: jedem Aufdatieren – und Entschuldigung auch für das Sorry). Politisch überkorrekte Sprachreiniger hingegen wollen die Aktualisierung des Deutschen forcieren, um der Frauenmehrheit Ausdruck und den Minderheiten Nachdruck zu verleihen. Die zwar winzige, aber von Antikorrekten hochstilisierte Schar der Ultrakorrekten baut auf Ludwig Wittgensteins Philosophenwort: »*Die Grenzen meiner Sprache* bedeuten die Grenzen meiner Welt.«[24] Sie träumen davon, mit den Grenzen der gewohnten Sprache auch die der altgewohnten Welt zu sprengen. Diese Ultras sind zwar rücksichtslos, aber erfolglos, denn Sprachen verändern sich nur so weit, als sie melodisch bleiben.

Neue Klangfarben und einen frischen Redefluss verdankt das Deutsch gerade der Zuwanderung, die für Konservative und Reaktionäre die »Mutter aller Probleme« ist (nicht der Vater?). Schon 1995 erhob der Schriftsteller Feridun Zaimoglu die türkisch kolorierte Kanak Sprak zu literarischem Rang.[25] Ganz allgemein ist das Deutsch der jungen Generationen in der Bundesrepublik, in Österreich und in der Schweiz salopper, aber oft weicher als das der Eltern und sanft im Vergleich zu dem der Großeltern. Am stärksten prägt aber die Zeitenwende unseren Wortschatz: Die Digitalisierung und Amerikanisierung der Sprache ist viel politischer als die politische Korrektheit. Wer wusste vor der Jahrtausendwende um die »Disruption«, diesen Schlüsselbegriff und Direktimport aus Silicon Valley, der nunmehr unsere Weltanschauung bestimmt? Derzeit wird der Mensch auf sein Gehirn verwiesen, diese Hardware, auf der ganz unterschiedliche Software laufen kann. Und wir tun eben gut daran, sie laufend upzudaten. Wir speichern, was wir behalten, während wir Unangenehmes löschen. Wir sind so schlau, neben der eigenen auch eine künstliche Intelligenz zu entwickeln. Aus dem digitalen Universum schöpfen wir Sprachbilder, aus den USA beziehen wir Wendungen. »Es macht Sinn« (*it makes sense*) hat sich gegen »Es ist sinnvoll« durchgesetzt. Amerika formt Sprache und Politik viel kräftiger als die politische Korrektheit – die ihrerseits auch ein Amerikanismus ist.

Ist politische Korrektheit unpolitisch?

Wenn also eine neue Wirklichkeit die Sprache verändert: Kann umgekehrt die Sprache ebendiese Wirklichkeit, die sie abbildet, umgestalten? Verwandeln wir tatsächlich die Welt, indem wir die Dinge anders benennen und dann auch anders wahrnehmen? Nicht nur in den Naturwissenschaften wirkt der Beobachter auf das Beobachtete ein. Überhaupt sei alles ein sprachliches Konstrukt, befand der Strukturalist Roland Barthes. Aber weder die Frauenmehrheit noch die benachteiligten Minderheiten werden die Gleichstellung allein dank der politisch korrekten Sprache schaffen. Sie ist mehr eine wertschätzende Etikette als eine Machtstrategie. Ist politische Korrektheit unpolitisch?

Ein differenziertes Vokabular ist die gute Alternative zur Stimmlage von Wutbürgern wie zum lehrsamen Tonfall einiger Überkorrekter. Respektvoller Austausch mit entmutigten Zeitgenossen, die sich als Zaungäste statt als Teilhaber der Bundesrepublik vorkommen, ist eine Voraussetzung liberaler Demokratie: Sie sollte möglichst alle einbeziehen. Dazu gehört »eine offene und vielfältige Sprache«, schreibt Robert Habeck, der Autor von *Wer wir sein könnten* und Co-Vorsitzende der Grünen. Vor allem bedarf es einer »Politik des Gehörtwerdens«, ergänzt sein Parteifreund, der baden-württembergische Ministerpräsident Winfried Kretschmann.[26] Aber dann bedarf es handfester Maßnahmen: Die gerechteste Sprache schafft keine Gerechtigkeit, das kann nur eine tatkräftige Politik leisten. Evidenterweise reicht Korrektheit nicht aus, die an den Rand der Republik verwiesenen Bürgerinnen und Bürger einzubeziehen, seien es die Entfremdeten in den neuen Bundesländern, seien es die Entmutigten in den Krisenstädten des Ruhrgebiets, die seit der deutschen Vereinigung geduldig den Kürzeren zogen, deren Frust sich eines Tages freilich entladen dürfte.

Solchen Unmut zu verkennen, rächte sich in Frankreich. Geografisch und politisch periphere Franzosen aus darbenden Kleinstädten liefen Sturm, als ihnen Staatspräsident Emmanuel Macron 2018 eine ökologische Steuer auf Treibstoffe aufbürden wollte. Nach drei Jahrzehnten des Kaufkraftverlusts brandete und brandschatzte ihr Zorn, wovor der Autor des Buches *La France périphérique*, der Sozialgeograf Christophe Guilluy, schon 2014 gewarnt hatte.[27] Der untere Mittelstand, den die Regierung übersehen hatte, machte sich in grellen Gelbwesten sichtbar. Unkorrekte Affronts von *Monsieur le Président* hatten das weitverbreitete Gefühl der Ungerechtigkeit verschärft, etwa als der Hausherr des Élysée-Palasts einen erwerbs- und hoffnungslosen Gärtner anherrschte, er solle sich bitte schön als Kellner bei den Straßencafés von Montparnasse bewerben. Ursache der Meuterei gegen Macron war aber eine jahrzehntelange Pariser Politik, die den Riss zwischen der chancenreichen und der perspektivarmen Hälfte Frankreichs vertiefte.

Ob in der französischen Provinz, in deutschen Brachen oder im nordamerikanischen Rostgürtel: Die Abgehängten – die Verlierer des Wettlaufs um Erfolg und um Aufmerksamkeit – kommen sich als die heutigen »subalternen Menschen« vor. Viele wenden sich dann gegen die noch »subalterneren« Migranten. Diesem Rassismus ist die politische Korrektheit nicht gewachsen: Sie ist kein Ersatz für eine Wirtschafts-, Sozial- und Bildungspolitik zugunsten der bedrängten Mittel- und Unterschichten, bestenfalls ihre Ergänzung. Wer die Korrektheit ideologisch überhöht, was ihre Befürworter wie ihre Gegner tun, lenkt überdies von der politischen Kernaufgabe ab: der Modernisierung der liberalen Demokratie. Nur wenn eine gestärkte Demokratie die Machtwirtschaft abblockt, lässt sich die Gesellschaft wieder ins Lot bringen.

Auch der Westen hat seine Oligarchen, nicht nur der Osten. Und sie lassen sich weder von moralischer Kritik an ihrem Gebaren noch von politisch korrektem Feintuning beirren. Obwohl diese Masters of the Universe in der Finanz- und Vertrauenskrise von 2008 sowohl ihre Glaubwürdigkeit als auch ihre kulturelle Hegemonie verspielten, fahren sie mit ihren normal gewordenen Exzessen fort. Und das heißt, banal: Sie haben die Macht. Der liberal-konservative Bundestagspräsident Wolfgang Schäuble rügt die »usurpatorische Vormacht des Finanzmarkts«.[28] Der langjährige, 2019 verstorbene US-Zentralbankvorsitzende Paul Volcker sieht in der ältesten Demokratie der Welt nun eine Plutokratie, die Vorherrschaft der Geldmächtigen.[29] Ihr Protzen ist ein politisches Statement: In der Plutokratie – anders als in der Demokratie – ist schrankenlose Geldgier legitim, im Falle von Donald Trump sogar legitimierend, und Plutokraten dürfen die öffentliche Meinung herrisch ignorieren. So faszinierend Milliardäre für die Medien sind, so autoritär ist ihr Kommando. Selbst wenn die politische Korrektheit hegemonial wäre, wie ihre Kritiker jammern, könnte sie gegen die Oligarchie nichts ausrichten.

Wie wenig kulturelle Hegemonie bewirkt, erfuhren nach ihrer Revolte vom Mai 1968 die linken Studenten, von denen einige ihren Gramsci gelesen hatten. Den 68ern gelang es damals – breiter als heute den Aktivisten der Korrektheit –, die Begriffe zu besetzen. Ihr Denken sickerte in viele Kreise. Sie hatten den Löwenanteil an der öffentlichen Debatte. Aber ganz andere Kräfte errangen die politische Macht: die Marktradikalen. Von 1979 an war Margaret Thatcher eisern am Deregulieren, mit Folgen bis heute: bis Brexit-Boris. »Die Staatsführung ist nicht die Lösung für unser Problem, die Staatsführung ist das Problem«, sagte 1981 in seiner Antrittsrede der erste neoliberale US-Präsident Ronald Reagan, mit Folgen bis Trump.[30] Quasi monopolistisch herrschte während vier Jahrzehnten jene globale Kraft, die den Kapitalismus nicht zivilisieren wollte, sondern das Kapital überhöhte und die Demokratie unterhöhlte. Trump bleibt bei einer Politik, die laufend die Reichen reicher macht und die Superreichen superreicher.

»[W]er nach Reichtum trachtet, der strebt seinesgleichen ungleich zu werden«, sagt der arme Schneidermeister Hediger in Gottfried Kellers Novelle *Das Fähnlein der sieben Aufrechten*. Karl Hediger fährt fort: »Glücklicher Weise gibt es bei uns keine ungeheuer reichen Leute, der Wohlstand ist ziemlich verteilt; laß aber einmal Kerle mit vielen Millionen entstehen, die politische Herrschsucht besitzen, und du wirst sehen, was die für Unfug treiben!« Es werde »eine Zeit kommen, wo in unserem Lande, wie anderwärts, sich große Massen Geldes zusammenhängen, ohne auf tüchtige Weise erarbeitet und erspart worden zu sein; dann wird es gelten, dem Teufel die Zähne zu weisen«. Gottfried Keller porträtierte im Jahr 1860 gleichsam den Prunkpräsidenten Trump oder den Plutopopulisten Christoph Blocher von der Schweizerischen Volkspartei, den erfolgreichsten Milliardärsreaktionär in Europa: »Laß diesen Kauz ein politisch herrschsüchtiges Genie sein«, gib ihm »Freude an Aufwand und Sinn für allerhand theatralischen Pomp, laß ihn Paläste und gemeinnützige Häuser bauen und dann schau, was er für einen Schaden anrichtet im gemeinen Wesen und wie er den Charakter des Volkes verdirbt.«[31] Was soll politische Korrektheit dagegen ausrichten? Was ändert sie daran, dass laut einem Bericht der Nichtregierungsorganisation Oxfam zwei Dutzend Megareiche gleich viel Geld haben wie die ärmere Hälfte der Menschheit, 3,8 Milliarden an der Zahl?[32]

Trotzdem ist politische Korrektheit keineswegs eine »Fehlallokation politischer Leidenschaften«, wie der Schriftsteller und *Zeit*-Kulturkorrespondent Ijoma Mangold schrieb.[33] Zum Beispiel hat #MeToo die Stellung der Bürgerinnen in westlichen Demokratien tendenziell gestärkt, die Frauenmehrheit wird nicht länger als Minderheit betrachtet. Auch nehmen Parteien links und rechts der Mitte mehr Rücksicht auf Minoritäten, die ihnen zuvor wenig galten. Und trotz aller Prüderien der politisch korrekten Sprache: Dank dieser Etikette wird heute jeder Mensch so geheißen, wie er geheißen werden möchte, schon das ist ein kleiner Fortschritt. Ohnehin ist die politische Korrektheit gewiss nicht der Grund, »warum die Rechten überall auf der Welt Auftrieb haben«, wie es der linke Antikorrekte Bernd Stegemann in seinem Buch *Die Moralfalle* beteuert.[34] Die Reaktionäre marschieren auch in Ländern wie Frankreich oder Ungarn auf, in denen die Korrektheit nebensächlich bleibt. Nicht die Korrektheit, sondern eine krasse Unkorrektheit verdirbt die Demokratie.

Die hoch politische Unkorrektheit

Von den USA bis Ungarn wütet eine hoch politische Unkorrektheit – die Abrissbirne gegen die Liberalität. Den Reaktionären ist der Gegner ein Feind, also dürfen sie ihn hassen. In ihrem Verständnis darf die Mehrheit absolutistisch herrschen, also missachten sie jede Minderheit; und ist eine so frech, Ansprüche anzumelden, ist das die »Tyrannei der Minoritäten«. Für die Neurechten ist jeder Kompromiss faul, also schüren sie Konflikte und polarisieren auf Teufel komm raus. Sie kämpfen unter der Flagge der Freiheit, wollen aber Demokratien in »unfreie Republiken« (Montesquieu) verwandeln. Diesem Zweck dient die – seit dem Faschismus bewährte – Methode, die Sprache so weit zu verrohen, dass vom Ideal einer vernunftgeleiteten Debatte wenig übrig bleibt. Alexander Gauland bekannte sich schon 2018 in einem aufschlussreichen FAZ-Interview zur Allzwecktechnik der Grenzüberschreitungen: »Wir versuchen, die Grenzen des Sagbaren auszuweiten.«[35] Mit diesen Worten brachte er die weltweite Strategie der Neuen Rechten auf den Punkt, Menschenverachtung salonfähig zu machen: eine reaktionäre Normalität herzustellen.

Und so führt der Judenhass kein Schattendasein mehr, wieder einmal sucht er das Licht der Öffentlichkeit. Aktueller Codename für das ewige Feindbild ist »Soros«, nämlich der jüdische Amerikaner und gebürtige Ungar, der Bürgerrechtler George Soros. Viktor Orbán stempelte ihn zum Bösewicht, und seither nutzen Reaktionäre seinen Namen als Chiffre einer angeblichen »jüdischen Weltverschwörung«. Orbán hat die antisemitische Häme als uraltes, brandneues Mittel der Politik wiedereingeführt. Er liegt auf einer Linie mit dem deutschen Rechtsextremisten und Verleger Götz Kubitschek. Dessen Antaios-Verlag erzielte einen Verkaufserfolg mit dem antisemitischen Buch *Finis Germania*: »Die Juden, denen ihr Gott selbst die Ewigkeit zugesichert hat, bauen heute ihren ermordeten Volksgenossen in aller Welt Gedenkstätten, in denen nicht nur den Opfern die Kraft der moralischen Überlegenheit, sondern auch den Tätern […] die Kraft ewiger Verworfenheit zugeschrieben wird.«[36] So schrieb der Autor Rolf Peter Sieferle, der 2016 aus dem Leben schied. Sein posthum veröffentlichtes, wirres Büchlein kritisierte die Aufarbeitung der Nazi-Vergangenheit als »Staatsreligion«, deren erstes Gebot laute: »Du sollst keinen Holocaust neben mir haben.«[37] Trotzdem findet Sieferle beschwichtigende Bewunderer in bürgerlichen Kreisen. Ganz ähnlich verhält es sich mit Gaulands Bagatellisierung: »Hitler und die Nazis sind nur ein Vogelschiss in über tausend Jahren erfolgreicher deutscher Geschichte.« Reaktionäre sagen, was mancher Rechtsbürgerliche ungern sagt, aber gern hört.

»Die politische Korrektheit gehört auf den Müllhaufen der Geschichte«, befindet auch Gaulands Parteifreundin Alice Weidel.[38] Doch selbst einem eingefleischten Antikorrekten käme es nie in den Sinn, die unverheiratete Co-Fraktionsvorsitzende, die in eingetragener Partnerschaft lebt, als »Fräulein Weidel« zu grüßen – so wie es ja nur zivil ist, wenn Schwarze nicht länger als »Neger« bezeichnet werden. Reaktionäre freilich trauern der Zeit nach, in der die weiße Mehrheit das Vokabular bestimmte. Darum bleibt »Neger« sehr im Trend bei Politikern der AfD (»Halbneger«), der FPÖ (zwei »Schwuchteln mit Baby und davon noch ein Neger«), der SVP (»Die ›Neger‹ vermehren sich haufenweise […] sie sollten alle verhungern«).[39] Hier spricht nicht etwa der Widerwille gegen sprachlichen Puritanismus, sondern der Mutwille, Menschen anderer Hautfarbe zu kränken und auf ihre Kosten Aufmerksamkeit zu erregen. Wie sagte der damalige Vorsitzende der Schweizerischen Volkspartei, Ueli Maurer, schon 2003: »Solange ich ›Neger‹ sage, bleibt die Kamera bei mir.«[40] Der Mann avancierte zum Bundespräsidenten der Eidgenossenschaft. Der italienische Rassist und Lega-Politiker Roberto Calderoli beschimpfte 2013 in einer Rede die schwarze Integrationsministerin Cecile Kyenge: »Sehe ich die Bilder von der Kyenge, kann ich nicht umhin, an das Aussehen eines Orang-Utans zu denken.«[41] In erster Instanz wurde er zu achtzehn Monaten Haft verurteilt. Doch er bleibt vorerst Vizepräsident des italienischen Senats.

Weniger die politische Korrektheit als eine hemmungslose Vulgarität setzt sich durch, immer verächtlicher wird die Sprechart. Sie entwürdigt, was sie entfernen möchte aus Europa. Flüchtlinge sind »muslimische Invasoren«, »Träger von Viren und Erregern« – so die Zyniker Viktor Orbán und Jarosław Kaczyński.[42] Sie reden wie der Pegida-Gründer Lutz Bachmann, der Geflüchtete als »Viehzeug« abtat und wegen Volksverhetzung verurteilt wurde.[43] Horst Seehofer, Bundesinnenminister des Landes, das einst Millionen Menschen die Menschenwürde absprach, demütigte Geflüchtete, als er über 69 Afghanen witzelte, die an seinem 69. Geburtstag ausgewiesen worden waren. Doch es spricht für den CSU-Politiker, dass er hinzulernte und inzwischen sagt, was auch die Kapitänin Carola Rackete sagen könnte: »Es ist unglaublich, dass man sich als Bundesinnenminister für die Rettung von Menschen vor dem Ertrinken rechtfertigen muss.«[44]

Indessen gilt das Narrativ, wir lebten unter einer »Moraldiktatur« – alles und jeder werde unter moralischen Gesichtspunkten bewertet. Die Bochumer Moralphilosophin Maria-Sibylla Lotter und mit ihr manche Zeitgeistbetrachter beanstanden »eine von Schuld- und Schamgefühlen getriebene Moralisierung der politischen Sphäre«.[45] Aber wo denn? War es schamhaft, als Dänemarks rechtsliberale Integrationsministerin zur Feier der fünfzigsten Maßnahme gegen Migranten das Foto eines Kuchens mit der Zahl 50 samt rotweißer dänischer Fahne postete? Als der Extremist Geert Wilders davon träumte, den Propheten Mohammed »geteert und gefedert außer Landes zu jagen«?[46] Als Boris Johnson seine Widersacher im Parlament »einer furchtbaren Kollaboration« mit der EU zieh und als er zuvor behauptete, Brüssel verfolge mit dem Aufbau eines europäischen »Superstaats« ein ähnliches Ziel wie einst Hitler?[47] Als Trump vier Parlamentarierinnen mit Migrationshintergrund aufforderte,

»dahin zurückzugehen, wo sie hergekommen sind«? Als er befand, Mexikaner seien »Vergewaltiger« und Dritte-Welt-Länder »Dreckslochstaaten«? Als er dem Whistleblower, der ihm das Impeachment-Verfahren einbrockte, wenig verklausuliert den Tod wünschte: »In den guten alten Tagen« seien die Amerikaner mit Verrätern »ein wenig anders umgegangen, als wir es jetzt tun«.[48] Gewalttätige Worte, die durchaus auch als Gewaltaufrufe wirken können – aber die eigentliche Gefahr liegt im Gutmenschentum?

Nach dem Mord an dem CDU-Regierungspräsidenten Walter Lübcke tat ein AfD-Politiker den rechten Terrorismus als »Vogelschiss« ab. Er griff das Wort auf, mit dem die AfD-Galionsfigur den Nationalsozialismus verniedlicht hatte: War Alexander Gauland da »schuldbewusst« gewesen? Zuweilen entschuldigen sich die Sprachtäter – bis zur nächsten Sprachtat. Erst Vogelschiss, dann »so war das nicht gemeint« und »im Grunde habe ich eine verachtungsvolle Metapher gesucht für diese Jahre«.[49]

Im Gegensatz zu Gauland empfiehlt ein überaus konservativer Philosoph wie Hermann Lübbe, Untaten »öffentlich zu bekennen«, so 2001 in seinem Buch »*Ich entschuldige mich«. Das neue politische Bußritual.*[50] Er begrüßte die großen »Eingeständnisse historischer Schuld« wie Willy Brandts Kniefall vor dem Mahnmal für die Opfer des Aufstands im Warschauer Ghetto. Denn das erschwere das Verdrängen, mache uns aufklärungsbereiter. Ob Bill Clintons Rede in Uganda, als der amerikanische Präsident für die Sklaverei Abbitte leistete, oder (lange nach Lübbes Buch) Emmanuel Macron in einem Interview mit dem algerischen Fernsehen, in dem er den französischen Kolonialismus als »Barbarei« geißelte: Gesten dieser Art förderten die »Kenntnisnahme dessen, was wirklich gewesen ist«. Zu Beginn des Jahrtausends schrieb Lübbe: Die Ära »scheint zu Ende zu gehen«, da Nationen sich weißwaschen, während sie andere Kulturen in schwärzesten Farben zeichnen.[51] Er irrte.

Weltethos, Weltinnenpolitik? Nein, die Nation über alles

Die raumgreifende Entmoralisierung der politischen Sphäre ist relevanter als der rundum kritisierte Moraldiskurs. Ohnehin geht die abgedroschene Moralkritik am Wesentlichen vorbei: Aktuell nämlich steht dringend die Arbeit an einem Ethos der Überlebensperspektiven an. Bald zählt die Erde acht Milliarden Bewohner. Das macht mehr Rücksicht auf Mitmenschen notwendig, mehr Umsicht im Verbrauch natürlicher Ressourcen. Dem Gemeinwesen wie den Bürgerinnen und Bürgern erlegt es eine Verantwortung für den blauen Planeten auf, den Greta Thunberg in den Mittelpunkt ihrer Reden stellt wie keine Wortführerin früherer Generationen.

Für Aufklärer des 18. Jahrhunderts war Fortschritt stets auch moralischer Fortschritt. Im 21. Jahrhundert muss der pragmatisch-moralische Gedanke der Weltwohlfahrt das hergebrachte Verständnis von Weltpolitik als unaufhörlichem Verteilungskampf ergänzen. Der tschechische Schriftsteller, Dissident und Präsident Václav Havel definierte eine solche Politik »als praktizierte Verantwortung für die Welt, nicht als bloße Technologie der Macht«.[52] Das war gewiss idealistisch, aber weder naiv noch selbstlos. Sollte der Westen seine »imperiale Lebensweise« des globalen Raubbaus an natürlichen Ressourcen (so die Politologen Ulrich Brand und Markus Wissen[53]) fortführen, werden unaufhaltsam die Lebensgrundlagen schwinden. Am Ende sind die Gewinner des Verteilungskampfs ebenso Verlierer wie die »Drecksloch-Staaten«. Eigen- und Fremdinteressen verschmelzen. Doch für die Neue Rechte gilt einzig das partikulare Volk, das sich mit keinem anderen vermischen darf: das rein zu halten ist. Dieses Apartheid-Denken nennt sie »Ethnopluralismus«. Die Weltgeschichte ist zwar von A bis Z Migrationsgeschichte, aber plötzlich soll sie stillstehen. Jedes Volk soll schön für sich und gemäß seinen eigenen Regeln leben, wider die Notwendigkeit einer globalen Agenda in der Umweltpolitik und die universelle Geltung der Menschenrechte. Reaktionäre zelebrieren den ganz besonderen Anführer ihrer ganz besonderen Nation. Der Gedanke einer Menschheitsfamilie ist ihnen Lug und Trug.

Family of Man hieß eine epochemachende Foto- und Textinstallation im New Yorker Museum of Modern Art, die 1955 gut zehn Millionen Besucher anlockte (und heute in Luxemburg zu sehen ist). In unserer Gegenwart, in welcher der Heißhunger der Industriestaaten nach Energie und die Amazonas-Brände globalen Schaden stiften, wird das *Family of Man*-Ethos noch existenzieller. Revolutionäre Veränderungen wie die Erderwärmung sind nur in gemeinsamer Anstrengung zu bewältigen. Und das erzürnt die Nationalisten. Zum Beispiel vermeldete Brasiliens Weltraumforschungsinstitut INPE, das per Satellit den Regenwald überwacht, eine drastische Ausweitung der Rodungen. Staatspräsident Jair Bolsonaro entließ den Institutschef und schleuderte, »dass böse Brasilianer falsche Zahlen veröffentlichen und eine Negativkampagne gegen unser Brasilien betreiben«.[54] Der Ultranationalist negiert Fakten, um die Notwendigkeit eines Weltethos (Hans Küng) zu negieren. Wie mächtig die Fakten jedoch am Ende stets sind, hat der Science-Fiction-Autor Philip K. Dick schon vor Jahrzehnten in einen Satz gefasst: »Realität ist das, was nicht weggeht, auch wenn Sie nicht mehr daran glauben.«[55] Bolsonaro verdammte einen Wissenschaftler als »bösen Brasilianer«, als seien dessen Satellitenbilder ein Frevel an der Nation. Geht es um die Nation, moralisieren viele Moralgegner sofort.

Die reaktionäre Moralkritik ist weit mehr als eine Allergie auf politisch Korrektes und Gutgemeintes, das nicht durchweg Gutes bewirkt. Sie verfolgt einen politischen Zweck. Ökologie und Globalisierung mehren die gegenseitige Abhängigkeit der Nationen, auch der Weltregionen. Eine Weltinnenpolitik hat im neurechten Weltbild allerdings keinen Platz. Trumps »America first«-Strategie der Sanktionen und Wladimir Putins »Russland stört den Westen«-Taktik sind ohnehin lediglich darauf angelegt, große Länder und die EU als Rivalen zu destabilisieren, ohne jede eigene Ordnungsvorstellung. Das riesige Brasilien wiederum könnte in Lateinamerika Schrittmacher einer kontinentalen Ordnung sein. Aber reaktionär geführte

Führungsmächte führen nicht. Deshalb machen sie auf viele Menschen einen Eindruck der Dummheit: Ihrer Politik fehlen der Horizont und die Kreativität, weil sie sich darin erschöpft, immer nur die Schwachpunkte des Gegners zu nutzen.

Die geistig-amoralische Wende

Auch in Europa brauchen Autoritäre fremde Feinde, um ihren Autoritarismus zu rechtfertigen: Immer aus dem Ausland – in Gestalt von »Eurokraten« und Migranten – brechen die Katastrophen herein. Um sie abzuwenden, ist eine Politik der harten Hand das Allheilmittel. Überrollen uns »islamische Invasoren«, drängt sich eine geistig-amoralische Wende auf, um Helmut Kohls »geistig-moralische Wende« zu variieren. Was in friedlichen Zeiten verboten war, gebietet nunmehr der Existenzkampf: Es ist an der Zeit, sich moralischer Bedenken zu entledigen. Das christliche Abendland braucht unbarmherzige Retter.

Für den nüchternen Hanseaten Helmut Schmidt war Politik »pragmatisches Handeln zu sittlichen Zwecken« – für die Neue Rechte ist Politik die Freiheit der Macht.[56] Schmidt verwarf gleichermaßen eine Moral ohne Politik und eine Politik ohne Moral. Genau für eine Politik ohne Moral stehen aber die Reaktionäre. Sie halten sich für Realpolitiker, zitieren fröhlich Niccolò Machiavelli und seine *Discorsi*: »Wo es um das Sein oder Nichtsein des Vaterlandes geht, gibt es kein Bedenken, ob gerecht oder ungerecht, mild oder grausam, löblich oder schimpflich.«[57] Der Florentiner freilich schaute nach vorn: »Denn was man von ferne kommen sieht, dem ist leicht zu begegnen.«[58] Reaktionäre blicken zurück. Möchtegern-Machiavellis à la Trump begehen den doppelten Denkfehler, moralfreie Politik sei bereits auch Realpolitik, und Machtpolitik sei immer erfolgreich.

Ihre Haltung sprengt auch die berühmte Unterscheidung des Soziologen Max Weber zwischen der Gesinnungsethik (es zählt die

Treue zu eigenen Werten, auch wenn das zunächst unerwünschte Folgen hat) und der Verantwortungsethik (auf die absehbaren Folgen des eigenen Tuns kommt es an, auch wenn die eigenen Werte vorerst zurückstehen müssen). Wer die Macht als Befreiung von der Moral feiert, dem fehlt sowohl die Verantwortung als auch die Gesinnung. Parteien der Neuen Rechten führen ihre inneren Machtkämpfe ganz besonders unerbittlich, zumal sie viele »verhaltenskreative« Mitglieder anziehen, um es politisch korrekt zu formulieren. Nicht nur in der AfD oder in der Lega ist das Niedermachen von Gesinnungsfreunden gang und gäbe.

Überall fordern oder praktizieren Reaktionäre ein brachiales Regieren, als würde das ausreichen. »Eines der Dramen der Rechten ist ihre fehlende Einsicht in die Notwendigkeit langfristigen Denkens«, schrieb 1979 selbstkritisch ihr Vordenker Alain de Benoist.[59] Inzwischen hat die Neue Rechte dazugelernt – dank de Benoist. Der Nouvelle-Droite-Intellektuelle und seine Getreuen veröffentlichen 1981 den Sammelband *Pour un »Gramscisme de droite«* (Für einen »Gramscismus von rechts«), der die langwierige Arbeit an einer kulturellen Hegemonie der Reaktionäre ansagte.[60] Das Buch wirkt bis heute nach, der Franzose findet nun Anklang beim Deutschen Björn Höcke. Gern zitiert dieser strategisch denkende Faschist den Antifaschisten Gramsci. Eile mit Weile spielten ihrerseits auch die amerikanischen Neokonservativen. Diese Neocons, denen seit 2009 die Tea-Party-Bewegung einheizt, brauchten insgesamt ein halbes Jahrhundert ideologische Arbeit wider die »Moralapostel«, um einen moralfreien Trump hervorzubringen, der alsbald die reaktionäre Wende vollzog.

Mit dickem Pinsel malen Neocons, Nouvelle Droite und Neue Rechte das Panorama eines dekadenten Westens, der aus Selbstverachtung nicht länger gelten lasse, was von alters her seine Überlegenheit ausgemacht habe: die Männer, die Weißen, den Reichtum, die lange Vorherrschaft in der Welt, die Ausbeutung natürlicher Ressourcen. Aus dem dramatischen Fresko sticht das Bild einer selbstanklägerischen und ebenso selbstgerechten Bundesrepublik hervor.

Deutsche schwingen die »Moralkeule«, so Martin Walser 1998 in seiner heftig umstrittenen Rede anlässlich der Verleihung des Friedenspreises des Deutschen Buchhandels. Sie nahm vorweg, was mittlerweile zum konservativen Kanon zählt. So schreibt die *Neue Zürcher Zeitung*: »Der hässliche Deutsche trägt keinen Stahlhelm mehr – er belehrt die Welt moralisch.«[61] Und die Moralphilosophin Lotter beklagt die »Transformation von Politik in Schuldnarrative«.[62]

An allem schuld: Der »Moraladel«

In Wirklichkeit transformieren Autoritäre und Nationalisten die Politik in Narrative der Schuldzuweisung. An allem sind alle anderen schuld, dieser Refrain erschallt von den USA bis Ungarn. Reaktionäre Politik braucht die Endlosschleife des Schmähens unguter Ausländer, unbelehrbarer Feinde, unfairer Kritiker, unfähiger Eliten, unheimlicher Drahtzieher. Andersdenkende sind automatisch Verräter, weil das neurechte Machtdenken einzig Loyale und Illoyale kennt, Gefügige und Schädlinge, Rückendeckung oder Dolchstoß. Und das hat die politische Sprache mit Hass erfüllt, aber solche Aggressivität scheint je länger, desto weniger zu entrüsten. »Der Hasser lehrt uns immer wehrhaft bleiben«, heißt es bei Goethe im Trauerspiel *Die natürliche Tochter*.[63] Doch auch die Gleichgültigkeit ist ein Kind des Hasses. Der gesunde Schutzinstinkt gegen diese allenthalben erhältliche Droge schwindet – Hass-Dealer setzen bewusst auf diesen Gewöhnungseffekt.

Aus den modischen »Ich bin nicht mehr links«-Essays und »Als ich konservativ wurde«-Büchern trieft das Missfallen an der »Tyrannei der Werte« und der »Hypermoral«, so die Kampfworte reaktionärer Denker wie Carl Schmitt und Arnold Gehlen. Die zwei NSDAP-Mitglieder und Antiliberalen sind bei Konservativen »in Mode«. Auf sie bezieht sich, wer die Moral denunziert und die Indifferenz zur Tugend stilisiert.

Reaktionäre verkaufen ihre Politik ohne Moral, indem sie die Totalherrschaft einer Moral ohne Politik suggerieren. Die Grünen etwa solle man als »Ökokommunisten« darstellen bzw. »framen«, »die die Menschen durch ihren Gesinnungs-Terrorismus […] unfreier machen« wollten, empfahlen 2016 die Berater des Kanzlerkandidaten Sebastian Kurz.[64] Nicht nur in Austria wettern Reaktionäre und Konservative gegen diese »Umwelt- und Weltverbesserer«. Sie seien ein Pulk von »Transgender, Vegetariern, Radfahrern«, poltert die AfD. Lauter »privilegierte Modernisierungsgewinner«, stichelt der Axel-Springer-Vorstandsvorsitzende Mathias Döpfner.[65] Allüberall heißt es, diese »Grün-«, »Geld-« und »Gutmenschen« hätten die Sorgen des Volkes kleingeredet und dadurch vergrößert: Diesen klassischen Vorwurf erheben Medien, die ihrerseits die Ängste großreden (wodurch sie nicht kleiner werden). Jedenfalls könne sich der vegetarisch-städtische »Moraladel«, anders als die breite Bevölkerung, seine Wohlfühlmoral eben auch leisten.[66] Sie seien weltoffen, weil sie sich weder im Beruf noch im Wohnviertel oder in den Schulen ihrer Kinder an der Migranten-Unterschicht reiben müssten. Sie täten umweltbewusst, weil sie das Kleingeld für biologische Fair-Trade-Produkte hätten. Moral dank Kaufkraft?

Aber reaktionären Kräften geht es keineswegs um bessere Aufstiegschancen für Benachteiligte und mehr Zukunftsinvestitionen in die Bildung und Ausbildung von Bildungsfernen; ebenso wenig um eine Umverteilung von den Hyperreichen zur Unterschicht. Ihre Kritik an »denen da oben« ist das bewährte demagogische Stilmittel. Die Neue Rechte versammelt nämlich elitäre Elitekritiker. Ihnen ist Gleichstellung zuwider. Die Nation möchten sie groß und größer machen, nicht die kleinen Leute. Höcke lobt »das ›unbequeme Leben‹, das Mussolini seinen Landsleuten abforderte«.[67] Er will weniger die Unzufriedenen besserstellen als ihren Verdruss nutzen. Wer die Macht über alles stellt, dem heiligt der Zweck solche Doppelmoral. Auf diesem doppelten Boden lässt sich umso kecker die vorgebliche oder tatsächliche Scheinheiligkeit der Etablierten anprangern. Moral ist aus neurechter Sicht zwar schädlich, aber moralische Kritik an den Feinden nützlich. Und ist Moral wurscht, lässt sie sich biegen.

Der Hohn, den Ernst Röhm – der spätere Anführer der braunen SA-Schlägertrupps – 1928 auf die »bürgerlichen Philister« goss, illustriert in seltener Deutlichkeit zweierlei: Reaktionäre Kritik an der Doppelmoral der Elite dient nicht dem Zweck, die ehrbare Moral zu festigen, sondern sie zu beseitigen. Und in besonders unmoralischen Zeiten ist Moralismus-Kritik ganz besonders angesagt. In einer frühen Autobiografie schrieb Röhm, was uns jetzt abermals tausend rechte Schriften einbläuen: »Heuchelei und Pharisäertum herrschen. Sie sind das hervorstechendste Merkmal der Gesellschaft von heute. […] Nichts ist verlogener als diese sogenannte Moral.« Der Scherge Röhm fuhr fort: »Vor lauter ›Moral‹ kennt man sich schon gar nicht mehr aus. […] Ich kann mir nicht helfen, ein sogenannter unmoralischer Mensch, der etwas leistet, ist mir lieber als ein ›moralischer‹, der nichts leistet.«[68]

Generalangriffe auf Gutmenschen verheißen Schlechtwetter in der Politik. Selbst liberale Politiker und Medien verhöhnen heute die weltbürgerlich »Aufgeklärten«, die »abgehoben« seien, so das Standard-Adjektiv, und an »den Ängsten der Bürger vorbei leben«, so das Standard-Narrativ. Reaktionäre verteidigen unsere Zivilisation und verlästern, was sie ausmacht. Der Westen soll seine Werte bewahren, aber ja nicht die der Aufklärung – doch welche sonst? Gern greifen Neurechte die postmodern-antihumanistischen Dekonstruktionen des Aufklärungsbegriffs auf. Björn Höcke sieht in allem Aufgeklärten »aufgeblasenen Werteschaum«.[69]

Das deregulierte Ich-Ich-Ich – das nationale Wir-Wir-Wir

In diesem neuzeitlichen »Schaum« brachten die bürgerlichen Revolutionen des 18. Jahrhunderts erstaunlich nüchterne Proklamationen hervor, ohne die Verstiegenheit reaktionärer Manifeste: am 4. Juli 1776 in Philadelphia die Unabhängigkeitserklärung der USA, laut der »alle Menschen gleich erschaffen wurden« und »das Leben, die Freiheit und das Streben nach Glück« unveräußerliche Rechte sind; am 26. August 1789 die Erklärung der Menschen- und Bürgerrechte zu Beginn der *Révolution française*, die Frankreichs Rechte bis heute als demütigende Niederlage empfindet. Dem republikanischen Dreiklang »Freiheit, Gleichheit, Brüderlichkeit« ziehen viele das pflichterheischende »Arbeit, Familie, Vaterland« vor, das im Zweiten Weltkrieg der Diktator und Nazi-Kollaborateur Marschall Pétain verfügte. »Rassemblement National«, der neue Name des vormaligen Front National, erinnert an das Rassemblement National Populaire (Nationale Sammlungsbewegung des Volkes) von 1941, das »die Reinigung und den Schutz der Rasse« betrieb.

Zu diesem Zweck soll das Volk die Reihen und die offene Gesellschaft schließen. Der »Schutz« der Rasse – heute »Erhalt der ethnokulturellen Identität« und »Remigration statt Integration« – bleibt das Ziel. Die Amoralität war Teil des reaktionären Selbstverständnisses, als noch kein Mensch die »Hypermoral« beklagte. Der rechte Hass ist seit eh und je dazu da, ausgelebt zu werden – er wütete schon zu Zeiten, als es weit und breit keine »Gutmenschen« gab. Und der rechtsidentitäre Rassismus war Programm, längst bevor die linke Identitätspolitik zum Thema wurde. Amoralität, Hass und Rassismus sind die drei reaktionären Konstanten.

Ein Teil der Gesellschaft ist für diese Triade umso anfälliger geworden, als über die Zeit etliche Wirtschaftsführer den Weg in die Enthemmung gewiesen haben. Jahrzehnte der Gesetzes- und Maßlosigkeit, in denen Geldhäuser schmutziges Geld machten oder wuschen, die Automobilindustrie Schmutzschleudern verkaufte, Facebook eine Schmutzkampagne gegen Kritiker beauftragte, während Amazon Schmutzlöhne zahlte und weiterhin zahlt, haben die Marktgesellschaft zum Teil moralisch entkernt. Was sich am Markt durchsetzte, war gut. Markt war Moral. Der krasseste Egoismus lag im Allgemeininteresse. Und was gut war für die Rücksichtslosen, war angeblich gut für alle: auch für ihre Opfer. Uns sei der Begriff des Bösen abhandengekommen, fürchtete der 2015 verstorbene Pariser Philosoph André Glucksmann, Autor von *Hass. Die Rückkehr einer elementaren Gewalt.*[70] Im Moralvakuum der Wettbewerbsgesellschaft breitet sich eine neurechte Herrenmoral aus. Sie ist deshalb so attraktiv, weil sie den Verlierern vorspiegelt, sie avancierten zu Siegern und blieben gegenüber dem Migranten-Prekariat die Herren im Haus. Reaktionäre bedienen die Opfer des deregulierten Ich-Ich-Ich-überalles, das gescheitert ist, mit dem nationalen Wir-Wir-Wir-sind-das-Volk, das scheitern wird.

Die Neuankömmlinge würden gegenüber den Einheimischen bevorzugt, dieses Vorurteil hegte unter vielen anderen auch der Schriftsteller Uwe Tellkamp, als er suggerierte, Hilfsgelder für Flüchtlinge seien entgangene Rentengelder für Deutsche. Die Obrigkeit gängle die Bürger wie Untertanen, zürnen »ausgegrenzte« Pegida-Demonstranten, »ausgepresste« Steuerzahler und der »ausgeraubte« Mittelstand. Reaktionäre greifen mannigfaltige Ohnmachtsgefühle auf und nähren bei Machtlosen die Illusion, an der Willkür der Mächtigen teilhaben zu dürfen. Mit Migranten darf das Volk verfahren wie ein Konzern mit seinem überzähligen Personal. So wie Unternehmen Mitarbeiter entlassen, so soll der Staat Ausländer »entsorgen«. Das Obrigkeitliche, das man selbst empfindet, darf mit aller Wucht die Fremden treffen. Rabiate österreichische Behörden ernteten lauten Beifall, als sie gegenüber alteingesessenen Österreichern türkischer Herkunft den Rechtsstaat aushebelten. Sie kehrten in Sachen verbotene Doppelbürgerschaft die Beweislast um: Diese Österreicher zweiter Klasse mussten belegen, dass sie keinen zweiten Pass hatten, sonst drohte ihnen der Entzug der Staatsbürgerschaft. Volkes Stimme ermunterte die Beamten, die Eingebürgerten zu demütigen – erst der Verfassungsgerichtshof stellte den Rechtsstaat wieder her. »Der Zynismus ist kein Privileg der Eliten mehr, er ist jetzt ein Teil des Volksvermögens«, vermerkte Peter Sloterdijk 2017.[71]

Wer die Moral abtut, ist mächtig. Süffisante Polemik gegen das Moralin lenkt von der Überdosis Brutalin ab, mit der die islamischen und afrikanischen »Invasoren« ferngehalten werden sollen. Wer wie Matteo Salvini Erwachsene und Kinder, die über das Mittelmeer setzen, als »Menschenfleisch« und »wertvolle Ware« für die Seenotretter deklariert, dem ist ihr Leben egal, ihr Überleben vielleicht sogar misslich, könnte ihr Tod doch rein theoretisch andere Migranten abschrecken. In hypermoralischen Zeiten lässt die Politik »subalterne Menschen« hyperbrutal ertrinken: »von der Willkommenskultur zur Kriminalisierung der Seenotrettung«, resümierte der *Republik*-Kolumnist Daniel Binswanger.[72] Und an der anschwellenden Tragödie sind in der reaktionären Propaganda – wer sonst – lauter »Gutmenschen« schuld. Ohne Seenotretter gäbe es weniger Flüchtlinge, also weniger Tote, besagt die scheinfromme Argumentation. Die Entwicklung in Libyen hat derlei »humanitäre Menschenverachtung« widerlegt. Aber die Neue Rechte lässt sich nicht beirren: Moral ist immer Hypermoral, Übermoral, Moralismus, moralischer Absolutismus, moralisierender Totalitarismus, aggressives Moralisieren, Moralkeule, Moralpauke, Moralpredigt, Moralisiererei, Moralin, Moralüberdruss – so die Litanei. Und damit beginnt das allgemeine Umdrehen der Begriffe: Moral ist unmoralisch.

Das große reaktionäre Verdrehen

Das Korrekte kennt Übertreibungen, das Antikorrekte lebt vom Unterschwelligen. Der reaktionäre Kampf gegen die politische Korrektheit setzt auf das Unausgesprochene, den Subtext. Denn der insinuiert, was viele Konservative zwar denken, aber nicht allzu deutlich formulieren möchten: Der »Gutmensch« ist gefährlicher als der Brutalo, die Feministin schlimmer als der Diskriminierer oder Belästiger, Antirassisten sind Rassisten – ihr Antirassismus ist Rassenhass auf weiße Männer. Das wirkliche Opfer ist der früher dominante und heute missachtete Mann. Ihm die Führung streitig zu machen, bringt jedoch nicht Gleichstellung, sondern Unfreiheit: Emanzipation stürzt die Frauen in einen repressiven Genderwahn, die Afroamerikaner in eine kulturrassistische Gefangenschaft und verzagte Weiße in Trumps Arme. Dessen Wahl war die Antwort auf die Anmaßung des schwarzen Präsidenten mit islamischem Mittelnamen Barack Hussein Obama, die Unterschicht ein bisschen besser zu stellen. In Wahrheit nämlich diskriminieren hohe Steuern die von allen Seiten verfolgte Minorität der Reichen. Eine Mauer der Ressentiments umgibt diese verfolgte Gruppe.

Derlei Botschaften verkünden die wenigsten Reaktionäre und Konservativen rundheraus. Der antikorrekte Gestus dient aber der Tarnung – alles ist gesagt, nichts ausgesprochen. Vor Jahren schrieb der gebildete rechtsradikale Publizist Karlheinz Weißmann, seine Gesinnungsfreunde sollten vorsichtshalber darauf achten, »sich in bestimmten Fragen bedeckt zu halten, so dass die eigentliche Auffassung nur ›per exclusionem‹ fassbar wird [...], durch Wahrnehmung dessen, was man nicht sagt«.[73] Ausnahme von der Regel ist Rainer Zitelmann, der neurechte Hitler-Biograf und neureiche Immobilienfachmann. Er schreibt Klartext. Sein Buch *Die Gesellschaft und ihre Reichen. Vorurteile über eine beneidete Minderheit* stieß in der Medienlandschaft auf seltsames Wohlwollen, als sei eine Oberschicht, die Privilegien verteidigt, gleichzusetzen mit benachteiligten Minderheiten.[74]

Aber alles zu verkehren, ist nun einmal das reaktionäre Grundmuster. Durch die rechte Brille gesehen, dreht sich die Welt andersherum: Die Linke schafft Ungleichheit. Grüne Politik legt Waldbrände. Whistleblower decken nicht Missstände auf, sondern sie sind der Missstand. Journalisten sind die eigentlichen Trolle. Wissenschaftler wissen das Falsche. Mehr Schusswaffen bedeuten mehr Sicherheit. Nothelfer bringen Not. Der Einsatz für Flüchtlinge erzeugt Neonazis. Am Judenhass sind die Juden schuld. Der Muslim verantwortet den Islamhass. Die Benachteiligung der Frau liegt in der Natur der Frau. Der Diskriminierte produziert seine Diskriminierer. Diskriminierer werden diskriminiert. Die Unterdrückten haben sich selbst ins Elend gestürzt, als gäbe es keine Unterdrücker – außer die Frauen lassen sich nicht mehr alles bieten, da mutieren sie sofort zu Unterdrückerinnen: Feminismus versklavt. #MeToo ist letztlich ein »Ausdruck männermordender Gesinnung«,[75] wehret den »Feminazis«! Korrektheit stiftet mehr Schaden als die Verrohung. Die Aufklärung »verdunkelt«. Wie bei George Orwell: »Krieg ist Frieden, Freiheit ist Sklaverei, Unwissenheit ist Stärke.«

Zum dialektischen Umstülpen der Verhältnisse neigt natürlich auch Präsident Trump, der nicht nur sich selbst als Opfer darstellt, sondern immerzu auch die Supermacht USA. Die Vereinigten Staaten von Amerika würden von Wettbewerbern »übervorteilt«, von China »bestohlen«, von Deutschland »enorm ausgenutzt«, von der Europäischen Union »sehr unfair« behandelt, von Mexiko »abgezockt«, rundum »erniedrigt und ausgelacht«, so sein viriles Wehgeschrei. Gern verspottet die Neue Rechte den »Opferdiskurs« der Frauen und den »Prestigekampf« darum, wer am meisten unterdrückt werde. Aber niemand ist weinerlicher als der dauerbeleidigte Zwitscherer Trump – oder der ewiggekränkte Dresdner Schriftsteller Uwe Tellkamp, der in einem langen Streitgespräch mit dem Dichter Durs Grünbein die »herabgewürdigten« AfD-Anhänger in Schutz nahm und syrische Schutzsuchende herabsetzte. Dabei verwarf Tellkamp dieses allzu korrekte Wort, »Schutzsuchende«.[76] Beistand braucht dagegen das nicht mehr so starke Geschlecht: AfD-Bundestagsabgeordnete spielten mit dem Gedanken einer umgekehrten #MeToo-Debatte, »die sich für die Männer einsetzt«.[77]

Es liegt Arroganz in der grimmigen Larmoyanz, mit der reaktionäre Politiker beklagen, ihnen werde übel mitgespielt. Sie verunglimpfen Widersacher und fordern Respekt. Sie rühmen die Meinungsfreiheit, die ihr Ideengeber Viktor Orbán und der in ganz Europa großzügige Geldgeber Wladimir Putin unterdrücken. Gleichzeitig schreien sie, ihre schreiende Meinung werde bloß geduldet, sie sei unerwünscht – als berge das Recht auf freie Rede auch die Pflicht, jeden Falschmünzer und Flüchtlingsverächter als seriösen Gesprächspartner zu betrachten und im Dialog aufzuwerten. Sie beschädigen die offene Gesellschaft und erwarten mehr Offenheit. Das Opfersein schmähen sie, aber sie gerieren sich als Daueropfer. Lauter menschliche, allzu männliche Widersprüche? Beim Verkehren der Verhältnisse folgen Reaktionäre ihrer antihumanistischen Logik, die den Schluss zieht: Der Schwache ist schuld (ähnlich wie »Du Opfer!« eine gängige Beleidigung unter Schulkindern ist). Daher der Ekel vor dem politisch Korrekten: vor dieser im Kern banalen Konvention, die umsichtig bis umständlich alle einbeziehen will. Der Hass auf solche Fürsorge entspringt rechtem Herrenmenschentum. Korrektheit ist für Weichlinge.

Unten ist oben in der kopfstehenden reaktionären Welt: Opfer stehen unter Verdacht, Benachteiligte werden privilegiert. Und dieser Dreh bestärkt Konservative und Wirtschaftsliberale in ihrem weitverbreiteten, klischeehaften »Leistung lohnt sich nicht mehr«-Unbehagen, wonach der hypersoziale Moralstaat die Tüchtigen vernachlässige. Kommt es so weit, dass am Schluss jede soziale Schicht halluziniert, die nächstniedrigere Schicht werde schändlich begünstigt? Solche Inversion prägt zusehends das Denken und drängt ein Schlüsselthema der Weltgeschichte ins Abseits: Ausbeutung und Unterdrückung werden zu obsoleten Begriffen, wenn in Wahrheit alle Privilegierten unterprivilegiert sind. Das betäubt das Bewusstsein, dass Herrschaft Opfer verursacht.

Vordenker der Neuen Rechten

Er musste anonym bleiben. »Von einem Rheinländer«, verriet die Autorenzeile, mehr nicht, sonst drohte das Gefängnis oder das Exil. »Kein Mensch bekämpft die Freiheit; er bekämpft höchstens die Freiheit des andern. Jede Art der Freiheit hat daher immer existiert, nur einmal als besonderes Vorrecht, das andere Mal als allgemeines Recht«, schrieb Karl Marx am 12. Mai 1842 in der kurzlebigen *Rheinischen Zeitung für Politik, Handel und Gewerbe*, die im selben Jahr entstanden war und im folgenden verboten wurde.

Freiheit für alle oder nur für Wenige? Die Wenigen schätzen eben die Freiheit für Wenige, weil sie riesengroß ist: weil sie auf die Vielen keine Rücksicht nehmen müssen. In dieser Logik der Freiheit als besonderes Vorrecht der Wenigen und insbesondere ihres Anführers Benito Mussolini war das faschistische Italien der »freieste Staat des Abendlands«, schwärmte damals der Mussolini-Propagandist und trotzdem geniale Schriftsteller Ezra Pound. Heute beruft sich Italiens militanteste faschistische Partei auf diesen Amerikaner, sie nennt sich CasaPound. So heißt auch ihr Hauptquartier, das »Haus Pound« in Rom. Faschismus sei »nicht notwendigerweise eine Diktatur, uns gefällt die Freiheit«, säuselt der Vizeparteichef Simone Stefano.[78] Immer sind Repressive im Namen der Freiheit repressiv. Das Haus Pound besuchten 2015 zwei Deutsche, die bei der *Jungen Freiheit* angefangen hatten, dem Zentralorgan der Reaktionäre in der Bundesrepublik: der rechtsextreme Verleger Götz Kubitschek und seine Frau Ellen Kositza. Zuvor war ihr Freund Johannes Schüller zu den Faschisten nach Rom gepilgert. Dieser Mitgründer der Identitären Bewegung (was er neuerdings bestreitet) kämpft für den »Erhalt der weißen Rasse«, wie er auf Twitter bestätigte: »Ja, und?«[79] Lang war er Onlinechef des den »Freiheitlichen« (FPÖ) nahestehenden *Wochenblicks*. Freiheit ist das rechte »Sesam öffne dich«.

»Das zu tun, was du magst, ist Freiheit«, befindet Matteo Salvini, dessen Lega einst von Silvio Berlusconi salonfähig gemacht worden war. »Das Volk der Freiheit«, hieß eine Zeit lang Silvio Berlusconis

Partei. Und dieser meinte, der *Duce* Mussolini habe »in vieler Hinsicht Gutes geleistet«. Damit sprach er zahlreichen Konservativen aus der Seele. Nicht nur in Italien hängen sie am Mythos der milden Diktatoren, da »ohne Ordnung keine Freiheit«. Im Handumdrehen ließen sich Konservative und Liberale von Autokraten einwickeln, zum Beispiel als 1922 in Rom das bürgerliche Parlament Mussolini eine Blankovollmacht erteilte – er versprach eine »befreiende Gewalt«. Und 1933 machte im Deutschen Reichstag eine konservativ-liberale Vierfünftelmehrheit Adolf Hitler zum Diktator – »für unseres Volkes Freiheit«, wie er gelobte. »Europa der Nationen und der Freiheit«, nannte sich bis 2019 die rechtsradikale bis rechtsextreme Fraktion im Europäischen Parlament. War hier die Freiheit der Nation oder aber die des Individuums gemeint? Benjamin Constant, der liberale Intellektuelle der napoleonischen Zeit, unterschied die *Liberté des anciens* (Freiheit im Sinne der Unabhängigkeit antiker Stadtstaaten) von der *Liberté des modernes* (Bürgerfreiheiten der Neuzeit). Reaktionäre meinen die kollektive Freiheit, nie die individuelle. Jederzeit sind sie bereit, der Libertät ihrer »Volksgemeinschaft« die Liberalität zu opfern. Sophistisch spielen sie mit dem Doppelsinn.

Die AfD treibt solche Rabulistik auf die Spitze, wenn sie ihre Parteistiftung nach dem Gründervater des Humanismus nennt, Erasmus von Rotterdam: Dem Vorstand der »Desiderius-Erasmus-Stiftung« sitzt die rechtsradikale Vertriebenenpolitikerin Erika Steinbach vor. Der Nazi-Staatsdenker Schmitt – intellektueller Übervater der deutschen Reaktionäre und Verfechter einer Kriegskultur, auf den Alexander Gauland gern Bezug nimmt – stempelte in der Tradition von Erasmus stehende Humanisten (»Die ganze Welt ist ein gemeinsames Vaterland«) zu Verbrechern.

In seinem Buch *Der Begriff des Politischen* legte Carl Schmitt 1927 dar, was später sein Schützling Leo Strauss – der politische Philosoph und Vordenker der amerikanischen Neokonservativen – in die Vereinigten Staaten trug: Politisches Denken bewähre sich »an der Fähigkeit, Freund und Feind zu unterscheiden«. Die Höhepunkte der großen Politik seien »die Augenblicke, in denen der Feind in konkreter Deutlichkeit als Feind erkannt wird«. Der Staatsdenker Schmitt führte aus, es sei der Normalzustand, dass Menschengruppen sich befehdeten. Wer sich in diesem Dauerkampf auf eine höhere Ordnung berufe – sei es das Recht und die Menschenrechte, sei es das humanistische Gewissen, also die Mitverantwortung für die Menschheit –, der wolle sich bloß ein Kampfmittel gegen seine Feinde verschaffen. »Der Vorwurf der Immoralität« diene nur als Waffe, um den Feind zu verunsichern. Die erhabenen Humanisten neigten dazu, den Gegner als Geißel der Menschheit zu betrachten, ihm also »die Qualität eines Menschen« abzusprechen und deshalb umso leichter den »Krieg zur äußersten Unmenschlichkeit« zu treiben.

Humanismus sei inhuman, meinte er – anderthalb Jahrzehnte vor dem Holocaust. Carl Schmitt behauptete, in der Politik (Freund versus Feind) seien die Moral (gut versus böse), die Ökonomie (nützlich versus schädlich) und die Ästhetik (schön versus hässlich) unbrauchbare Fremdkörper: Knallkörper, die davon ablenkten, dass alle Beteiligten einzig um die nackte Macht kämpften. »Wer Menschheit sagt, will betrügen«, befand Schmitt.[80] Sein Zeitgenosse Oswald Spengler hatte es 1918 in der Einleitung zu seinem viel zitierten Buch *Der Untergang des Abendlandes* vorweggenommen: »›Die Menschheit‹ ist ein zoologischer Begriff oder ein leeres Wort.«[81] Spengler zählte zu den Aktivisten der Konservativen Revolution, die in der Zwischenkriegszeit auf eine Diktatur hinarbeiteten.

Schmitts Gesinnungsgenosse, der Philosoph Arnold Gehlen, sah im Humanismus – den er als »Humanitarismus« abtat – eine Überforderung des Menschen: Der könne nur gegenüber seinem überschaubaren Umfeld solidarisch sein, jenseits der Nation fehle jegliches Gemeinschaftsgefühl. Die Idee des Weltbürgertums bringe Dekadenz, Nivellierung, Verweichlichung anstelle des Stolzes auf die Nation und der mannhaften Wehr, sie zu verteidigen. Gehlen glaubte auch zu wissen, wer solche zersetzende Gesinnung verbreite: der weltläufige »Intellektuelle der Großstadt«, ein »Konformist der Negation«, der nur kritisiere und »den Staatstugenden die Wurzeln«

abgrabe.[82] Solche Kosmopoliten würden dem Patriotismus den Garaus machen.

Gegen derlei »Subversion« wandten sich Oswald Spengler, Carl Schmitt, Arnold Gehlen: lauter Antiaufklärer, die den Liberalismus nicht weniger verabscheuen als den Sozialismus. Auf dieses Trio der Moralverächter berufen sich heute deutsche Neurechte und auch manche Konservative. Die drei Vordenker verband die Vorstellung eines Bürgers, der in seiner Nation aufgeht. Er wird zum Elementarteilchen des Volkskörpers. Gehlen analysierte, im Vergleich zu Tieren fehlten dem Menschen der Instinkt und körperliche Waffen wie beispielsweise Klauen, in dieser Hinsicht seien wir »Mängelwesen« der Natur.[83] Aber dank einer Kultur der Zucht und Führung könne der Menschenschlag seine Schwäche wettmachen – allerdings nur im Korsett mächtiger Institutionen, die des Volkes Weltanschauung prägen und eichen. Wider das liberale Bild des einigermaßen vernunftfähigen, verantwortlichen Individuums haben Autoritäre den ewig unmündigen Bürger und die anlehnungsbedürftige Bürgerin vor Augen. Der Untertan soll sich in die Obhut vaterländischer Führer begeben, statt »sich seines Verstandes ohne Leitung eines anderen zu bedienen«, wie Immanuel Kant 1784 die Mündigkeit definierte.

Zuvor hatte ein anderer liberaler Stammvater in seiner *Theorie der ethischen Gefühle* propagiert, dass die Geschicke der Gesellschaft in der unsichtbaren Hand des Markts liegen sollten statt in der Pranke des Alleinherrschers. Adam Smith, Moralphilosoph und Ökonom, was für ihn eins war, sah in einem empathischen und demzufolge moralischen Verhalten der Menschen die Grundlage vernünftigen Wirtschaftens und Zusammenlebens. Die Gerechtigkeit sei »der Hauptpfeiler, der das ganze Gebäude stützt. Wird dieser Pfeiler entfernt, muss der gewaltige, der ungeheure Bau der menschlichen Gesellschaft [...] in einem Augenblick zusammenstürzen«.[84] Doch viele Liberale des 21. Jahrhunderts ärgern sich mehr über die angebliche Hypermoral als über die tatsächliche »Hypomoral«: die unterentwickelte Moral, die den *esprit général* der liberalen Demokratie verdirbt. Sie verkennen, dass neurechtes Moral-Bashing nichts anderes ist als ein Generalangriff auf den Liberalismus, dessen Menschenbild der große Adam Smith in der *Theorie der ethischen Gefühle* entwarf und im berühmteren Werk *Wohlstand der Nationen* ausführte.

Mit der im 18. Jahrhundert noch ungewohnten Vorstellung eines vernunftgeleiteten, selbstbewussten Individuums ganz ohne Vormund begann aber aus rechtsautoritärer Sicht der Niedergang des Abendlands, ja sein Untergang: Das demokratisch verfasste Volk sei niemals so souverän wie ein Kraft- und Machtmensch an der Staatsspitze. Demokratie wagen (und »Mehr Demokratie wagen«, so die Losung des Bundeskanzlers Willy Brandt 1969) ist in ihren Augen nicht zukunftsweisend, sondern verhängnisvoll. Versöhnliches hat im reaktionären Denken keinen Platz, alles Ausgleichende gilt als Schwäche: Lessings *Nathan der Weise*, der den Frieden unter den Religionen und Kulturen verkörpert, schrumpft da zum tumben Multikulti – weg mit der Ringparabel! In Theodor Fontanes *Effi Briest* wettert der alte Baron Güldenklee, es gebe »eine Geschichte, die wir alle kennen, die die Geschichte von den ›drei Ringen‹ heißt, eine Judengeschichte, die wie der ganze liberale Krimskrams nichts wie Verwirrung und Unheil gestiftet hat«.[85] Die Aufklärung sehen Liberale und Linke als Durchbruch. Für Reaktionäre bleibt sie der zivilisatorische Einbruch. Fortschritt ist ihnen Rückschritt. Daher ihr systematisches Umdeuten der Welt.

Der Krimskrams »Freiheit, Gleichheit, Brüderlichkeit« ist der Neuen Rechten auch deshalb lästig, weil Demokratie den Machtmenschen wenig Auslauf lässt. Reaktionäre lieben jedoch Monarchen, Titanen, Giganten, Kolosse, Heroen, die ihre Macht ausleben, charismatisch das Volk lenken. Nur der starke Mann kann in der Stunde der Not dem »Selbstmord für die Schweiz« zuvorkommen (Christoph Blocher), die »Invasoren« zurückschlagen (FPÖ-Bundesparteiobmann Norbert Hofer), für den »Erhalt des Staatsvolkes« bürgen (AfD-Wahlprogramm), die »Kapitulation« Großbritanniens abwenden (Boris Johnson).[86] Diese Stunde der Not sehen Rechte als Stunde der Wahrheit, in der sich der parlamentarische Trott endlich als Illusion erweist: Die Nation bedarf eines Retters – auch wenn ein solcher Übermensch und »Überpolitiker« oft ein Narzisst ist, wenn nicht ein Psychopath. Und dieser Erlöser ruft den von Schmitt beschworenen Ausnahmezustand aus, in dem »die Kraft des wirklichen Lebens die Kruste der in Wiederholung erstarrten Mechanik« demokratischer Betriebsamkeit und bigotter Moral durchbreche. Im Ausnahmezustand finde die Nation zum Wesen der Politik zurück: zum Anführer, der den bedrohlichen Feind »in konkreter Deutlichkeit als Feind« erkenne. Um das Unheil abzuwenden, darf er die Fesseln der Demokratie ablegen. Er nimmt sich jedes Recht und solle sogar Recht setzen, wie der Staatsrechtler Schmitt 1934 in der *Deutschen Juristen-Zeitung* schrieb. Mit dem Aufsatz »Der Führer schützt das Recht« rechtfertigte er Adolf Hitler, der aus vorgeblicher »Staatsnotwehr« alte Weggefährten wie den allzu eigenständigen SA-Chef Ernst Röhm (»Röhm-Putsch«) kurzerhand hatte erschießen lassen. Schmitt lobte: »Der Führer schützt das Recht vor dem schlimmsten Mißbrauch, wenn er im Augenblick der Gefahr kraft seines Führertums als oberster Gerichtsherr unmittelbar Recht schafft.« Der Nazi-Jurist zitierte Hitler, der sich öffentlich gerechtfertigt hatte: »In dieser Stunde war ich verantwortlich für das Schicksal der deutschen Nation und damit *des Deutschen Volkes oberster Gerichtsherr.*« Schmitt kommentierte seinerseits: »Der wahre Führer ist immer auch Richter.« Wer beide Ämter trenne, mache den Richter »zum Gegenführer« und wolle »den Staat mit Hilfe der Justiz aus den Angeln heben«. Liberale, die auf Gewaltenteilung pochen, seien von »Rechtsblindheit« befallen.[87]

Dahinter stand der berühmte erste Satz einer anderen Schrift von Carl Schmitt: »Souverän ist, wer über den Ausnahmezustand entscheidet.« Das hatte er 1922 in seiner *Politischen Theologie* befunden.[88] Wenig später ergänzte er in einem Essay über *Die geistesgeschichtliche Lage des heutigen Parlamentarismus*: »Jede wirkliche Demokratie beruht darauf, daß nicht nur Gleiches gleich, sondern, mit unvermeidlicher Konsequenz, das Nichtgleiche nicht gleich behandelt wird. Zur Demokratie gehört also notwendig erstens Homogenität und zweitens – nötigenfalls – die Ausscheidung oder Vernichtung des Heterogenen.«[89] Solches Vernichten des »Andersartigen« war der Holocaust und zuvor das Verbannen »entarteter« Kunst, das Verbrennen »undeutschen Schrifttums« auf dem Scheiterhaufen.

Schmitt schrieb, was die Neue Rechte auch jetzt sofort unterzeichnen würde: »Die politische Kraft einer Demokratie zeigt sich darin, daß sie das Fremde und Ungleiche, die Homogenität Bedrohende zu beseitigen oder fernzuhalten weiß.« Leider sei diese Homogenität kaputt, klagt heute Björn Höcke in seinem Gesprächsbuch *Nie zweimal in denselben Fluss*: »Wir sind als Volk bereits stark fragmentiert und bringen im Grunde keinen einheitlichen Volkswillen mehr hervor, sondern eher eine dissonante Kakophonie.«[90] Aber das lasse sich eines Tages ändern: »Die deutsche Unbedingtheit wird der Garant dafür sein, dass wir die Sache gründlich und grundsätzlich anpacken werden. Wenn einmal die Wendezeit gekommen ist, dann machen wir Deutschen keine halben Sachen.«[91] Dann wäre Deutschland endlich »homogen«; es hätte eine Demokratie der Einfalt statt der Vielfalt und anstelle der Debattenkultur die neurechte Leitkultur.

Soll denn aus der US-Unabhängigkeitserklärung (»all men are created equal«) und der Französischen Revolution zwecks *Égalité* und *Fraternité* eine diskriminierende Demokratie erwachsen? Die Frage beantwortete 1953 ein maßgeblicher Denker der liberalen Demokratie, Hans Kelsen: »Wir sind berechtigt, Autokratie abzulehnen und auf unsere demokratische Staatsform stolz zu sein, nur solange wir diesen Unterschied aufrechterhalten. Demokratie kann sich nicht dadurch verteidigen, dass sie sich selbst aufgibt.« Das schrieb er in seinem Essay *Was ist Gerechtigkeit?*.[92]

Kelsen war in Wien aufgewachsen und hatte nach dem Ende des Habsburger Reichs das erste österreichische Bundes-Verfassungsgesetz mitgeschrieben, das in Teilen noch in Kraft ist. Später wechselte er an die Universität Köln. Doch als er 1933 seiner jüdischen Herkunft wegen den Lehrstuhl verlor, weigerte sich ein einziger Fakultätskollege, die Protestschrift gegen seine Entfernung zu unterschreiben: Carl Schmitt. Er verabscheute den »Juden Kelsen«, den er selbst nach dem Holocaust, in abstruser Verdrehung, einen »Vernichter, Ausrotter, Ausradierer« schimpfte.[93]

Eine autoritäre Demokratie? Dieser Widersinn löst sich auf, wenn per Osmose Anführer und Volk dasselbe sind – wenn einer die ganze Nation ausmacht, so wie sich der Türke Erdoğan auf den »nationalen Willen« beruft, um gewählte Bürgermeister ihres Amts zu entheben. Reaktionäre bewundern die Gattung der Macho-Mächtigen, etwa den Rambo mit nacktem Oberkörper, den Putin spielt, den Grobian, als der Orbán auftritt, den Sheriff, den Rodrigo Duterte auf den Philippinen gibt, den Fallschirmjäger, den Hauptmann Jair Bolsonaro auch als Präsident aufführt. Reaktionäre, die es nicht ganz wagen, offen eine Führermoral einzufordern, haben eine spezielle Form der antidemokratischen Demokratie entwickelt – ein Paradoxon, dem der *Time*-Journalist Fareed Zakaria 1997 einen Namen gab, den sich später Viktor Orbán aneignete: illiberale Demokratie.[94] Eine Republik, zu der die Willkür gehört, gegen die sich die Gründerväter der USA und die Untertanen des französischen Absolutisten Louis XVI. erhoben hatten.

So verdreht die Neue Rechte auch die Geschichte – und am konsequentesten die deutsche Vergangenheit. Ihrer Schrecken wegen steht sie den Reaktionären im Wege, zumal wenn die Bundesrepublik sie mit spätem »Moralbewusstsein« (Jürgen Habermas) aufarbeitete. Der erste neurechte Bestseller der Nachkriegszeit, der Sammelband *Die selbstbewußte Nation* aus dem Jahr 1994, machte sich an die Aufgabe, die deutsche Geschichte umzumünzen, den Nationalsozialismus durch die »Vogelschiss«-Linse zu betrachten.[95] Der Beiträger Reinhart Maurer, damals Philosoph an der Freien Universität, bemängelte das »lähmende«, schuldbewusste Aufarbeiten der Nazi-Zeit. Das sei vermutlich »eine wesentliche Ursache für das Erstarken neonazistischer Strömungen«.[96] Heute geißelt das AfD-Programm die »Verengung der deutschen Erinnerungskultur auf die Zeit des Nationalsozialismus«, und Björn Höcke fordert »eine erinnerungspolitische Wende um 180 Grad«. In der *Selbstbewußten Nation*, die im Ullstein-Verlag erschien, kritisierte der Tausendsassa Rainer Zitelmann die »Bewältigungsexzesse«.[97] So surrealistisch er 25 Jahre später die Benachteiligung der Reichen anprangert, so grotesk bemühte er sich 1994, Hitler in die linke Ecke zu bugsieren, um die Neue Rechte von dessen Odium zu befreien und es möglichst auf die Linke zu tupfen. Bis heute beruft sich Zitelmann auf ein Führerzitat, wonach »letzten Endes Nationalismus und Sozialismus unter einer Voraussetzung dasselbe sind, nämlich dass man das Volk in den Mittelpunkt alles Erstrebenswerten rückt«.[98] Freilich meinte Hitler einzig das deutsche Volk. Sein »Arier über alles« ist hinten und vorne nicht kompatibel mit einem linken Programm. Die Masche, aus rechts links zu machen, gehört zum neurechten Strickmuster, und es kommt in einem Teil der Bevölkerung an, etwa wenn der sächsische CDU-Ministerpräsident Sozialismus und Nationalsozialismus gleichsetzte: Beide seien »sozialistische Experimente«.[99]

Rechts ist männlich

Die selbstbewußte Nation baute auf den selbstbewussten Mann: In dem Band schrieben dreißig Autoren, eine Autorin. Das Buch frönte der Mannhaftigkeit, lästerte über den politisch korrekten und »feminisierten« Menschen, der »männlich definierte seelisch-geistige Eigenschaften innerlich ablehnt«.[100] Nation als Männersache. »Ganze Regimenter von Wertefiguren«, so die Sprachwissenschaftlerin Gabriele Kämper in einer Studie über den Band, »marschieren in den Texten auf und behaupten auf sprachlicher Ebene die Überlegenheit von Härte, Abgeschlossenheit, Wehrhaftigkeit, Mut und Schweigsamkeit gegenüber dem endlosen Geschwätz, [der] Friedfertigkeit, Grenzenlosigkeit, Fürsorge und Verantwortung« der Frauen.[101]

»Weiber weiblich, Männer männlich«, befand Effi Briests alter Vater.[102] Die Neue Rechte hängt an Rollenklischees, die schon Theodor Fontane 1895 amüsierten. »Wehrhaftigkeit, Weisheit und Führung beim Mann – Intuition, Sanftmut und Hingabe bei der Frau«, so teilt Höcke die Eigenschaften zu.[103] Die *Junge Freiheit* sieht sowohl die Unterlegenheit der Frau als auch den Untergang des Mannes: »Frauen sind eben Frauen und können sich daher nur bedingt das Männliche aneignen. Indem sie es versuchen und sich mit Männern auf dem Gebiet des Männlichen messen, können sie nur verlieren.« Doch auf Geheiß der Feministinnen dürfe leider Gottes der Herr der Schöpfung »das Männliche nicht entwickeln«, bedauerte vor Jahren schon das Blatt, denn das würde »die Minderwertigkeit der Frau unterstreichen«.[104] Ähnlich befindet Michel Houellebecq: »Der größte Feind, den unsere westliche Gesellschaft auszumerzen versucht, ist das männliche Zeitalter, ist die Virilität an sich.«[105] Noch defätistischer frotzelt sein Landsmann Éric Zemmour, Autor neurechter Pamphlete und gleichsam der französische Thilo Sarrazin: »Der ideale Mann ist eine echte Frau. Er hat die Flinte ins Korn geworfen.«[106]

Die Neue Rechte versagt auf der ganzen Linie in ihrem Geschlechter- und Windmühlenkampf gegen den Feminismus. Ihr Anachronismus ist zum Scheitern verurteilt. In der reaktionären Welt war nicht vorgesehen, dass Frauen die Stärkeren sein können. Jetzt muss sich das maskuline Ancien Régime damit abfinden.

Dieser ideale Mann – in guten alten faschistischen Zeiten war er noch männlich. Der ehemalige Trump-Berater Steve Bannon schwärmt von Benito Mussolini, der mit vorgerecktem Kinn die Herzen eroberte: »Ganz klar liebten ihn die Frauen. Er war ein ganzer Kerl. Er hatte eine solche Virilität.«[107] Die Feminität wiederum definiert auf seine Weise Bannons Schweizer Vertrauter Roger Köppel. In seinem reaktionären Magazin *Die Weltwoche* leitartikelte er: »Frauen wollen, ja sie müssen begehrt werden. Sie setzen alles daran, begehrt zu werden. Man darf ihnen das nicht übelnehmen.« Oder »mathematisch formuliert: Das weibliche Selbstvertrauen ist die Summe des männlichen Begehrens im Quadrat. Je heftiger das Begehren des Mannes, desto überproportional grösser ist die existenzielle Zufriedenheit der Frau, ihre Geborgenheit im Leben. Frauen wollen sehen, dass der Mann sie begehrt. Sie sind süchtig nach Beweisen männlichen Begehrens«, so Köppels arithmetische Erotik.[108] *Quod erat demonstrandum.*

Seinerseits meint der holländische Reaktionär Thierry Baudet, Frauen wollten »überrumpelt, beherrscht, ja: übermannt werden«.[109] Der bekannte deutsche Hass-Rapper Kollegah doppelt nach: »Frauen wollen Bosse«. Das schrieb Kollegah, mit bürgerlichem Namen Felix Blume, in seinem Nummer-1-Bestseller *Das ist Alpha*. Angepriesen wurde das Buch als Anleitung, wie man »in einer vermehrt androgynen Gesellschaft« zum Alphatier und Macho aufsteigen könne (zubuchbar ist selbstredend ein kostspieliges Video- oder gar Live-Coaching). Im Buch zieht Kollegah die Männer ins Vertrauen: »Die Frau hat natürlich ein Mitspracherecht bei Entscheidungen, aber der Initiator und Durchsetzer, der das letzte Wort hat, bist du. Du respektierst die Frau, aber DU gibst die Richtung vor. Das Ganze hat nichts mit Unterdrückung zu tun. […] Frauen wollen vom Mann geführt werden.«[110] Respekt? Im Sprechgesang »Ave Maria« reimt der Rapper frauenwegwerfend: »Dein Chick ist 'ne Broke-Ass-Bitch, denn ich fick sie, bis ihr Steißbein bricht.«[111]

Entsetzt reagierte das männliche Ancien Régime auf #MeToo, diese unbotmäßige Bewegung wider das Machtgefälle und den Machtmissbrauch. #MeToo zog dem sexuellen Anspruchsdenken rote Linien und war somit eine Kränkung. Bereits schien »die Freiheit bedroht«, als das schwedische Parlament den an sich evidenten Grundsatz festschrieb, Sex müsse einvernehmlich sein, das Ausbleiben eines Neins bedeute nicht gleich Ja. Solche »sexuelle Korrektheit« empörte Teile der Medienwelt, als erlasse die nordisch-egalitäre Avantgarde der Prüderie ein Gesetz gegen die Manneslust.

Rechts ist männlich. Bei der Neuen Rechten findet »der bedrohte Mann« (Jens Jessen in der *Zeit*) die nötige Bestätigung seiner Maskulinität.[112] Und in die bürgerliche Mitte sickert eine Verunsicherung, die reaktionäre Parteien aufgreifen. Bei den Europawahlen 2019 stimmten laut der Forschungsgruppe Wahlen bloß 7 Prozent der Wählerinnen für die AfD, aber 13 Prozent der Wähler. Kleiner der Unterschied bei den schweizerischen Wahlen Ende Oktober 2019: 24 Prozent der Frauen und 28 Prozent der Männer zogen die SVP vor, 15 Prozent der Frauen und 11 Prozent der Männer wählten die Grünen. Riesig war die Diskrepanz in Österreich: Nur 10 Prozent der Wählerinnen und ganze 26 Prozent der Wähler entschieden sich für die FPÖ.[113] Ihr heutiger Obmann Norbert Hofer gab schon 2013 das Buch *Für ein freies Österreich* heraus, darin der FPÖ-Politiker Michael Howanietz in borstigem Deutsch die rechte Rollenteilung ein für alle Mal festschrieb: »Der vom Thron des Familienoberhaupts gestoßene Mann sehnt sich unverändert nach einer Partnerin, die, trotz hipper den-Mädels-gehört-die-Welt-Journale [sic], in häuslichen Kategorien zu denken imstande ist, deren Brutpflegetrieb [die ihr] auferlegte[n] Selbstverwirklichungsambitionen überragt. Die von feministischem Dekonstruktionsehrgeiz zur selbstverwirklichungsverpflichteten Geburtsscheinmutter umdefinierte Frau sehnt sich unverändert nach einem ganzen Kerl, der ihr alle die emotionalen und ökonomischen Sicherheiten gibt, die eine junge Mutter braucht, um sich mit weitgehend sorgloser Hingabe dem Nachwuchs zuwenden zu können.«[114] (Einfügungen zwecks besserer Lesbarkeit.) So macht man Männern Mut. Der Bandwurmwörterschwall verrät die Hilflosigkeit der FPÖ. Überhaupt habe »der weiße, alte, heterosexuelle Mann die Arschkarte« gezogen, flucht mitfühlend die *Neue Zürcher Zeitung*.[115] Das Blatt spendet seinen Lesern (Leserinnen sind in der Unterzahl) immerhin etwas Trost und Selbstbewusstsein: Dieser Prügelknabe nämlich habe wenigstens »die Demokratie, die Menschenrechte, die Dampfmaschine und den PC erfunden«.[116] Jawohl, auch wenn Demokratie, Grundrechte und Hochschulstudium ziemlich lang ein Männerprivileg blieben. Und jetzt verdirbt es offenbar die Laune, dass der verdammte Feminismus unbezwingbar geworden ist. Angela Merkels typisch frugale Nebenbemerkung in einem *Zeit*-Interview bringt es auf den Punkt: »Parität in allen Bereichen erscheint mir einfach logisch.«[117]

Darum befehden Chauvinisten neuerdings lieber den »Genderismus« als frontal den Feminismus. Das Feindbild bleibt, aber der kleine Namenswechsel verspricht mehr Zustimmung: Förmlich wird jetzt nicht mehr die Parität von Frau und Mann bekämpft, sondern alles, was irgendwie dazu beitragen könnte: Keine Steuergelder für die Gleichmacherei, lautet die Parole. Des Teufels ist das vom Europarat empfohlene Gender-Budgeting, das im österreichischen Bundes-Verfassungsgesetz bereits verankert ist, damit die Steuergelder nicht vorwiegend zu Männern fließen: »Bund, Länder und Gemeinden haben bei der Haushaltsführung die tatsächliche Gleichstellung von Frauen und Männern anzustreben«, fordert Artikel 13. In halb Europa möchten Reaktionäre die Ämter für Gleichstellung, die Beratungsstellen und Frauenhäuser abschaffen – Schluss mit dem »Gender-Quatsch«. Als Viktor Orbán ankündigte, an ungarischen Universitäten das Studienfach Geschlechterforschung bis 2020 zu streichen, folgte ihm die AfD auf dem Fuß: »Bund und Länder dürfen keine Sondermittel für die Gender-Forschung mehr bereitstellen. Gender-Professuren sollten nicht mehr nachbesetzt, laufende Gender-Forschungsprojekte nicht weiter verlängert werden«, fordert die Partei in ihrem Grundsatzprogramm 2016.[118] Sie mahnt: »Die Gender-Ideologie marginalisiert naturgegebene Unterschiede zwischen den Geschlechtern und wirkt damit traditionellen Wertvorstellungen und spezifischen Geschlechterrollen in den Familien entgegen.« Solche politische Korrektheit sei gesellschaftsschädigend, sie wolle »das klassische Rollenverständnis von Mann und Frau durch staatlich geförderte Umerziehungsprogramme in Kindergärten und Schulen« ändern.

Dieselben Politiker verurteilen sowohl die Unterdrückung der Frau im Islam als auch den Kampf für die Gleichstellung der Frau im Westen. Heutige Warner vor der Scharia lehnten es noch 1997 im Deutschen Bundestag ab, Vergewaltigung in der Ehe dem Straftatbestand der außerehelichen Vergewaltigung gleichzustellen, so etwa der gescheiterte Anwärter auf den CDU-Vorsitz Friedrich Merz oder Horst Seehofer. Die Schweizerische Volkspartei unterstützte ein Volksbegehren für ein landesweites Burka-Verbot: Die Verhüllung sei Sinnbild eines Islams, »der immer offensiver auf die Abschaffung des Abendlandes hinwirkt«.[119] Doch SVP-Anführer Christoph Blocher pochte noch 1971 auf eine reine Männerdemokratie: Die seit vielen Jahrzehnten überfällige Einführung des Wahl- und Stimmrechts für die Schweizerinnen lehnte er damals ab. Blocher bekämpfte später auch die Erneuerung des altertümlichen Schweizer Eherechts (»Der Mann ist Oberhaupt der Familie«). Der Pfarrersohn stützte sich auf den Brief des Apostels Paulus an die Epheser, 5,22: »Ihr Frauen, ordnet euch euren Männern unter wie dem Herrn. Denn der Mann ist das Haupt der Frau.« So seien wohl eben die »Unterordnungsverhältnisse«, sinnierte der bibelfeste Populist noch im Jahre des Herrn 1985.[120] *Vox populi, vox Dei?* Weder Gott noch das Volk erhörten Blocher. An der Urne entschieden sich Bürgerinnen und Bürger für ein zeitgemäßes Eherecht. Aber viele Jahre später motzte noch der autoritäre Politiker, leider seien nunmehr beide Eheleute »verantwortlich in Notsituationen. Dabei ist klar: Eine Doppelverantwortung wird nie funktionieren«. Der vaterländische Patron der Schweizer Reaktionäre sagt es rundheraus: »Die Liebe hat die Struktur der Autorität«, so wie in der Bibel der Gott Sohn sich dem Gott Vater unterordnet.

Vaterländisch-viriles Raunen

Der Vater und das Vaterland – beide verlangen Gehorsam, aus neurechter Sicht eine pflichtschuldige Selbstverständlichkeit. Auch der Band *Die selbstbewußte Nation* stützte sich 1994 auf die Doppelstruktur der vaterländisch-väterlichen Autorität, die freilich schon zerfranste. Vieles trug im Lauf der Zeit zum Mannesmachtverlust bei:
- der Aufbruch von 68ern, die sich antiautoritär von ihren Vätern abwandten;
- der Hang zum Individualismus anstelle familiärer Fügsamkeit und Kontinuität;

– der Respekt, den Schwule und Transsexuelle sich erkämpfen mussten, jenseits von »typisch männlich«;
– die Entwertung rigider bürgerlich-altväterlicher Werte, da die Marktgesellschaft höchste Flexibilität einfordert;
– im Handwerk der sinkende Stellenwert patriarchalischer Meisterberufe;
– die Digitalisierung, die vom Interaktiven lebt, wider das herkömmliche ex cathedra der Würdenträger in Familie und Nationalstaat;
– die Globalisierung mit ihren »vaterlandslosen Gesellen« aus Weltkonzernen und Start-ups;
– der Trend zur transnationalen Identität und doppelten Staatsbürgerschaft, dank dessen das Land der Mutter ebenso sehr das Bewusstsein prägt wie das Vaterland;
– vor allem die Emanzipation der Frauen, die sich nicht länger dem Partner unterordnen, im Beruf vielfach besser qualifiziert sind als Männer, an vielen Hochschulen in der Überzahl sind und intensiv die Lesekultur pflegen, die für den Erwerb von Wissen, für die Fähigkeit zum Perspektivenwechsel und mithin auch zur Empathie unerlässlich bleibt.

Das Recht des Stärkeren als ein Naturrecht des Manns mit seiner Muskelkraft, Präpotenz und Aggressivität: Aus dem rechten Wunschbild ist jetzt ein Trugbild geworden. In postheroischen Hightech-Kriegen entfaltet das Multitasking von Drohnenpilotinnen mehr Schlagkraft als die Muckis der Frontsoldaten. Während Jahrtausenden hatte des Mannes körpereigene Kriegstüchtigkeit auch seine Vormacht begründet – nun nicht mehr. Doch museale Mannestugenden bestimmen den rechten Diskurs vom »Anführer« wider »dumpfe Massen«, vom einsamen »Heros«, vom »Prinzip der Entbehrung«, vom »Blutopfer« und von der »Initiation«, so das mittlerweile skurrile Vokabular im berühmtesten neurechten Text, dem *Spiegel*-Essay »Anschwellender Bocksgesang« von Botho Strauß. Der ehedem linke Schriftsteller sagte Anfang 1993 die Wiederkehr einer großen Tragödie (wörtlich aus dem Altgriechischen: Bocksgesang) und das Comeback des rechten Raunens an.[121]

Im reaktionären Triptychon sind der Kult der Mannhaftigkeit und der alte Blutopfer-Militarismus die beiden Seitenflügel des Heilig-Nationalen in der Mitteltafel. Trumps Anbeter in der kalifornischen Denk- und Propaganda-Fabrik The Claremont Institute, einer ideologischen Stütze des Präsidenten, huldigen seiner »dreisten Männlichkeit«.[122] Für Neokonservative vom Schlage der »Claremonsters«, wie sie sich halb ironisch nennen, ist es halt typisch, dass der Gefreite, Wikileaks-Informant und »Verräter« Bradley Manning sich als Frau fühlt und den weiblichen Vornamen Chelsea angenommen hat. Das Gleichziehen der Frauen empfinden sie als Frevel am Soldatischen. Doch an dieser Evolution scheitert die Konservative Revolution: In ihrem unheroischen, unerotischen Kampf gegen Gleichstellung ist sie aufgelaufen. Die Parität kommt voran, wiewohl in verschiedenen Geschwindigkeiten je nach Land und Gesellschaft – und der Teenager Greta Thunberg verkörpert diese neue Selbstverständlichkeit. Im vaterländisch-virilen Geraune ist viel Ressentiment, zumal wenn Onlinetrolle ganz besonders primitiv die Frauen herabsetzen.

Die Demütigung des männlichen Ancien Régime hatte beizeiten einen Namen – Merkel. Helmut Kohls einstiges »Mädchen«, die Immune, an der alles Männergehabe abprallte und die Riege der Rivalen scheiterte: Diese außergewöhnliche Normalbürgerin bremste selbst den Patriarchen Helmut Kohl aus. Als mächtige Frau war Angela Merkel das wandelnde Gegenprogramm zum chauvinistischen Machtkult im Trio Putin–Trump–Erdoğan oder im einflussreichen CDU-Herrennetzwerk, dem sogenannten »Anden-Pakt«. Die Bundeskanzlerin verfolgte eine Familienpolitik wider die überkommene Rollenteilung. Auf dem Parteitag der CDU sagte sie am Ende des Flüchtlingsjahrs 2015, was konservative Christdemokraten ungern hörten und ihr seither verübeln: »Das war eine Lage, die unsere europäischen Werte wie selten zuvor auf den Prüfstand gestellt hat. Ich sage: Dies war nicht mehr und nicht weniger als ein humanitärer Imperativ.« Und in dieser Karlsruher Rede fügte sie an, »dass heutzutage keine Menschenmassen kommen, sondern dass einzelne Menschen zu uns kommen«.[123]

Danach brandete der Hass. Die Allergie der Konservativen und die Aversion der Antikorrekten, Antihumanisten und Moraldenunzianten verknüpften sich zum #merkelhass: einem nicht nur rechtsextremen, sondern auch bürgerlichen Grausen vor dem »Merkel-Regime« und seiner »Tyrannei der Willkommenskultur« (Politologe Bassam Tibi). Eine verbissene Wut richtete sich gegen die Kanzlerin, die »nie eine Demokratin war«, sondern »wie sie es in der DDR gelernt hat, eine Autokratin« (Knorr-Bremsen-Milliardär Heinz Hermann Thiele), ja sogar eine »Kanzler-Diktatorin« (Alexander Gauland).[124] Solches sagten einmütig der AfD-Co-Vorsitzende, Pegida-Pöbler und Stützen der Gesellschaft. Erstmals seit Bestehen der Bundesrepublik bildeten Reaktionäre, Konservative und einige Liberale eine sichtbare, übergreifende »Achse des Guten« (wie sich der bekannteste neurechte Blog www.achgut.com sarkastisch nennt). Die keineswegs »illegale Masseneinwanderung« prangerten rechte und rechtsextreme Intellektuelle in einer »Gemeinsamen Erklärung 2018« an. Ihnen war die »rechtstaatliche Ordnung an den Grenzen unseres Landes« viel mehr wert als die Menschenrechte der Flüchtlinge, die laufend verletzt werden – darüber verlor ihre Erklärung kein Wort.[125]

Am Beispiel der ersten Kanzlerin in der deutschen Geschichte zeigte sich, dass Frauenmacht für viele Bürger eine Provokation und Männermacht die Norm bleibt. Außer der Mann ist ein Schwarzer und er zieht ins Weiße Haus ein. Das traf die gleiche Wundstelle und erzeugte die gleiche Hasswelle: Die Anti-Merkel-Kampagne ähnelte dem *hate* auf den ersten afroamerikanischen Präsidenten in der Geschichte der Vereinigten Staaten. Dort trug die Demütigung der *angry white men* (zornigen weißen Männer) den Namen Obama. Seine bloße Anwesenheit an der Staatsspitze befeuerte das reaktionäre Rollback nach seiner Amtszeit. Skandalös wär's gewesen, wenn Obama den *angry black man* hätte durchschimmern lassen – das hätte als unpatriotisch gegolten. Donald Trump jedoch kehrt bewusst den *angry white man* heraus. Seine Wiederwahl hängt von weißen Männern ab, zwei Drittel gaben ihm 2016 ihre Stimme. Nur ein Drittel hatte sich 2012 für Barack Obama entschieden.

Die autoritäre Revolte ist eine Revolte autoritärer Männer. Sie läuft unter dem Banner einer hochmütigen Freiheit, die ganz und gar nicht »dort endet, wo des Anderen Freiheit beginnt«, wie das liberale Ideal lautet und Grenzen zieht. »Freiheit besteht darin, alles tun zu können, was einem anderen nicht schadet«, so einfach definierte es die Erklärung der Menschen- und Bürgerrechte des Jahres 1789. Freiheit ist Rücksicht – für Reaktionäre ist Rücksicht weiblich und weibisch. Der aufgeklärte Freiheitsbegriff, dienlich dem Frieden im Gemeinwesen, bleibt der Neuen Rechten fremd. Klar bekundete das Botho Strauß, der sich einen »Demokratiekritiker« nennt. Die liberale Ordnung sieht er als einen »Selbstüberwachungsverein«, als »ein System der abgezweckten Freiheiten«: Vordergründig ist dieser Verein ein »grandioser und empfindlicher Organismus des Miteinanders«, der sich laufend korrigiert, damit die Gesellschaft im Lot bleibt. In Wirklichkeit aber läuft er auf eine »ebenso lächerliche wie widerwärtige Vergesellschaftung des Leidens und des Glückens« hinaus. Allerdings wird ein großes Unheil über Deutschland hereinbrechen und das brave deutsche Glück im Hier und Jetzt wegfegen. Dumpf droht die »künftige Tragödie«, doch den allzu aufgeklärten Zeitgenossen fehlt jeder tragische »Sinn für Verhängnis«. Die Deutschen sind des Bewusstseins für ihre mythisch-germanischen Ursprünge beraubt worden, Botho Strauß vermisst schmerzlich die »Anwesenheit von unaufgeklärter Vergangenheit«. Das werde sich rächen.

Liberale Demokratie und soziale Marktwirtschaft, die 68er, ihr »Vaterhass« und die ungezügelte Emanzipation samt »Verhöhnung von Kirche, Tradition und Autorität«, nicht zuletzt auch die Geringschätzung des Soldatischen – all das beschert uns laut Strauß eine »niedergehende Gesellschaft«.[126] Doch was will der Kulturpessimist und Demokratieverächter? Sieht er irgendeine nicht autoritäre, nicht repressive, nicht willkürliche Alternative zur Demokratie? Im »Anschwellenden Bocksgesang« sagte er es nicht, und auch später sagte er es nie, vielleicht weiß er es gar nicht, ja will es noch nicht einmal wissen. Schriftsteller dürfen sich damit begnügen, Zeitkritiker zu sein – Politiker nicht.

Die Neue Rechte stemmt sich gegen den Niedergang, wenn nicht den Untergang des Abendlandes, den 1918 Oswald Spengler angekündigt hatte. Zu diesem Zweck beschwört sie mit Botho Strauß die »Gegenaufklärung«, wie Götz Kubitschek den Dichter in seinem rechtsextremen Magazin *Sezession* lobte.[127] Aber in ihrer intellektuellen Armut setzt sie sich nie mit der historischen Erfahrung auseinander, dass fast jeder Autoritarismus in eine Schreckensherrschaft mündet, jedenfalls repressiv sein muss. Demokraten (und Antidemokraten) thematisieren unablässig die vielen Schwächen der Demokratie. Autoritäre sind unfähig und ohnehin unwillig, die evidenten Tücken des Autoritarismus zu erörtern. Das Reaktionäre ist die große Verweigerung von Klarheit. Ohnehin neigt es zu einer rätselhaften Sprache, die leicht ins Schwülstige kippen kann – was in manchem politischen Essay die Brutalitätsbereitschaft verbrämt. Lieblingsfigur der Reaktionäre ist gewiss die Kassandra im *Agamemnon* von Aischylos: »Begreifen kann das niemand von den Glücklichen!«[128] Die Weissagungen der Reaktionäre zu begreifen, dazu bedarf es des »Sinns für Verhängnis«, der den gschaftlhuberischen Demokraten im Alltag ihres Selbstüberwachungsvereins abgeht. In der Weimarer Republik war Oswald Spengler eine beliebte Kassandra, deren Schwarzseherei viele Konservative Revolutionäre darin bestärkte, sich gegen den Verderb aufzubäumen. Sie suchten das Heil im »Sieg Heil«, doch die wenigsten malten sich aus, was daraus würde.

Liberale und Linke glauben an den Fortschritt, sie sind an sich zukunftsoptimistisch, und es macht ihre derzeitige Schwäche aus, dass sie lieber Reaktionäres kritisieren als Projekte entwerfen. Die Grünen wiederum denken manchmal so sehr an die schwierige Zukunft, dass sie die auch nicht ganz leichte Gegenwart vernachlässigen. Und die Reaktionäre? Ausnahmslos alle brauchen eine Niedergangsideologie. War die Vergangenheit viel besser, ist per Definition das Heutige heruntergekommen. Die Verweiblichung und Verweichlichung unserer Kultur sind das rechte Dauerthema inmitten der »dritten islamischen Invasion«, nach den Arabern im 8. Jahrhundert und den Ottomanen ab dem 15. Jahrhundert.

Es beginnt die »Unterwerfung« (Michel Houellebecq), die »Umvolkung« (Alexander Gauland), der »Ethnozid am deutschen Volk«[129] (Andreas Kalbitz). Das auf Deutsch von Götz Kubitschek verlegte Kultbuch der Neuen Rechten heißt *Le Grand Remplacement* (*Der große Austausch*).[130] Autor ist der französische Literat Renaud Camus, einst ein Jünger des Philosophen Roland Barthes. In dem Band, der 2011 erschien, warnt Camus: Jetzt sei die »Gegenkolonisierung am Laufen, von Frankreich durch Algerien, von Europa durch Afrika und die ehemaligen Kolonien, ein abgesprochener Plan«. Marine Le Pen ist ihm nicht radikal genug. Der Rechtsextremist führt ein nirgends belegtes, vermutlich gefälschtes Zitat des früheren algerischen Präsidenten Houari Boumedienne an, der vor den Vereinten Nationen in New York gedroht habe, eines Tages würden vom Süden her Millionen Menschen den Norden erobern – »den Sieg werden wir dem Bauch unserer Frauen verdanken«. Camus ruft zum Kampf gegen das »Ersetzen des Volks« durch ein anderes, gegen *Le Grand Remplacement.*

Es fing mit der Untat des norwegischen »Marxisten«- und Islam-Hassers Anders Breivik an (77 vorwiegend sozialdemokratische Todesopfer in Oslo und Utøya). Es folgte der Christchurch-Massenmörder Brenton Tarrant (51 muslimische Todesopfer). Das Pamphlet, das er am 15. März 2019 ins Internet stellte, betitelte er »The Great Replacement«. Darauf berief sich fünf Monate später der El-Paso-Massenmörder Patrick Crusius (22 meist hispanische Todesopfer im texanischen El Paso). »Es sind die Geburtenraten. Solltet ihr euch von diesen Aufzeichnungen nur eines merken, dann, dass die Geburtenraten sich ändern müssen«, hatte Tarrant geschrieben. Anderthalb Jahre vor dem Blutbad überwies er 1500 Dollar nach Wien an Martin Sellner, den Co-Leiter der Identitären Bewegung Österreichs, mit dem er in Kontakt stand. Sellner dankte für die »unglaubliche Spende«.[131] Auch heute warnt dieser Identitäre unbeirrt vor dem »Großen Austausch« – »Wer das leugnet, der lügt«.[132] Bereits 2016 hatte Sellner getwittert: »Gottseidank hab ich schon ne Waffe gekauft, bevor der Asylwahn begonnen hat. Dürfte schwer sein jetzt noch was Gutes zu bekommen.«[133] Am anderen Ende der Welt fand Brenton Tarrant was Gutes, Tödliches. Und Renaud Camus? Nach dem Blutbad in Neuseeland tat er unberührt: »Tödlich sind die Kugeln, nicht die Ideen.«[134]

»Die Pläne für einen Massenaustausch der Bevölkerung sind längst geschrieben«, vermeldete ihrerseits die stellvertretende AfD-Fraktionsvorsitzende Beatrix von Storch.[135] Viktor Orbán stimmt zu: Auf dem Spiel stehe, »ob Europa das Europa der Europäer bleiben soll oder ob wir Platz machen den ankommenden Massen aus einer anderen Kultur, einer anderen Zivilisation. Die Franzosen sagen dem ›Bevölkerungsaustausch‹. Wir entscheiden darüber, ob wir unsere christliche, unsere europäische Kultur verteidigen oder das Terrain dem Multikulturalismus übergeben sollen«.[136]

Multikulti-Europa steht offenbar vor der Kapitulation. Doppeltes Gebot der Stunde sind für Reaktionäre deshalb der Kampf der Kulturen, gegen den Islam, und der Kulturkampf gegen die liberale Demokratie. Wider die »Invasion« und den »Geburten-Dschihad« ist das Überleben des deutschen Volks »vorrangige Aufgabe der Politik«; und das ist »als Staatsziel ins Grundgesetz aufzunehmen«, fordert das AfD-Wahlprogramm.[137] Wo das christliche Abendland um sein Überleben kämpft, muss es zurückfinden zu einer Kultur der Brutalität und Virilität, der Intoleranz und Dominanz gegen außen. Diesem Zweck wiederum dient der innenpolitische Kulturkampf: für die neue Unkultur einer »Volksherrschaft« als Vorherrschaft eines Anführers; für den Bruch mit der liberalen Demokratie; und zunächst für eine Kulturrevolution im öffentlichen Raum – immer weiter weg von der sanften Gewalt des besseren Arguments, hin zur Wucht des dreckigen Anwurfs.

Nicht mitzuhassen sei sie da, lässt Sophokles seine Antigone sagen. Angela Merkel verkörpert die Kultur, die Reaktionäre zu beseitigen trachten. Der Zusammenhalt der Gesellschaft setze die »Grundachtung vor anderen Menschen« voraus, erinnerte sie. Und schloss unverkennbar trocken: »Diese Grundachtung ist bei manchen sehr ins Abseits geraten.«[138]

Rückschrittliche prägen die Zukunftsdebatte – und den öffentlichen Raum

Konservative, Liberale und Linke möchten Tore schießen. Reaktionäre wollen das Spielfeld und die Spielregeln verändern. Hart debattieren herkömmliche Politiker im gegebenen und altgewohnten öffentlichen Raum der liberalen Demokratie, in dem das Pendel von links nach rechts schlägt und irgendwann wieder von rechts nach links. Reaktionäre hingegen verwandeln die politische Arena, indem sie die Regeln und den Gegner brechen, ihn demütigen. Und kommen Neurechte an die Macht, ändern sie sich keinen Deut: Regierende Reaktionäre brandmarken die Opposition, wie wenn sie selbst noch in der Opposition wären. Auf der Regierungsbank ächten sie erst recht ihre Kritiker.

Die sozialmediale Überdosis Hass und Hetze verwandelt jede Debatte in einen Schlagabtausch. Es ist ein dialektisches Umschlagen von Quantität in eine neue (schlechte) Qualität. Der Austausch der Argumente, der Erkenntnis schafft, kann sich gar nicht mehr entfalten, er lohnt sich für vernunftgeleitete Diskutanten immer weniger. Der britische Romanautor Ian McEwan sagte in einem Interview mit der *Neuen Zürcher Zeitung*: »Gelegentlich sage ich etwas und werde dann Zeuge eines Twittersturms von solch frenetischen und beleidigenden Ausmassen, dass man fast das Gefühl hat, dass die öffentliche Diskussion es kaum noch wert ist.«[139] Die Attacke ersetzt den Dialog. Das Diffamieren erstickt das Differenzieren. Die Transgressionen dienen der Transformation von Öffentlichkeit. Je ruchloser, desto effizienter.

Die liberale Demokratie lebt vom Austarieren unterschiedlicher Interessen, um alle ins Gemeinwesen einzubeziehen. Die illiberale Demokratie grenzt aus, indem sie »das reaktive Gefühl schlechthin« – das Ressentiment – bewirtschaftet, schreibt der Zürcher Psychiater und Philosoph Daniel Strassberg.[140] Wer denn mag unter dem Dauerbeschuss von Dreckschleudern auf den Gegner ein- und zugehen, Kompromisse ausloten? Darauf ist die liberale Demokratie jedoch angewiesen. Sie lebt vom rhythmischen Hin und Her zwischen konservativen und fortschrittlichen Kräften. Aber sie kennt kein regelmäßiges Auf und Ab der politischen Kultur: Wird diese beschädigt, erfolgt lange Zeit keine Korrektur. Als sei eine Sperrklinke eingerastet, lässt sich die Spirale des Verachtens und Verfemens nicht mehr zurückdrehen. Konservative Revolution ist zwar ein Widerspruch in sich, aber hier ein sehr exakter Begriff: Sie will die liberalen Verhältnisse beseitigen, dass sie nicht wiederkehren. Es ist der Versuch eines Staatsstreichs im Schneckentempo. Illiberale Demokratie? Erstmals in der Geschichte wird eine Staatsform negativ definiert, und aus solcher Negativität ist kein rasches Entrinnen. In den USA haben die Konservativen Revolutionäre vorerst ihr Ziel erreicht, weit über Trumps Amtszeit hinaus: Die Wahrscheinlichkeit, dass sich in Debatten die aufgeklärte Meinung durchsetzt, ist deutlich gesunken. Fundiertes und Abwegiges sind fortan gleichwertig. Die Neue Rechte führt »die freie Mitteilung der Gedanken und Meinungen« ad absurdum: »eines der kostbarsten Menschenrechte«, unterstrich die *Déclaration des Droits de l'Homme et du Citoyen*.

Und so sinkt der Stellenwert des öffentlichen Raums. Die Trivialisierung der Debatte stößt viele Zeitgenossen ab. Die einen ziehen sich ins Private zurück. Andere verkriechen sich in ihre Internetgemeinschaften, in denen Gleichgesinnte einander bestätigen und Gegenargumente als feindlich gelten. In der giftigen Atmosphäre der Vereinigten Staaten politisieren sich zwar mehr Menschen und gerade auch Jugendliche. Aber in der Öffentlichkeit halten viele mit ihrer Meinung zurück, nur Mutige steigen in eine immer ordinärer werdende Debatte ein, Whistleblower sind tollkühn. Die USA erfahren das Nebeneinander von dünnhäutiger *political correctness* und dickwanstiger Vulgarität des politischen Diskurses. Beides schüchtert ein.

Die Aggressivität wachsender Teile der Politik – drastisch in Amerika, deutlich in Europa – fesselt keineswegs das Massenpublikum, dem die Unterhaltungsbranche attraktive Alternativen fernab der Politik bietet, von Computerspielen bis Netflix, vom ekstatisch inszenierten Sport bis zu den bombastischen Popkonzerten, die fürs

Auge noch mehr als fürs Ohr bieten. Die Sozialpsychologie nennt Menschen, die sich kaum informieren, News-Deprivierte: Sie sind stark »unterversorgt« mit Nachrichten, die sie sporadisch beziehen und am ehesten über die unzuverlässigen sozialen Medien. Internationale Studien fehlen, aber der Anteil dieser Wenigwisser scheint hoch zu sein. Mit mehr als einem Drittel der Bevölkerung – und rund der Hälfte der 16- bis 29-Jährigen – bilden sie »die mit Abstand größte ›Mediennutzungsgruppe‹ in der Schweiz«, ermittelte das Forschungsinstitut Öffentlichkeit und Gesellschaft der Universität Zürich 2019.[141]

Auch steigt die Zahl derer, die sich bewusst »manchmal oder oft den Nachrichten entziehen«. Hier bietet die Studie »Digital News Report 2019« des Reuters-Institut an der Oxford Universität einen Überblick. Im Schnitt von 38 Industriestaaten neigt ein Drittel der Menschen dazu, die News zu meiden, Tendenz steigend: gut vierzig Prozent der Amerikaner, rund ein Drittel der Briten, Italiener und Österreicher, ein Viertel der Deutschen und Schweizer – umgekehrt proportional zur derzeitigen Qualität der Demokratie.[142] Gibt es noch so etwas wie eine Gesamtöffentlichkeit, in welcher der habermassche »zwanglose Zwang des besseren Arguments« wirkt?

Demagogen passt es ins Konzept, wenn der Boden des Diskurses aller mit allen einbricht und sich die Öffentlichkeit in tausend Internetgemeinschaften unterteilt, die sich emotional einheizen lassen. Die liberale Demokratie, die sie sabotieren, braucht eine Gemeindeflur, altdeutsch eine offene Allmende: Um gemeinschaftlich Lösungen zu debattieren, bedarf sie jener vielversprechenden *commons*, über die Elinor Ostrom forschte, die erste und lange die einzige Trägerin des Nobelpreises für Wirtschaftswissenschaften (erst 2019 kam die französische Armutsforscherin Esther Duflo dazu). Die Neue Rechte will diese Gemeindeflur parzellieren. Folgerichtig möchten reaktionäre Parteien den öffentlichen Rundfunk schwächen, ganz abschaffen oder aber zu Propagandazwecken beherrschen. Das war keine »bsoffne Gschicht«, sondern bierernst: »Wir wollen eine Medienlandschaft ähnlich wie der Orbán aufbauen«, sagte im heimlich aufgezeichneten Ibiza-Video der damalige FPÖ-Chef. Heinz-Christian Strache griff in seinen kühnsten Gedanken schon nach dem Österreichischen Rundfunk ORF und der mächtigsten Zeitung: »Wennst die Kronen Zeitung hast, bist der bestimmende Faktor. Und wenn du darüber hinaus einen TV-Sender noch lukrierst [einsteckst], bestimmst du alles«, rechnete er sich aus. Strache stellte sich vor, »den ORF auf völlig neue Beine zu stellen«, nämlich den einen oder anderen ORF-Sender zu privatisieren und an befreundete Interessenten zu verkaufen.[143]

Der Neuen Rechten missfällt der Daseinszweck öffentlicher Medienhäuser, zu einer Gesamtöffentlichkeit beizutragen. Reaktionäre ziehen die Fragmentierung in erregbare Onlineclans vor. Außerdem sind ihnen die meisten Sendungen öffentlicher Anbieter unerträglich korrekt. Von der Königlichen Charta der BBC über das Pflichtenheft von France Télévisions bis zu den Rundfunkstaatsverträgen von ARD und ZDF, dem ORF-Gesetz und -Leitbild oder der Konzession der Schweizerischen Radio- und Fernsehgesellschaft SRG, sämtliche Leistungsaufträge öffentlicher Medienhäuser in Westeuropa schöpfen aus der Aufklärung: die Menschenwürde achten, Minderheiten einbeziehen und darstellen, Kulturelles und mithin auch das Zivilisatorische fördern – gut informierte Bürgerinnen und Bürger für eine gute Demokratie. Was einst in Europa der unfragliche Konsens war, ist jetzt den Parteien der Gegenaufklärung zuwider. Sie betrachten Leistungsaufträge, die den öffentlichen Rundfunk auf einen aufgeklärten Journalismus verpflichten, als parteipolitisch und tendenziös.

So stehen Europas öffentliche Anbieter nicht nur unter Reformdruck, was im digitalen Umbruch normal ist, sondern auch unter massivem Abbaudruck. Den üben im deutschsprachigen Raum reaktionäre Kräfte wie die AfD, die FPÖ und die SVP aus, aber in ihrem Sog auch konservative und liberale Parteien. Demokraten spielen hier wieder einmal das Spiel der Reaktionäre. Sie verfolgen eine Medienpolitik im Bann der Rechten. Dabei müssten die Verhältnisse in den USA sie abschrecken. Dort ist das unterfinanzierte öffentliche

Radio und Fernsehen viel zu schwach, um Brücken zwischen den verfeindeten Hälften der Öffentlichkeit zu schlagen. Zur Rechten ist der Propagandasender Fox News (von dem Donald Trump noch mehr Propaganda verlangt) und die vielen Hass-Radiostationen, rund 1500 lokale Talk-Sender; zur Linken sind liberale bis liberalkonservative Zeitungen, Onlinemedien, TV-Kanäle: Ein Graben durchzieht die amerikanische Medienlandschaft. Kein namhafter Anbieter bemüht sich noch, alle Bürgerinnen und Bürger anzusprechen. Niemand erreicht das Publikum in beiden Hälften eines öffentlichen Raums, in dem mediale Apartheid herrscht. Das ausgezehrte öffentliche Fernsehen mit einem Marktanteil von weniger als 1,5 Prozent zur besten Sendezeit schafft das schon gar nicht.

Vernunftorientierte Meinungsbildung, korrektes Miteinander und Angela Merkels »Grundachtung vor anderen Menschen«: Wer das beschädigt, verschafft sich erst einmal einen beträchtlichen Vorteil, denn aufklärungsorientierte Menschen wissen schlecht mit regelrechten Diskussionszerschmetterern umzugehen. Begeben sich argumentationsfreudige Debattanten auf die Ebene der Primitivität, haben sie bereits verloren. Verweigern sie sich aber, sind sie im Wettbewerb um Aufmerksamkeit handicapiert. Statt eigene Prioritäten darzulegen, verwenden oder verschwenden liberal denkende Talkshow-Gäste mitunter die Hälfte ihrer Redezeit darauf, die von ihren postfaktischen Widersachern aufgetischten Postwahrheiten richtigzustellen. Sie müssen »permanent erklären, warum unsere Argumente alle völlig falsch sind«, freut sich Alexander Gauland: »Wir schlagen Breschen in die Mauern.«[144]

Solche Polarisierung kann die Verteidiger der liberalen Demokratie dazu verleiten, sich intensiver mit Rechtspopulisten als mit relevanter Politik oder der Welt außerhalb der Landesgrenzen zu befassen – Nabelschau ist die größte Show, Demokratie wird provinzieller, noch nationaler als ohnehin. Auf diese Weise setzen Reaktionäre ihre Agenda durch. Die fast unvermeidliche Kritik an ihren irrwitzigen Thesen wertet diese auf. Die reaktionäre Agenda nimmt weit mehr Platz ein, als dem Wähleranteil reaktionärer Parteien entspricht. Gauland triumphiert: »Wir bestimmen die Themen im Lande – danke.«[145] Setzt sich doch ein Thema wie die Ökologie durch, das die Reaktionäre nicht gewollt haben, stellen sie es kompromisslos infrage. Das ist unser »Alleinstellungsmerkmal«, sagt Gauland, »weil alle anderen Parteien ja den Irrsinn mitmachen, den Greta Thunberg […] angeheizt hat«.[146] Ganz ähnlich in der Schweizerischen Volkspartei der radikale Anti-Ökologe Roger Köppel: Er stehe für das Volk, »das seine Lebensgestaltung nicht an […] Greta Thunberg abgeben will«.[147]

Gestrige kapern die Zukunftsdebatte. Sie verstopfen sie mit lauter Nein-Themen, bar des Gestaltungswillens: Nein zur Umweltpolitik (auch wenn sie unabweislich ist). Nein zum Globalen (trotzdem entfaltet alles Digitale seine globalisierende Wucht). Nein zu Europa (wiewohl im Alleingang der Nationalstaat lahmt). Nein zu den Migranten (wenngleich kein Bollwerk sie aufhält). Nein zur Parität von Frau und Mann (obschon die alten Rollenbilder überrollt sind). Nein zur Korrektheit (doch was aus unkorrekten Demokratien wurde, ist wenig erbaulich). Der reaktionäre Wortführer Steve Bannon nennt das in einem aufschlussreichen Interview der *Neuen Zürcher Zeitung* »*command by negation*: Du kannst deinen Willen nicht durchsetzen, da du keine Mehrheit hast, aber du kannst blockieren. Dadurch verändert sich die Situation grundlegend«.[148]

Und die Reaktionäre sagen Nein zur liberalen Demokratie. Aber in Westeuropa waren die großen Verlierer der vergangenen Jahrzehnte lauter befehlshaberisch regierte Demokratien: Frankreich mit seinem Präsidialregime; Italien, wo Silvio Berlusconi von 1994 bis 2011 fast durchgehend ungewöhnlich viel politische, mediale und wirtschaftliche Macht bündelte; Brexit-Britannien, dessen Mehrheitswahlrecht und Finanzplatz nach demselben Prinzip funktionieren – *the winner takes it all*, der Gewinner sackt alles ein, wehe den Losern. Diese Top-down-Staaten schrieben lauter Misserfolgsgeschichten. Am besten entfalten sich Wirtschaft und Gesellschaft in westeuropäischen Demokratien wie der Bundesrepublik Deutschland, den nordischen Ländern, den Niederlanden oder der Schweiz, die dem

Autoritären abhold sind, auf die Bürgerin und den Bürger etwas sorgsamer achten, dank des Föderalismus bürgernäher sind, sich als »permanenten Verhandlungsraum« (so der Germanist Jürgen Wertheimer in der NZZ[149]) begreifen, also Sozialpartnerschaft pflegen, auf Partizipation bedacht sind und Kompromisse ausloten. Kurzum alles, was Reaktionäre verabscheuen. Doch genau diese Länder gedeihen.

Dessen ungeachtet sagte 2017 Thierry Baudet unverblümt: »Am besten wären wir absolute Herrscher. Im Parlamentarismus lassen sich keine größeren politischen Änderungen durchziehen.«[150] Seine Partei heißt Forum für Demokratie. Rechtsautoritäre kaschieren ihre Projektlosigkeit, indem sie den starken Mann zum Projekt erheben. Überdies möchten sie damit die Komplexität von Politik verringern: Wo nur eine Person das Sagen habe, werde es einfacher, glauben viele. Das ist die ewige große Illusion. Denn der Mensch, die Gesellschaft, die Wirtschaft, die europäischen Nationen, der farbenfrohe europäische Kontinent und die Welt sind allesamt hoch komplex: eine Vielfalt, die schlichte, »schlanke« politische Systeme überhaupt nicht abbilden könnten. Weder im Nationalstaat noch in der Europäischen Union wären sie der Komplexität gewachsen.

Je einfacher ein politisches System, desto weniger Bürger und Interessengruppen vermag es zu repräsentieren und nachhaltig einzubinden. Umso autoritärer muss es werden, um die Geprellten in Schach zu halten, deren Anliegen den Kürzeren ziehen. Reaktionär kann nicht anders als repressiv. Das Strafen und Bestrafen, dem die Gestaltungskraft gänzlich abgeht, steht denn auch im Zentrum dieses regressiv-repressiven Weltbilds. Das geht von den Sanktionen, die Donald Trump in einem fort verhängt, bis zum »grassierende[n] Strafrechtspopulismus« (so der Freiburger Strafrechtler Michael Pawlik) zwecks Bekämpfung einer ohnedies abnehmenden Kriminalität.[151] Und die neurechte Flüchtlingspolitik baut einzig auf Abschreckung, in Salvini-Italien waren es die unverhältnismäßigen Strafen für Seenotretter. Eine spektakuläre, jedoch unergiebige Strategie des Rächens. Das Machtgebaren bemäntelt die Inkompetenz.

Wer aber nicht mitmacht, ist im besten Fall schwach und im Regelfall der Verräter. »Wir werden sie jagen«, drohte Alexander Gauland den demokratischen Parteien.[152] Die bestünden »nur noch aus Vaterlandsverrätern«, ergänzte Björn Höcke.[153] Nach einer Niederlage im Parlament veröffentlichte der Nachwuchs der Schweizerischen Volkspartei (Junge SVP) eine lange »Liste der Volksverräter« unter den Volksvertretern.[154] In ganz Europa läuft der Versuch, »die Linken und die Netten« zu diskreditieren, wie die SVP zu höhnen pflegt. Im unerschöpflichen Schmähwörterverzeichnis dieser Partei sind die »Netten« alle Politiker rund um die Mitte: lau, da liberal, feige, weil tolerant, nett, das heißt harmlos. SVP-Plakate bilden sie als Würmer oder Maden ab, im Stil des Nazi-Hetzblatts *Der Stürmer*.

Kurz: Mitte-Politiker sind unbrauchbar zur Abwehr von »Völkerwanderung« und »Eurokratie«, den einzigen »Zukunftsthemen« der Reaktionäre. Doch deren angebliche Realpolitik ist genau besehen eine machtromantische Absage an die Realität: Die Ökologie und Ökonomie, die Zukunft der Arbeit, die Herausforderungen der Digitalisierung – alles Relevante streichen sie aus der Agenda. Für Nihilisten ist alles Konstruktive nachrangig. Und immer ist ihnen die Sachpolitik reine Machtpolitik, das Parlament bloßes Palaver. Sie haben jede Menge Feinde und kein anderes Vorhaben, als diese zu besiegen. Und dann? Was wird zum Beispiel aus der Ökologie, zu der sie kein Verhältnis haben, anders als jene Konservativen, die sich wie Winfried Kretschmann als Bewahrer der Umwelt sehen? In Brasilien ist es das Establishment, das den reaktionären Nationalisten Jair Bolsonaro an die Macht trug und ihn hilflos zu mäßigen trachtet, denn heute erweist sich: Nationalismus schwächt die Nation. Und die Konservative Revolution untergräbt den Konservativismus. Nicht alle Konservativen wollen das wahrhaben.

Die Nation preisen, den Staat betrügen

Wer wie Bolsonaro & Co. stets die niedrigsten Instinkte bedient, hat keine hohe Meinung von den Bürgerinnen und Bürgern: Wer aus Prinzip das Volk lobt, nimmt es nicht ernst. »Vox« (Stimme), so nennt sich Spaniens reaktionäre Partei, die bei den Parlamentswahlen Ende 2019 massiv auf einen Wähleranteil von fünfzehn Prozent zulegte. Die Demagogen preisen Volkes Stimme, doch ist das Volk Mittel zum Zweck, sein Wohlergehen nicht der Zweck ihrer »volksnahen« Politik. Erst einmal sorgen die allermeisten Anführer für sich selbst und ihre Seilschaften – sind sie an die Macht gekommen, bedienen sie sich. Landesverräter verdienen zwar keine Gnade, dem starken Mann aber ist Betrug am Staat und an den Steuerzahlern erlaubt. Ob Putin, Erdoğan oder Orbán und ihre Clans: Unzählige Autoritäre sind steinreich geworden. Das war im Lauf der Geschichte stets *the name of the game*. Eine Geldvermehrung wundersam wie die Mythengestalten und Heroen, die für die Plebs als Vorbilder herhalten, während der Anführer gar nicht mustergültig sein muss. Selbst Polens Saubermann Jarosław Kaczyński geriet in einen Immobilienskandal und in den Verdacht, Oligarchen von Gnaden des Regimes großzuziehen, um seine Partei abzustützen; sie nennt sich »Recht und Gerechtigkeit«.

Vor dem Gesetz wären alle Bürger gleich, aber wichtiger als das Recht ist die Nation. Der Nationalist an der Staatsspitze darf die Gesetze zugunsten seiner Familie, seiner Gefolgsleute und seiner Vormacht anwenden. In der illiberalen Demokratie hat der Mächtige freie Hand – niemand ist in der Lage oder so mutig, ihm und seinem Umfeld zu genau auf die Finger zu schauen. Zudem hilft der Nationalismus, das Gefühl einer Einheit von Unterklasse und Oberhaupt zu wecken, Arm mit Reich zu versöhnen. Superpatriotismus ersetzt den Gemeinsinn. Auf offener Bühne lobt man die Nation, hinter den Kulissen läuft die Korruption samt Nepotismus. In Diktaturen, Demokraturen und Hofstaaten wie dem Weißen Haus wuchern sie immer.

Trumps Familie mischt mit. Der älteste Sohn von Jair Bolsonaro, Flávio, steht im Verdacht korrupter Geschäfte und pflegte Kontakte zur Unterwelt. Den dritten Sohn, Eduardo, hat sein Vater als brasilianischen Botschafter in Washington nominiert. Heinz-Christian Strache wollte die FPÖ von einer falschen Russin bestechen lassen. Ein Intimus von Matteo Salvini verhandelte mit veritablen Russen über richtig illegale Scheingeschäfte. Der Rubel rollte für Marine Le Pen und mutmaßlich für Nigel Farage. Heutige Nationalisten nennen sich gern »Souveränisten«, und souverän biedern sie sich den Russen an, Roger Köppels *Weltwoche*-Magazin rühmt jahraus, jahrein Wladimir Putin. Man pilgert nach Moskau, einige kommen beschenkt zurück: Superpatrioten ehren das fremde Geld wie die eigene Nationalflagge. Die Nationalhymne singen sie mit der Hand auf dem Herz. Und wer sich der patriotischen Korrektheit entzieht, als schwarzer US-Footballer nicht strammsteht, sondern beim Abspielen der Hymne kniet und ein Zeichen gegen den Rassismus setzt, der ist in Trumps Worten »ein Hurensohn«. Die Nation ist konform zu ehren, den Staat hingegen darf der Staatspräsident beschädigen – so wie sein Vater und er einst als skrupellose Immobilienspekulanten diesen verdammten Staat offenbar trickreich prellten (so legte es jedenfalls eine Recherche der *New York Times* nahe).[155] Die AfD verheimlichte Spenden. Der Rassemblement National veruntreute Diäten des Europäischen Parlaments. Politiker der italienischen Lega gaben Steuergelder zu privaten Zwecken aus. Moral, Steuermoral, alles egal – es zählt die Kampfmoral.

Steuern sind Diebstahl, wenn nicht Enteignung, und jederzeit zu hoch – das beteuern Reaktionäre in aller Welt. Der libertäre Strippenzieher Konrad Hummler war einst der bekannteste Schweizer Bankier, bevor die Obama-Regierung seinem Fluchtgeldinstitut den Garaus machen wollte und er es rasch verkaufte. Hummler sieht in der »Steuerhinterziehung eine Art Notwehr«. Den demokratischen Staat rückte er in die Nähe der organisierten Kriminalität: In einem Interview mit der *Weltwoche* sagte er 2008: »Politökonomisch betrachtet, gibt es viele Ähnlichkeiten zwischen der Mafia in Palermo, die Schutzgelder einsammelt, und einem Staat, der unter Gewaltandrohung Steuern einzieht. Für das Individuum sind das geringfügige Unterschiede. [...] Ich würde sogar meinen, dass die Hege und Pflege durch gewisse Mafiaorganisationen besser ist als durch den Staat.« Aus plutokratischer Warte argumentierte er in aller Öffentlichkeit noch im Jahr 2008: »Steuerhinterziehung wird zum Problem hochstilisiert.« Dabei sei sie »Mittel zum Zweck der Vorsorgebildung. Man muss sich vor einem Fiskalsystem in Sicherheit bringen dürfen, ohne physisch auszuwandern, weil Fiskalsysteme falsch gebaut sein können. Das erfordert einen Bruch mit der Legalität. Es ist Notwehr.«[156]

Illegales ist legitim? Der Gesetzesbruch-Ideologe avancierte für ein paar Jahre zum Präsidenten des Verwaltungsrats der NZZ-Mediengruppe, und auch bei den US-Republikanern kam der Schweizer gut an. Die traditionsreiche Manhattan Republican Party, der einst Theodore Roosevelt angehörte, lud diesen Steuerhinterziehungsphilosophen zum Vortrag nach New York ein. Umgekehrt aber ist Legales kriminell: Der Kapitalismushistoriker Werner Plumpe verglich den früheren Präsidenten der Europäischen Zentralbank, die eine expansive Geldpolitik verfolgen musste, mit einem Drogenhändler: Mario Draghi sei ein »Dealer, der [...] den Stoff zu niedrigen Preisen anbietet«.[157]

Demokratie und Staat nicht als Res publica, nicht als »gemeinsame Sache«, sondern als Cosa Nostra: als organisiertes Verbrechen – als Plage. Solches Gerede ist in manchem neokonservativen, neoliberalen Kreis mittlerweile so üblich, dass es kaum mehr auffällt. Es zeugt weniger von einem gesunden demokratischen Misstrauen gegenüber der Staatsmacht als vielmehr von der Missachtung des demokratischen Gemeinwesens, das alle Bürgerinnen und Bürger gemäß ihrer Leistungsfähigkeit mitfinanzieren (sollten). Doch je tiefer die Steuern, desto tiefer sitzt der Steuerhass ausgerechnet bei Reichen, die über die vergangenen Jahrzehnte massiv entlastet wurden. Als 1981 Präsident Ronald Reagan sein Amt antrat, lag der Höchstsatz für die US-Einkommensteuer bei 70 Prozent, jetzt bei gut der

Hälfte: 37 Prozent. Auch alle anderen westlichen Länder haben die Vermögenden mehr oder minder entlastet. Doch hat sich die Steuerstaatsfeindlichkeit nicht gelegt, sondern verschärft.

»Steuern sind Diebstahl«, schreibt auch eine Autorin des reaktionären Blogs »Achse des Guten«.[158] Findet sich denn ein Gemeinwesen, das ohne Steuern auskommt? Ja, Monaco, mehr Fürstentum als Demokratie. In dieser fast schon libertären »Privatstadt« treffen Reich und Reaktionär zusammen. Dort wohnt zum Beispiel der russische Oligarch Vitaly Malkin, den konservative Medien als Vorkämpfer gegen den Egalitarismus inszenieren und gleichzeitig als gebefreudigen Wohltäter – das ist die bildschöne Steuermoral von der Geschicht'. In seinem Steuerparadies sehnt sich dieser Superreiche nach dem verlorenen Paradies der Diskriminierungen: »In dieser schrecklichen Periode« politischer Korrektheit »will ich einen guten Teil der Vergangenheit wiederherstellen: Nennt weiß weiß und schwarz schwarz!«, fordert Malkin.[159]

Neurechte sprechen die Sprache »offensiver Nostalgie«, die nichts zu bieten hat »als Affekte und Positionen aus dem Antiquariat« (so der FAZ-Herausgeber Jürgen Kaube[160]). Es ist vorbei und kommt nicht wieder: So definieren wir Vergangenheit; qua Definition taugt sie nicht als Zukunftsvorstellung. Was war, wäre noch vorhanden, wenn es sich weiter bewährt hätte. Irgendwann war es nicht mehr auf der Höhe der Zeit. Doch in neurechten Denkwelten verheißt die gute alte Zeit eine gute neue Zeit – die dann nie anbricht. Donald Trumps »Make America Great Again« bleibt eine restaurative Fantasie. Wladimir Putins Revanchismus mündet in eine eitle Spielverderber-Politik, ohne dass er Großrussland wiederaufzurichten vermöchte. Der Kreml-Herr beteuert: »Die liberale Idee« habe sich »überholt«.[161] Doch diesem schadenfreudigen Schädiger der liberalen Demokratie erwächst immer mehr Widerstand gegen seinen gestrigen Zarismus. Nostalgiker empfänden Schmerz, besagt die Etymologie. Nostalgische Politiker quälen weniger sich selbst als vielmehr ihre Klientele. Wer im global-digitalen Umschwung suggeriert, Volk und Nation könnten wieder werden, was sie nie waren, der weckt bei seinen

Anhängern Hoffnungen. Eines Tages müssen sie diese fahren lassen.

»Retrotopia«, so nannte der verstorbene Soziologe Zygmunt Bauman die Sehnsucht nach Antworten, die gestern gescheitert sind.[162] Im Unterschied zu Utopien eröffnen Retrotopien keine Perspektiven. Buchstäblich sind sie hoffnungslos. Daran verzagen letztlich alle Reaktionäre – sie sind Menschen mit Frustrationshintergrund. Und kommen sie an die Macht, werden sie noch gestaltungsschwächer. In der heutigen Politik sind sie zwar allgegenwärtig, aber ratlos: konfus wie der Nationalist Boris Johnson, dem der Wiederaufbau einer geeinten britischen Nation nur misslingen kann. Es sind lauter Zyniker, die der Wiedergeburt der Nation Pate stehen. Und es sind gewiss keine Realpolitiker, die vorgeben, sie könnten die seit biblischen Zeiten laufenden Migrationen nachhaltig verhindern oder sogar die »Remigration« erzwingen. Was Björn Höcke da verspricht, wäre eine Weltpremiere. Der Vergangenheitsverein ist aggressiv, um erst einmal sich selbst zu täuschen, das Illusorische des eigenen Bestrebens zu vergessen. Im Hass liegt verdrängte Ernüchterung.

Reaktionäre lehnen ab. Und bauen ab: die Steuern, den Sozialstaat, das öffentliche Gesundheitswesen, den Umweltschutz, die gesellschaftliche Verantwortung von Unternehmen. *The business of business is business* und nichts anderes, so die Quintessenz eines Artikels des neoliberalen Vordenkers Milton Friedman 1970 in der *New York Times*.[163] Das wurde ein halbes Jahrhundert lang zur Doktrin amerikanischer Konzerne – bis Mitte 2019 an die zweihundert Konzernchefs des US-Wirtschaftsverbands Business Roundtable unverbindlich gelobten, auch auf die Gesellschaft Rücksicht zu nehmen und nicht mehr vorrangig auf die Aktionäre.[164] Eine PR-Aktion oder der Anfang einer Wende, weil die Ungleichheit in der Gesellschaft und die Verarmung eines Teils der Verbraucher das Geschäft beeinträchtigen könnte? *Wait and see*, insoweit etwas zu sehen sein wird.

Trotz Handelskrieg und Brexit-Wirren glauben nach wie vor viele amerikanische Topmanager, die Reaktionäre nützten der Wirtschaft letztlich mehr, als sie ihr schadeten – solange sie dafür sorgen, dass die Steuersätze niedrig bleiben. Auch ist es ganz praktisch, wenn diese mit ihrem Nationalismus die wachsende Ungleichheit in der Gesellschaft übertünchen. Die allermeisten Wirtschaftskapitäne halten zwar Distanz zu Volksverführern, zumal in Europa. Aber bei aller Stilkritik betrachtet ein Teil der Geldwelt die Neue Rechte vorderhand für brauchbar. Mit dem Populismus-Ventil, das den Überdruck des Unmuts herauslässt, kann sie erst einmal ganz gut leben, zumal wenn in der westlichen Welt die Linke Steuererhöhungen plant. Überdies passt die neurechte Rücksichtslosigkeit in manches Geschäftsmodell. Mit Erfolg betreibt der australisch-amerikanische Tycoon Rupert Murdoch reaktionäre Medien primitivster Machart. Die Koch-Brüder, Charles und der 2019 verstorbene David, finanzierten in den USA das Emporkommen der Tea Party mit. Sie fördern Klimaleugner, denn ihr Mischkonzern investiert in umweltschädliche Branchen wie Erdöl, Asphalt und Kunststoffe. Unternehmer wie Trump, Berlusconi und Blocher zog es auch deshalb an die Macht, um gute Rahmenbedingungen für das eigene Business zu setzen – Trumps Steuerreform von 2018 war auf seine Geschäftsinteressen maßgeschneidert.

Wirtschaftsführer und Neurechte mögen Joseph Schumpeters geflügeltes Wort von der »schöpferischen Zerstörung«, aus der »in unsteten Stößen« das Innovative erwachse: »Darin besteht der Kapitalismus und darin muss auch jedes kapitalistische Gebilde leben«, schrieb der Ökonom – der sich vom frühesten Disruptionsdenker inspirieren ließ, Karl Marx.[165] Schöpferisch die Wirtschaft, aber niemals die Politik: Von der Amtszeit des 45. US-Präsidenten wird kein Aufbauwerk fortbestehen, es gibt keines. Viktor Orbán hat nichts erschaffen, was Ungarn in der EU stärkt. Viel Salvini-Lärm um nichts: Die kurzlebige 65. Regierung der Italienischen Republik war eine trübe *Commedia all'italiana*, sie oszillierte zwischen Dramatik der Klamotte und Lust an menschlichen Dramen. Abermals Karl Marx: Die Historie erfahren wir »das eine Mal als große Tragödie, das andre Mal als lumpige Farce«, vermerkte er: Immer wenn Menschen »damit beschäftigt scheinen, sich und die Dinge umzuwälzen, […] gerade in solchen Epochen revolutionärer Krise beschwören sie ängstlich die Geister der Vergangenheit zu ihrem Dienste herauf, entlehnen ihnen Namen, Schlachtparole, Kostüme, um in dieser altehrwürdigen Verkleidung und mit dieser erborgten Sprache die neue Weltgeschichtsszene aufzuführen«.[166] Der reaktionäre Kostümfilm läuft in einer Zeitenwende, die von Silicon Valley in Nordkalifornien ausgeht, während Trump in Südkalifornien seine anachronistische Mauer errichten will. Der neurechte Selbstbetrug läuft auf Volksbetrug hinaus. Und der wiegt schwerer als der ganze finanzielle Schwindel.

Alles ist »Wahn«, »Hysterie«, »Paranoia«, »Furor« und »Terror«

Das französische Verb *divertir* bedeutet dreierlei: bespaßen, ablenken, veruntreuen. Mit populistischem Dauerspektakel wollen Kraftmeier das Publikum unterhalten und so sehr für sich einnehmen, dass es über ihre politische Ohnmacht hinwegsieht (und ihnen die Geldschneiderei nachsieht). Um die Stagnation zu überspielen, führen sie irrelevante, aber medial höchst ergiebige Scheinkämpfe auf, die einem Teil des liberal-konservativen Publikums bestens zusagen. Unablässig wenden sie sich
– gegen die Alt-68er, obschon die bereits Rentner sind;
– gegen Tempolimits auf deutschen Autobahnen, als beginne die Freiheit bei 120 km/h;
– gegen die »Diesel-Hysterie«, die übler sei als alle Machenschaften der Automobilindustrie;
– gegen »Freiheitsentzug« durch Rauchverbote, obschon sie die Nichtraucher vom Passivrauchzwang befreien;
– gegen die Veganer, und im Kampf gegen diese »moralischen Totalitaristen« gerät alles Fettige, Saftige, Deftige und Bierdunstige zum politischen Bekenntnis;[167]

– gegen »moderne Tugendwächter«, die gesunde Nahrung predigen, obwohl dies seit Bismarck alle Regierungen tun (selbst Hitler schuf den »Reichsvollkornbrotausschuss«);
– gegen Frauenquoten, die ungeeignete Quotenfrauen hervorbrächten – wobei Männer lieber Männer anstellen und faktisch für eine hohe Männerquote einschließlich Quotenmänner sorgen;
– gegen angebliche Gesinnungskorridore, wenngleich breite Gänge, helle Fluren, offene Türen, angelehnte Hintertüren die mannigfaltigen Gesinnungsräume der offenen Gesellschaft verbinden;
– und natürlich gegen die politische Korrektheit, dieses Randphänomen in Europa.

Illiberale wenden sich gegen lauter »Zwangsmaßnahmen«, die ein irregeleiteter Zeitgeist erfunden habe, um uns zu erziehen: so der schablonenhafte, auch von Journalisten geliebte Missmutsdiskurs. Und durchwegs ist es »Wahn«, »Hysterie«, »Paranoia«, »Furor«, »Terror«, »Despotie«, »Diktatur«, »Tyrannei«, »Totalitarismus«, darunter geht es nicht. Diese Maximalwörter lassen sich auf die verschiedensten Hassobjekte anwenden, vom »Klimawahn« über die »Mikroplastik-Paranoia« bis zum »Tugendterror«. Nicht wenige Konservative und Liberale assistieren der Neuen Rechten darin, immer dicker aufzutragen. So bestärkt man einander im Ressentiment, die neuen Zeiten beraubten den Menschen nicht nur seiner angestammten Lebenswelt und Lebensweise, sondern auch noch seiner Sprache und Nation. Krachmacher machen Stimmung, Stimmungsmacher machen Krach.

Ressentiment als Reaktion: »Es ist deine Schuld, wenn ich schwach und unglücklich bin. Reaktives Leben beraubt sich der aktiven Kräfte. Reaktion hört auf, ›handelnd‹ zu sein«: Der französische Philosoph Gilles Deleuze sah im Ressentiment einen »Triumph des ›Nein‹ über das ›Ja‹, der Reaktion auf die Aktion«.[168] Das gegenteilige Sinnbild – ein Kraftakt des Bejahenden in der Politik – war am 31. August 2015 Angela Merkels historische Ermunterung zu Beginn der Flüchtlingskrise. »Ich sage ganz einfach: Deutschland ist ein starkes Land. Das Motiv, mit dem wir an diese Dinge herangehen, muss sein: Wir haben so vieles geschafft – wir schaffen das! Wir schaffen das, und dort, wo uns etwas im Wege steht, muss es überwunden werden, muss daran gearbeitet werden.«[169] Eine ressentimentgetränkte Geisteshaltung will es aber auf keinen Fall schaffen, sie giert nach dem Scheitern und den Schuldigen, schrieb Deleuze. An der Wurzel der Reaktion stehen schlicht die Überforderung, Probleme zu lösen, und der Abschied vom Pragmatismus, der Probleme lindert. Tief sitzt der Hass auf die Konstruktiven, die so unverschämt sind, das eine oder andere Problem anzupacken.

Also bangen Nationalisten um die Zukunft der Nation, ohne nationale Lösungen zu haben. Deshalb muss kompensatorisch die nationale Geschichte umso heller erstrahlen, auf Hochglanz poliert werden. Jarosław Kaczyński wollte »die polnische Nation« per Gesetz vor der Kritik schützen, dass sich im Zweiten Weltkrieg eine (umstrittene) Anzahl Polen am Holocaust beteiligt hatte; er rückte davon ab – unter internationalem Druck. Zu den »Ausnahmestaatsmännern« zählt Viktor Orbán den völkischen Nationalisten und Hitler-Verbündeten Miklós Horthy, der bis 1944 Ungarn regierte und die Deportation von 600 000 Juden mitverantwortete.[170] Jair Bolsonaro rehabilitiert die Militärdiktatur der Jahre 1964 bis 1985; Schulbücher sollten den Putsch der Generäle als »souveräne Entscheidung der brasilianischen Gesellschaft« und das Regime als »demokratische Gewaltherrschaft« darstellen.[171] Der Präsident verfügte, in den Kasernen solle man den 31. März feiern, an dem Uniformierte die Demokratie abschafften. Trump stellte Südstaaten-Generäle, die im Bürgerkrieg für die Sklaverei kämpften, auf eine Stufe mit George Washington, dem Gründervater der USA. Marine Le Pen will, dass Schülerinnen und Schüler »die französische Geschichte neu lernen: die ganze französische Geschichte, ihre positivsten, dankbarsten Seiten, auf dass jeder geschichtsbewusste Franzose darauf stolz sein darf«.[172] Frankreich hat schon immer die dunkleren Kapitel seiner Vergangenheit rasch überblättert. Die Chefin des Rassemblement National treibt das Verdrängen auf die Spitze, sie will nur die schönen Seiten wahrhaben. Zwar lässt sich die Kathedrale Notre-Dame de Paris schneller restaurieren als Luftschlösser. Aber unwiderstehlich ist der Reiz der Geschichtspolitik in Ermangelung einer Gegenwartspolitik, die mit durchdachten Maßnahmen Zukunftsängste zerstreut. Und Zuversicht zu wecken, wäre für Demagogen kontraproduktiv: Der Unmutsvorrat, von dem sie zehren, würde sich verknappen.

»Kraft durch Hass«:
Wenn Rapper Kollegah Alexander Gauland hilft

»Die große Gereiztheit«, nennt es der Tübinger Medienwissenschaftler Bernhard Pörksen[173] – in Anlehnung an den Roman *Der Zauberberg*, in dem Thomas Mann das Befinden vor dem Ersten Weltkrieg schilderte: »Was lag in der Luft? – Zanksucht. Kriselnde Gereiztheit. Namenlose Ungeduld. Eine allgemeine Neigung zu giftigem Wortwechsel, zum Wutausbruch, ja zum Handgemenge. Erbitterter Streit, zügelloses Hin- und Hergeschrei entsprang alle Tage zwischen Einzelnen und ganzen Gruppen.« Wer »nicht die Kraft zur Flucht in die Einsamkeit besaß, wurde unrettbar in den Strudel gezogen«. Der Rückzug in die Seelenruhe der Einsamkeit ist jetzt noch schwieriger, denn die Irritation hat in Gestalt der sozialen Medien einen Lautsprecher, der im Minutentakt bekräftigt, die Welt sei aus den Fugen.

In ihrem Hauptwerk *Elemente und Ursprünge totaler Herrschaft* beschrieb die genaue Beobachterin Hannah Arendt eine Grundstimmung in der Weimarer Republik, nämlich das »offenkundige Vergnügen, mit dem die Elite sich die ›Ideen‹ des Mobs aneignete, und der Eifer, mit dem vor allem die Literaten ihre Interpretationskünste an ihnen erprobten«.[174] In solcher Atmosphäre, »in welcher alle überkommenen Werte und Vorstellungen, also auch die alten Standards und Maßstäbe«, entwertet worden waren und »ohnehin jeder, der etwas für wahr hielt, für einen Narren gehalten wurde, war es erheblich leichter, offenkundig absurde Behauptungen zu akzeptieren als die alten Wahrheiten, die zu frommen Banalitäten geworden waren«. Das Postfaktische ist nichts Neues. Erst recht verleiht heute das Internet den abwegigsten Ideen eine kritische Masse, aus individueller wird kollektive Erbitterung, und sie trifft sämtliche Andersdenkenden. So wird der Hass demokratisiert und umgekehrt die Demokratie verhasst?

»Hass ist erstens keine Straftat und hat zweitens in der Regel Gründe«, erläuterte Alexander Gauland am Rednerpult des Bundestags.[175] Nicht selten jedoch verleitet der Hass zu Untaten. Noch öfter hat er – wie der Judenhass – keinen Grund. »Gäbe es den Juden nicht, erfände ihn der Antisemit«, schrieb Jean-Paul Sartre in dem Essay *Überlegungen zur Judenfrage*.[176] Hass sucht sich seine Gegenstände, ähnlich wie das die Liebe tut. Warum sich just diese zwei Menschen unsterblich verlieben? Das mythologische Bild vom Liebesgott Amor, der seine Pfeile schießt und willkürlich Herzen entzündet, passt auf die entgegengesetzte und zugleich verwandte Leidenschaft: den Hass. Natürlich brennt auch einmal der Durst, an einer Person Rache zu nehmen für das, was sie einem vermeintlich oder tatsächlich angetan hat. Aber ein Dreivierteljahrhundert nach dem Zweiten Weltkrieg frönen viele, geschichtsvergessen, ihrer »Hassleidenschaft«.

Das Wort prägte 1934 Stefan Zweig in *Triumph und Tragik des Erasmus von Rotterdam*, seinem Essay in Gestalt einer Biografie des frühen Aufklärers, der sich mitten in den Wirren der Reformation dem Hass der Katholiken auf die Protestanten verschloss und vice versa.[177] Zu Beginn der europäischen Katastrophe schrieb der Exilant Zweig, letztlich sei es dem Fanatismus egal, »an welchem Stoff er sich entflammt; er will nur brennen und lodern, seine aufgestaute Hasskraft entladen«. Ähnlich sah es viel später André Glucksmann: Ideologien seien ein Alibi des Hasses, nicht seine Ursache.

Inzwischen entfaltet sich global wieder die Hasskraft. Wie zu Zeiten des Erasmus ist sie vielerorts religiös grundiert. In den USA haben zuvörderst Evangelikale die Politik mit Hass erfüllt. Jahr für Jahr provoziert der rechte japanische Premierminister Shinzo Abe, indem er die Kriegsverbrecher des Zweiten Weltkriegs mit einer rituellen Opfergabe ehrt. Der Hindu-Extremist und indische Premier Narendra Modi demütigt in jeder Hinsicht seine knapp fünfzehn Prozent muslimischen Landsleute, am aggressivsten in Kaschmir. Islamistische Mörder wüten rund um die Erde. Der ressentimentgeladene Türke Recep Tayyip Erdoğan islamisiert den laizistischen Staat. Fanatische Siedler im Westjordanland berufen sich auf das Alte Testament, um das Annektieren palästinensischer Gebiete zu rechtfertigen. Im nun wieder heiligen Russland ist die orthodoxe Kirche ein Pfeiler des Putin-Regimes. Polens starker Mann Jarosław Kaczyński stützt sich auf den reaktionären Klerus und dessen antisemitisches Radio Maryja. Viktor Orbán, der ebenso den Antisemitismus nutzt, beschwört die »christliche Freiheit«. Der AfD-Politiker Wolfgang Gedeon schreibt: »Wie der Islam der äußere Feind, so waren die talmudischen Ghetto-Juden der innere Feind des christlichen Abendlandes.«[178] Und der zweite Mann von Spaniens rechtsextremer Partei Vox glaubt, »dass es gute Zivilisationen und schlechte Zivilisationen gibt. Es ist halt nicht dasselbe, ob man von Jesus spricht, der für uns alle gestorben ist, oder von Mohammed, der sich dem Morden widmete und dem Vergewaltigen.«[179]

Nach zwei Weltkriegen und dem Kalten Krieg steigt wieder der Hasspegelstand. Auf die lange Friedenszeit und auf das Intervall der Versöhnung von Ost und West nach dem Mauerfall folgt im dauerpolemischen Teil der Öffentlichkeit die lustvolle Wiederentdeckung des Hasses – nicht nur als eines klassischen Instruments in der Auseinandersetzung der Ideologien, sondern ebenso sehr als eines sinnstiftenden Gefühls im disruptiven Durcheinander. Verbaler Hass darf nun offen gelebt werden, ohne dass die Gesellschaft ihn massiv sanktioniert. Online wie offline bilden sich Hassleidenschaftsgemeinschaften. Aus einer Art Internet-Internationale gehen Massenmörder hervor oder solche, die es werden wollen, wie 2019 der antisemitische Bluttäter von Halle, der statt einer Synagoge ursprünglich eine Moschee oder ein antifaschistisches Zentrum anzugreifen plante.

»Kraft durch Hass«, verheißt ein Stück des Kölner Rappers Whzky Frngs. Im Stück »Hassmodus« reimt und relativiert sein begabter Berliner Kollege Liquit Walker: »Hass ist Feuer, und ich mag es, wenn es brennt / Aber diese Droge macht dich auch nur stark für den Moment.« Der in der Seele zerrissene Rapper weiß: »Dieser Scheiß frisst meine ganze Power / Doch Hass und Wut fühlen sich besser an als Angst und Trauer«[180] – die Angst vor dem Abseits, sei es an trostlosen Stadträndern, sei es in den Industriebrachen; und die Trauer, wie sie bereits 1977 im Song der Band *Sex Pistols* anklang, die das No-Future-Gefühl ankündigte: »Oh when there's no future / How can there be sin / We're the flowers / In the dustbin / We're the poison / In your human machine / We're the future / Your future.«[181]

Seit den achtziger Jahren hat aber auch der nackte Hass seine Musik, ja seine Gattung – in der deutschen Kulturgeschichte ein völlig neues Phänomen, das Gegenstück zu den seit je liebestrunkenen Liedern, Arien und Schlagern. Es begann mit Nazi-Punk und Kultbands wie *Böhse Onkelz* (»Türkenpack, raus aus unserem Land«[182]), die sich im Zug ihres kommerziellen Erfolgs läuterten. Unbeirrt rühmen aber Neonazi-Bands wie *Stahlgewitter* die SS-Schergen: »Wir brauchen sie wieder, das ist kein Witz, die Jungs in Schwarz mit dem doppelten Blitz.« Die Kameraden von *Frontalkraft* drohen den zugewanderten »Volksverrätern«: »Schwarz ist die Nacht, in der wir euch kriegen, weiß sind die Männer, die für Deutschland siegen, rot ist das Blut auf dem Asphalt.« Die kommerzielle Band *Frei.Wild* singt ihrerseits »hart an der Grenze«, wie sie sich selber einschätzt im Erfolgssong »Antiwillkommen«, in dem sie die Pegida-Bewegung zu rühmen scheint (»Von oben gejagt, doch von unten gewollt«) und sibyllinisch den unwillkommenen Flüchtlingen einheizt: »Seht ihr die Saat, die hier um uns wächst? / Wie sie heilt und, wenn sie will, auch verletzt? / Wie sie verletzt / Wie sie verletzt.« Ein Aufruf zur Gewalt? Alles zweideutig natürlich, das ist die Masche von *Frei.Wild* und manch anderer etablierten Band.

Überaus eindeutig ist hingegen der vordergründig unpolitische

Hass-Rap, der ein enormes Publikum erreicht: Neben dem Schlager ist Rap die einträglichste Popmusik im deutschen Sprachraum. Und grausamste Songs erklimmen Spitzenplätze in den Charts. Beim kehlig herausgepressten Hass-Hiphop handelt es sich manchmal um selbstironische Underdog-Lyrik aus vorstädtischen Kampfzonen, von guter Qualität. Öfter jedoch schwankt er zwischen kitschiger Gewaltstilisierung und kommerzieller Provokation: »Bitch, ich fülle sein'n Kopf mit Blei per Kalash wie im Columbine-Massaker / Wenn ihm mal ein ›Hurensohn‹ rausrutscht wie der Fotze seiner Mama / Lass' mit fourty-five [45er-Kaliber] im Anschlag Schüsse regnen wie in Schützengräben«, so drei *lines* von Kollegah. Testosterongesteuert findet ganz »unpolitisch« zusammen, was zum reaktionären Dreierlei gehört: offener Hass einschließlich Antisemitismus, verbale Gewalt an der Grenze zur handgreiflichen Grausamkeit, Frauenverachtung. Nur die Xenophobie blieb lang außen vor, weil viele Exponenten der Hiphop-Szene zugewanderte Eltern haben.

Doch nun erzielen auch AfD-nahe Rapper und Identitäre wie der Bayer Chris Ares (mit dem Track »Neuer Deutscher Standard«) Publikumserfolge, schaffen es bis zu Platz 6 in den Download-Charts: »Deutsches Blut / Patrioten, die sich wehr'n, wir ham' von dem Scheiß genug / […] Wir sind Kämpfer, der Sturm zieht auf im ganzen Lande / Geh mal lieber weg mit deiner Autotune-Migrantenbande.« Chris Ares erläuterte in einem Interview: »Den linken Meinungskorridor gilt es kontinuierlich zu verschieben. […] Es gilt immer wieder Worte einzubringen, die dann debattiert werden, die früher vielleicht unmöglich gewesen wären. So können wir diesen Korridor Stück für Stück verschieben.«[183] Dieses Vorgehen nennt der vom Verfassungsschutz beobachtete Rapper »Metapolitik« – so bezeichnet die Neue Rechte ihren politischen Kampf via »Kunst« und »Kultur«. Und das hört sich beim Ausländerhass-Rapper so an: »In jeder gottverdammten Scheißstadt sehen wir, was passiert / Der große Austausch, doch wir stehen ja noch hier / Wir werden unsere Fahne tragen, in den Heldenkampf marschieren / Reconquista der Heimat in jedem Stadtbezirk.«

Jahrelang haben Vertreter der Musikbranche Brutalo-Machwerke bagatellisiert. Der Hass in den »freiverkäuflichen Produkten« sei »Stilmittel« und halte der Gesellschaft einen Spiegel vor. Zum Genre Gangster-Rap oder Battle-Rap gehöre die nicht ernst gemeinte »zugespitzte Darstellung«, wobei sich diese »dechiffrieren« lasse und »eklatante Tabubrüche zunehmend zu den Merkmalen der Kunstfreiheit« zählten; falsch sei es, »gegenüber außerordentlich erfolgreichen Repräsentanten des Genres HipHop« wie Kollegah »auf Ausgrenzung zu setzen«, so die abgebrühten Verlautbarungen.[184]

Dieselbe Musikbranche betrieb gleichzeitig die Ausgrenzung von Homosexuellen, siehe den Hass-Rapper G-Hot und seinen Sprechgesang »Keine Toleranz« aus dem Jahr 2007. Stark gekürzte Auszüge: »Wir dulden keine Schwuchteln! / Vertreibt sie aus dem Land! ›Raus!‹ / […] Gott schuf Adam und Eva und nicht Adam und Peter / Ich glaub' fest daran, und das war auch kein Fehler! / […] Meiner Meinung nach hat so was kein Leben verdient! / […] Ich geh' mit zehn MGs [Maschinengewehren] zum CSD [Christopher Street Day] / […] Seid wie ein Mann und zeigt, dass ihr keine Toleranz habt.« G-Hot, der sich zuvor Jihad nannte und heute als Shen auftritt, blieb trotz solcher *lines* im Geschäft – zuletzt beim Musiklabel Maskulin des bekannten Rappers Fler, mit Verbindungen zum Weltmarktführer Universal Music. Im Vergleich dazu sind die aus den neunziger Jahren stammenden Bands der Neuen Deutschen Härte – die wie Rammstein auf der Bühne und in ihren Clips an die faschistische Ästhetik anknüpfen – nichts als Chorknaben.

In der Politik wie vermeintlich außerhalb derselben erfolgt die Banalisierung des Hasses. In *Elemente und Ursprünge totaler Herrschaft* beschrieb Hannah Arendt, wie »in dem prätotalitären Meinungschaos« der Weimarer Republik »ein gewisses Prahlen mit Grausamkeit, Unmenschlichkeit und Amoralität« in der Kulturszene als avantgardistisch erschien, den Weg in die Barbarei wies.[185] Spaß am Hass: »Vulgarität, die offen-zynische Verabschiedung aller allgemein anerkannten Standards«, meinte die Philosophin, konnten »leicht als ein neuer Mut und ein neuer Lebensstil missverstanden werden«, was viele dazu verleitete, »den Gang der Dinge mit einem ebenso dünkelhaft wie ahnungslosen Zynismus als den normalen Lauf der Welt anzusehen«. Rapper Ares will die allgemein anerkannten Standards durch den »Neuen Deutschen Standard« ersetzen. Und Björn Höcke geht es darum, »die ›rohen‹ Formen der Bürgerproteste geistig zu veredeln«.[186]

In der aufgeblasenen Rücksichts- und Gewissenlosigkeit, die jetzt in Mode ist, verwischen sich die Grenzen zwischen politischer Hassrede und Showbusiness-Provokation. »Ich will hier keine Politikdebatte draus machen«, wich Kollegah auf offener Bühne aus, als ihn die Musikindustrie wieder einmal für die »HipHop/Urban-Produktion des Jahres« auszeichnete und mit der Verleihung des Musikpreises »Echo« einen Skandal verursachte. Doch der Politiker Gauland und der Geschäftsmann Kollegah handeln mit demselben Rohstoff: Hass. Auf dem Markt ist politische wie »kulturelle« Brutalität eine umsatzstarke Ware. In der Marktgesellschaft schafft der Markt Normalität: die neue Normalität des Hasses.

Die Branche musste den »Echo«-Preis schließlich 2018 abschaffen, nachdem der überfällige Aufschrei gegen die alljährliche rituelle Ehrung von Menschenverächtern durchs Land ging. Aber viral breitet sich die Grausamkeitskultur von Mobbing-Rappern weiter aus, ähnlich der von Internettrollen. Rapper Schwartz beschreibt sich im Album *Hurensohn Holocaust Zero*: »Leider kann ich euch nicht ohne jeden Grund ungestraft ermorden / Wenigstens kann ich meinen Gewaltphantasien freien Lauf lassen.« Das Selbstporträt skizziert auch die Psychologie des Drohverhaltens in sozialen Medien – ich hasse, also gibt es mich.

Am 8. Mai 1985, Kollegah war neun Monate alt, schloss Bundespräsident Richard von Weizsäcker seine Rede zum vierzigsten Jahrestag des Endes des Zweiten Weltkriegs in Europa mit einem Aufruf an die nächste Generation: »Wir lernen aus unserer eigenen Geschichte, wozu der Mensch fähig ist. Deshalb dürfen wir uns nicht einbilden, wir seien nun als Menschen anders und besser geworden. […] Hitler hat stets damit gearbeitet, Vorurteile, Feindschaften und

Hass zu schüren. Die Bitte an die jungen Menschen lautet: Lassen Sie sich nicht hineintreiben in Feindschaft und Hass gegen andere Menschen.«[187]

Hätte sich Weizsäcker die Neue Deutsche Hasswelle vorstellen können? Und dass abermals der Ausländerhass, Schwulenhass, Judenhass Karrieren begründen und praktisch keine ruinieren würde? Dass Mitglieder des Deutschen Bundestags – vor dem er 1985 sprach – die »Rechtlosstellung von Muslimen und Flüchtlingen« befürworten würden, wie der Verfassungsschutz in einem Bericht über die AfD einschätzt, den zunächst der *Spiegel* zitierte und der dann von Netzpolitik.org veröffentlicht wurde?[188] Dass die Unterhaltungsbranche das Hassen vermarkten würde? Und dass die Warner vor der Wiederkehr des Hasses zu öden politisch Korrekten gestempelt würden, die »gebetsmühlenartig ›Lehren der Geschichte‹ beschwören«, wie die gelangweilte mediale Kritik stöhnt?

Jedenfalls wusste Weizsäcker um die eine Lehre aus der Geschichte, nämlich dass leider die meisten Lehren aus der Geschichte verblassen: Jedes Mal,»wenn die Erinnerung abriss, war die Ruhe zu Ende« und drohte neues Ungemach, sagte er. So sei es schon in einer der ersten Katastrophenerzählungen gewesen, im Alten Testament.

Populismus popularisiert den Hass. In diesem Klima wird die Seenotretterin Carola Rackete zur »Zecke« (Matteo Salvini[189]) und werden Homosexuelle zur »Bedrohung« für Polen (Jarosław Kaczyński[190]). Als Hintergrundmusik pulsieren im Hass-Supermarkt der Brutalo-Rap, der Rechtsrock oder Rammsteins Spiel mit Herrenallüren (»Du bist hier in meinem Land«). Als Generalbass brummt der Rumor der Onlinestammtische. Daneben läuft die Tonspur der Aggressivität in Filmen, Serien oder Computerspielen, in denen Menschenleben nichts gelten, auch wenn die meisten Angebote nicht so weit gehen wie Rape Day: »Das Game beinhaltet Gewalt, sexuellen Missbrauch, nicht einvernehmlichen Sexualverkehr, obszöne Sprache, Nekrophilie und Inzest«, so das Marketing des Herstellers.[191]

Hass als Ersatzideologie einer Umbruchzeit, in der Weltanschauungen zerfransen. Vor dem Mauerfall war der real existierende Sozialismus am Ende. Der Marktradikalismus tobt, obwohl oder weil er sich von der Vertrauenskrise von 2008 nicht wirklich erholt hat. Der Davoser Globalismus glaubt nach wie vor an das Geld, nicht mehr an sich selbst. An Grenzen stößt der Techno-Solutionismus aus Silicon Valley, wonach jedes Problem eine technische Lösung finde. Ideologen, die von der Wirklichkeit Lügen gestraft werden, radikalisieren sich, sie ziehen sich in ihre Gedankenbunker zurück. Und passt die Welt in kein Schema mehr, müssen die elementaren Gefühle wieder her. Der Hass hat die Wucht, emotional gepanzerte Menschen zu schütteln. Islamisten im Kalifat, Identitäre im Abendland, weiße Suprematisten im »Great Again«-Amerika: Sie wären orientierungslos ohne dieses Rauschmittel. Es schafft Identität und Gemeinschaft.

Sechs Jahre bevor ihn 1922 ein rechtsextremes Kommando ermordete, schrieb ein emblematisches Hassopfer – der Schriftsteller, Aufsichtsratsvorsitzende der AEG, liberale Politiker, spätere Außenminister, deutsch-französische Versöhner und Jude Walther Rathenau – einen Brief an seinen (völkisch denkenden) Freund Wilhelm Schwaner: Den »Menschen, die einen Teil ihres Lebens auf Haß gestellt haben, denen ist dieser Haß ein Bedürfnis und eine Existenzbedingung, die kann man ihnen nicht nehmen. Warum sucht denn jemand sein Glück in der Verfolgung seines Nächsten? Weil es ihn tröstet und erhebt, sich über andere zu stellen. Glückliche Menschen sind das nicht.« Jahrzehnte danach ließ es sich die *Junge Freiheit* nicht nehmen, Rathenaus antisemitische Mörder zu würdigen: »Deren patriotische Motive« dürften »als ehrenwert anerkannt werden«.[192]

Walter Rathenau verfasste seinen Brief am 18. August 1916, mitten im Ersten Weltkrieg. Gleichentags vermeldete die Oberste Heeresleitung, an der Westfront seien die angreifenden Franzosen »aufs blutigste zurückgeschlagen« worden. Als später die Nazis das nächste Blutvergießen vorbereiteten, erhoben sie die Bluttat an Rathenau zur Heldentat, an die ein Gedenkstein erinnerte. Darauf stand unter anderem: »Tu, was du mußt« – die Pflicht ruft, Juden zu töten. Zu den frühen Opfern einer Entmenschlichung, die in Auschwitz mündete, zählten im Jahr 1919 die Andersdenkende Rosa Luxemburg, der erste Ministerpräsident des Freistaats Bayern Kurt Eisner, der Pazifist Gustav Landauer, 1921 der katholische »Judengenosse« und vormalige Finanzminister Matthias Erzberger, 1922 Außenminister Rathenau und andere bewundernswerte »Verräter«.

»Fast jede Generation erlebt einen solchen Rückschlag«

Patriotisch war man in den Ersten Weltkrieg gezogen, im Bann eines neuerlichen Nationalismus folgten der Zweite und der Holocaust. Danach war das Trauma so schwer, dass es die Menschen nachhaltiger zur Vernunft anhielt als sonst üblich. Überdies stieg die Lebensdauer, Leidtragende konnten länger als vorangegangene Kohorten die abschreckende Erfahrung der Gewalt ihren Kindern und Enkeln vermitteln. Und die zwei zivilisatorischen Lehren aus der Katastrophe – sollte sich diese nicht wiederholen – waren von genialer Einfachheit: Rücksicht auf die Schwächeren, also soziale Marktwirtschaft, und Rücksicht auf die Nachbarn, also europäische Einigung. Das setzte einen Rahmen für Kompromisse, damit Konflikte nicht abermals eskalierten, weder innerhalb der Länder noch unter den Nachbarn. Da entfaltete sich die ganze Kraft der Demokratie.

Diesen beiden Lehren aus der Geschichte verdankte Westeuropa seine Blüte nach dem Zweiten Weltkrieg. Der bleiernen ersten Hälfte des 20. Jahrhunderts antwortete die blühende zweite. Aber in dem damals geläufigen und wenig reflektierten Wort »Nachkriegszeit« steckte mehr, als den Zeitgenossen bewusst war. Im Rückblick erweist sich, dass mit der Nachkriegszeit eine Denkweise einherging, die es buchstäblich nur unmittelbar nach einem Krieg geben kann, sofern er einen Erkenntnisschock auslöst. Viele Europäer bemühten sich in den Jahren nach 1945 um Augenmaß, weil zuvor ihrem Kontinent jeder Sinn für Proportionen abhandengekommen war. Es überwog der Wille zum Ausgleich nationaler Interessen und des sozialen Gefälles, weil der blanke Wille zur Macht Europa ins Verderben gestürzt hatte. Kompromisse waren gut statt faul, weil die Konflikte unerträglich geworden waren. Anstelle des Schlagabtauschs hatte der Diskurs eine Zeit lang Chancen und seinen überragenden Philosophen Jürgen Habermas. Aus dem »Dritten Reich« erwuchs in Gestalt der Bundesrepublik eine der weltweit besten Demokratien, gerade weil sie rundum Schranken der Macht zog, nachdem »deutsche Unbedingtheit« getobt hatte.

Maß statt Hass: In dieser unmittelbaren Nachkriegszeit blieb die Geschichte sehr gegenwärtig. Nach einem Dreivierteljahrhundert schwindet aber die Gegenwart der Geschichte, wiewohl in der Bundesrepublik etwas langsamer als anderswo. Ohne die persönliche Erfahrung des Nationalismus und der Barbarei leuchtet vielen Menschen das Nachkriegsmodell der doppelten Rücksicht auf die Nachbarn und die Schwachen nicht mehr so intuitiv ein. Seit den siebziger Jahren nahmen sich Meinungsmacher das angelsächsische Wirtschaftsmodell zum Vorbild: den »Raubtierkapitalismus«, vor dem Helmut Schmidt eindringlich warnte. Der typische Nachkriegspolitiker Schmidt empfand zutiefst diese für die Nachkriegszeit untypische Brutalisierung westlicher Verhältnisse. Und gleichzeitig flammte der Nationalismus auf:

– im Westen als Gegenbewegung zur Globalisierung, die mehr Lohndruck, mehr Migration brachte und die nationalen Kulturen schüttelte;
– in Europa als Gegenbewegung zur europäischen Einigung, die stärker in die nationale Souveränität zu greifen begann, was in der Globalisierung auch notwendig war;
– in Mittel- und Osteuropa als Nachholbedürfnis nach dem Nationalen, das die sowjetische Kommunistische Internationale unterdrückt und jahrzehntelang gestaut hatte;
– in Deutschland, weil eine vereinigte Nation instinktiv etwas nationaler wird;
– und in der ganzen EU, weil ihre unerlässliche Osterweiterung die

Struktur und Kultur dieser jungen Union der Nord- und Südeuropäer zunächst überfordern musste – zumal da der Außen- und Kohäsionsdruck, den die Sowjetunion ausgeübt hatte, wegfiel. Der Nationalismus befeuert den Verteilungskampf zwischen Partnern und Nachbarn. Der Ultrakapitalismus bringt Umverteilung zugunsten von Reichen und Superreichen. Die Digitalisierung schafft Räume der Hemmungslosigkeit, sei es in den sozialen Medien, sei es in der Weltwirtschaft. Die triumphale Rückkehr der Rücksichtslosigkeit signalisiert, dass nicht nur der Zweite Weltkrieg, sondern schleichend auch die Nachkriegszeit in Vergessenheit gerät. Allerdings wirkt sie noch in die Gegenwart hinein. Europa hat bislang weder die soziale Marktwirtschaft vollends abgeschrieben noch die Evidenz verlernt, dass die Nation für die großen Probleme zu klein und für die kleinen Probleme zu groß ist, wie der Soziologe Daniel Bell schrieb. Und in vielen Ländern haben sich die bedrängten Institutionen der Demokratie als außerordentlich widerstandsfähig erwiesen.

Der Reflex jedoch, auf die Partner in Europa und die Schwächeren im eigenen Land zuzugehen, ist nicht angeboren – er muss von Generation zu Generation neu erworben werden. So verhärten sich tendenziell die Konflikte in der beginnenden Epoche, in der sich politischer Nationalismus und wirtschaftlicher Globalismus überlagern: einerseits neonationalistische Handelskriege, anderseits transnationale ökonomische Warlords à la Jeff Bezos. Das nährt in vielen Menschen Zukunftsangst, also Verunsicherung, also Nostalgie nach verklärten Zeiten, also Unmut über deren Verlust, also das Bedürfnis nach Sündenböcken. Diese Mischung ist der Kraftstoff des Reaktionären. Und just die Rückwärtsgewandten sind blind dafür, Lehren aus der Geschichte zu ziehen.

Im Jahr 1934, zu Beginn des europäischen Desasters, das ihn acht Jahre später in den Selbstmord stoßen wird, erinnert Stefan Zweig die »Anhänger einer zukünftigen Menschheitsverständigung«, dass ihr Werk ständig bedroht ist, dass eine Sturzflut des Fanatismus »alle Dämme überfluten und zerreißen wird: fast jede Generation erlebt solch einen Rückschlag, und es ist dann ihre moralische Aufgabe, ihn ohne innere Verwirrung zu überdauern«. Vor bald neunzig Jahren schreibt er beinah zeitlos: »Die Aufgabe des kommenden Europäers soll es werden, statt auf die eitlen Ansprüche […] der Sektenfanatiker, der Nationalegoisten sich gefühlsmäßig einzulassen, immer das Bindende und Verbindende zu betonen, das Europäische über dem Nationalen, das Allmenschliche über dem Vaterländischen.«[193]

Die große Regression, sie ist nicht Schicksal.[194] Reaktionäre beschwören die Vergangenheit und verkennen den Wert der Geschichte. Sie sind ungemein gestaltungsschwach in einer Zeit, in der die Politik neue Gestaltungskraft entfalten muss. Sie sind lautstark, aber kurzatmig. Der leisere, weisere Teil der Gesellschaft kann der stärkere sein. Wenn er will.

III.

Die Demokraten unterschätzen die Demokratie

Haiti ist die älteste schwarze Republik. Freiheit, Gleichheit, Brüderlichkeit – in den Plantagen der französischen Kolonie nahmen das die schwarzen Sklaven ernst. Auf die Revolution in Paris folgte zwei Jahre später der Sklavenaufstand, der einzige erfolgreiche in der Weltgeschichte. Während einer Schlacht, so will es die Legende, schwenkten beide Seiten die Trikolore: Die Schwarzen meinten damit die republikanische Freiheit und ihre Unabhängigkeit. Die von Napoleon auf die Insel entsandten Truppen hingegen verteidigten das französische Imperium. Da habe der Sklavengeneral Jean-Jacques Dessalines aus der Trikolore den weißen Streifen herausgerissen – es blieben der blaue und der rote Streifen, Haitis Nationalfarben. Der Republikgründer Jean-Jacques Dessalines proklamierte 1804 die Unabhängigkeit. Und erklärte sich keine zehn Monate später zum haitianischen Kaiser, Jacques I., nach napoleonischem Vorbild. Seither walteten immer wieder Schreckensherrscher und Autoritäre, nur phasenweise war Haiti eine – stets prekäre – Demokratie. Aber in diesem gescheiterten Staat, in dem der Regierung, dem Parlament und der Justiz alle Kraft fehlt, bleiben die allermeisten Haitianer demokratisch gesinnt.

Menschen prägen die Demokratie, die Demokratie prägt die Menschen. Durch die haitianische Geschichte von Armut, Umweltzerstörung, Katastrophen, Korruption und Gewalt zieht sich ein roter Faden der Sehnsucht nach Demokratie. Die Hoffnung, eines Tages würden die Bürgerinnen und Bürger in ihr Recht gesetzt, stirbt nicht, auch wenn das unter den chaotischen Verhältnissen utopisch scheint. Als nach dem x-ten Regimewechsel ein neuer Halbdiktator feierlich vor Fernsehkameras gesprochen hatte, meinte lakonisch eine junge Frau aus einem Slum der Hauptstadt Port-au-Prince: »Il a parlé, mais il n'a rien dit« – »Er hat geredet, aber nichts gesagt«. Sie hatte in ihrem Leben fast nie wählen dürfen, in ihrem Misstrauen gegenüber den Autoritären war sie jedoch eine Demokratin – eine Citoyenne.

In Libyen, um in den nächsten gescheiterten Staat zu wechseln, weiß fast niemand, was eine Demokratie ist, da es dort nie eine gab. Zu Beginn des Bürgerkriegs schwenkten Demonstranten das Porträt des verstorbenen »guten« Königs Idris I., den der Oberst Muammar al-Gaddafi 1969 gestürzt hatte. Die Vorstellung, dass die Zeit der Machthaber verstreichen und der Untertan irgendwann zum Bürger avancieren könnte, ist bloß in wenigen libyschen Hinterköpfen vorhanden.

Seele und Saat der Demokratie

Wo die Saat der Demokratie einmal aufgegangen ist, verwandelt sie die mentale Landschaft. Demokratie schafft eine psychologische, das heißt eine harte Tatsache: Diktatur ist fortan nie mehr »normal«, der Autoritarismus nie mehr ganz legitim. War ein Land auch nur vorübergehend demokratisch, erhofft die Großzahl der Bürgerinnen und Bürger stets von Neuem die Rückkehr zu demokratischen Verhältnissen: in Haiti wie in Russland, im Chile des Diktators Augusto Pinochet wie jetzt in der Türkei. Die Historie hat die Unterstellung und Überzeugung der Neuen Rechten Lügen gestraft, der Mensch sehne sich mehr nach Autorität als nach Autonomie, er wolle lieber straff geführt werden als mitsprechen und mitentscheiden. Wer in Libyen immer nur Untertan war, sich deshalb auch nichts anderes als Gefolgschaft zu einem weisen König, zu einem irren Obristen oder derzeit zu den korrupten Warlords vorstellen kann, der mag dem Wunsch- und Menschenbild der Reaktionäre gehorchen. Seit aber in Haiti – einem der kaputtesten Staatswesen der Welt – ein Hauch demokratische Luft wehte, verlangen viele Haitianerinnen und Haitianer nach dem Sauerstoff der Demokratie.

Darin liegt durchaus etwas Anthropologisches. Der Mensch braucht zu essen, zu trinken, ein Dach über dem Kopf – das manchen Haitianern fehlt – und dann Liebe, Familie, Freunde. Aber das ist nicht alles. Die liberale Demokratie befriedigt besser bzw. weniger schlecht als andere politische Systeme die drei nächsten elementaren Bedürfnisse. Jeder Mensch will ...

– ... *geachtet werden*. Der Bürgerin und dem Bürger einer Demokratie wird mehr Wertschätzung zuteil als den Untertanen von Autokraten;
– ... *in Frieden leben*. Solide Demokratien werden im Inneren viel seltener von großen Wellen der Gewalt erfasst, auch Machtwechsel erfolgen in aller Regel gewaltfrei. Und nach außen führen liberale Demokratien kaum je Krieg untereinander. Insgesamt sind Demokratien »kriegszögerlicher« als Diktaturen (so der Philosoph Otfried Höffe), mit Ausnahme der militarisierten Supermacht USA, jedenfalls solange sie als Weltpolizistin auftrat. Umstrittene humanitäre Interventionen der Europäer beschränkten sich auf den Balkan. Auslandseinsätze aufgrund von UN-Resolutionen bleiben begrenzt.
– ... *frei reden* (und sich auch künstlerisch frei ausdrücken). Das ist ein existenzielles Verlangen. Die Mehrzahl der Menschen verbringt ihr Leben damit, sich von morgens bis abends auszutauschen, Geschichten zu hören, Geschichten zu erzählen und weiterzuerzählen, manchmal Geschichten zu erfinden oder weiterzuspinnen. Der politische Dauerdiskurs, der eine gute Demokratie ausmacht, dient nicht nur dem Erkenntnisgewinn, sondern auch einem Lebensgefühl, ja einem Lustgewinn.

All das verleiht der Demokratie ihre Grundkraft. Dieses störanfällige politische System ist kein Firnis der Zivilisation, sondern inzwischen ein Fundament derselben.

Jede Demokratie ist anders I: Westeuropa

Die Karibik und Nordafrika sind zwei Welten. Europa ist seinerseits das verblüffende Nebeneinander – und oft das Miteinander – gegensätzlicher Denkwelten. Die sehr verschiedenen Mentalitäten färben auf die Demokratien ab, die sehr verschiedenen Demokratien wirken auf die Mentalitäten ein. Und der Bürgersinn hängt wesentlich davon ab, wie der Staat funktioniert.

Nordeuropa bejaht hohe Steuern und eine starke Umverteilung in dem Wissen, dass die öffentliche Hand das Geld verhältnismäßig wirksam einsetzt. Italien hat eine umso schwärzere Schwarzwirtschaft, als ein Teil des Steueraufkommens versickert, ob es nun verschwendet wird oder verschwindet. Deshalb hat das Land eine weltweit wohl einzigartige Finanzpolizei, die Guardia di Finanzá mit gut 60 000 Uniformierten; sie bekämpft die Zoll- und Wirtschaftskriminalität, mit Hauptaugenmerk auf die Steuerhinterziehung. In Schweden etwa ist der Wohlfahrtsstaat ein »Bürger- und Volksheim«, wie ihn die Sozialdemokraten früher nannten. Für viele Italiener dagegen ist alles Staatliche gleichsam Fremdland, das sie nach Möglichkeit meiden und nur dann vorsichtig betreten, wenn bei einem befreundeten Klientelpolitiker Vorteile oder Schutz zu holen sind. Im Wechselspiel beeinflussen einander die Verhaltensmuster der Bürger und die demokratischen Institutionen.

Aber auch die nationale Geschichte formt das Verhältnis zu Demokratie und Rechtsstaat. Deutschland hat eine Verhandlungsdemokratie, im kontinuierlichen Austausch unter den Parteien oder den großen Verbänden, im Dauergespräch zwischen Bund und Ländern.[1] Der Föderalismus steht in der Tradition des schwachen deutschen Kaisertums mit starken Kurfürsten, die lange Zeit ihr gewichtiges Wort mitzureden hatten. Die Bundes- und Verhandlungsrepublik ist zudem eine klare Antwort auf das Führerprinzip der Nazis. Die heutige deutsche Politik besteht deshalb aus These, Antithese und Synthese: Jede Seite markiert hart ihre Position, um dann schnell Kompromisse auszuloten. Ungeübte Beobachter deutscher Verhältnisse meinen, die Kontrahenten kämen nie zusammen, doch am Schluss kooperieren sie meistens – zum Beispiel bilden Union und Sozialdemokraten höchst widerwillig die Große Koalition, die sie abwenden wollten.

In Deutschland setzte sich die äußerst verhandlungsorientierte bürgerliche Kultur durch. Ganz anders das zentralistische Frankreich: Von dem königlichen Absolutismus und dem republikanischen Bonapartismus strahlte das Hoheitlich-Dirigistische von Versailles oder Paris ins Land aus. Und das griff viel später der Retter der Nation auf, General Charles de Gaulle. Die von ihm 1956 errichtete Fünfte Republik ist denn auch eine Verfügungsdemokratie, in der die Regierung selten breite Kreise konsultiert und noch seltener mit Interessengruppen verhandelt. Praktisch jede Regierung will »dezentralisieren« und doch nichts aus der Hand geben. Diskussionen »mit dem Volk« werden eigens organisiert und zelebriert, so Emmanuel Macrons *Grand débat national*, als der Präsident auf den Protest der Gelbwesten antwortete, indem er durch Frankreich tourte und den Bürgerinnen und Bürgern zuhörte.

Der deutsch-französische Vergleich illustriert, wie sehr die Kultur die Demokratie bestimmt und umgekehrt. Das Verhältniswahlrecht sorgt in der Bundesrepublik dafür, dass in der Regel alle namhaften Parteien in den Bundestag einziehen. Wer regieren will, muss auf jeden Fall eine Koalition eingehen, feilschen, Kompromisse schließen. Der Koalitionsvertrag begründet eine Partnerschaft mit dem Gegner, eine halb loyale, halb brüchige Arbeitsgemeinschaft. Der französischen Art hingegen entspricht das Mehrheitswahlrecht (das Emmanuel Macron leicht mildern will). Es stärkt die Mehrheitspartei, schwächt die Opposition und schafft eindeutige Machtverhältnisse: Da ist dann nicht mehr viel auszuhandeln, partnerschaftlich schon gar nicht. Und wer unzufrieden ist, sich im fernen Paris Gehör verschaffen will, der rebelliert. Frankreich ist eben auch die unberechenbare Rebellendemokratie der vulkanischen Ausbrüche. Regierung und Rebellen suchen zunächst gar keinen Ausgleich. Die Aufrührer wollen einfach einen Pflock einschlagen, denn sie wissen: Verhandlungen und Kompromisse mit *le pouvoir* (mit der Macht, wie Franzosen ihre Regierung nennen) sind ein Nullsummenspiel – ich gewinne, was du verlierst. Sie begründen keine Partnerschaft, sondern ein neues Kräfteverhältnis. Auch wenn sich Präsident Macron um eine etwas andere politische Kultur bemüht: In Frankreich schwächen Kompromisse die Regierung – in der Bundesrepublik ist der Weg zur Macht mit Kompromissen gepflastert.

Die »verspätete Nation« Deutschland (Helmuth Plessner) wurde verspätet zu einer stabilen Demokratie.[2] Umso früher brachte deutsche Ordnungsliebe einen starken Rechtsstaat hervor. Das Bedürfnis nach Rechtssicherheit ist noch größer als woanders, darum gelten an die 6500 Gesetze und Verordnungen. Im europäischen Vergleich ist die Gerichtsbarkeit angesehen und effizient, was durchaus nötig ist, wo doch manche Deutsche vorschnell den Rechtsweg einschlagen. Und auch das ist Verhandlungsdemokratie: Vor dem Bundesverfassungsgericht wird laufend erörtert, was Regierung und Parlament dürfen, nicht sollen oder müssen. Vielleicht ist diese wohltuend starke Justiz doch etwas raumgreifend im Verhältnis zum Bundestag. Denn nicht selten wird vom hohen Gericht angeordnet, was erst einmal demokratisch zu debattieren wäre.

In Italien wiederum, um dorthin zurückzukehren, sind die meisten Regierungen so ephemer und auch bei aller Kraftmeierei so schwach, dass die Justiz teils unfreiwillig, teils bewusst mitregiert. In den neunziger Jahren nahmen Heerscharen mutiger Staatsanwälte mit ihrer großangelegten Operation »Mani pulite« (»Saubere Hände« wider die Korruption) die Sanierung der Demokratie in Angriff. Am Schluss brachten sie das gesamte Parteiensystem zum Einsturz. Eine Justiz, die letztlich an die Stelle der heruntergekommenen Politik tritt, ist zwar immer noch besser als eine, die sich in den Dienst der Politik stellt. Aber dabei wird sie übermäßig politisiert und zwangsläufig überfordert. Auf Dauer gefährdet sie ihre Glaubwürdigkeit.

Jede Demokratie ist anders II: Mittel- und Osteuropa

Das Gegenbeispiel bilden Rumänien, die Slowakei und Tschechien, wo Abertausende Bürgerinnen und Bürger für eine saubere Regierung und eine unabhängige Justiz auf die Straße gingen, mit fragilem Erfolg. Nach dem Mord an einem slowakischen Investigativjournalisten und seiner Partnerin flog 2018 die Verstrickung von Oligarchen, Regierung und Justiz auf, in Bratislava trat der Ministerpräsident zurück. Später, und als Antwort auf die Korruption, wählten die Slowakinnen und Slowaken eine entschiedene Fürsprecherin der Demokratie zur Staatspräsidentin, die Umweltaktivistin Zuzana Čaputová: »Justiz war in der Slowakei eine Ware, die sich einige Menschen kaufen konnten«, sagte sie. In Bukarest wiederum wütete gleichzeitig Liviu Dragnea, der bestechliche, vorbestrafte Chef der (auf dem Papier) sozialdemokratischen Partei. Er bedrängte die ihm hörige Regierung, die Antikorruptionsbehörde zu entmachten und das Strafgesetz zu entschärfen. Dragnea scheiterte jedoch an Massendemonstrationen empörter Rumäninnen und Rumänen. Sie kämpften für die liberale Demokratie, die das benachbarte Ungarn abgeschafft hat – zugunsten von Viktor Orbáns »christlicher Demokratie«.

Nach dem Untergang des sowjetischen Imperiums haben einzelne mittel- und osteuropäische Länder – die in ihrer Geschichte kaum oder nur kurz demokratisch gewesen waren – das Modell der liberalen Demokratie mehr imitiert als verinnerlicht. Imitation demütige, erinnert der bulgarische Intellektuelle Ivan Krastev, Autor von *Europadämmerung*.[3] »1990 war Europa unsere Zukunft, nun sind wir die Zukunft Europas«: In diesem Bonmot von Viktor Orbán aus dem Jahr 2018 klingt das Bedürfnis nach Anerkennung an, wenn nicht nach Revanche.[4] Krastev beobachtet, dass Emigration stärker noch als Immigration Ressentiments weckt. Die massive Auswanderung aus Mittel- und Osteuropa – übrigens auch aus Ostdeutschland – nährt Vorbehalte und Gefühle der Unterlegenheit. Nach wie vor verlassen die besten Köpfe ihre Heimat, Dörfer und Kleinstädte leeren sich. Allen voran streben frisch ausgebildete Mediziner nach Westen, weswegen Ärztemangel herrscht. Die niedrige Geburtenrate beschleunigt den Schwund, die verbliebene Landbevölkerung altert und wird defensiv, konservativ oder reaktionär. Und überall zehrt die Korruption an der demokratischen Substanz. Aber stark bleiben die Kräfte, die sich gegen die illiberale Demokratie wenden. Sie ist keineswegs das bevorzugte Zukunftsmodell auf dem Gebiet des früheren Ostblocks, der nie ein Block war. Und so entfaltet sich das Demokratische auch in diesem Teil Europas in aller Bandbreite.

In Ost, West, Süd und Nord – jede Demokratie ist anders. Demokratie ist ein Grundmuster, das sich noch nie in zwei Nationen identisch ausgeprägt hat. Die *checks and balances* zwischen den drei staatlichen Gewalten hat jedes Land anders gestaltet, je nach der nationalen Tradition und Geschichte, der Konflikt- oder Kompromisskultur, dem Bürgersinn, der Leistungsfähigkeit und Wahrnehmung des Staats, der Klugheit der Verfassungsgeber. Und jeder Aspekt tangiert alle anderen.

Zudem ändert sich unaufhaltsam eine jede Demokratie, am schnellsten derzeit in Großbritannien, wo die Brexit-Wirren das Parlament gestärkt haben, das seiner neuen Rolle allerdings noch nicht gewachsen scheint. Zuvor hatte die Regierung das Sagen gehabt, weil sie die Machtfülle britischer Monarchen geerbt hatte. Die Krone wollte sich nie von einer schriftlichen Verfassung beengen lassen, weshalb es bis heute keine verlässliche gibt. Aber Boris Johnsons anfängliche Versuche, die Volksvertreterinnen und Volksvertreter auszuschalten, und seine leeren Drohungen, notfalls Gesetze zu brechen, weckten in Westminster und auf der Straße Gegenkräfte, die nachwirken dürften. »Oooorder« – der Schrei des Speaker of the House war ein Ruf nach demokratischer Ordnung auch im Gefüge der britischen Institutionen.

Das Kommen und Gehen der Ideologien

Liberale Demokratien können ein Vorbild und zuweilen ein Schreckbild abgeben. Trotzdem möchte, quer durch die europäischen Mentalitäten, nur eine winzige Minderheit die demokratische Epoche beenden, die in der zweiten Hälfte des 18. Jahrhunderts begann. Die überragende Mehrheit will die wirkliche, die liberale Demokratie. Wobei viele spüren, ohne diesem Gefühl eine klare Richtung geben zu können: Wie bisher sollte es nicht weitergehen. Das Emporschnellen der Autoritären ist eine Warnung und bald eine ernste Gefahr, falls das Alarmzeichen übersehen wird. Sollte sich die Trump-Johnson-Bolsonaro-Orbán-Kaczyński-Salvini-Verruchtheit etablieren, brächte das unweigerlich eine Demokratiedekadenz. Die Erfahrung der Hybris und Inkompetenz von Autoritärdemokraten ist aber gleichzeitig eine Chance – ein Ansporn, sich um die Zukunft einer handlungsfähigen liberalen Demokratie zu bemühen.

Kommt erst einmal noch mehr Autoritarismus? Oder wollen wir im Gegenteil mehr Teilhabe der Bürgerinnen und Bürger an der Res publica? Wie beim Seilziehen wirken Kräfte in beide Richtungen. Die Demokratie steht unter Zugzwang, sich zu erneuern, und das Vielversprechende dabei ist: Bei diesem Modernisierungswerk gibt es keine für alle Staaten geeignete Methode, kein pauschales System, keinen ideologischen Ansatz. Ohnehin lässt sich in der Gemeinde, im Bundesland, Département oder Kanton, in der Region, Nation oder Europäischen Union das Demokratische nicht auf gleiche Weise weiterentwickeln. Und jetzt erst fängt überhaupt die Suche nach zweckmäßigen demokratischen Innovationen an. Mit anderen Worten: Die alten politisch-ökonomischen Ideologien helfen, anders als in den Systemdebatten der Vergangenheit, nicht weiter. Wenn neoliberale Staatshasser die Kommunistische Partei Chinas und ihren totalitären Staatskapitalismus loben, unterstreichen sie die Absurdität der eigenen Ideologie – und der chinesischen. In solchen Grotesken endet das ideologische Zeitalter.

Nicht selten hält sich das Vorübergehende für dauerhaft, und jede

Ideologie sei die definitiv richtige, glaubt ihre Gemeinde. Aber die Ideologien kommen und gehen, wusste aus eigener Anschauung Marion Gräfin Dönhoff, 1909 geboren. Die langjährige Herausgeberin der *Zeit* war das Kind eines alten Vaters, der ebenfalls Spross eines alten Vaters gewesen war. Die Spanne bis zu ihrem Großvater August reichte fast in die Zeit Friedrichs des Großen. Für eine uralte Dynastie war das gar nicht einmal so lang. Und innerhalb von bloß drei Dönhoff-Generationen gab es – in allerlei Erscheinungsweisen – den Feudalismus und Absolutismus, den Imperialismus und Kolonialismus inklusive Apartheid (deren halbwegs friedliches Ende Marion Dönhoff voraussah), den Liberalismus, die alte Sozialdemokratie, die neue Sozialdemokratie des Dritten Wegs à la Tony Blair und Gerhard Schröder, den Sozialismus und Kommunismus, Stalinismus und Maoismus, den Faschismus und Nationalsozialismus. Der weite Bogen spannte sich vom Manchester-Kapitalismus über die Planwirtschaft und den rheinischen Kapitalismus bis zum Neoliberalismus, weiter zum noch marktradikaleren Libertarismus und zum Geldglobalismus. Zwischenzeitlich kamen und verkamen Jugoslawiens experimentelle, selbstverwaltete Betriebe. Der Neokonservativismus wie der Digitalismus beschworen einen Umbruch, den Vertreter des Ersteren als Konservative Revolution und Vertreter des Letzteren als Disruption idealisieren. »Alle glaubten immer, ihre Ideologie sei die beste, die dauerhafte, die endgültige«, lächelte Marion Dönhoff.[5]

Nie im Lot – Freiheit, Gleichheit, Nachhaltigkeit

Der Begriff des »Demokratismus« dagegen hat sich nie so recht etabliert: Warum ist die Demokratie vermutlich keine Ideologie? Weil sie weder ein Heilsversprechen beinhaltet noch Sinn stiftet noch eine klare Ordnung der Gesellschaft und Wirtschaft vorsieht. Sie lebt mehr vom parlamentarischen Alltag als von einer eindrucksvollen Vision. Demokratie ist das, was Ideologen widerstrebt: eine Balance-Übung, prekär und pragmatisch, weit beweglicher und deshalb eher stabiler als andere politische Systeme. Wohldosiert sollen das Volk, die Volksvertreter, die Staats- und Regierungschefs, Minister, Richter und Zentralbank-Gouverneure so weit an der Staatsmacht teilhaben, dass weder eine Lähmung noch der Autoritarismus droht. Regierende sollen nicht willfährig verwalten, aber auch nicht willkürlich gebieten – sondern regieren. Das Abwägen ist das Lebenselixier, denn Demokratie ist eine Frage des Augenmaßes. Ihre Qualität hängt vom möglichst klugen, aber nie ganz stimmigen Justieren der Machtbalance ab. Obendrein muss sie laufend auch ihre zwei wichtigsten herkömmlichen Ideale austarieren, die sich reiben: so viel Freiheit wie möglich, damit das Individuum gedeiht; so viel Gleichheit bzw. solidarische Umverteilung wie nötig, damit das Gemeinwesen und seine benachteiligten Mitglieder vorankommen. Die Demokraten streiten seit je, wie viel *égalité* möglich und wie viel *liberté* nötig sei, oder vice versa.

Inzwischen ist dieser Ausgleich noch anspruchsvoller geworden, nämlich seit der epochalen Studie über *Die Grenzen des Wachstums*, die ihre Mitautoren Donella und Dennis Meadows 1972 am St. Galler Symposium vorstellten. Der Umweltgedanke hat sich seither durchgesetzt und das dritte Ideal der Französischen Revolution mit neuem Leben erfüllt: Der *fraternité* verleiht die grüne Bewegung eine zeitgemäße Bedeutung. Brüderlichkeit und Schwesterlichkeit innerhalb der Menschheitsfamilie stehen für die Ökologie, wörtlich die Lehre vom Haus, in dem diese *Family of Man* (siehe S. 134) logiert. Der Blaue Planet ist das lädierte Haus. Hat es pflegliche, vorausschauende Mitbewohnerinnen und Mitbewohner? Wird es die »Greta-Generation« gut haben im einzigen Domizil weit und breit? *Fraternité* als Verbundenheit der Zeitgenossen auch mit ihren Nachfahren – als Nachhaltigkeit.

Einst waren Freiheit und Gleichheit ins Lot zu bringen, das war heikel genug. Kommt die Nachhaltigkeit hinzu, wird es komplexer. Sie tangiert sowohl die Freiheit als auch die Gleichheit. Demokratie hat künftig eine schwierigere Aufgabe. Sie bleibt aber um der Freiheit, Gleichheit und Nachhaltigkeit willen der ganz große Kompromiss, den die Demokraten stets von Neuem aushandeln müssen. Versagen sie dabei, leiden alle drei Gleichgewichte: zwischen Umwelt und Gesellschaft, zwischen Gesellschaft und freiem Individuum und zwischen Individuum und Umwelt. Demokratien sind langsam, aber nur Demokraten können auf Dauer der Aufgabe gerecht werden, *liberté*, *égalité* und ökologische *fraternité* einigermaßen in Einklang zu bringen.

Ökodiktatur: Mehr Diktatur als öko

Weniger Freiheit und noch mehr Ungleichheit zwecks Nachhaltigkeit? Unweigerlich wird es einiger Gebote und Verbote bedürfen, um die globale Erwärmung und den Raubbau an den Lebensgrundlagen zu stoppen. Demokratie ist die Staatsform, die solche missliebigen Imperative nachhaltig legitimieren kann.

Der 2008 verstorbene Ökonom Claus Noé hielt es für eine Naivität oder Irreführung, immerzu »von der Versöhnung von Marktwirtschaft und Grünem zu fabulieren, als ob ein auf Akkumulation und Wachstum gedoptes Wirtschaftssystem Nachhaltigkeit und Schonung der Ressourcen liefern könne«.[6] Er wandte sich gegen einen Diskurs, der »die Menschheit mit dem Versprechen einer grünen Marktwirtschaft einschläfern« wolle, denn »beim Klimaschutz versagt der Markt«.

Selbst wer dem Staats- und Wirtschaftsdenker Noé nicht so weit folgt, muss mit massiven Eingriffen in den Markt rechnen. Das Klimaschutz-Übereinkommen von Paris verpflichtet die Weltgemeinschaft zur Begrenzung der Erderwärmung auf unter zwei Grad, nach Möglichkeit auf 1,5 Grad. Stand heute wird das nicht eingelöst, die EU wird ihre wenig ehrgeizigen Klimaziele 2030 verfehlen. Und dann? Es würde die Marktwirtschaft wie die Demokratie beschädigen, starrköpfig die derzeitige Umwelt- und Klimapolitik der Selbsttäuschung fortzuführen. Die Erwärmung zu drosseln, erfordere »beispiellose Veränderungen in sämtlichen Bereichen der Gesellschaft«, einen Wandel auch »in menschlichem Verhalten und Lebensstilen«, so die wachrüttelnde Botschaft des Weltklimarats Intergovernmental Panel on Climate Change (IPCC).[7] Demokratie ist die einzige Staatsform, in der sich Bürgerinnen und Bürger letztlich selbst Gebote und Verbote auferlegen können. Und diese neue Herausforderung spricht nicht etwa für weniger, sondern für mehr Demokratie.

Nicht selten dient China als Beispiel dafür, wie rasch eine Diktatur Maßnahmen zum Schutz der Umwelt treffen könne. Aber: Nur in einer diktatorischen Volksrepublik konnte das Regime die Umweltzerstörung zuvor dermaßen auf die Spitze treiben. »Das Wasser, das Sie trinken, ist so gefährlich wie die Luft, die Sie atmen«, fasste der Umweltaktivist Deng Tingting die Katastrophe 2017 zusammen.[8] Laut dem WWF sind in China »60 bis 80 Prozent des Grundwassers stark verschmutzt und nicht trinkbar, ein Drittel der vielen Flüsse und Seen ist so schmutzig, dass sie für Menschen nicht mehr nutzbar sind«.[9] Ein Fünftel der landwirtschaftlichen Nutzfläche ist verseucht. Das Abfallwesen ist desaströs. Namentlich in nördlichen Regionen ist viel dicke Luft, die Verschmutzung übersteigt die Grenzwerte der Weltgesundheitsorganisation WHO um ein Vielfaches. China setzt nach wie vor auf den Ausbau der Atomenergie. Und manche Region beachtet nur dann die mittlerweile strengen Umweltgesetze, wenn Beijing wieder einmal droht. Die KP handelte erst, als die Spitzen der Nomenklatura in ihrer Lebensqualität litten. Nicht uneigennützig griffen sie zuallererst in der Hauptstadt durch, die zur Kapitale des Smogs geworden war. So konnte es nicht weitergehen: Die Schnellmaßnahmen kamen langsam.

In Projekten zur Entwicklung von Open-Source-Software wird manchmal ein sogenannter »benevolent dictator«, ein wohlmeinender Diktator ohne jedes Eigeninteresse ernannt, der bei Bedarf das Vorhaben wieder ins rechte Gleis bringen soll. Die Politik kennt viele wohlgesinnte Demokraten, aber keine wohlmeinenden Diktatoren. Gewaltherrscher denken an sich und die Sicherung ihrer Macht, danach erst an alles andere einschließlich der Umwelt. Eine Ökodiktatur wäre mehr Diktatur als öko. Ökokratie ist eine Illusion. In der FAZ brachte es der Demokratieforscher Peter Graf Kielmansegg auf den Punkt: »So viel Grund zur Skepsis auch gegeben sein mag, [...] für die Demokratie spricht vor allem, dass eine zivilisatorische Wende nicht als Oktroi, sondern nur mit dem Einsatz vieler gelingen kann. Sie ist zwar auf die Einsicht der vielen angewiesen; darauf, dass die vielen begreifen: Sie sind mitverantwortlich dafür, dass die Menschheit eine säkulare Bewährungsprobe besteht. Aber wo ist die Hoffnung, dass sich diese Einsicht rechtzeitig durchsetzt, größer als in offenen Gesellschaften? Hinter den Schwächen der Demokratie liegen oft auch Stärken. In den Weltkriegen des 20. Jahrhunderts haben ihre Gegner das zu ihrer Überraschung erfahren.«[10]

Gesetzt den Fall, in Europa breiteten sich Autoritärdemokraten à la Salvini aus – was würde geschehen? Sie würden, wie zuvor die Seenotretter, auch die Umweltnothelfer bekämpfen. Nachhaltigkeit, Gleichheit, Freiheit – der Neuen Rechten sind alle drei zuwider, sie suchen da keine Balance, keinen Ausgleich. Kompromisse lehnen sie ab. Und wem der Kompromissgedanke fremd bleibt, der ist kein Demokrat.

Der unedle Weg zum edlen Kompromiss

Eine gute Demokratie wirkt nämlich als brummende Kompromissmaschine, deren größere Zahnräder das Parlament, die Regierung und die Justiz sind. Dank des Föderalismus greifen die kleineren Zahnräder in Bundesländern und Gemeinden. Die Bürgerinnen und Bürger sind die Triebfeder. Bei den Wahlen updaten sie die Chips, die diese Mechanik steuern. Sozialpartnerschaft und Mitbestimmung speisen Öl ins Getriebe. Medien sichern die Betriebstemperatur, ihre Sensoren schlagen schnell Alarm. Der Rechtsstaat ist das Gehäuse.

Sämtliche Komponenten der Kompromissmaschine sorgen für einen beständigen demokratischen Alltag: für Anlässe, Orte und Termine, an denen die Vertreter wesentlicher Interessen miteinander reden, im besten Fall einander zuhören, aufeinander zugehen und Lösungen vereinbaren.

Die Maschinenwerker müssen keinen Konsens anstreben, bloß Kompromisse finden. Oft ist die Arbeit daran nicht rampenlichttauglich. Kompromissarbeiter müssen dann und wann auf peinliche, unwürdige, vordergründig demokratieschädliche Weise feilschen, und sei es zunächst um einen Formelkompromiss, ansonsten kämen sie nicht weiter. Liebend gern kritisiert der Medienbetrieb derlei menschlich-demokratischen Bazar, als seien Kompromisse kompromittierend. Und jene demokratischen Kräfte, die sich richtig gut aufs Schachern verstehen, genießen wenig Ansehen bei Journalisten – die Medien ziehen Parteien mit »kantigem Profil« vor, schon um der Dramaturgie willen, denn Konflikte sind publikumswirksamer als ihre Beilegung.

Die von weit rechts bis linksliberal sehr breit aufgestellten Christdemokraten waren lang Virtuosen der Kompensations- und Gegengeschäfte, die man delikat und diskret in den berühmten »Hinterzimmern« vereinbart. In Italien artete das in pure Korruption aus und mündete 1993 in den Bankrott der Democrazia Cristiana. Aber in Bayern und in der Schweiz schrieben ausgerechnet diese Gibst-du-mir-gebe-ich-dir-Parteien schöne Kapitel der Erfolgsgeschichten ihrer Länder; sie wussten, das Gemeinwesen zusammenzuhalten und doch immer von Neuem zu modernisieren. In solchem Lavieren liegt eine verkannte, verborgene Produktivkraft. Deutsche sagen pejorativ »durchwurschteln«, aber die Angelsachsen haben dafür das gediegene Wort *muddling through*, sehr frei übersetzt: sich durch das Kuddelmuddel voranrobben.

In der Bundesrepublik brachte ein christdemokratischer Urkompromiss viel Stabilität nach dem Zweiten Weltkrieg: Als Erste ging die Union den Mittelweg der sozialen Marktwirtschaft – zugleich marktwirtschaftlich genug, dass sich die Unternehmen entfalteten, und sozial genug, dass die Gesellschaft vorerst im Lot blieb. Schon 1959 schwenkten die Sozialdemokraten auf dieses gedeihliche Justemilieu ein. Beim Aufbau der Europäischen Union waren abermals die christdemokratische Lust an der Collage des Disparaten und die ewige katholische (wörtlich: »allumfassende«) Gabe, grundverschiedene Kulturen miteinander zu vereinbaren, wesentliche Erfolgsfaktoren: allemal mit jener barocken Ehrlichkeit, die ohne Verschlagenheit nicht auskäme. Manchmal ist das Deftige auch das Listige.

So unedel der Weg zum Kompromiss, so edel fällt oft das Ergebnis aus. Wer nämlich Kompromisse eingeht, wendet Konflikte ab, eine gänzlich vergessene Banalität. Konflikte würden Stillstand verursachen, Reibungsverluste bringen, Opfer fordern, vielleicht Gewalt auslösen. Nach zahllosen europäischen Kriegen ist die EU – ähnlich wie die Demokratie – auch nichts anderes als ein Kompromiss im kontinentalen Maßstab, zusammengesetzt aus tausend kleinen und auch mal kleinlichen, aber insgesamt weiterführenden Kompromissen.

Kompromisse sind interessanter und aufrichtiger als der Konsens. Die Meinung des Gegenübers teilt man nicht, trotzdem steht man auf gemeinsamem Boden. Darin liegt die Genialität der Demokratie: Sie ist der vorweggenommene Verzicht auf Perfektion. Makellos sind die Dogmen der Dogmatiker aller Art. Die Demokratie ist demgegenüber eine Freistatt der Ambivalenzen, denn jeder Kompromiss zwischen zwei Lagern birgt zwei Logiken in sich, zwei Denkweisen. Es ergänzen und reiben sich nicht nur die Gesinnungen, nicht nur die Freiheit, Gleichheit und Nachhaltigkeit, sondern auch Parlament, Regierung und Justiz. Diese dreifache Hybridität dämpft die Hybris von Machtmenschen und Ideologen. Es lebe die Melange!

Melange ist menschenfreundlicher, das heißt wirklichkeitsnäher als die Eindeutigkeit der politischen Doktrinen, die das 19. und 20. Jahrhundert bestimmten. Die liberale Demokratie lebt davon, dass These und Antithese nötig sind, ohne dass daraus eine ganze und glänzende Synthese werden muss: Gutes Nebeneinander kann ergiebig sein wie das viel besungene Miteinander. »Zur Demokratie gehört [...] Homogenität«, hatte Carl Schmitt postuliert.¹¹ Doch ein Jahrhundert und zwei Globalisierungswellen später stehen alle westlichen Gesellschaften im Zeichen des Heterogenen – am deutlichsten in der Kultur zu besehen und zu genießen. Sie ist hybrider denn je, vom Reggae zum arabischen Raï-Pop, vom fernöstlichen K-Pop zur jazz-rap-rockigen »Volxmusik«, vom Berliner Maxim-Gorki-Migranten-Theater, wo Orient und Okzident nicht zu trennen sind, bis zur Literatur von Leïla Slimani oder Rafik Schami.

Niedergang? Die Demokratie ist im Übergang

»Wer nicht für mich ist, der ist gegen mich«: Reaktionäre haben klare Kategorien. Ihre zweigeteilte Welt ist konfliktuell – Elite versus Volk, Nation versus Fremde, wir versus die anderen. Sie stemmen sich gegen das Mehrdeutige, das eine lebendige Gesellschaft prägt. Der aus Bosnien-Herzegowina geflüchtete, in Heidelberg aufgewachsene Autor Saša Stanišić umreißt dichterisch das Hybride im eigenen Lebenslauf: »Meine Rebellion war die Anpassung. Nicht an eine Erwartung, wie man in Deutschland als Migrant zu sein hatte, aber auch nicht bewusst dagegen. Mein Widerstreben richtete sich gegen die Fetischisierung von Herkunft und gegen das Phantasma nationaler Identität. Ich war für das Dazugehören. Überall, wo man mich haben und wo ich sein wollte. Kleinsten gemeinsamen Nenner finden: genügte«, schreibt er in seinem Erzählband *Herkunft*, der 2019 mit dem Deutschen Buchpreis ausgezeichnet wurde.¹²

In der Transformation von Gesellschaft, Wirtschaft und Politik stimmen viele einst eindeutige Kategorien nicht mehr. Ihre alte Klarheit ist nicht auf der Höhe der neuen Unübersichtlichkeit. Zum Beispiel ...
– ... geraten wir in der Arbeitsgesellschaft in immer größere Verlegenheit, den Begriff der Arbeit überhaupt zu erfassen. Der beweg-

liche Laptop hat die Einteilung in Büroarbeit und Heimarbeit gesprengt. Im Netz verwischt die Zweiteilung in Arbeitgeber und Arbeitnehmer. Und die unbezahlte Arbeit, zum Beispiel die Care-Arbeit, die in der Volkswirtschaftslehre nicht als Arbeit vorgesehen war, wurde endlich als maßgebend entdeckt.
– … formieren sich neben den Parteien frische Kräfte, oft mehr Bewegungen als Organisationen. Fridays for Future hat zu einem ökologischen *esprit général* vielleicht sogar mehr beigetragen als die Grünen.
– … hat sich in der Weltunordnung und angesichts des Klimawandels der herkömmliche Begriff des Flüchtlings überlebt. Kriegs-, Katastrophen-, Hungersnot- oder Klimaflüchtlinge fallen nicht unter die Genfer Flüchtlingskonvention. Sie sind Geflüchtete ohne Anspruch auf Asyl, weil sie nicht individuell politisch verfolgt werden, sondern vordergründig »unpolitisch« und kollektiv bedroht sind. Der Präsident des Internationalen Komitees vom Roten Kreuz in Genf, Peter Maurer, zählt mehr Gewaltvertriebene denn je seit dem Zweiten Weltkrieg: 70 Millionen an der Zahl. Insgesamt sind 130 Millionen Menschen auf Überlebenshilfe angewiesen, und rund 70 Prozent der Kampfhandlungen sind nicht klassische Kriege zwischen Staaten, sondern innere Konflikte mit jeweils 2 bis 52 Konfliktparteien: Wie sollen solche bewaffneten Auseinandersetzungen »kategorisiert« werden? Die meisten Menschen, die in die Flucht getrieben werden, gelten nicht als Flüchtlinge.[13]

Reaktionäre würden am liebsten die Einteilungen der Vergangenheit verewigen. Dazu neigen auch viele Demokraten, denn jeder Mensch hat konservative Reflexe und liebgewonnene Denkgewohnheiten, die er ungern ablegt. Aber nur die liberale Demokratie bewältigt das Nebeneinander alter Kategorien, die auslaufen, und neuer, die sich herausbilden: Nur sie hält Ambivalenzen aus. Dieses politische System hat das Potenzial, laufend (wiewohl langsam) nach zeitgemäßen Einordnungen zu suchen – es ist dafür prädestiniert. Das ist ein Vorzug in Zeiten des Umbruchs und in einer »gemischten Welt«, wie Michael Hampe schreibt, Professor der Philosophie an der Eidgenössischen Technischen Hochschule Zürich (ETH). In seinem Buch *Die dritte Aufklärung* vermutet Hampe: »Es könnte sein, dass wir uns gegenwärtig nicht primär in einer Krise der Demokratie befinden, sondern eine Erosion der aufgeklärten Kultur stattgefunden hat, die sich auf die Art und Weise auswirkt, wie Demokratien ›funktionieren‹. Wenn das der Fall ist, muss man sich keine Illusionen machen und muss eine weitere Aufklärungsbewegung anstreben. Es könnte sein, dass der Verlust einer aufgeklärten Kultur gravierender ist als der der Demokratie.«[14]

Allerdings spricht vieles dafür, dass sich Aufklärung und Demokratie gemeinsam ganz gut behaupten, statt zusammen zuschanden zu werden. Aufklärung ist Suche, und die Demokratie ist offensichtlich in eine intensive Suchphase eingetreten. Demgegenüber sind reaktionäre Autoritäre unwillig und ziemlich unfähig, rechtzeitig Veränderungen in der Gesellschaft aufzugreifen, auf die Einstellungen der jungen Jahrgänge einzugehen.[15] Das schafft die Demokratie auch nicht immer gut, aber viel besser, und die von gestandenen Politikern geschmähten Aktivisten und Anhänger von Fridays for Future sind ein Katalysator ihrer Erneuerung. »Schlecht informierte Teenager« (Wladimir Putin), die lieber brav zur Schule gehen und sich über »technische und wirtschaftliche Zusammenhänge informieren« sollten (so der FDP-Vorsitzende Christian Lindner), bereichern, beleben, bestärken die liberale Demokratie.[16] Ihre derzeitige Krise muss nicht als Niedergang gedeutet werden, sie lässt sich als Übergang begreifen: Gegen tausend Widerstände, die an ihre Substanz gehen, wechselt die Demokratie in einen vielversprechenden Modus. Spät genug betritt sie die ökologische Ära, die hohe Anforderungen an sie stellt.

Dabei wächst, ebenfalls gegen lauter Einwände, unaufhaltsam das staatsbürgerliche Bewusstsein, dass der Primat der Wirtschaft über die Demokratie eine konsequente Umweltpolitik und eine ökosoziale Marktwirtschaft verhindert.

Demokratie als Entdeckungsverfahren

In den zurückliegenden Jahrzehnten hatten die gute Bürgerin, der gute Bürger wirtschaftsfreundlich zu sein, auch wenn manche Deregulierungen, das Gebaren eines Teils der Konzerne und die Vermachtung des Markts ganz und gar nicht demokratiefreundlich waren. Nicht nur in der jüngeren Generation haben viele daraus gelernt. Sie sind keineswegs wirtschaftsfeindlich, aber sie pochen auf eine demokratiefreundliche – und das heißt nun auch umweltfreundliche – Politik. Viele wollen nicht länger die einseitige »It's the economy, stupid!«-Demokratie, sondern eine ganzheitlichere »It's the citizen, stupid!«-Bürgerdemokratie. Nach Jahrzehnten des Ökonomismus verblüfft das viele bürgerliche Politiker und verwirrt die Wirtschaftswelt, die es ganz anders gewohnt war. Sinnbilder sind Struktur- und Vertrauenskrisen wie die der deutschen Automobilbranche, die in ihrer Allmacht die Käufer betrog, des Flugzeugbauers Boeing, der um der Gewinnmarge willen Menschenleben aufs Spiel setzte, oder des Schweizer Finanzplatzes, der die Steuerhinterziehung zum Geschäftsmodell erhoben hatte. In reinen »It's the economy«-Zeiten ging das, jetzt nicht mehr. Mancher Topmanager, der sich einzig der ökonomischen Logik verschrieben hatte und von dem das auch erwartet wurde, ist plötzlich nicht mehr auf der Höhe der Zeit. Der Primat der Wirtschaft bleibt, aber er bröckelt.

Die Wende kündigte sich an, als zu Beginn der zehner Jahre die Ideologie des sogenannten Shareholder-Value (der Maximierung des Werts eines Konzerns an der Börse) fast unbemerkt entschlief – diese ultrakapitalistische Parole war lang allgegenwärtig gewesen und verschwand binnen zwei, drei Jahren aus den Schlagzeilen und der öffentlichen Debatte. Und so wie der Radikalismus eines unilateralen Wirtschaftsdenkens seinen Zenit überschritten haben dürfte, so erfahren die Rechtsradikalen erste schwere Rückschläge: am stärksten in kleinen Ländern, wo sie früh aufgetreten waren, etwa der Schweiz, Dänemark, Österreich, der Slowakei. Die Europawahl 2019 enttäuschte die Erwartungen der Reaktionäre auch in Deutschland und zumal in Frankreich, wo schon bei den Parlamentswahlen 2017 der Rassemblement National leicht schrumpfte. Gleichzeitig regen sich frische Gegenkräfte gegen die Polarisierung. Auf höchst unterschiedliche Weise verkörpern die deutschen Grünen oder Emmanuel Macrons »En Marche«-Bewegung eine Art neue Mitte: genau das, was den Vereinigten Staaten schmerzlich fehlt, weswegen dort die Hyperpolarisierung der Gesellschaft fortschreitet. In Europa hat die Demokratie dazugelernt, sie ist eine Stufe weiter: Wieder einmal erweist sich, dass sie ein »Entdeckungsverfahren« ist.

Der neoliberale Vordenker Friedrich August von Hayek sah den Markt und den Wettbewerb »als ein Verfahren zur Entdeckung von Tatsachen [...], die ohne sein Bestehen entweder unerkannt bleiben oder doch zumindest nicht genutzt werden würden«.[17] Aber nicht nur der Konkurrenz, sondern auch der Kooperation verdanken wir epochale Erfindungen: Das World Wide Web, das die Welt veränderte, entstand an einem Hort der Gemeinschaftsarbeit von 17 500 Wissenschaftlern aus aller Welt, nämlich 1989 am Genfer Kernforschungszentrum CERN. In der Politik wiederum verknüpft die Demokratie den Wettkampf und das Zusammenspiel der Parteien, den Diskurs und das Kräftemessen. Das verleiht der demokratisch-offenen Gesellschaft eine seltsame Unerschrockenheit, sich auf Neues einzulassen – in der Breite einer (überall und jederzeit) recht konservativen Bevölkerung sehr schleppend zwar und nicht ohne Rückschläge, wie wir sie erleben. Aber es ist zu vermuten und daran zu arbeiten, dass die liberale Demokratie nach langer Geduldsprobe gestärkt aus ihren Krisenjahrzehnten hervorgehen wird, zumal wenn ihre Gegner dermaßen versagen: Nirgends, wo sie regieren, erzielen die Reaktionäre wirkliche Erfolge und bringen sie ihr Land voran.

Die Demokratie, dieses lernende politische System, hat sich im Westen durch die vier industriellen oder digitalen Revolutionen, durch den Kolonialismus und die Entkolonialisierung, durch ungezählte Kriege und alle Ideologien, durch immer neue Migrationen hindurch behauptet und bewährt. Oft war sie in Bedrängnis, nahm sie schweren Schaden, wurde sie abgeschafft, neu eingeführt – häufig machte sie eine denkbar schlechte Figur. Dennoch hat sie sich in der Neuzeit als die nachhaltigste politische Ordnung erwiesen. Sie ist nicht bloß, wie Churchill am 11. November 1947 im britischen Unterhaus sagte, »die schlechteste Regierungsform, außer allen anderen Formen, die ab und zu ausprobiert worden sind«.[18] Sie ist auch die einzige Staatsform, die in die Zukunft weist.

Die hybride Aufklärung

Allerdings müssen sich liberale Demokraten auf die neuen Aufgaben einstellen. Polarisierung? Angesagt und vonnöten ist das diametrale Gegenteil, um den Anforderungen des 21. Jahrhunderts gewachsen zu sein. Polarisierende und radikalisierende Politik taugt zum Machtgewinn, sonst zu gar nichts. Demagogen werfen dem Establishment Volksferne vor. Doch verrät ihre Faktenferne bis hin zur Faktenfreiheit, dass ausgerechnet die vorgebliche rechte »Realpolitik« meilenweit von der Realität entfernt ist. Auf postfaktische Weise lässt sich die Gesellschaft radikalisieren, aber kein Ziel erreichen.[19] Und das Reiseziel der Politik heißt jetzt in jeder Hinsicht: Einbezug. Die Ökologie ist ins Gefüge der demokratischen Institutionen einzubeziehen. Das Prinzip der Nachhaltigkeit ist in den republikanischen Dreiklang Freiheit, Gleichheit und Brüderlichkeit einzuweben. Die Kosten des Verbrauchs natürlicher Ressourcen sind in die Preise einzurechnen. Diese Ressourcen, die Arbeit und das Kapital sind als ein Ganzes zu sehen. Die Nichterwerbsarbeit ist in den Begriff und das Selbstverständnis der Arbeitsgesellschaft einzubringen. Die Bürgerinnen sind in dieser Arbeitsgesellschaft wie in der Demokratie gleichzustellen. Sozial Schwache sind von den Rändern wieder stärker in die Mitte der Politik zu rücken, und die Gesellschaft muss wider die auf Dauer unhaltbaren Disparitäten ihre neue Mitte finden. Die Migrantinnen und Migranten sind zu integrieren. Doch wer »postfaktisch« denkt, schafft keine Fakten, schon gar nicht im Hinblick auf eine Zukunftsvorstellung. Die kleine, allgegenwärtige und recht elegante Vorsilbe »post« verrät die generelle Unsicherheit: Zwar wissen wir einigermaßen, was wir im digitalen, globalen und mentalen Umschwung hinter uns lassen (oder manchmal lieber nicht hinter uns ließen). Wir haben jedoch kaum Vorstellungen von dem, was wir anstreben. Eigenschaftswörter wie »postmodern«, »postfaktisch«, »postdemokratisch« stehen weniger für eine Eigenschaft als für das Fehlen derselben, jedenfalls für ihr Ausklingen und eine Art Schwebezustand. Sie suggerieren, dass die Modernität, die Fakten und die Demokratie scheinbar bzw. ansatzweise schon Vergangenheit seien. Diese »Post-Adjektive« beschreiben, was angeblich nicht mehr ist, aber nicht, was ist, und noch weniger, was sein soll. Als Karl Marx an seinem Projekt arbeitete, nannte er es nicht etwa Postkapitalismus, sondern Kommunismus.

Das Zeitalter der großen Gedankengebäude – ja der ideologischen Wolkenkratzer – ist verstrichen. Doch im 21. Jahrhundert gilt: Was (noch) nicht benannt ist, kann trotzdem richtungsweisend sein. Falls aber eine Bezeichnung für die anstehende Arbeit an der Liberalität und der liberalen Demokratie nötig sein sollte – warum nicht »hybride Aufklärung«? Sie umfasst die oben erwähnten Anforderungen an eine zeitgemäße Politik des Einbezugs.

Der französische Soziologe Bruno Latour hat vor drei Jahrzehnten den Gedanken der Hybridität zu einem neuen, ökologischen Weltverständnis ausgeweitet. Kultur und Natur, Lebewesen und Dinge, die Gesellschaft und ihre Gegenstände stünden nicht bloß in ständiger Wechselbeziehung zueinander, sie seien darüber hinaus als hybride Kollektive zu begreifen. Darin liegt gedankliche Subversion der radikalen Art. Bruno Latour relativierte die uralte Ordnung, in welcher der Mensch die Krone der Schöpfung ist. »Macht euch die Erde untertan«? Latour stellte letztlich auf die gleiche Stufe, was zuvor als völlig ungleich und unvergleichbar galt: den Menschen, das Tier, die Dinge.[20] Diese neue Weltanschauung verdankt vieles dem postkolonialen Denken. Die Befreiung und allmähliche Emanzipation der Kolonien kündigten eine Ära an, in der sich der Westen nicht länger die Erde untertan machen kann, weder politisch noch ökonomisch noch ökologisch. Das stellte die lang selbstverständliche Hackordnung infrage. Und in der Kolonialzeit hatte nicht generell der Mensch an der Spitze der Pyramide gestanden, sondern der weiße Mann. Nun stimmte auch diese Hierarchie nicht mehr. Das war gleichsam eine Einladung, weitere zuvor unfragliche Rangordnungen anzuzweifeln, zumal wenn mit der Entkolonialisierung die neue Lust an der Melange der Kulturen einherging: am Einbezug und am Hybriden jenseits aller hierarchischen Einteilungen.

Der Schweizer Romancier und Essayist Hugo Loetscher zählte seit den siebziger Jahren zu den literarischen Vorboten des hybriden Denkens. Der Weltreisende Loetscher sah in der ihm vertrauten portugiesisch-lusophonen Welt die Ästhetik einer streitbaren Koexistenz und fruchtbaren Konvergenz von Kulturen: von der Semba in Angola zur Samba in Brasilien; vom Weltschmerz der einstigen Lissabonner Fado-Königin Amália Rodrigues oder heute ihrer afroeuropäischen Nachfolgerin Mariza bis zur Wehmut in der Stimme von Cesária Évora von den Kapverdischen Inseln; von Goa nach Macau. Solche Hybridität nannte der 2009 verstorbene Schriftsteller damals »Simultaneität«. Was meinte er genau? Darunter subsumierte Loetscher: »Nicht länger ein Gegensatz von Zentrum und Rand; nicht mehr Hierarchie, sondern Nebeneinander; nicht Chronologie, sondern Gleichzeitigkeit; und statt aller Ideologien zumindest Ambivalenz.«[21] Das war gewiss nicht als schönfärberische Schilderung des seinerzeit noch vom Westen dominierten Südens gemeint. Vielmehr war es, im postkolonialen Rückblick, ein intelligenter Ausblick auf die zwiespältige Globalisierung – sie erregt Anstoß, sie gibt Anstöße: Hybrid findet da aufs Schönste zusammen, was nicht unbedingt zusammengehört (und laut den Ideologen des »Kampfs der Kulturen« zusammenzuprallen hat). »Un bouillon de culture« heißt es freudig auf Französisch, ein Ferment unterschiedlichster Kulturen. Im deutschen Sprachraum hingegen hat sich das abschätzig gewordene »Multikulti« etabliert. Nicht aber bei Hugo Loetscher. Glücklich tauchte er in den erfinderischen Wirrwarr der Transkulturalität. Wer quer durch die Kulturen und ihre Denkwelten denkt, dessen Ideen bergen eine Spannung, und sie haben Auslauf. Die Differenz ist eine Ressource, die Melange ermöglicht Neues: Der Wirrwarr weist den Weg. »Jeder Ort ein Überall, da auf einer Kugel jede Stelle ein Zentrum sein kann«, schrieb Loetscher.[22]

Das Kulturelle nahm wie so oft das Politische vorweg. Es umriss, was demokratische »Einbezugspolitik« leisten muss: das Produktivmachen des Ungleichzeitigen und Unterschiedlichen; das Überwinden blockierender »Gegensätze«, die oft keine mehr sind. Zum Beispiel: Mensch versus Natur, wenn der Mensch auch Natur ist? Hybrid muss die Politik damit umgehen, dass die alten Kategorien nicht mehr stimmen, aber teils weiter gelten, und dass neue Kategorien sich – wenn überhaupt – erst herausbilden.

Die hybride Aufklärung versucht denn auch nicht, Ambivalenz, Hybridität und Paradoxie zu überwinden. Sie akzeptiert die Unübersichtlichkeit. Darin sieht sie weder eine Einbuße an Vernunft noch eine Überforderung des Verstands, ganz im Gegenteil: Sie nimmt die gemischte Welt, wie sie ist, und nutzt den Reichtum der Melange, um weiterzudenken. Vielleicht ist es kein Zufall, dass im Westen vor allem französische Philosophen sich dem Hybriden näherten und es sowohl zu umreißen als auch zu schätzen wussten. Ihre Muttersprache wird vom Ich bestimmt, vom Subjekt, seiner Individualität und seinem cartesianischen Ego: Ich denke, also bin ich. Offenbar war das eine regelrechte Einladung, aus der Enge des Ichs auszubrechen: dieses Ich weder abzulehnen noch zu leugnen, aber als Melange mit den vielen anderen Ichs vieler anderer Menschen zu begreifen. 1990 veröffentlichte Paul Ricœur (dessen Assistent und Vertrauter Emmanuel Macron war) sein berühmtes Buch *Das Selbst als ein Anderer*.[23] 1996 folgte Jean-Luc Nancy mit dem Band *singulär plural sein*, einem Hauptwerk dieses Straßburger Philosophen und Heidegger-Kenners.[24] Schon der Titel deutet an, dass Existenz stets »Ko-Existenz« mit anderen ist, dass wir unser Sein nur als »Mit-Sein« begreifen können, wie seine Schlüsselbegriffe lauten. Wir sind ja von

Anfang an im Mit – die Eizelle mit der Samenzelle, der Embryo mit seiner Mutter. Ohne Mit gibt es nichts, in den Augen von Jean-Luc Nancy zählt in erster Linie dieses Mit, weshalb der Philosoph im Gespräch mit der Zeitung *Libération* zuspitzte: »Differenz an sich ist unkenntlich. Weder Melange noch Identität lassen sich fassen. Immer sind sie bereits in Erscheinung getreten, bereits vorbei oder bevorstehend. Sie gehören zusammen, von allen und mit allen geteilt, ebenso von jedem mit jedem.«[25]

Anders gesagt, Identität ist Melange, Melange stiftet Identität: In uns selbst ist das Fremde, es macht uns aus. Und im neuen Lebensgefühl des »Mit-Seins« ist auch die Umwelt Teil unseres Seins. Wie das Fremde ist diese »Umwelt« in uns drin und nicht bloß um uns herum. In dieser Weltanschauung sind weder die Migrantinnen und Migranten noch die Natur ein bloßer Gegenstand der demokratischen Politik, sie gehören »mit« zum Wesen der Demokratie. Die Aufklärung heute kommt weder an der globalen Vielfalt noch an der Ökologie vorbei. Die hybride Aufklärung, die anthropologisch daherkommt, ist in Wirklichkeit hoch politisch.

Die Einbezugspolitik ist eine Politik des »Mit«, die sich am schlichtesten auf die politisch korrekte Wendung »Mitbürgerin« und »Mitbürger« engführen lässt. Das geht über die Integration der Zugewanderten hinaus. Wirtschaftsweise und Wirtschaftsmacht haben sich auf die Mitbürgerinnen und Mitbürger auszurichten und Rücksicht zu nehmen, die Demokratie zu stärken statt auszuhöhlen – das nannte man einst »soziale Marktwirtschaft«. Die Umwelt ist in der Demokratie gleichsam als neue »Mitbürgerin« aufzunehmen und zu achten, das ist ökosoziale Marktwirtschaft. Rechte Antiaufklärer bekämpfen all das. Die hybride Aufklärung ist eine Antwort auf diese autoritären Reaktionäre.

Langsamkeit oder Lähmung?

Klar, eine solche Philosophie hilft unmittelbar keinem Politiker, dessen Wählerschaft fürchtet, mehr Klima- und Umweltschutz könne sie den Arbeitsplatz und Geld kosten. Auch den Melange-Gedanken könnte kurzfristig keine Politikerin vermitteln, die in ihrem Wahlkreis gegen die verbreitete Angst vor Ausländern und den Hass auf den Islam zu kämpfen hat. Aber Jean-Luc Nancys Weltanschauung des »Mit-Seins« ist realitätsnäher als die des »Wir und die anderen, wir und die Umwelt«, des Abgrenzens. Am meisten Erfolg haben heute in weiten Teilen Westeuropas die mehr oder minder grünen Kräfte, die offensiv dazu stehen, dass wir selbst die »Umwelt« sind und dass gerade auch der Migrationshintergrund zu einem kräftigen Wir der Gesellschaft beitragen kann, ihren Reichtum mehrt. Die Grünen (auch das Schweizer Solitärgewächs der erfolgreichen Grünliberalen Partei, GLP) greifen nicht etwa die reaktionären Themen auf, um sie ein bisschen zu entschärfen: Sie schärfen die eigenen Themen, was die reaktionäre Agenda entwertet. Diese Demokraten erweisen der liberalen Demokratie einen wertvolleren Dienst als die »Ja, ich verstehe eure Sorgen«-Politiker. Wenn im demokratischen Alltag immer das Abwiegeln überwiegt, spüren die Bürgerinnen und Bürger dieses Defensive – und davon profitieren die reaktionären Parteien.

Diese Politiker benehmen sich wie Follower auf Twitter. Sie haben kein eigenes Projekt. Ihre Politik erschöpft sich darin, Partikularinteressen ihrer Klientele und die eigenen Interessen zu verfolgen, was legitim ist, aber in Zeiten des Umbruchs zu kurz greift: Wer zu dem Umbruch keine Haltung hat, wer dem Eigennutz und dem Nutzen seiner Wählerinnen und Wähler keine Richtung geben kann, der erweist sich als ein schlechter Interessenvertreter. Reaktionäre Parteien schlagen politisches Kapital aus den Zukunftsängsten, trotzdem entsagen die Parteien rechts und links der Mitte jeder Zukunftsvorstellung; sie tun so, als ließe sich die Gegenwart verewigen. Wann kommt das Umdenken bei Christ- und Sozialdemokraten? Bleiben die Liberalen die Wirtschaftspartei der Gewinnmaximierung und Steuerminimierung zu einem Zeitpunkt, da »Ökonomie« zu ihrer etymologischen Bedeutung zurückkehrt: »Hauswirtschaft« der Erdbewohner?

Im Weltbild der Reaktionäre und Konservativen, aber auch vieler Liberaler, behält der Mensch seine Verfügungsgewalt über die Umwelt und bleibt der Fremde ein Fremdling. Mit vereinter Kraft bremsen sie die hybride Aufklärung. Und so entsteht zuweilen das Bild einer bleiernen statt einer lernenden Demokratie. Ausgerechnet das politische System, das sich am besten auf neue Möglichkeiten und Kategorien einer Umbruchzeit einstellen kann, wirkt dann ähnlich verkrampft wie autoritäre Regime. Wer Demokratie als gesellschaftlichen Kompromiss begreift, der weiß zwar, dass sie nur zentimeterweise vorankommt, manchmal fast unmerklich, denn solide Kompromisse bedürfen der Beratung und Verhandlung, sie keimen und wachsen. Aber derzeit herrscht nicht bloß demokratische Langsamkeit, sondern in vielen Parteien demokratieschädliche Lähmung. Das mag Ausdruck einer Überforderung sein, denn die hybride Aufklärung ist eine fünffache Provokation für konventionelles Denken:

1. Sie wendet sich gegen das jahrtausendealte Verständnis der Bibel, die den Menschen in Genesis 1,28 einen Herrschaftsauftrag erteilte: »Füllt die Erde und unterwerft sie und waltet über die Fische des Meeres, über die Vögel des Himmels und über alle Tiere, die auf der Erde kriechen!« Stattdessen findet hybride Aufklärung auf hoch moderne Weise zur Einheit von Mensch und Natur, die für manches prämoderne Volk selbstverständlich war.
2. In ihrer postkolonialen Tradition und Lust an der Melange entdramatisiert sie nebenbei das Erodieren westlicher Dominanz (was bislang freilich noch jeder Dominanz widerfahren ist in der Weltgeschichte).
3. Sie betrachtet Transkulturalität mehr als Modernisierungschance denn als Risiko für das Gleichgewicht der Gesellschaft.
4. Sie vermittelt ein weniger selbstbezogenes Bild des Individuums, wenn dieses seine Identität als Melange begreift. »Wir haben uns

immer gemischt und vermischt«, sagt der weltberühmte Forscher Svante Pääbo vom Leipziger Max-Planck-Institut für evolutionäre Anthropologie. Er zeigte auf, wie viel Neandertaler in uns steckt.

5. Unaufgeregt akzeptiert sie die Unschärferelationen und Widersprüche, die mit Simultaneität oder Hybridität einhergehen, statt sich an gefestigte Ideologien wie den Nationalismus zu halten. Dagegen stehen das Verlangen nach einer nationalen Leitkultur, die bislang noch niemand zu fassen wusste, und das Ansinnen, sich nach diesem Phantom zu richten: dies in einer gemischten Gesellschaft, in der bei Geburt ein Viertel der Deutschen, knapp ein Viertel der Österreicher und an die vierzig Prozent der Schweizer mindestens einen ausländischen Elternteil haben. Es brenne »die Sehnsucht nach Klarheit, festen Regeln und autoritären Strukturen«, beobachtet die Zürcher Politologin Silja Häusermann. Sie sieht eine der politischen Hauptaufgaben darin, »so etwas wie Ambivalenz-Toleranz« zu fördern, am ehesten durch Bildung, im Sinne der Aufklärung. Das vereinfache einen »gelasseneren Umgang mit Uneindeutigkeit und Widersprüchen«, um sich auf »Ungewohntes einzulassen. Deshalb ist Bildung eine Gegenmacht gegen Autoritarismus«, sagt Häusermann.[26]

Demokratie kann nicht alle Erwartungen einlösen

Heute freilich scheint es, dass mancher Demokrat die Demokratie unterschätzt – und überfordert.

Bücher und Medien erörtern ihren Niedergang, wenn nicht Untergang. Und nicht alle Pessimisten erwecken den Eindruck des tiefen Bedauerns, dass die Tage der liberalen Demokratie angeblich gezählt sind. Es mehren sich die leicht schillernden Essays, die bewusst oder unbewusst die berechtigte Kritik an aktuellen Mängeln der Demokratie mit Grundsatzkritik an diesem politischen System vermengen. Und alle weichen der Gretchenfrage aus: Was gibt es Besseres?

Wollen wir in autoritären Verhältnissen leben? Möchten wir, dass eines fernen oder allzu nahen Tages ein deutscher Orbán, eine französische Kaczyńska, irgendein österreichischer Mini-Kickl oder ein italienischer Mikro-Mussolini über uns bestimmt? Matteo Salvini sagt rundheraus, er bereite eine autoritäre, auf ihn maßgeschneiderte Präsidialdemokratie vor: Wünschen wir uns die Rückkehr der Machos, die Herrschaft der Großspurigen, das Auftrumpfen brachialer Besserwisser, europaweite Festspiele der Inkompetenz, und niemand darf die Aufführung verlassen? Glaubwürdiger als das protzige Selbstbewusstsein, das die Reaktionäre bekunden, ist das zuweilen unsicher wirkende, aber ausdauernde Auskundschaften neuer Pisten, Möglichkeiten und Chancen im Diskurs der Demokraten.

»Du bekommst die Welt nicht besser gemeckert«, pflegt die Oppositionsführerin im bayerischen Landtag zu sagen, die grüne Co-Fraktionsvorsitzende Katharina Schulze. Kritik an der Demokratie ist angesagt, die Suche nach Lösungen noch nicht. Derzeit rivalisieren die besten Köpfe in der Entzauberung einer Staatsform, zu der sie nicht die geringste Alternative andenken. Lang und länger wird das allgemeine Register tatsächlicher oder angeblicher Schwächen der Demokratie:

- Amtsträger würden ihre Eigeninteressen über das Gemeinwohl stellen, sagen seit den fünfziger Jahren Vertreter der Neuen Politischen Ökonomie, auch »Public Choice« genannt. Aber das gilt viel krasser noch in illiberalen Demokratien und Diktaturen.
- Demokratie sei nicht nur eine pöbelhafte »Mobokratie« und eine angstbesetzte »Phobokratie«, sondern vor allem eine »Fiskokratie« (die Herrschaft des Fiskus, der die Tüchtigen auspresse) und eine »Oligokratie« (die Herrschaft der Wenigen, die diskret disponieren), sagt der Philosoph Peter Sloterdijk.[27] Eine oligarchisch denkende Oberschicht (die sich trotz angeblicher Herrschaft des Fiskus steuerlich zu entlasten weiß) wird es immer geben: Demokratie ist der unverdrossene, nie gewonnene, nie zu gewinnende Kampf dagegen. Aber das spricht nicht für andere Staatsformen, die den Bürger und die Bürgerin restlos entmachten.

– Wir lebten in einer »gekauften Demokratie« des Lobbyismus und der Korruption, klagt die Linke, oft zu Recht. Aber die Transparenz macht alles in allem Fortschritte, und der investigative Datenjournalismus der »Paradise Papers« und Steuer-CDs hilft. In autoritären Staatsformen werken und wirken die Interessenvertreter eher effizienter – und unerkannt: Von vornherein fehlt die Chance, ihre Machenschaften aufzudecken.
– Heute bestehe bloß eine »simulative Demokratie«, schreibt der Politikwissenschaftler Ingolfur Blühdorn: Alle beschwören demokratische Normen und Werte, doch sinke die Bereitschaft, sich davon in die Pflicht nehmen zu lassen.[28] Aber die klare Mehrheit der amerikanischen Bürgerinnen und Bürger befürwortete ein Impeachment gegen Donald Trump – Normverstöße dulden sie nicht länger.
– Wahlen seien primitiv geworden, zürnt der flämische Schriftsteller und Kulturhistoriker David Van Reybrouck in seinem Buch *Gegen Wahlen. Warum Abstimmen nicht demokratisch ist.*[29] Bürgerräte und andere per Los zusammengesetzte Gremien seien konstruktiver. In der Tat darf die Demokratie nicht auf Wahlen verkürzt werden – aber wer denn sonst soll am Schluss legitimerweise die Regierenden berufen und abberufen, wenn nicht die Bürgerinnen und Bürger?
– Die Demokratie sei reformunfähig, sagen die Neoliberalen, die ebendiese Demokratie in ihrem Sinn umzukrempeln wussten. Aber sie sind frustriert, dass ihre Pläne für noch weiter gehende Wirtschafts- und Sozialreformen zulasten vieler Bürgerinnen und Bürger jetzt steckenbleiben. Die Demokratie ist sehr wohl zu Reformen fähig, aber es müssen nicht neoliberale sein.
– Die Demokratie sei zu langsam, sagen allezeit alle. Auf dem Weg zur Gewalt sind Diktaturen wiederum unheimlich schnell, selten dagegen auf dem steinigen Weg zu nachhaltigen Lösungen. Wird irgendwann eine Staatsform erfunden, die tragfähige Kompromisse – als Voraussetzung einer Politik des langen Atems – rascher erarbeitet?

– Weltweit sei die Demokratie seit 2006 auf dem Rückzug, sagt Freedom House in Washington. Die Denkfabrik wird zu 88 Prozent von der US-Regierung finanziert, die weltweit das Ansehen dieser Staatsform getrübt hat. In der Liste der besten Demokratien nehmen die USA bloß den 33. Rang ein. Aber seit 2018, präzisiert Freedom House, steige leicht die Zahl der Länder, die wieder Fortschritte machen, während die der Länder, die Rückschritte machen, leicht sinke.[30]

Etliche demokratische Demokratiekritiker setzen in diese Staatsform Erwartungen, die sie nicht einlösen kann – und die jede andere Staatsform erst recht enttäuschen würde. Das liegt nicht zuletzt daran, dass sie den »Volkswillen« überhöhen. Im Grunde gibt es nur im Ausnahmefall einen kohärenten, konsistenten Volkswillen und ebenso wenig jene homogene »Volksgemeinschaft«, von der die Reaktionäre träumen. Europäische Demokratien leben im Paradox der Polarisierung einerseits, die ebendiese Rechtspopulisten betreiben, und der Differenzierung anderseits: Immer mehr Wählerinnen und Wähler sind keinem Lager zuzuordnen. Beispielsweise sind sie in der Gesellschaftspolitik »links«, in der Wirtschaftspolitik »liberal« und vielleicht in der Europapolitik »rechts«. Und welcher Volkswille überwiegt, wenn nicht wenige Bürgerinnen und Bürger sowohl grün als auch Vielflieger sind oder sogar eines der durstigen SUVs fahren, die unnötig zum Anstieg des CO_2-Ausstoßes beitragen?[31]

Der Volkswille, er kann zwiespältig sein, meistens ist er vielschichtig. Darum ist die Debatte vor einem Entscheid des Parlaments bzw. der Wählerinnen und Wähler mindestens so wichtig wie der Entscheid selbst: Was die besondere Kraft der Demokratie ausmacht, ist die Qualität der Meinungsbildung, der argumentative Weg zum unerlässlichen Mehrheitsbeschluss. Krumme Entscheidungswege führten beispielsweise ins Brexit-Chaos. Die Antidemokraten haben das längst durchschaut: Letztlich ist es ihnen fast egal, ob sie sich in einer Sachfrage durchsetzen – Hauptsache, sie können das Verfahren zu ihren Zwecken nutzen und übel zurichten. Sie bauen auf die Lockungen der negativen Intelligenz, die Leere des Verneinens.

Und viele Gegner der Neuen Rechten bleiben ebenfalls im Negativen: Ihre harte Dauerkritik am Reaktionären ist unerlässlich, aber sie reicht nicht, greift zu kurz.

In der Londoner Royal Albert Hall sprach 1898 der britische Premierminister Lord Salisbury vor konservativen Parteifreunden. Er hielt seine berühmte »›Dying Nations‹-Speech«: »Man kann die Nationen der Welt pauschal in lebende und sterbende Völker einteilen. Einerseits gibt es Länder mit enormer Macht, sie haben Jahr für Jahr mehr Macht, mehr Wohlstand, mehr Dominanz, mehr Perfektion ihrer Organisation«, Salisbury dachte vor allem an Großbritannien und das Deutsche Reich, nicht an Frankreich. Anderseits »gibt es Gesellschaften, die ich nur als sterbend bezeichnen kann. [...] In diesen Staaten schreiten die Desorganisation und der Zerfall fast so schnell voran wie die Konzentration und das Anwachsen der Macht bei den lebensvollen Nationen neben ihnen«.[32] Damit meinte Lord Salisbury namentlich das bröckelnde Osmanische Reich und das Chinesische Reich in der Endzeit der Qing-Dynastie.

In solcher Logik des 19. Jahrhunderts verharrt jetzt der konventionelle Diskurs des 21. Jahrhunderts, nur dass sich die Vorzeichen umgekehrt haben: Nunmehr ist es Europa, das angeblich die »sterbenden Völker« aufweist, während der Islam aus Afrika und dem Nahen Osten vordringt und in Fernost das erwachte Reich der Mitte mehr Macht, Wohlstand, Dominanz und Perfektion entfaltet. Dieses Weltbild verleitet dazu, die Demokratie als Schwäche des Westens zu sehen – die Gewinner sind antidemokratisch. Mit anderen Worten: Die Demokratie wird aufgefordert, undemokratischer zu werden, um sich zu behaupten. Das wäre dann

– eine Demokratie der entmündigten Bürgerinnen und Bürger;
– eine Demokratie als Festung statt als Entdeckungsverfahren;
– eine Demokratie des Kampfs der Kulturen, in der die transnationale Verantwortung für das Ökologische wegfällt;
– eine Demokratie nicht als gemeinsame Sache der Demokraten, sondern als Privileg der Einheimischen;
– eine Demokratie der Exklusion statt Integration;

– eine Demokratie ohne offene Gesellschaft;
– eine »homogene« Demokratie der nun erst recht fehlenden Alternativen;
– eine Demokratie, der die Attraktivität der Demokratie abgeht.

Begäbe sich die Demokratie auf diesen Weg, wäre sie in der Tat hoch gefährdet. Sie würde rasch veralten. Vielfalt ist die neue Norm, und innerhalb des starken Rahmens der Menschen- und Bürgerrechte eröffnet das dem Pluralismus neue Möglichkeiten: *pensée multiple* statt *pensée unique*. Daraus kann eine Renaissance der liberalen, lernenden Demokratie werden.

Gemischte Gesellschaft, Ökologie und hybride Aufklärung bringen ein anderes Verständnis des Ichs, in welchem das Wir steckt. Schon 1996 fragte der Philosoph Jean-Luc Nancy: »*Wir?* Aber wir selbst sind es, auf die wir warten, ohne zu wissen, ob wir uns wiedererkennen werden.«[33] Ein Vierteljahrhundert später veröffentlichte Greta Thunberg mit Jugendlichen aus allen Kontinenten den Appell »Streikt mit uns!«.[34] Sie schrieben: »Wir selbst sind die, auf die wir gewartet haben.«

IV.

Zwölf Vorschläge für die Demokratie

Der Ökonom John Maynard Keynes misstraute den Prognosen der Börsianer. Er hatte die Art und Weise beobachtet, wie sie ihre Zukunftserwartungen bilden. Investoren hätten ihre sehr subjektiven »pretty, polite techniques« (hübschen, höflichen Techniken), um aus den zahllosen Faktoren, die einen Markt beeinflussen, intuitiv ein paar auszuwählen, nach denen sie sich richten.[1] Die Modelle dieser Börsianer würden letztlich ihrem persönlichen Geschmack, sogar ihren ästhetischen Vorlieben, und den Denkmustern ihrer Kollegen oder Geschäftsfreunde entsprechen; sie widerspiegelten die im jeweiligen Kreis geltenden Konventionen, meinte Keynes.

Die Zukunft bringt Unbekanntes, doch das Bekannte prägt die Zukunftsbilder. Und der Mensch bleibt ein unverbesserlicher Extrapolierer. Jedes Mal unterstellt er, es werde in die Richtung weitergehen, in die es jeweils gerade geht – als setze sich das Leben linear fort. Zum Beispiel: Die Demokratie ist in der Krise, also wird sie noch tiefer in die Krise stürzen. Aber – um an den Gegenwartshistoriker Andreas Rödder anzuknüpfen – die Zukunft ist anders: anders als die Vergangenheit, welche die Reaktionäre nachbilden; anders als die Gegenwart, an die das Establishment sich klammert; anders als die Voraussagen, die sich selten erfüllen; anders als alle wohldurchdachten Pläne; vor allem ist die Zukunft anders als unsere Zukunftsvorstellungen.[2]

Konstruktion und Komposition

Es hilft zwar, an größere Würfe zu denken, wie die Demokratie sich modernisieren ließe – denn das steckt die Route der Reformen ab, es zeigt den Richtungswechsel. Aber der Fortschritt geht kleine Schritte. Und kleine Fortschritte schaffen Hoffnung, seit die Revolution als Hoffnungsträgerin erst einmal ausgedient hat. Allerdings sollten die Teilziele greifbar sein. Diese »Stückwerk-Technik« zur Erneuerung von Institutionen skizzierte Karl Popper 1936 in *Das Elend des Historizismus*: Der gute »Stückwerk-Ingenieur« wisse, dass eine Handvoll Institutionen »bewusst geplant wird, während die große Mehrzahl als ungeplantes Ergebnis menschlichen Handelns einfach ›gewachsen ist‹«.³ Dieser pragmatische Ingenieur werde eventuell »einige Vorstellungen von der idealen Gesellschaft als ›Ganzem‹ haben – sein Ideal wird vielleicht die allgemeine Wohlfahrt sein –, aber er ist nicht dafür, dass die Gesellschaft als Ganzes neu geplant wird. Was immer seine Ziele sein mögen, er sucht sie schrittweise durch kleine Eingriffe zu erreichen, die sich dauernd verbessern lassen«. Ein kluger Neuerer hüte sich davor, »Reformen von solcher Komplexität und Tragweite zu unternehmen, dass es ihm unmöglich wird […] zu wissen, was er eigentlich tut«. Popper schloss: »Einer der Unterschiede zwischen der utopischen […] Haltung und der Stückwerk-Technik lässt sich so formulieren: Während der Stückwerk-Ingenieur sein Problem angehen kann, ohne sich bezüglich der Reichweite seiner Reform festzulegen«, hat sich der Utopist »von vornherein entschieden, dass eine vollständige Umformung der Gesellschaft möglich und notwendig ist«.

Die Zeiten, da faschistische, nationalsozialistische, leninistische, stalinistische, maoistische oder Rote-Khmer-hafte »Umformungen« des gesamten Gemeinwesens anstanden, sind zum Glück vorbei. Oder wollen die Grünen uns doch »umerziehen«, wie der Dauervorwurf lautet? Sie haben kein gemeinsames, klares Gesellschaftsmodell, auf sozial verträgliche Weise möchten sie ökologische Schäden abwenden. Und in der Tat ändern immer mehr Menschen leicht oder merklich ihre Lebensweise. Umweltbewusste Politiker aller Couleur, links und rechts der Mitte, arbeiten an Rahmenbedingungen für eine saubere Produktion, einen schonenden Konsum, ein klimaneutrales Wohnen und Fahren: Sollte das »totalitär« sein, wie bürgerliche und reaktionäre Kritiker zürnen, ist zum Beispiel auch die Arbeitsmarkt- oder Sozialpolitik totalitär – das viel gelobte »Fordern und Fördern« will sehr direkt auf einzelne Aspekte des Verhaltens von Bürgerinnen und Bürgern einwirken.

Genau besehen sind es nur noch Reaktionäre, die an der weltfremden Vorstellung hängen, es gelte, die Gesellschaft insgesamt umzubilden, sie zu »entmischen«, eine völlig neue politische Ordnung zu errichten. Und auch die neoliberale Doktrin einer ganz anderen Wirtschaftsordnung dürfte mehr Vergangenheit als Zukunft haben. Die Finanzkrise von 2008 hat die Grenzen und Unzulänglichkeiten des Markts wie des Staats aufgezeigt – als Dreh- und Angelpunkt einer Ideologie taugen beide nicht mehr.

Viktor Orbán errichtet in Ungarn seine diffuse »christliche Demokratie« und inspiriert damit den Polen Jarosław Kaczyński. Sonst will fast niemand mehr ein völlig neues »System« konstruieren, und schon gar kein einheitliches. Es macht ja die Kraft der liberalen Demokratie aus, dass sie nicht aus einem Guss ist: Sie baut auf den Wettstreit der drei Werte Freiheit, Gleichheit und Nachhaltigkeit und der drei Institutionen Parlament, Regierung, Justiz. Das ist die bewegliche Grundkonstruktion.

Darüber hinaus ist die Arbeit an einer zeitgemäßen Demokratie mehr eine Frage der Komposition als der Konstruktion: Modernisierungen können bei den drei Gewalten Neuerungen bringen, deren Komposition verändern, jedoch nicht die Grundkonstruktion der Demokratie. Und allemal kommt es auf tausend Einzelheiten an. Dina D. Pomeranz forscht an der Universität Zürich über die Arbeitsweise von Staaten. Zum Beispiel vergleicht die Ökonomin, wie sie Steuern erheben und Dienstleistungen erbringen. Systemdebatten seien das Tummelfeld der Ideologen: »Wir können jedoch aus der Sicht der empirischen Forschung sagen, dass es in jedem System sehr auf die Details der Institutionen ankommt. So gibt es Gesundheitssysteme, die öffentlich geführt werden wie in Großbritannien, oder solche mit privaten Arztpraxen und Krankenhäusern wie in der Schweiz. Beides kann gut funktionieren, aber es kommt bei beiden darauf an, wie genau sie reguliert sind und ob sie ständig weiter verbessert werden.«[4]

Damit Gestrige nicht die Zukunft kapern

In Hugo Loetschers Roman *Abwässer – Ein Gutachten* ist der Abwasserinspektor in seiner unterirdischen Welt für den guten Zustand der städtischen Kanalisation zuständig, gleichgültig welches Regime oder welcher politische Umsturz an der Erdoberfläche angesagt ist.[5] Von Land zu Land ist nicht nur die Demokratie anders, sondern auch die »Kanalisation«: die vielen Klein- und Subsysteme, die teils abhängig von dieser Demokratie, teils davon losgelöst zur Lebensqualität wie zur Kraft des Gemeinwesens beitragen, oder eben nicht. Deshalb gestattet sich dieses Kapitel über eine Revitalisierung der Demokratie nur Skizzen und Entwürfe, keine Baupläne. Letztere müssten auf Einzelheiten und Verfahren eingehen, die in jedem Nationalstaat anders ausfallen. Kurz werden also zwölf Ansätze zu möglichen institutionellen Reformen beschrieben, kleinen und großen. Alle lassen sich vielfach variieren. Je nach Kultur unterscheiden sich Prioritäten und Reformwege. Je nach Land und seinen Verhältnissen sind die einen Vorschläge geeignet, die anderen weniger. In jedem Fall ist die Neubelebung der demokratischen Institutionen eine Antwort auf die Reaktionäre, die diese Institutionen bekämpfen.

Im Folgenden geht es um Innovationen im politischen System, nicht um Pläne etwa für eine neue Umwelt-, Sozial-, Arbeitsmarkt- oder Migrationspolitik. Das sprengte den Rahmen. Und vieles spricht dafür, dass erst institutionelle Reformen eine Wende in der Umwelt- und Wirtschaftspolitik ermöglichen werden, wider den Wachstumszwang und die Kluft zwischen Arm und Reich. Ohnehin ist es an der Zeit, nach Jahrzehnten der unternehmensfreundlichen Wirtschafts- und Sozialreformen an demokratiefreundliche Neuerungen zu denken – sie müssen deswegen nicht wirtschaftsfeindlich sein. Dabei sind Aktualisierungen der Demokratie immer auch auf der Ebene der EU mitzudenken. Neuerungen, die in einem Land erörtert werden, können die Debatte sowohl in der Europäischen Union als auch in anderen Ländern nähren.

Der reaktionäre Angriff auf die liberale Demokratie lässt sich wirksamer parieren, wenn diese wirklich liberal ist. Das erfordert dreierlei:

– eine demokratische Renaissance; nur wenn die Demokraten in die Offensive gehen, werden sie künftig die politische Agenda bestimmen;
– Bereitschaft zum Risiko, um behutsam und zielstrebig Institutionen zu modernisieren, die aus dem 18. und 19. Jahrhundert stammen;
– Vertrauen in die Mündigkeit von Bürgerinnen und Bürgern, ganz im Sinne der Aufklärung, und das heißt auch den Willen zum Ausbau der Demokratie; fühlt sich der Mensch einflusslos, mutiert er zum Verbraucher von Politik, wenn nicht zum Untertanen: genau das, was Reaktionäre sich herbeiwünschen.

»Als Individuen sollten wir die Macht der Demokratie nutzen, um unserer Stimme Gehör zu verschaffen und dafür zu sorgen, dass die Leute an der Macht uns wirklich nicht weiterhin ignorieren können«, sagte Greta Thunberg in der berühmten, heute von Trevor Noah moderierten *Daily Show*.[6] Der hoffnungswillige Fridays-for-Future-Protest stößt vorerst an eine Gummiwand. Die »Generation CO_2« erntet neben altväterlicher Kritik viel Lob, aber hinhaltende Antworten.[7] Ein Teil der Wirtschaft, der sich sonst wenig um die Arbeitswelt schert, spielt plötzlich die Arbeit gegen die Umwelt aus: Er stellt die Ökologie einzig als Gefahr für Arbeitsplätze dar, was sie durchaus auch sein kann, statt als unternehmerische Chance, was sie immer öfter sein wird. Regierungen schnüren luftige »Klimapakete«, rundum ist viel

Aktionismus und wenig Aktion. Kann die breite Umweltbewegung bloß die Stimmung, nicht aber die eigentliche Substanz der Politik beeinflussen, dürfte die Demokratie weiter an Legitimität verlieren. Es wird zusehends heikel, wenn nach den Zurückgelassenen des digital-globalen Umbruchs auch ein Teil der jüngeren Jahrgänge auf Distanz zur Politik gehen sollte.

Welche Vorkehrungen sind zweckmäßig, um den Stellenwert des schwächsten Glieds in der Demokratie – der natürlichen Ressourcen, der Lebensgrundlagen – zu stärken? Das läge im Geist der hybriden Aufklärung, die den Menschen und seine Umwelt als ein Ganzes sieht. Weitergedacht: Lässt sich die Umwelt gleichsam zu einer »Teilnehmerin an der Demokratie« aufwerten? Damit Gestrige nicht die Zukunft kapern, sollten Demokraten an der Demokratie von morgen arbeiten, sie nach und nach aktionsfähiger machen. Nur so können sie auf die Autoritären antworten und die neuen Aufgaben angehen, gemeinsam mit der aufstrebenden »Generation Greta«. Im Jahr 2008 schrieb der überragende Ökonom Claus Noé: »Wir haben durch Erkenntnis naturwissenschaftlicher Herkunft eine Art Klimafrühwarnsirene, aber [...] keinerlei Regelwerk und Institutionengebäude, das mehr könnte, als die Warnung aufzuschreiben und weiterzugeben.«[8] Der Wille ist seit dem Pariser Klimaabkommen von 2015 mehr oder weniger vorhanden, die Einsicht ist gewachsen, die Tatkraft nur bedingt, und die unerlässlichen Institutionen fehlen.

Im digitalen 21. Jahrhundert gilt es, demokratische Institutionen und Verfahren zu aktualisieren, da und dort neue zu entwickeln. Und dies zu den Zwecken, die dieses Buch dargelegt hat: in der Demokratie die Ökologie institutionell zu stärken; und den Primat der Politik über den Big-Money-Big-Data-Verbund durchzusetzen. Die Zeit ist reif dafür. Viele Bürgerinnen und Bürger sind reformfreudiger als die von ihnen gewählten Volksvertreter – und sie ziehen diese nach und nach mit. Gemäß dem Böckenförde-Theorem (siehe Seite 79) sind die mentalen Voraussetzungen für eine erneuerte liberale Demokratie immer klarer gegeben: Zusehends herrscht der erforderliche *esprit général*.

Der folgende Katalog von Modernisierungsvorschlägen fängt mit kleinen Maßnahmen an, die sich rasch umsetzen ließen, und setzt sich fort mit großen Umbauten, für die idealerweise jetzt die Meinungsbildung einsetzen sollte.

1. Ein mächtiger Rat der Umweltweisen

Ein erster, ganz kleiner, an sich leichter Schritt wäre das Einrichten eines Gremiums nach dem Modell des Council of Economic Advisers (des Rates der Wirtschaftsberater) in den USA: ein mächtiger Council of Ecological Advisers, ein Rat der Ökologie-Berater – ein Umweltrat von hoher Geltung.

Die Bundesrepublik Deutschland hat zwar bereits einen siebenköpfigen Sachverständigenrat für Umweltfragen (SRU), den aber die Regierung weder ernst nimmt noch wirklich einbezieht. Die sieben »Umweltweisen« sind vorwiegend in Fachkreisen bekannt. Ihren Gutachten fehlt gewiss nicht die Qualität, aber das Gewicht. Die Papiere werden andiskutiert, in Einzelfällen debattiert – das ist es.

Dagegen ist das Modell des amerikanischen Council überaus ansprechend, weil er – bevor der beratungsresistente Trump kam – manchmal eine Schlüsselrolle spielte. Auf seinem Gebiet, der Wirtschaftspolitik, war das Gremium einflussreicher als in Deutschland der bekannte Sachverständigenrat zur Begutachtung der gesamtwirtschaftlichen Entwicklung: Die deutschen »Wirtschaftsweisen« dürfen laut Gesetz zwar »Fehlentwicklungen und Möglichkeiten zu deren Vermeidung oder deren Beseitigung aufzeigen, jedoch keine Empfehlungen für bestimmte wirtschafts- und sozialpolitische Maßnahmen aussprechen«. Demgegenüber waren die drei Mitglieder des Council of Economic Advisers eng in die Planung der Politik (*policy planning*) und manchmal in deren Umsetzung (*policy making*) eingebunden – bis Donald Trump sie links liegen ließ.

Der kleine Expertenrat gehört, wiewohl aus der Distanz, zum Präsidialamt im Weißen Haus. Der Präsident beruft die Mitglieder, der

Senat bestätigt sie. Im Rat saßen im Lauf der Zeit viele Schwergewichte der Ökonomie, so die Nobelpreisträger Paul Krugman (der berühmte Kolumnist der *New York Times*), William Nordhaus (ein Pionier der Klimaökonomik), Joseph E. Stiglitz (*Der Preis der Ungleichheit*) und James Tobin (Tobin-Steuer auf Devisengeschäfte). Gerade zu seinen Anfängen sorgte der 1946 gegründete Rat für bahnbrechende Neuerungen. Erstmals setzte er das Prinzip quantitativer Ziele für die Wirtschaftspolitik der US-Regierung durch. Während der Amtszeit von Barack Obama hatten die Council-Vorsitzenden Kabinettsrang. Die Vorsitzende Christina Romer, eine Ökonomin der Universität Berkeley, entwickelte ein ehrgeiziges Ankurbelungsprogramm, das die Obama-Regierung allerdings stark abmilderte, um es durch den Kongress zu bringen.

Viel Einfluss könnte in der Bundesrepublik ein angesehener, in die Regierungsarbeit einbezogener Umweltrat mit der klaren Befugnis haben, frühzeitig alle direkt oder indirekt ökologierelevanten Gesetzesentwürfe zu begutachten. Er würde idealerweise mit dem Recht ausgestattet, bei Dissens Stellungnahmen zu veröffentlichen. Aber selbst dieser kleine Schritt würde natürlich auf Widerstand stoßen. In einer Rede erinnerte einmal Angela Merkel an den zähen Start der Wirtschaftsweisen, als Ludwig Erhard 1958 einen solchen Rat einrichten wollte und im ersten Anlauf scheiterte. Der Bundeskanzler Konrad Adenauer habe seinen Wirtschaftsminister zur Ordnung gerufen: »Erhard, woll'n Sie sich 'ne Laus in 'n Pelz setzen?«

2. Veto und Initiativrecht des Umweltministers

Ihrerseits haben die deutschen Umweltweisen eine Reihe von Reformvorschlägen, die unter ihnen teilweise umstritten sind, in die Debatte geworfen. In ihrem umfangreichen Gutachten *Demokratisch regieren in ökologischen Grenzen. Zur Legitimation von Umweltpolitik* aus dem Juni 2019 schreiben sie: »Demokratie und Rechtsstaat stehen vor der epochalen und bisher ungelösten Aufgabe, die ökologische Existenzgrundlage der Gesellschaften zu sichern.«[9] Ein schnelles Handeln sei nötig, um »die Demokratie innerhalb der ökologischen Belastungsgrenzen handlungsfähig zu halten«. Doch trödle die Bundesregierung: »Die konkrete Umsetzung der Ziele [...] geht in der Komplexität des politischen Handelns zu häufig verloren. Dies hat zur Folge, dass es an verlässlichen umweltpolitischen Rahmenbedingungen mangelt. Kohärenz, Vorhersehbarkeit und Planungssicherheit sind jedoch Grundbedingungen des freiheitlichen Rechtsstaats und der freien Marktwirtschaft. Widersprüchlichkeiten und Ungerechtigkeiten verunsichern und enttäuschen Wirtschaft und Gesellschaft. Im Zuge dessen leidet die Glaubwürdigkeit der Umwelt- und Klimapolitik, ihre Legitimität kann leichter von populistischen Bewegungen infrage gestellt werden.«

Vor diesem Hintergrund gab der Sachverständigenrat für Umweltfragen sechzehn Empfehlungen ab, wie sich in der Arbeit von Parlament, Regierung, Verwaltung, Politikberatung und Forschung die Ökologie aufwerten ließe: wie hier die Politik effizienter und auch transparenter verfahren könnte. Die Fachleute stellten zwei institutionelle Reformen zur Diskussion: ein Widerspruchsrecht des Umweltministers und einen neuen »Rat für Generationengerechtigkeit«.

Heute haben drei deutsche Bundesminister das Vorrecht, Widerspruch und ein aufschiebendes Veto einzulegen, wenn sie mit Beschlüssen des Kabinetts nicht einig gehen: der Finanzminister »bei allen Fragen von finanzieller Bedeutung«; der Justiz- und der Innenminister, wenn sie ein Gesetz oder eine Maßnahme für rechtswidrig halten. Sie setzen sich mit ihrem Veto durch, wenn sie »in einer weiteren Sitzung der Bundesregierung« sowohl die Kanzlerin als auch die Mehrheit aller Minister auf ihre Seite ziehen. Und nun fordert der Sachverständigenrat für Umweltfragen: Auch die Bundesumweltministerin solle ein solches Veto einlegen dürfen, wenn ihrer Ansicht nach ein Gesetzesentwurf dem Ziel der Nachhaltigkeit widerspreche. Darüber hinaus solle die Umweltministerin das Vorrecht haben, Gesetzesentwürfe auch »außerhalb des eigenen Geschäftsbereichs«

in die Regierungsarbeit einzubringen, wenn Themen »von besonderer umweltpolitischer Bedeutung« anstünden: »Angesichts des Querschnittscharakters von Umweltschutz« solle das Umweltministerium »gestärkt werden, damit es besser auf die Einbeziehung ökologischer Belange in allen umweltrelevanten Politikfeldern hinwirken kann«.

3. Aufschiebendes Veto eines »Rats für Generationengerechtigkeit«

Sechs der sieben deutschen Umweltweisen möchten zudem eine neue, »verfassungsrechtlich verankerte und demokratisch legitimierte Institution von bedeutendem politischem Gewicht« schaffen. Fachleute in nachhaltiger Umwelt-, Sozial- und Wirtschaftspolitik sollten einen Rat für Generationengerechtigkeit bilden, der »als parteipolitisch neutral angesehen« würde. Der Zweck solle darin bestehen, jenseits der kurzen Wahlperioden »die staatliche Langzeitverantwortung« zu institutionalisieren und den »künftigen Generationen […] eine Stimme zu geben«. Die Ratsmitglieder »könnten je zur Hälfte vom Bundestag und vom Bundesrat (auf Vorschlag der Länderparlamente) für zwölf Jahre ohne Wiederwahlmöglichkeit gewählt werden«. Der Rat solle relevante Gesetzesentwürfe darauf prüfen, ob sie nachhaltig seien. Hege er »schwerwiegende Bedenken« wegen möglicher Nachteile für die nächsten Generationen, dürfe er den Gesetzgeber erst einmal stoppen, »um so eine vertiefte Diskussion in Öffentlichkeit und Parlament auszulösen«. Nach drei Monaten entscheide dann das Parlament.

Allerdings meldete eine der sieben Sachverständigen Widerspruch an: Die Häufung von Gremien helfe nicht weiter. Der Bundestag habe aus seiner Mitte bereits einen Parlamentarischen Beirat für nachhaltige Entwicklung gebildet (den die Umweltweisen ebenfalls stärken wollen). Letztlich schwäche es sowohl das Parlament als auch die Akzeptanz von Umweltpolitik, den demokratisch schlecht legitimierten Rat für Generationengerechtigkeit mit einem Vetorecht auszustatten. Stimmiger und sachlicher sei zum Beispiel eine breite öffentliche Debatte schon vor Beginn eines Gesetzgebungsverfahrens, etwa nach dem Muster des *Grand débat national* von Emmanuel Macron. Systematisch macht das die Schweiz: Noch bevor der Entwurf eines Gesetzes ins Parlament kommt oder die Regierung eine wichtige Verordnung erlässt, wird in einem sogenannten »Vernehmlassungsverfahren« breit konsultiert.

Risikoreich wäre in der Tat ein Trend zu Halbparlamenten, die in die Arbeit der eigentlichen Volksvertretung hineinwirkten. Warum eigentlich ein solches Gremium für die Umweltpolitik, nicht aber für die Sozialpolitik oder die in digitaler Zukunft maßgebliche Arbeitspolitik bzw. Arbeitserhaltungspolitik? Für Modelle wie den Rat für Generationengerechtigkeit, die auch in anderen Staaten skizziert wurden, spricht hingegen der Umstand, dass heutige Gesellschaften um eine institutionelle »Vertretung« ihrer Lebensgrundlagen – der natürlichen Ressourcen – in der Herzkammer der Demokratie nicht herumkommen werden. Gibt es bessere Wege?

4. Die zweite Kammer – oder die dritte

Viele Staaten haben zwei Parlamentskammern. In der ersten sitzen die gewählten Volksvertreterinnen und Volksvertreter. Die Größe der Wahlkreise bemisst sich nach der Bevölkerungszahl. Die oft sehr traditionsbewusste und meistens auch kleinere zweite Kammer versammelt etwa in Großbritannien die Ladies und Lords, anderswo aber Vertreter der Regionen, Bundesländer, US-Bundesstaaten oder Kantone. Entweder werden sie direkt von den Bürgerinnen und Bürgern in den Regionen oder aber von den regionalen Parlamenten gekürt, wobei Italien nebenher auch ein halbes Dutzend Senatoren auf Lebenszeit hat. Die deutschen Länder entsenden Regierungsmitglieder direkt in den Bundesrat, bei Bedarf nehmen die Ministerpräsidenten und Regierenden Bürgermeister selbst teil.

Oft hat die erste Kammer mehr Befugnisse, so in Deutschland

oder Österreich. In Polen und Frankreich hat sie immer das letzte Wort. Im Kongress zu Washington herrscht eine ausgeklügelte Arbeitsteilung: Zum Beispiel darf das Repräsentantenhaus ein Amtsenthebungsverfahren – ein Impeachment – gegen Donald Trump lancieren, dafür reicht die einfache Mehrheit der 435 Mitglieder. Worauf der hundertköpfige Senat eigentlich eine Art Gerichtsverfahren eröffnen sollte; gegebenenfalls entscheidet er unter dem Vorsitz des Obersten Richters der USA mit Zweidrittelmehrheit über die Amtsenthebung.

Von Nordeuropa nach Griechenland, von Portugal nach Israel – etliche demokratische Staaten ziehen ein Einkammersystem vor, namentlich wenn die Bevölkerungszahl überschaubar ist und das kleine Parlament auf regionale Anliegen eingehen kann. Auch da herrscht ein demokratisches Kunterbunt. So müssen das griechische und das finnische Parlament zweimal über eine Verfassungsänderung beraten – in einer Legislaturperiode und nach den nächsten Wahlen abermals. Die israelische Knesset berät drei- und im Ausnahmefall viermal über Gesetzesentwürfe. Das Liechtensteiner Parlament mit seinen 25 Abgeordneten ist im Sandwich, denn das Fürstentum ist eine direkte Demokratie: Das letzte Wort haben (meist formal) der Fürst und (falls es ein Referendum ergreift) das Volk. In Norwegen dürfen nicht nur die Abgeordneten zum Storting – dem Parlament, wörtlich »Großversammlung« –, sondern auch einfache Bürgerinnen und Bürger Gesetzesvorschläge einbringen; zu diesem Zweck müssen sie bloß einen Abgeordneten überzeugen, als »Briefträger« den Vorstoß einzureichen, ohne dass er sich notwendigerweise damit identifiziert.

Letztlich gibt es keine Variante, die es nicht gibt. Das lädt zum Nachdenken ein. Warum nicht, je nach Staat, eine zweite oder dritte Kammer: eine Umweltkammer?

Es wäre eine vom Volk gewählte Parlamentskammer, die dezidiert jeden Gesetzesentwurf einzig und allein unter dem Aspekt der Ökologie zu debattieren und zu beschließen hätte. Die Wahrscheinlichkeit wäre hoch, dass vor allem fachkundige oder jedenfalls einigermaßen bewanderte Bürgerinnen und Bürger kandidierten. Mit der Zeit würde die Umweltkammer eine beträchtliche Expertise entwickeln. Das könnte ihr in der Öffentlichkeit und innerhalb des parlamentarischen Systems zusätzliches Gewicht verleihen. Mit dieser Neuerung – die in derzeitigen Einkammersystemen am einfachsten wäre – würde die Umwelt tatsächlich zur »Teilhaberin« an der Demokratie, im Geist der hybriden Aufklärung und im Sinne des von Bruno Latour angedachten »Parlaments der Dinge«.[10]

Der Vorschlag mag kurzfristig unrealistisch sein, mittelfristig könnte er sich seinen Weg bahnen, etwa im umweltbewussten, experimentierfreudigen Nordeuropa. Ein solches Pilotprojekt würde weltweit beachtet, zweifellos verliehe es anderen Ländern wertvolle Impulse. Und in heutigen Zweikammersystemen ist denkbar, die zweite Kammer hybrid als ein Parlament der Regionen und der Umwelt zu gestalten, um die Politik nicht gleich mit drei Kammern zu überfrachten.

Welchen Stellenwert die Umweltkammer gegenüber der oder den anderen hätte, wäre eine Sache des nationalen Feintunings. Wahrscheinlich wäre sie anfangs nicht gleichberechtigt mit der ersten bzw. zweiten Kammer. Aber jede Volksvertretung hat ihre Entwicklungsgeschichte, ihren beschwerlichen Weg zur Macht. In jüngerer Zeit hat das zähe Europäische Parlament seine Befugnisse nach und nach ausgeweitet, und es kämpft weiter, wiewohl nicht ohne Rückschläge.

Passt ins Gefüge der EU-Institutionen eines Tages eine Europäische Umweltkammer? Jedenfalls würde eine solche Neuerung der Europäischen Union wie der Demokratie Schwung verleihen, Aufbruchsstimmung wecken, den Weg zu einer ökologischen Gemeinschaft der Europäerinnen und Europäer ebnen.

5. Stimmrecht als Stimme der Jugendlichen

In den meisten Ländern Europas gehen Jugendliche auf die Straße. Ihre Stimme zählt – das Stimmrecht wird ihnen verweigert. Die bekannten und unbekannten Gretas dieser Welt verdienen die Chance, zu wählen und gewählt zu werden. Sie sollten sich innerhalb der demokratischen Institutionen einbringen dürfen. Junge Jahrgänge denken heute bewusst an morgen und übermorgen. Und der Sinn für Ökologie ist Teil des Generationenvertrags. Sechzehn- und Siebzehnjährige können sehr wohl dazu beitragen, die Demokratie etwas stärker auf die Zukunft auszurichten.

Liberale, Konservative und manchmal auch Sozialdemokraten erheben das Sparen zum Staatszweck, sie pochen auf den Abbau der Staatsverschuldung, »aus Verantwortung für künftige Generationen« – als sei ein unterfinanziertes Bildungswesen im Interesse der Jugendlichen, als gereichten ihnen Investitionen in den Umweltschutz zum Nachteil. Aber ebendiesen künftigen Generationen wollen viele Bürgerliche keine Verantwortung übertragen und keine Chance eröffnen, ihre Interessen wirksam einzubringen? Schlüssig ist das nicht. Vieles spricht dafür, das Wahl- und Stimmalter auf sechzehn Jahre zu senken, wie das nicht nur die deutsche Sozialdemokratin Katarina Barley 2019 vorschlug, heute Vizepräsidentin des Europäischen Parlaments. Vier Gründe sprechen dafür:
- In der digitalen Welt sind Jugendliche oft so kompetent wie die Älteren, und in einzelnen Zukunftsbereichen haben sie mehr Kenntnisse und Fähigkeiten als ihre Eltern und Lehrer. Sechzehn- und Siebzehnjährige haben ohnehin »in diesem Alter die intellektuelle, aber auch die soziale Urteilsfähigkeit«, meint Klaus Hurrelmann, Erziehungswissenschaftler von der Berliner Hertie School of Governance.[11] Und 2019 zeigte die berühmte Shell-Jugendstudie: 77 Prozent der 12- bis 25-jährigen Deutschen identifizieren sich mit der Demokratie, aber 71 Prozent glauben nicht, »dass sich Politiker um Leute wie mich kümmern«. Und: Die Umweltverschmutzung ist ihre Hauptsorge.[12]

– In einer alternden Gesellschaft schmilzt der Anteil junger Bürgerinnen und Bürger, um deren Zukunft es bei Wahlen und Abstimmungen geht. Hier drängt sich eine kräftige Korrektur auf, sonst werden Jugendliche immer öfter politische Entscheidungen ausbaden müssen, die sie direkt und langfristig betreffen, an denen sie aber nicht mitwirken durften. Für die Demokratie wäre das eine weitere Belastungsprobe.
– Je früher Jugendliche in die Demokratie einbezogen werden, desto größer ist die Wahrscheinlichkeit, dass sie sich früher für Politik interessieren; alle Untersuchungen deuten darauf hin.
– Das Schutzalter für Arbeit, Geschäftsfähigkeit, jugendgefährdende Angebote und sexuelle Handlungen ist abgestuft. Die uneingeschränkte Strafmündigkeit ist in der Bundesrepublik erst mit 21 Jahren gegeben. Unabhängig von ihrer Volljährigkeit haben junge Leute Pflichten und Rechte. Diese sollten immer im Lot stehen, sagen Kritiker des Wahlrechts ab sechzehn. Doch genau das ist heute schon nicht gegeben: Volljährigkeit und Wahlrecht sind keine siamesischen Zwillinge – sie lassen sich trennen, zumal wenn junge Beschäftigte auch Steuerzahler sind.

In Brandenburg, Schleswig-Holstein, Hamburg, Bremen wählen Sechzehn- und Siebzehnjährige die Landtage oder Bürgerschaften mit, in der Mehrzahl der Bundesländer nehmen sie an Kommunalwahlen teil (außer in Rheinland-Pfalz, Bayern, Hessen, im Saarland und in Sachsen). Nirgends haben sie das passive Wahlrecht: Erst mit achtzehn dürfen sie gewählt werden. Das ließe sich mühelos auf die Bundesebene übertragen. Österreich führte schon 2007 das Wahlalter 16 ein. Nach einer Anlaufzeit bekundeten die jungen Jahrgänge mehr Interesse an der Politik. Bei der Europawahl 2019 schnellte die Wahlbeteiligung von Jung- und Erstwählern (16 bis 24 Jahre) von 24 Prozent auf 42 Prozent empor – aus einem Grund: dem des Klimawandels.[13] Bei den Parlamentswahlen im selben Jahr stimmten ebenso viele Wählerinnen und Wähler im Alter von 16 bis 29 Jahren für die Grünen wie für die zu Türkis mutierten »Schwarzen« von Sebastian Kurz.

Der kleine, ländliche, an sich konservative Schweizer Kanton Glarus ist eine der staatspolitisch kreativen Gegenden in Europa. 2006 beschlossen die Bürgerinnen und Bürger eine radikale Gemeindereform: Aus fünfundzwanzig überforderten Kleingemeinden machten sie drei große – niemand hätte das für möglich gehalten. Den Anstoß und den Ausschlag hatten junge Leute gegeben. Folgerichtig beschlossen wenig später die Glarnerinnen und Glarner, das Wahlalter auf sechzehn zu senken, mit Erfolg. An den riesigen Vollversammlungen des Kantons – den sogenannten Landsgemeinden, an denen Tausende teilnehmen – melden sich überdurchschnittlich viele junge Leute zu Wort. Die Stimme der Ökologie ist vernehmlicher geworden, und seit 2019 vertritt ein junger Grüner seinen Kanton in der kleinen Kammer des Parlaments in Bern.

Alle Studien zeigen: Wahlalter 16 ist gewiss keine Revolution, aber eine gute Evolution. Unspektakulär erhöht sie den Stellenwert jener Jahrgänge, denen die Nachhaltigkeit ein vorrangiges Anliegen ist. Und die Schulen werden in die Pflicht genommen, den oft vernachlässigten staatsbürgerlichen Unterricht auszubauen. Gegen das tiefere Wahlalter wenden sich nur diejenigen Kräfte, die Stimmverluste befürchten, weil ihre Umweltpolitik die meisten Jugendlichen enttäuscht. Mit sechzehn zu wählen, birgt Vorteile für die Ökologie wie für die Demokratie.

6. Ein Europäischer Gerichtshof für die Rechte der Natur

Die Menschenrechte solle man mit Menschenpflichten ergänzen, schlug 2018 die Kulturwissenschaftlerin Aleida Assmann in ihrem kleinen Band *Menschenrechte und Menschenpflichten* vor.[14] Neu ist der Gedanke nicht. Helmut Schmidt war in den neunziger Jahren die treibende Kraft des Klubs ehemaliger Staats- und Regierungschefs aus aller Welt, des InterAction Council. Als Klubehrenpräsident erarbeitete er mit dem Schweizer Theologen Hans Küng (*Projekt Weltethos*[15]) und einer Arbeitsgruppe eine Allgemeine Erklärung der Menschenpflichten: auf Englisch zurückhaltender »human responsabilities« genannt.[16] 1997 veröffentlichte der InterAction Council die Menschenpflichtserklärung, deren Artikel 7 lautet: »Jede Person ist unendlich kostbar und muss unbedingt geschützt werden. Schutz verlangen auch die Tiere und die natürliche Umwelt. Alle Menschen haben die Pflicht, Luft, Wasser und Boden um der gegenwärtigen Bewohner und der zukünftigen Generationen willen zu schützen.«

Eigentlich hätte die Generalversammlung der Vereinten Nationen diese Erklärung verkünden sollen, so wie sie die rechtlich nicht bindende Allgemeine Erklärung der Menschenrechte 1948 im Pariser Palais de Chaillot proklamiert hatte. Aber der Entwurf – ein Kompromiss unter ehemaligen Politikern aus den fünf Kontinenten, nicht durchweg lupenreine Demokraten – stieß auf Skepsis. Kritiker fürchteten, Diktatoren könnten die Menschenpflichten missbrauchen, etwa den ungemütlichen Artikel 14: »Die Freiheit der Medien, die Öffentlichkeit zu informieren und gesellschaftliche Einrichtungen wie Regierungsmaßnahmen zu kritisieren – was für eine gerechte Gesellschaft wesentlich ist –, muss mit Verantwortung und Umsicht gebraucht werden. Die Freiheit der Medien bringt eine besondere Verantwortung für genaue und wahrheitsgemäße Berichterstattung mit sich. Sensationsberichte, welche die menschliche Person oder die Würde erniedrigen, müssen stets vermieden werden.« So verschwand das Papier in der Schublade. Der InterAction Council, dem heute der Nigerianer Olusegun Obasanjo und der Ire Bertie Ahern vorsitzen, hat es dort belassen.

Doch gibt es einen anderen, produktiveren Ansatz: eine Allgemeine Erklärung der Rechte der Natur. Sie nähme die Menschen teilweise stärker in die Pflicht als die Menschenpflichtserklärung. Die Idee ist bereits 2008 in die neue ecuadorianische Verfassung eingeflossen, der knapp zwei Drittel der Bürgerinnen und Bürger zustimmten.[17] Den Rechten der Natur widmet die *Constitución* des südamerikanischen Lands vier Artikel. Artikel 71: »Die Natur oder Pacha Mama [Mutter Erde], in der sich das Leben reproduziert und verwirklicht, hat das Recht auf umfassende Achtung ihrer Existenz, auf das Bewahren und Regenerieren ihrer Lebenszyklen, ihrer Struktur, ihrer Funktionen und evolutionären Prozesse. Jede Person, jedes Gemeinwesen, jedes Volk, jede Nation darf von den Behörden die Beachtung der Rechte der Natur einfordern.« Artikel 73 verpflichtet den Staat auf den Artenschutz und einen sorgsamen Umgang mit Ökosystemen. Er verbietet »den Einsatz von Organismen oder organischen bzw. anorganischen Materien, die unwiderruflich das genetische Erbe verändern können«.

Die Natur als Rechtsträgerin, ähnlich wie die Bürgerinnen und Bürger, die Firmen und Vereine: Den Impuls zu dieser Rechtsrevolution gaben weder indigene Völker noch die Linke – sondern eine Reihe wagemutiger Gemeinden im US-Bundesstaat Pennsylvania, in denen zwar die Republikaner stark waren, aber der Steinkohletagebau die Umwelt gezeichnet hat. 2006 ging die Ortschaft Tamaqua voran, 7000 Einwohner an der Zahl, auf halbem Weg zwischen Philadelphia und Pittsburgh. Wortwörtlich setzte Tamaqua die Natur in ihr Recht und stattete sie mit Rechten aus. In Pennsylvania folgten manche Ortschaften dem Beispiel.

Was in den USA juristisch umstritten und eher symbolischer Natur ist, greift in Ecuador ins Leben und in die Politik: Rund dreißig Mal gingen Anwälte vor Gericht, um die Rechte der Natur zu vertreten. Zum Beispiel verfochten sie die Sache eines als Deponie missbrauchten Flusses. Oder sie stoppten vorerst die Goldmine Rio Blanco, die China ausbeuten wollte. Aber, und es ist ein großes Aber: Der langjährige linke Präsident und Autoritärdemokrat Rafael Correa (der im belgischen Exil lebt) setzte sich über Verfassung und Ökologie hinweg, kaltschnäuzig förderte er den Bergbau.

Ebenso skrupellos war sein bolivianischer Freund, der sozialistische Ex-Präsident Evo Morales. Die 2009 verabschiedete Verfassung verpflichtet die Bolivianerinnen und Bolivianer, »die natürlichen Ressourcen zu schützen, zu verteidigen und zu ihrer nachhaltigen Nutzung beizutragen, um die Rechte der künftigen Generationen zu wahren«.[18] Auch führte sie – eine Weltpremiere – einen spezifischen, auf Vorschlag des Parlaments vom Volk gewählten Agrar-

Umwelt-Gerichtshof (Tribunal Agroambiental) ein. Aber Morales weigerte sich genauso stur wie der Brasilianer Jair Bolsonaro, die Amazonas-Waldbrände resolut zu bekämpfen.

Ausgerechnet Lateinamerikaner, die nicht selten den Rechtsstaat strapazieren, wagten erste Schritte zu einem Umweltrechtsstaat. Das war eine Pioniertat, wiewohl nach der Tat nicht alle Pioniere auf deren Höhe waren. Rund um den Globus befassen sich heute UN-Gremien, Nichtregierungsorganisationen und Institute mit einer »Erklärung für einen Umweltrechtsstaat«, einem »Menschenrecht auf gesunde Umwelt«, einer »Erdcharta«, einem »globalen Umweltpakt«. Als internationaler Treffpunkt von Richtern entstand 2016 das Global Judicial Institute for the Environment (Justiz-Institut für die Umwelt). Die Global Alliance for the Rights of Nature (Allianz für die Rechte der Natur) veranstaltet symbolische Umwelttribunale – beliebig ließe sich die Liste der Initiativen und Dokumente verlängern.

Europa könnte handeln, denn es hat im 20. Jahrhundert ein geeignetes Muster für die Stärkung des Rechtsstaats entwickelt: Unter dem Dach des Europarats rief es 1950 die Europäische Menschenrechtskonvention und 1959 den Europäischen Gerichtshof für Menschenrechte ins Leben, beide in Straßburg. Warum nicht auch eine Europäische Konvention der Rechte der Natur? Ihre Präambel könnte die Formulierung aus der ecuadorianischen Verfassung abwandeln, um den Geist der Konvention anzusagen: »Die Natur hat das Recht auf Existenz, Fortdauer und Regeneration.« Vor einem neuen Europäischen Gerichtshof für die Rechte der Natur dürfte »jede Person, jedes Gemeinwesen die Beachtung der Rechte der Natur einklagen«. Was auf europäischer Ebene zweckmäßig ist, könnten einzelne Staaten auf nationaler Ebene anbahnen: indem sie in ihrer Verfassung die Natur zur Trägerin von Rechten erhöben.

Im Mai 1948 strömten rund siebenhundert Europäer in die Niederlande, in die Stadt Den Haag, den Sitz des Parlaments, der Regierung und seit 1945 auch des Internationalen Gerichtshofs. Unter ihnen waren Winston Churchill, Konrad Adenauer, François Mitterrand und Walter Hallstein, der spätere erste Präsident der Brüsseler Kommission. Es war eine an sich private Versammlung, aus der Historisches hervorging: die Europäische Bewegung, das College of Europe in Brügge als erste europäische Hochschule – und gut zwei Jahre nach dem Haager Kongress der Europarat in Straßburg samt der Menschenrechtskonvention. Kann das disruptive 21. Jahrhundert das Tempo gehen, das entschlossene Europäer in der zweiten Hälfte des 20. Jahrhunderts anschlugen?

Der Haager Europa-Kongress, der verschiedenste Gruppen und Bewegungen zusammenführte, zog nach dem Ende des Zweiten Weltkriegs die Lehren aus der Katastrophe. Heute setzen Bewegungen wie Fridays for Future und Pulse of Europe Zeichen für einen neuen europäischen Aufbruch, wider die ökologischen Schäden und das reaktionäre Fiasko. Freilich sollten auch heutige Aktivisten nicht nur Engagement beweisen, sondern handfeste Forderungen für wirksame Institutionen und Verfahren der europäischen Umweltpolitik entwickeln – denn staatliche Institutionen arbeiten nachhaltiger als all die Regierungen, die kommen und gehen. Aus solchen Reformen würde sich, gerade auch für junge Bürgerinnen und Bürger, ein anderes Verhältnis zur Demokratie herausschälen: eine etwas andere Demokratie.

7. Eine neuartige Institution: Die Fußabdruckbank

Jeder Mensch hat seinen ökologischen Fußabdruck. Dieser individuelle *footprint* besagt, wie viel Land-, Wald- und Wasserfläche an sich nötig ist, um die Menge an Treibhausgasen wettzumachen, die er verursacht, und um die natürlichen Ressourcen zu erneuern, die er verbraucht. An dieser recht genau definierbaren Elle lässt sich messen, wie stark der eigene Lebensstil die Ökosysteme belastet. Würde jeder Mensch wie ein »Durchschnittsdeutscher« leben, müsste der Planet dreimal größer sein, als die Erde tatsächlich ist. Anders gesagt: Von Anfang Mai an verbrauchen Deutsche oder Schweizer mehr Ressourcen, als ihnen fürs ganze Jahr zustehen – die Österreicher ab Anfang April, die Weltbevölkerung ab Ende Juli. Wo ist da Marktwirtschaft, wenn die Nachfrage größer ist als das Angebot, aber die Preise nicht steigen, sondern die Lager an natürlichen Ressourcen laufend geleert werden? Nur ein »Lagerhaus« quillt über: Die Atmosphäre birgt mehr Treibhausgas CO_2 als je seit vierzehn Millionen Jahren.

Wirksame Umweltpolitik ist Preiserhöhungs- und Verbrauchsbeschränkungspolitik, beides weckt Widerstand. Wer es sich bequem machen will, der behauptet, dank technischen Fortschritts (etwa Wasserstoff als Treibstoff) und effizienter Produktion müssten immer weniger natürliche Ressourcen eingesetzt und könnte weniger CO_2 ausgestoßen werden: Der Mensch dürfe weiterfahren wie bisher. Doch der Treibhausgas-Bestand in der Atmosphäre wächst, und bei aller berechtigten Hoffnung auf bessere Zukunftstechniken – er muss, jetzt, abgebaut werden.

Um die schlimmsten CO_2-Emittenten zu bremsen, setzen namentlich die EU und Deutschland auf ein bislang eher stumpfes Instrument, nämlich auf den Emissionshandel: den Handel mit Rechten, Treibhausgas auszustoßen – mit Verschmutzungsrechten. Am EU-Emissionshandelssystem (EU EHS) müssen die Unternehmen jener Branchen partizipieren, die am meisten CO_2 freisetzen, zum Beispiel Stromerzeuger, Erdölraffinerien, Stahlwerke. Und von 2021 an wird das »Klimapaket« der deutschen Regierung zusätzliche Wirtschaftszweige erfassen. Die EU-Kommission bzw. die Bundesregierung geben oder verkaufen den Unternehmen das Recht, CO_2 und andere Treibhausgase freizusetzen. Jeder Käufer erhält dann sogenannte Emissionszertifikate, die dieses Recht dokumentieren (nicht auf Papier, bloß digital). Die Behörden stellen sehr bewusst weniger Zertifikate zur Verfügung, als die Wirtschaft braucht. Zum Beispiel müssen die Betreiber von Kohlekraftwerken, die Unmengen CO_2 in die Atmosphäre schleudern, Geld in die Hand nehmen und zusätzliche Verschmutzungsrechte erwerben: Sie erstehen diese Rechte bei anderen Unternehmen, die in saubere Techniken investiert haben, weniger CO_2 ausstoßen und darum ihre überschüssigen Emissionszertifikate wie Wertpapiere auf dem Markt anbieten.

All das soll die Wirtschaft zum Ausbau des Umweltschutzes animieren, damit sie keine Verschmutzungsrechte mehr kaufen muss, zumal da die Bundesregierung beschlossen hat, immer weniger Rechte immer teurer zu verkaufen.[19] 2021 sollen die Firmen 10 Euro pro Tonne CO_2 zahlen, im Jahr 2025 dann 35 Euro, später bis zu 60 Euro. Allerdings ist das immer noch recht wenig im Vergleich zur CO_2-Abgabe auf Kraft- und Treibstoffe von 115 Euro pro Tonne CO_2 in Schweden und gut 85 Euro in der Schweiz.

Nur hat der Handel mit Verschmutzungsrechten bislang wenig gebracht, denn unter dem Druck der Wirtschaft öffneten die Politiker lauter Hintertürchen: bei der (zu großen) Menge von Emissionszertifikaten, beim (zu tiefen) Preis, bei den (zu vielen) Ausnahmen von der Regel, beim (zu bequemen) Einkauf von Zertifikaten. Darum ist die EU meilenweit davon entfernt, ihre Ziele zu erreichen, seit 2012 bleibt der Ausstoß von Treibhausgasen durch die Industrie konstant. Und so kam der Gedanke auf, eine von der Politik unabhängige und rigorose »Europäische Klimazentralbank« zu beauftragen, künftig die Verschmutzungsrechte auszugeben. Nur eine lobbyferne, ganz eigenständige Institution könne den Handel straff regulieren, für eine knappe Menge und steigende Preise sorgen, den Ausstoß von Treibhausgasen drücken. Das hat die EU bislang nur halbherzig und höchst rudimentär in Angriff genommen, pure Bastelei. Der Emissionshandel bleibt ein Versuch, den Pelz zu waschen, ohne ihn zu benässen. Er nimmt die Konzerne so locker in die Pflicht, dass sie sich ihr entziehen können. Auch die CO_2-Abgabensysteme in Schweden oder in der Schweiz sind löchrig wie der Emmentaler Käse.

Das ist denn eine stille Aufforderung, an eine neuartige Institution auf nationaler oder europäischer Ebene zu denken: Nützlich – und ausbaufähig – wäre eine öffentliche Klimabank, zunächst für große Unternehmen. So wie Notenbanken die Geldmenge steuern, so würde die Klimabank die CO_2-Menge steuern. Grob skizziert würde sie auf folgende Weise arbeiten:

– Die Klimabank ist unabhängig von der Regierung und der Parteipolitik, wie die meisten westlichen Zentralbanken.
– Sie legt die jährliche Höchstmenge des Ausstoßes von Treibhausgasen fest, die klimaverträglich ist.
– Diese klimaneutrale Höchstmenge wird auf die großen Unternehmen aufgeteilt. Jedes erhält auf seinem »Klimakonto« bei der Klimabank ein »Guthaben«, nämlich die Erlaubnis zum Ausstoß einer bestimmten Menge Treibhausgas – kostenlos.
– Je nach Größe des jeweiligen Unternehmens und den technischen Gegebenheiten seiner Branche werden Guthaben in unterschiedlicher Höhe zugeteilt: gemäß den Standards für ökologisches Produzieren und Wirtschaften in seiner Sparte (anhand solcher Prozess-, Wärme- und Brennstoff-»Benchmarks« teilt die EU heute schon die Emissionszertifikate zu).
– Will ein Unternehmen mehr Treibhausgas freisetzen, als ihm zusteht, geht das nur auf Kredit: Die Klimabank gewährt ihm ein Treibhausgas-Darlehen, ähnlich wie ein Hypothekardarlehen. Für diesen Vorschuss zahlt der Konzern hohe Treibhausgas-Zinsen. Und die Bank erhöht den Zinssatz Jahr für Jahr. Auch hat der Konzern binnen vereinbarter Frist den Kredit zu tilgen, indem er in den Folgejahren weniger Treibhausgas ausstößt. Als Sicherheit hinterlegt er einen erheblichen Geldbetrag bei der Klimabank. Kommt der Konzern seiner Zins- und Tilgungspflicht nicht nach, fällt ein jährlich wachsender Anteil der hinterlegten Summe an die Klimabank.
– Mit diesen Einnahmen belohnt die Bank jene Unternehmen, die ihren Ausstoß an Treibhausgasen gedrosselt haben.

Das wäre eine weit straffere Ordnung als der Emissionshandel. Vor allem eröffnete sie die Möglichkeit, nach einem Jahrzehnt und lehrreichen Erfahrungen die Bank zu einer »Fußabdruckbank« auszuweiten, an der die Bürgerinnen und Bürger beteiligt wären. Jeder Einwohner hätte dann einen Anteil an dieser Bank, und zwar in Höhe eines nachhaltigen individuellen Fußabdrucks pro Kopf der Bevölkerung, also eines Drittels unseres heutigen, viel zu großen Fußabdrucks. Und dies wäre das obere Limit der Bank:[20] Nur in diesem klimaneutralen Rahmen dürfte sie der Wirtschaft Treibhausgas-Guthaben gratis zuteilen.

Umweltbewusste Menschen wiederum könnten bei der Bank eine jährliche, freiwillige »Fußabdruckerklärung« einreichen: Sie müsste einen bedienungsfreundlichen, verbindlichen Fußabdruck-Rechner ins Internet stellen, von denen es online schon viele gibt.[21] Die Fußabdruckerklärung wäre verbindlich wie eine Steuererklärung (und vorsätzliche Falschangaben wären strafbar wie Steuerbetrug). Mit der Fußabdruckerklärung könnten Bürgerinnen und Bürger belegen, dass sie ihren Verbrauch an erneuerbaren Ressourcen und ihren Ausstoß an Treibhausgasen senken oder bereits aufs umweltverträgliche Maß begrenzt haben. Die Bank würde diese ökologisch lebenden Zeitgenossen belohnen, so wie sie Unternehmen prämiert, die in den Abbau der Umweltbelastung investieren.

Kompliziert und komplex? Heutige Notenbanken, die ja die Geldmenge statt der CO_2-Menge verwalten, sind wesentlich komplexer. Aus einer Fußabdruckbank mit hoch qualifiziertem Stab, wie in Zentralbanken üblich, könnte eine starke Institution der liberalen Demokratie erwachsen. Mit besonderer Glaubwürdigkeit würde sie die umweltwirtschaftlichen Gesamtrechnungen aufstellen und in der Öffentlichkeit vertreten. Heute ist die volkswirtschaftliche Gesamtrechnung in parlamentarischen Debatten und in den Köpfen weit präsenter als die umweltwirtschaftliche Gesamtrechnung, die ebenso relevant ist.

Auch hier kommt es auf pragmatische Versuche und Detailarbeit an: in Übereinstimmung mit der Denkweise der drei Wirtschaftsnobelpreisträger von 2019, der Französin Esther Duflo, des Inders Abhijit Banerjee und des Amerikaners Michael Kremer – dreier »Stückwerk-Forscher« über den Kampf gegen Armut, an denen Karl Popper seine Freude gehabt hätte. Komplex und kompliziert? Jeder Anfang ist schwer. Für Erstklässler ist das Einmaleins anspruchsvoll. Das Berechnen der π-Zahl nach der Gregory-Leibniz-Reihe ist für Gymnasiasten beim ersten Mal eine Knacknuss. Ähnlich bedürfen junge Institutionen der Probe- und Anlaufzeit. In der Wirtschaft ist kalkuliertes Experimentieren eine Voraussetzung des Erfolgs. Das sollte in der Demokratie ebenso selbstverständlich werden.

8. Die demokratiefreundliche internationale Organisation: Die OECD

Neue Institutionen, die der Umwelt ihren Stellenwert und ihre Rolle in der Demokratie sichern, stärken damit auch den Primat der Politik über die Wirtschaft. Überdies ist es vorrangig, dem Steuerwettbewerb vernünftige Grenzen zu setzen. Sonst werden transnationale Unternehmen weiterhin die Nationalstaaten gegeneinander ausspielen und die Gewinne dorthin verlagern, wo es ihnen gerade passt: wo die Politik kuscht und die brachial geforderten Tiefsteuersätze »bietet«. Die OECD in Paris (Organisation für wirtschaftliche Zusammenarbeit und Entwicklung) schätzt, dass den Staaten jährlich 220 Milliarden Euro Steuereinnahmen entgehen, weil Konzerne einzig der Steuern wegen Gewinne verschieben und sonstige legale Tricks anwenden. Die unweit London beheimatete NGO Tax Justice Network und der Verbund Global Alliance for Tax Justice sehen ihrerseits einen Ausfall von gar 450 Milliarden Euro.[22]
Dem können zwei Maßnahmen wehren:
- erstens eine ganz neue Steuermethodik, können doch viele Konzerne mühelos ihre Gewinne in Steuerparadiese verlagern, weil sie ihre Produkte in Länder verkaufen, in denen sie nicht präsent sind, manchmal nicht einmal eine Adresse haben; künftig sollen sie einen Teil der Steuern dort zahlen, wo sie die Produkte absetzen;
- zweitens eine möglichst weltweite Mindeststeuer für transnationale Unternehmen, um Exzesse des Steuerwettbewerbs zu verhindern.

An beiden Reformen arbeiten der Internationale Währungsfonds und in führender Rolle die OECD. Sie tut das im Auftrag der

G-20-Staaten,[23] die freilich uneinig sind. Der erfahrene Mexikaner Angel Gurría – OECD-Generalsekretär seit 2006 – will »dafür sorgen, dass alle multinationalen Unternehmen einen fairen Anteil an den Steuern zahlen«.[24]

Sowohl die Handelskriege als auch der (noch zaghafte) Kampf gegen die Steuerflucht der Konzerne künden vom Ende jener wilden Globalisierung, die in den achtziger Jahren eingesetzt hatte. Knapp vier Jahrzehnte später macht sich die Politik langsam daran, ein Mindestmaß an globaler Wirtschaftsordnung zu schaffen und transnationalen Konzernen erste elementare Rahmenbedingungen zu setzen.

Vergleichsweise gute Aussichten hat der geplante radikale Systemwechsel in der Besteuerung von Unternehmen, die ihre Erzeugnisse in Ländern absetzen, in denen sie keine Betriebsstätte führen. Im Visier sind digitale Plattformen wie Facebook, aber beispielsweise auch Pharmafirmen. Kommt diese Reform, werden Konzerne nicht nur an ihren steuergünstigen Domizilen Steuern zahlen, sondern auch in den Staaten, in denen sie einen nennenswerten Absatz erzielen – ein erster Schritt, um den Steuerwettbewerb unter den Staaten zu mindern und den Demokratien den benötigten Handlungsspielraum zurückzugeben.

Deutlich schwieriger dürfte es werden, unter den 134 involvierten Regierungen einen Kompromiss über eine ergiebige Mindeststeuer für transnationale Konzerne herbeizuführen (Global Anti-Base Erosion Proposals oder kurz GloBE, so nennt die OECD ihre »Vorschläge gegen die Aushöhlung der Steuerbemessungsgrundlage« und die Steuerverlagerung).[25] An einer Mindeststeuer haben Staaten des Südens oder China wenig Interesse, weil sie dringend Investoren brauchen. Vieles spricht dafür, dass die Europäische Union und die USA früher oder später vorangehen müssen. Auch hier steckt der Teufel im Detail: Die Regierungen werden – je nach erreichbarem Kompromiss und vereinbartem Modell – die Steuervermeidung stoppen oder lauter Auswege offenlassen, wie bei den Emissionszertifikaten. Sie können die Steuereinnahmen drastisch oder groschenweise mehren, den Handlungsspielraum der Politik merklich oder minimal erweitern. Nicht unwahrscheinlich sind bescheidene Anfänge.

Den Ausschlag gibt hier nicht eine Demokratiereform, sondern die weitere Stärkung jener Institution, die strategisch vorzugehen wusste, um krasse Fehlentwicklungen der Globalisierung zu korrigieren und auf den Primat der Politik hinzuarbeiten – die OECD. Sie nahm 1996 den Kampf gegen Steueroasen auf: gegen Staaten, die keine oder kaum Steuern erheben, ausländischen Steuerbehörden keine Auskunft geben, keine Transparenz ihres Steuersystems schaffen und Briefkastenfirmen willkommen heißen, die keine Tätigkeit ausüben, keine Mitarbeiter haben, sondern einzig und allein der Steuervermeidung dienen.

Nach der Finanzkrise von 2008, die manches Land Abermilliarden kostete, konnte die OECD den Druck auf ganze Scharen von Steuerflüchtlingen erhöhen. Vor der Einführung eines systematischen Informationsaustauschs unter den Steuerbehörden von knapp hundert Staaten meldeten die Steuerhinterzieher gut 95 Milliarden Euro Schwarzgeld an. Der Generalsekretär Angel Gurría und seine rechte Hand Pascal Saint-Amans, der gewiefte, fachlich unschlagbare Direktor des OECD-Zentrums für Steuerpolitik, sind die wohl gestaltungskräftigsten Vertreter einer internationalen Organisation. Zielstrebig arbeiten sie daran, die Demokratie wieder in ihr Recht zu setzen. Dieses mexikanisch-französische Tandem zeigt, wie wagemutige Persönlichkeiten das Gewicht internationaler Organisationen mehren können. In der Zeitschrift *Die Volkswirtschaft* zog 2019 der Steuerfluchtverhinderer Pascal Saint-Amans nüchtern Zwischenbilanz: »Es ist heute weitgehend unbestritten: Transparenzstandards und die Bekämpfung von Steuervermeidung sind wichtig und notwendig. Die wirksame weltweite Umsetzung [dieser] beiden OECD-Standards hat für die G-20 deshalb weiterhin einen prioritären Stellenwert.«[26]

9. Ein Bundestransparenzhof

Transparenz? Planen Regierung und Parlament ein Gesetz, fehlt es oft am nötigen Durchblick für interessierte Bürgerinnen und Bürger: Wer hat von den vorgesehenen Maßnahmen einen Vorteil, einen Nachteil? Bewirkt das Gesetz eine Umverteilung von oben nach unten, von unten nach oben, zulasten der Mittelschicht? Entlastet oder belastet es die Beschäftigten, die Firmen? Die Wirtschafts- und Sozialreformen im Zeichen der Globalisierung und des Neoliberalismus haben viel Geld verschoben. Die Effekte zu beziffern, lag selten im Interesse der Regierungen, die keinen Widerstand wecken wollten. Niemand wollte die kumulierten Auswirkungen der aufeinanderfolgenden Reformen genauer ausrechnen. Insgesamt brachten die Maßnahmen Abstriche für Arbeitslose und Hilfsempfänger, tendenziell eine Mehrbelastung der Normalverdiener, während Superreiche gut wegkamen. Das war schlecht für die Demokratie und ihren Nimbus. Ein Beitrag, dem entgegenzuwirken, wäre das Errichten einer Institution, die es so noch nicht gibt: eines Bundestransparenzhofs. Einen höchst bescheidenen Ansatz dazu bilden die sogenannten »Unabhängigen Fiskalinstitutionen« (Independent Fiscal Institutions) in allen EU-Ländern, die oft nicht ganz unabhängig sind und die Nachhaltigkeit nationaler Finanzpolitik prüfen. In Deutschland ist das ein völlig harmloser »Unabhängiger Beirat des Stabilitätsrats« von Bund und Ländern, in Österreich der etwas gewichtigere »Fiskalrat«.

Jede Demokratie hat Rechnungshöfe und ähnliche Instanzen der Finanzkontrolle. Sie prüfen in aller Unabhängigkeit – aber stets im Nachhinein – die Zieltreue, Qualität, Effizienz und Wirtschaftlichkeit von Regierungsarbeit. So kritisierte 2019 ein bemerkenswerter Prüfbericht des deutschen Bundesrechnungshofs das Kabinett in Berlin, es setze die Strategie für eine nachhaltige Entwicklung nicht oder auf konfuse Weise um: Die Ministerien sollten endlich ihr Handeln »systematisch abstimmen und politisch in Einklang bringen. Dies muss in erster Linie das federführend zuständige Bundeskanzleramt sicherstellen. Das Ressortprinzip darf einem ganzheitlichen Ansatz nicht im Wege stehen. [...] Bislang hat die Bundesregierung darauf verzichtet, die Ziele und Indikatoren der Nachhaltigkeitsstrategie zu konkretisieren«.[27] Darum sei eine Maßnahmensteuerung »nicht möglich«; das war bereits zuvor die Stoßrichtung des Sondergutachtens *Demokratisch regieren in ökologischen Grenzen* der sieben Umweltweisen gewesen.[28]

Der neue Bundestransparenzhof würde prospektiv statt retrospektiv arbeiten. Und auch von ihm wäre Klartext gefragt, wenn der Entwurf eines Gesetzes ansteht und nur bedingt abzusehen ist, welche Auswirkungen er für wen haben mag. Es bedarf keiner besonderen Erklärung, dass die Berichte eines Bundestransparenzhofs ihre Grenzen hätten, manchmal bloß Wahrscheinlichkeiten und Tendenzen aufzeigen könnten. Gleichzeitig hätte er aber die Aufgabe, Gesetzesentwürfe in den größeren Zusammenhang zu stellen: Bedarf es des geplanten Gesetzes tatsächlich oder ließen sich auch die vorhandenen Gesetze besser, schneller umsetzen? Wie ist das Gesamtbild der Maßnahmen auf dem betreffenden Politikfeld über das vergangene Jahrzehnt? Wie reihen sich die vorgesehenen Maßnahmen an vorangegangene – verstärken sie die bisherige Umverteilung? Unzweckmäßig wäre es, den Transparenzhof in jedem Fall einzubeziehen. In Deutschland könnte er tätig werden, wenn die Hälfte der Bundestagsfraktionen oder der Bundesländer ihn anriefen. Oft würde es reichen, wenn der Bundestransparenzhof die vom Wunschdenken geleiteten Prognosen und Szenarien der Regierung überprüfte.

Diskret beeinflussen die Wirtschaftsverbände viele Gesetzesentwürfe, sie verleihen ihnen den gewünschten Drall. Umso wertvoller wäre eine Instanz, die keine Eigeninteressen verfolgt, sondern das Dossier nüchtern abklopft. Jedenfalls hätte diese Institution zwei Vorteile. Im Sinne der aufgeklärten Bürgerinnen und Bürger und jenseits der Parteipolitik würde sie aufzeigen, welche Kreise von welcher neuen Politik profitieren oder Nachteile erleiden dürften. Und im Ergebnis würde der Bundestransparenzhof zur Balance zwischen Demokratie- und Wirtschaftsfreundlichkeit der Gesetze beitragen.

10. Eine Europäische Digitalplattform-Behörde

Was gut ist für Google, ist nicht unbedingt gut für die Demokratie. Zu lang, zu oft hieß es: »It's the economy, stupid!« Ebenso wichtig ist der nirgends zu hörende Leitsatz: »It's the democracy, stupid!« Eigentlich ist es ja banal, dass man auf die Demokratie Acht geben sollte, doch gerade das Banale gerät am leichtesten in Vergessenheit.

Die Hegemonie global-digitaler Plattformen schwächt die Demokratie. Google, Amazon, Facebook, Apple und weitere Digitalriesen haben herausragende Verdienste, aber zu viel Macht, zu viele Daten, zu viele Pannen im Umgang mit diesen Daten, zu viel Wissen über die Bürgerinnen und Bürger, zu viele polarisierende Algorithmen, zu viel Freiraum für Zensur, zu viel Marktanteil, zu viele Milliarden für den Wegkauf von Start-ups und das Leerfegen des Markts, zu viele Lobbyisten, zu viel Intransparenz, zu viel Neigung zur Willkür – und in ihrem Geschäftsgebaren mehr Respekt vor der chinesischen Diktatur als vor liberalen Demokratien. Falls die Politik bei ihrem weitgehenden Laisser-faire bleibt, werden in einem Jahrzehnt zwei Dutzend Digitalkolosse weite Teile der Weltwirtschaft unmittelbar oder mittelbar beherrschen, fürchtet der Chief Innovation Officer eines europäischen Digitalkonzerns.

Die Antwort lässt sich nur auf europäischer Ebene geben. Die EU und ihre Mitglieder brauchen eine gemeinsame, integrierte Gafa-Regulierungs- und Aufsichtsbehörde mit Eingriffsbefugnissen, wie sie etwa eine nationale Bankenaufsicht hat. Nur ein kompetentes, kräftiges und in allen EU-Ländern vertretenes europäisches Amt kann Gafa & Co. Paroli bieten. Es sollte sämtliche Aspekte der Tätigkeit von Digitalriesen beleuchten, von der Marktmacht zu den Algorithmen, vom Datenschutz bis zur Intransparenz. Es wäre ein in der EU bisher nicht vorgesehener Ansatz: Er würde europäische und nationale Ämter formell oder in einem ersten Schritt auch nur informell vereinigen. Bei Bedarf würde die Digitalplattform-Behörde die Arbeit nationaler Datenschützer und Kartellämter unterstützen, sie ein Stück weit synchronisieren.

Die Bank für Internationalen Zahlungsausgleich (BIZ) in Basel gilt als »Zentralbank der Zentralbanken«. Nach der Finanzkrise, als die Regulierung des globalen Bankensystems neu zu entwerfen war, spielte sie die Schlüsselrolle. Bei der BIZ ist der »Basler Ausschuss für Bankenaufsicht« angesiedelt, mit Vertretern von 27 Zentralbanken und Aufsichtsbehörden. Die Reformpakete dieser Regulatoren werden Basel I, II, III und Basel IV genannt. Das vergleichbare Ziel sollte darin bestehen, mithilfe einer europäischen Digitalplattform-Behörde endlich eine straffe, umfassende Regulierung der Gafa-Welt durchzusetzen, denn inzwischen ist sie wichtiger noch als die Finanzwelt. Eine solche »Diginstitution« (was sich als Name anbietet) ist fällig – deren Aufbau wäre ein europäischer Kraftakt. Die EU-»Digitalchefin« und Vizepräsidentin der Brüsseler Kommission, die resolute Dänin Margrethe Vestager hat die Durchsetzungspower, Vorhaben dieser Art anzutreiben. Vestager ist eine Liberale, und zum liberalen Credo (das von den FDPs dieser Welt kaum zu hören ist) gehört: Machtwirtschaft ist zu entmachten.

11. Direkte Demokratie

Volksbegehren wider die Machtwirtschaft? Der Ruf nach direkter Demokratie ertönt lauter in Europa, und der Hauptgrund liegt in der digitalen Revolution. Bürgerinnen und Bürger haben dank der sozialen Medien weit mehr Ausdrucksmittel als in analogen Zeiten, aber nach wie vor sehr wenig Mittel, auf die Sachpolitik einzuwirken. Das verschärft ein Ohnmachtsgefühl, das der Primat der Wirtschaft über alle anderen Bereiche des Gemeinwesens sowieso nährt. Immer mehr Bürgerinnen und Bürger sind der Überzeugung, in der repräsentativen Demokratie schlecht repräsentiert zu werden: Ihre Ausdrucks- und ihre Einwirkungsmöglichkeiten sind mittlerweile nicht mehr im Lot. Auch Diktatoren und Autoritärdemokraten erfahren den Frust jenes Teils der Bevölkerung, der digitalen Zugang zu unabhängiger Information hat, darum die Missstände und Freiheitsverluste noch stärker empfindet und über soziale Medien zu Volksbewegungen zusammenfindet, von den Anfängen des Arabischen Frühlings bis zum Aufruhr in Algerien, im Sudan, im Libanon und im Irak, von den Istanbuler Gezi-Park-Unruhen zum Protest im Iran, von den Kundgebungen in Moskau und Sankt Petersburg zu den Rebellionen in Venezuela, Ecuador, Chile oder Bolivien: Der Protest ist sichtbarer geworden, online und offline.

Indessen treffen viele Menschen die irrige Annahme, Volksabstimmungen seien per se demokratisch. Dabei sind sie oft nur ein Machtinstrument von Gewaltherrschern, so als der türkische Präsident Erdoğan 2017 ein Referendum über die Änderung der Verfassung ansetzte, um sich alle Befugnisse zuzuschanzen; oder als der linke bolivianische Präsident Morales zum Urnengang rief, um das verfassungsmäßige Verbot einer vierten Amtszeit aufzuheben. Evo Morales unterlag in diesem Plebiszit, aber mithilfe des hörigen Verfassungsgerichts trat er 2019 trotzdem ein viertes Mal an und manipulierte das Wahlergebnis – das war *too much*: Er musste aus dem Land fliehen.

»Von oben« verfügte Plebiszite haben mit direkter Demokratie gar nichts zu tun. Das gilt beispielsweise auch für das Brexit-Referendum, das der britische Premierminister David Cameron für den 23. Juni 2016 anberaumte. Die Abstimmung war formell bloß konsultativ und ließ völlig offen, wie die Trennung von der Europäischen Union zu gestalten wäre. Als drei Jahre später das Ergebnis der Scheidungsverhandlungen vorlag, hofften Millionen Britinnen und Briten auf eine zweite Volksbefragung zu den konkreten Modalitäten des Austritts. Dem verweigerten sich freilich die Tories von vornherein – plötzlich war »direkte Demokratie« nicht mehr gefragt.

Frankreichs Politiker wiederum rühmen die Republik und beargwöhnen gleichzeitig die Citoyens. Seit Charles de Gaulle die obrigkeitliche Fünfte Republik errichtet hatte, verfügten die Staatspräsidenten ziemlich willkürlich insgesamt zehn Referenden, im Schnitt zwei pro Jahrzehnt – aber seit 2005 keines mehr: weil Französinnen und Franzosen, wo sie nicht einmal alle Schaltjahre abstimmen dürfen, jeweils ihrem Präsidenten eins auswischen, statt sich über die eigentliche Vorlage zu beugen. Präsident Macron beteuert, er wolle die Bürger stärker einbeziehen. Aber das allererste vom Verfassungsrat zugelassene Volksbegehren – gegen die Privatisierung der Pariser Flughäfen – passte ihm nicht ins Konzept. Sein Vorvorgänger Nicolas Sarkozy hatte dem Volk einen winzigen Bruchteil direkte Demokratie zugestanden: Verlangt ein Fünftel der Nationalversammlung eine Volksabstimmung, stimmt der Verfassungsrat zu und treten dann zehn Prozent der Stimmberechtigten (per Eintrag ihrer Personalien auf einer Website) dafür ein, müssen beide Kammern des Parlaments die Vorlage debattieren, mehr nicht. Unterlassen sie das, hat der Staatspräsident eine Volksabstimmung anzusetzen.[29] Doch Macron wollte lieber die Privatisierung der Flughäfen durchziehen, und sein Innenministerium ließ für die Eintragung der Personalien eine komplizierte, lahme Website einrichten. Im Übrigen ignorierte die Regierung konsequent diesen direktdemokratischen Gehversuch, so dass die meisten Bürgerinnen und Bürger von ihrem Recht gar nichts wissen – das Sammeln von sage und schreibe 4,7 Millionen Unterschriften bis Mitte März 2020 schien ein an sich unmögliches Unterfangen.

Abstimmen nur dann, wenn es den Mächtigen ins Konzept passt? In plebiszitären Verhältnissen wendet sich der Regierungs- oder Staatschef direkt an »sein« Volk, um an der Opposition und den Minoritäten vorbei Tatsachen zu schaffen. Von ganz anderer Natur sind obligatorische Referenden zu staatspolitischen Fragen. In allen europäischen Demokratien, außer der Bundesrepublik, stimmten nach dem Zweiten Weltkrieg, oder als der Eiserne Vorhang riss, die Bürgerinnen und Bürger über Grundlegendes wie die Unabhängigkeit ab, die Verfassung, die Staatsorganisation, den Beitritt zur Europäischen Union, zum Euro oder auch über wesentliche EU-Verträge.

Regelmäßig oder gelegentlich können sich Bürgerinnen und Bürger in der Schweiz, Dänemark, Irland, Italien, Estland, Liechtenstein, Slowenien, Polen, Ungarn über sachpolitische Fragen äußern.[30] In Österreich gelobt Sebastian Kurz von Wahlkampf zu Wahlkampf, in absehbarer Zukunft die direkte Demokratie zu stärken – worauf sich nichts tut: Bundesweite Volksbegehren bleiben, vorerst bis ins Jahr 2022, bloße Petitionen.

Und in Deutschland? Die bronzene, zwei Meter hohe Büste von Konrad Adenauer, die vor dem einstigen Bonner Bundeskanzleramt wie ein erratischer Block aufragt, spricht Bände. Dem ersten Kanzler der Nachkriegszeit ist die Skepsis ins Gesicht geschrieben, Adenauer misst die Passanten auf dem Bürgersteig mit schroffem Blick: Auf derlei Bürgerinnen und Bürger ist kein Verlass. Mit einem Volk, das dem Führer zugejubelt hatte, war in der jungen Bundesrepublik keine direkte Demokratie zu machen. An Volksbegehren auf Bundesebene wollte niemand denken. Auch ihre Kommunistenangst bewog die westdeutschen Parteipolitiker, nichts aus der Hand zu geben, zumal in der Weimarer Republik die Kommunistische Partei Deutschlands (KPD) zwei der drei Volksbegehren unterstützt hatte.

Alle sechzehn deutschen Bundesländer haben zwar eine sogenannte Volksgesetzgebung. Sie sieht Volksinitiativen und Volksbegehren vor, manchmal auch Referenden über Änderungen der Landesverfassung oder einzelner Gesetze. Gemeinden und Landkreise kennen Bürgerbegehren und Referenden. Wer das aber ernst nimmt und tatsächlich Volksbegehren lanciert, muss vielerorts einen Hürdenlauf absolvieren; binnen kurzer Frist sind viele Unterschriften zu sammeln, bisweilen mit hohem Aufwand. Nur Hessen hat 2019 die Zahl der erforderlichen Unterschriften für ein Volksbegehren von zwei auf ein Prozent der Stimmberechtigten halbiert, für einen Volksentscheid von zwanzig auf fünf Prozent geviertelt und die Sammelfrist von zwei auf sechs Monate verdreifacht. In einer Volksabstimmung waren mehr als 85 Prozent der Bürgerinnen und Bürger dafür eingetreten.

Laut Statistiken der hoch qualifizierten NGO »Mehr Demokratie« lancierten deutsche Bürgerinnen und Bürger von 2009 bis 2018 rund 120 »Volksinitiativen« (die an sich bloße Petitionen sind und das jeweilige Landesparlament zu nichts als einer Debatte verpflichten), knapp 30 Volksbegehren (die bei Ablehnung durch das

Landesparlament in einen Volksentscheid münden können), und es erfolgte ein halbes Dutzend Volksentscheide. Die weit mehr als 11 000 deutschen Gemeinden und Landkreise begnügten sich 2017 mit rund 300 direktdemokratischen Verfahren und weniger als 140 Bürgerentscheiden.[31]

Das adenauersche Misstrauen schwelt weiter. Und in der Parteiendemokratie wollen die bedrängten Parteien ungern noch mehr Macht verlieren. Eine homöopathische Dosis direkte Demokratie auf Bundesebene, warum nicht? Aber noch lieber Placebo. Das Bedürfnis steigt, die Politik bremst. Bürgerinnen und Bürger starteten in jüngster Zeit eine Reihe von Volks- oder Bürgerbegehren zu Fragen der Nachhaltigkeit – das bekannteste war das bayerische »Rettet die Bienen« für Artenschutz und Ökologie in der Landwirtschaft. Die 1,75 Millionen Unterschriften beeindruckten die bayerische Regierung und den Landtag so sehr, dass sie 2019 den Text des Volksbegehrens erst einmal ins Gesetz hoben. Das Beispiel machte in Baden-Württemberg Schule, wo die Landesregierung gleich nach Beginn der Unterschriftensammlung das Gespräch mit den Initianten suchte und ihre Forderungen aufgriff.

Dem Wunsch nach direkter Demokratie begegnen Bund und manche Länder mit Onlineforen, Bürgerdialogen und der Einrichtung konsultativer Bürgerräte, die en vogue sind: In halbwegs repräsentativer (»randomisierter«) Zusammensetzung debattieren per Los ausgewählte Teilnehmerinnen und Teilnehmer ein Thema, was dann in die Meinungsbildung der Behörden einfließt. Das sind nützliche und ebenso harmlose Instrumente. Einen Schritt weiter ging der direktdemokratische Bundesstaat Oregon an der amerikanischen Westküste. Die Behörden von Oregon fragen vor einer Volksabstimmung jeweils zehntausend Stimmberechtigte an, ob sie an einem viertägigen Bürgerrat (Citizens Initiative Review) teilnehmen möchten. Unter den Interessenten werden 20 bis 24 ausgelost und für einen guten Dialog trainiert. Danach hören sie Fachleute, Befürworter und Gegner des Volksbegehrens an. Nach langer Beratung einigen sie sich auf einen öffentlichen »Bürgerbrief«, in dem sie die Hauptgründe für ein Ja und für ein Nein auflisten. Dieses »Citizens' Statement« lassen die Behörden breit verteilen. Oregon, ein Pionier in Sachen Bürgerpanels, inspirierte Arizona, Colorado, Kalifornien und Massachusetts zu ähnlichen Pilotversuchen, mehr oder minder erfolgreich. Auch Irland und Belgien griffen die Idee auf.

Die Hälfte der amerikanischen Bundesstaaten ist direktdemokratisch verfasst. Den Anstoß dafür gab Ende des 19. Jahrhunderts die Schweiz. Der einflussreiche Journalist James W. Sullivan bereiste damals die Eidgenossenschaft. Er veröffentlichte 1893 ein Buch über die direkte Demokratie (*Direct Legislation by the Citizenship Through the Initiative and Referendum*), das Furore machte.[32] Gleich der erste Satz gab den Ton an: »Es besteht ein radikaler Unterschied zwischen einer Demokratie und einer repräsentativen Staatsführung« – die Bürger seien die Gesetzgeber. 1898 in South Dakota, 1902 in Oregon, 1911 in Kalifornien: Zwei Dutzend Bundesstaaten führten die direkte Demokratie ein. Eine Studie des Politologen Marcel Solar ging den Gründen nach, deren Gegenwartsbezug ins Auge sticht: »Treibende Kraft war der zum Ende des 19. Jahrhunderts immer stärker anwachsende Unmut über die politischen und wirtschaftlichen Eliten. Vor allem die [...] Parlamente der Bundesstaaten wurden als Hort der Korruption und uneingeschränkten Macht von Partikularinteressen kritisiert. Nicht der Wille der Bürger, sondern die Anliegen von Banken und Monopolisten, zum Beispiel im Industrie-, Kohle- oder Eisenbahnsektor, seien die Richtschnur für Entscheidungen der Repräsentanten. Die Einführung von Initiative und Referendum sollte dem [...] ein Ende bereiten.«[33]

Die direkte Demokratie nach Schweizer Art weckt Hoffnungen, die sie manchmal enttäuscht, und Ängste, die sie bei näherer Betrachtung zu zerstreuen vermag: Je mehr Verantwortung die Menschen tragen, desto verantwortungsbewusster handeln sie in der Mehrzahl der Fälle – darauf deutet die Erfahrung hin.

So hatten zwei Volksbegehren (in der Eidgenossenschaft heißen sie Volksinitiativen) zur Wiedereinführung der Todesstrafe keine Chance, sie scheiterten auf Anhieb. Mit seiner Unterschrift zu bewirken, dass Menschen vom Leben in den Tod befördert werden könnten, ist etwas radikal anderes, als am Stammtisch nach dem Henker zu rufen. Fast niemand überschreitet diese hohe Schwelle. Von vornherein verweigerten sich die Schweizerinnen und Schweizer: Einen Tag nach Beginn der Unterschriftensammlung resignierten im Jahr 2010 die Urheber der Initiative »Todesstrafe bei Mord mit sexuellem Missbrauch«. Schon 1985 war eine ähnliche Initiative »Zur Rettung unserer Jugend, Wiedereinführung der Todesstrafe für Personen, die mit Drogen handeln« fehlgeschlagen, es kamen ein paar tausend Unterschriften statt der erforderlichen 100 000 zusammen. Vermutlich hätte das Parlament dieses Volksbegehren für ungültig erklärt.[34] Und die Deutschen sind da nicht anders als die Schweizer. 2018 beschlossen in Hessen 83 Prozent der Urnengänger, die (grundgesetzwidrige und obsolete) Todesstrafe aus der alten Landesverfassung zu streichen.

In der direkten Demokratie schweizerischer Prägung spielt das Parlament eine Schlüsselrolle. Das eidgenössische Modell verquickt Volk und Volksvertreter:[35]

– Wer das *Referendum gegen ein Gesetz* oder einen wichtigen Beschluss des Parlaments – etwa die Rahmenbewilligung für ein Atomkraftwerk – ergreift, muss die Unterschriften eines knappen Prozents der Stimmberechtigten sammeln, 50 000 an der Zahl. Dann wird abgestimmt. Lehnen die Bürgerinnen und Bürger die Gesetzesvorlage ab (was sie selten tun), geht der Ball zurück an Regierung und Parlament. Oft erarbeiten sie später eine angepasste Vorlage, die der Kritik Rechnung trägt.

– Wer eine *Volksinitiative zur Änderung der Bundesverfassung* lanciert, bildet ein Initiativkomitee und meldet es bei den Behörden an. Das Komitee braucht die Unterschrift von knapp zwei Prozent der Stimmberechtigten, mindestens 100 000.

– Danach kommt das Parlament ins Spiel. Es prüft, ob die Volksinitiative die gesetzlichen Erfordernisse erfüllt. Verletzt sie zwingendes Völkerrecht (was allzu interpretationsfähig bleibt), wird sie für ungültig erklärt. Auch in der Sache debattieren beide Kam-

mern des Parlaments die vorgeschlagene Verfassungsänderung und geben eine gemeinsame Empfehlung ab, wenn sie sich darauf einigen.
– Begrüßt das Parlament die Stoßrichtung einer Volksinitiative, die ihm jedoch zu weit geht, darf es einen maßvolleren Gegenvorschlag beschließen: Dann stimmen die Bürgerinnen und Bürger gleichzeitig über beide Vorschläge ab – den aus dem Volk und den des Parlaments. Auf dem Stimmzettel können sie beide bejahen und dabei ihre Präferenz angeben, nur einen Vorschlag bejahen oder beide ablehnen, was sie in neun von zehn Fällen tun. Auch muss das Volk nicht nur gesamtschweizerisch, sondern auch in der Mehrzahl der 26 Kantone (Bundesländer) zustimmen. Das verhindert, dass ein paar bevölkerungsreiche Kantone ihre vielen kleinen Nachbarn überrollen.
– Das Parlament kann einen anderen Weg gehen, um das Anliegen einer Volksinitiative zu relativieren: Es schlägt eine handfeste Gesetzesänderung anstelle der Verfassungsänderung vor. Und hat damit oft Erfolg.
– Informell verhandeln die Parlamentarier mit den Urhebern einer Volksinitiative: Ist das Initiativkomitee mit moderaten Gegenvorschlägen des Parlaments halbwegs zufrieden, zieht es die Initiative manchmal zurück: besser ein Spatz in der Hand als eine Taube auf der kupfernen Kuppel des Bundeshauses in Bern – lieber ein kleiner Fortschritt als eine Volksabstimmung mit ungewissem Ausgang.
– Kommt es aber zur Volksabstimmung und ändert das Volk die Verfassung, liegt es am Parlament, diesen Volksentscheid umzusetzen: ihn in ein Gesetz zu gießen. Dabei nimmt es sich zuweilen kalkulierte Freiheiten, denn aus einem Volks- und Grundsatzentscheid müssen ja die Volksvertreter praxistaugliche Lösungen ableiten – ähnlich wie jedes Mitglied der Europäischen Union die EU-Richtlinien auf eigene Weise in nationales Recht umsetzt. Demokratie ist die Staatsform des Pragmatismus.

In aller Kürze: Das ist direkte oder (wie Schweizer präzisieren) halbdirekte Demokratie. Zwar hat das Volk, wenn es will, in mancher Frage das letzte Wort. Das Parlament aber, sofern es klug vorgeht, steuert den Prozess produktiv und kreativ. Deshalb wird es von den Bürgerinnen und Bürgern nur im Ausnahmefall desavouiert. Und in knapp 150 Jahren bejahten die Schweizerinnen und Schweizer auch nur 22 von 215 eidgenössischen Volksbegehren. Trotzdem setzte manches der 193 abgelehnten Begehren ein nachhaltiges Zeichen der Zeit: Das Thema ließ sich nicht länger ignorieren. Die Politik wusste, dass sie handeln musste. 101 Initiativen zogen die Initianten rechtzeitig vor einer Volksabstimmung zurück, meistens weil ihnen das Parlament entgegengekommen war.

Demokratie, auch direkte Demokratie, ist nicht Volksherrschaft und schon gar nicht Volkswillkür. Reaktionäre Kräfte wie die Schweizerische Volkspartei oder die AfD neigen aber zu solchem Volksabsolutismus – das verachtete Parlament möchten sie versklaven. Die zutiefst antiparlamentarische AfD schlug 2019 ein Gesetz zur Einführung der direkten Demokratie in Deutschland vor, mit dem sie das Parlament eigentlich schachmatt setzen wollte: Lehne es den Gesetzesentwurf einer Fraktion ab, »können zehn Prozent der Mitglieder des Bundestags das Volk zur Entscheidung anrufen«.[36] Ein Bundestag, den jede größere Fraktion ausschalten kann? Eine derart pervertierte direkte Demokratie wäre das direkte Gegenteil des »Schweizer Vorbilds«, das die AfD im allerersten Artikel ihres Grundsatzprogramms preist.[37] Direkte Demokratie gründet auf einem starken, geachteten Parlament.

In der Eidgenossenschaft gelten direkte Demokratie und Parlamentarismus als ziemlich beste Freunde. Und der dritte Freund im Bunde muss der Rechtsstaat sein. Doch auch da setzen die Reaktionäre an, sie möchten die vorgebliche »Allmacht der Parteien« durch Volkes Willkür ersetzen. Im antidemokratischen Verständnis der Neuen Rechten soll »das Volk« wie ein absolutistischer Monarch des 18. Jahrhunderts die Menschenrechte verletzen dürfen, über dem Gesetz stehen, nach Belieben schalten und walten.

Freilich ist gerade Deutschland besser als andere Staaten befähigt, einen solchen Rückfall zu vereiteln. Vor dem Hintergrund der Nazi-Vergangenheit sichert die Bundesrepublik den Rechtsstaat effizienter als andere Länder in Europa ab, unter anderem dank ihres hoch qualifizierten und mächtigen Verfassungsgerichts (was Deutsche für eine Selbstverständlichkeit halten, was aber in vielen Staaten keine ist). Die Stärke des bundesrepublikanischen Rechtsstaats spricht dafür, die nicht mehr zeitgemäße Angst vor direkter Demokratie abzulegen. Ihre Vorteile nämlich sind aktueller denn je.

Erstens: Auf manchem Feld der Politik sind Nichtregierungsorganisationen und Bewegungen so wichtig wie Parteien geworden. Die direkte Demokratie integriert diese Kräfte ins politische System, und zwar viel stärker, als es die rein repräsentative Demokratie leisten kann. Engagierte Bürgerinnen und Bürger fühlen sich nicht länger an den Rand verwiesen. Auch schafft es eine Bewegung manchmal besser als Parteien, Autoritäre in die Defensive zu drängen. Wie aus dem Nichts entstand Mitte November 2019 in Italien die raumgreifende Bewegung »Le Sardine«. Sie nennt sich so, weil vor einem Auftritt von Matteo Salvini in Bologna vier junge Freunde via Facebook zu einer Flashmob-Kundgebung gegen den Hass, die »populistische Rhetorik« und die Fake-News-Propaganda aufgerufen hatten – 15 000 Menschen kamen und drängten sich wie Sardinen in der Dose auf der Bologneser Piazza Maggiore. Es folgten Demonstrationen in weiteren Städten, und seither kann Salvini nicht länger behaupten, er vertrete »das Volk«. In der Schweiz war es die sozialliberale, professionelle Jugendbewegung »Operation Libero«, die der SVP ihre schlimmsten Niederlagen zufügte. Mit zwei Millennials an der Spitze, derzeit die Strateginnen Flavia Kleiner und Laura Zimmermann, bekämpfte Operation Libero die fremdenfeindlichen Demagogen forscher und origineller als etablierte, oft vorschnell defätistische Parteien.

Zweitens: Die direkte Demokratie eröffnet den Bürgerinnen bessere Chancen. Bei *Wahlen* in Deutschland wie in der Schweiz ist die Beteiligung der Bürger leicht höher als die der Bürgerinnen. In *Volksabstimmungen* sind die Frauen stärker: »Eine Analyse der letzten dreißig Jahre zeigt, dass sich Frauen viel öfter durchgesetzt haben als Männer«, ermittelte der Schweizer Politologe Claude Longchamp.[38] Gab es Unterschiede im Stimmverhalten der Geschlechter, »beeinflussten die Frauen elfmal das Resultat entscheidend, die Männer nur dreimal. Vor allem bei genderspezifischen, gesellschafts- und sozialpolitischen Vorlagen stimmten die Frauen geschlossener und gaben so den Kurs vor«. Wider die Mehrzahl der Männer erwirkten sie ein modernes Eherecht, die erleichterte Einbürgerung junger Ausländer, mehr Kulturförderung und die Unverjährbarkeit schweren sexuellen Missbrauchs von Kindern. 53 Prozent der Männer lehnten ein Antirassismus-Gesetz ab – 64 Prozent der Frauen befürworteten es, und auch da gaben sie den Ausschlag. Sie verhinderten den Bau von Atomkraftwerken, den Kauf von Kampfflugzeugen, sie vereitelten deutliche Abstriche bei der Arbeitslosenversicherung und radikale Maßnahmen »gegen illegale Einwanderung«. Die Männer wiederum widersetzten sich beispielsweise einer Volksinitiative »für den Schutz vor Waffengewalt«, die ein strenges Waffenrecht forderte – sie überstimmten die Frauen. Klischees werden wahr.

Drittens: Volksbegehren setzen neue Themen rechtzeitig auf die politische Agenda. Das Einwanderungsland Schweiz, dessen Einwohnerzahl in fünfzig Jahren von 5,3 auf 8,5 Millionen stieg und weiter steigt, zählt ein Viertel Ausländer. Doch die seit den sechziger Jahren laufende, teils demagogische und teils sachliche Dauerdebatte über die Migrationspolitik brachte nicht nur widerwärtige populistische Härten, etwa im Umgang mit Schutzsuchenden. Früh induzierte sie auch verhältnismäßig hohe Investitionen in die Integration neuer Mitbürgerinnen und Mitbürger – mit stillem, aber an sich spektakulärem Erfolg. Die fremdenfeindlichen Kräfte sind mittlerweile in der Defensive, weil das Land, nüchtern betrachtet, kein ernsthaftes »Ausländer-« oder »Islam-Problem« hat, selbst wenn nach wie vor viel Integrationsarbeit ansteht. Nebenbei finden sich in den Reihen der xenophoben SVP etliche Politikerinnen und Politiker mit Migrationshintergrund.

Beizeiten erneuerten auch ökologische Volksbegehren die politische Agenda in der Schweiz: 1972 eine Volksinitiative »für den Schutz der Gewässer gegen Verunreinigung«, aus der ein wirklich griffiges Gesetz erwuchs; 1977 »gegen die Luftverschmutzung durch Motorfahrzeuge«, die das Autofahrervolk allerdings gnadenlos abschmetterte. Später bejahten (oft schmale) Mehrheiten der Bürgerinnen und Bürger fünf einschneidende grüne Initiativen: zunächst »zum Schutz der Moore«, dann »Stopp dem Atomkraftwerkbau«, danach die »Alpeninitiative« zur Verlagerung des Verkehrs auf die Schiene, hierauf »für gentechnikfreie Landwirtschaft« und 2012 schließlich gegen die Zersiedelung durch »uferlosen Bau von Zweitwohnungen«. Sie trugen zu einer ziemlich innovativen Umweltpolitik bei, jedenfalls in den Schlüsselbereichen öffentlicher Verkehr und Energieverbrauch.

Viertens: Direkte Demokratie schafft politische Nachhaltigkeit. Hat das Volk eine Frage entschieden, muss jede Regierung diesem Umstand längere Zeit Rechnung tragen. Das vermeidet das übliche Hin und Her mit abruptem Kurswechsel, sobald ein neues Kabinett antritt, und abermaliger Kehrtwende, wenn das nächste folgt. Halb ironisch, halb ernst frotzelt der Schweizer Bundeskanzler Walter Thurnherr, mächtiger Planungs- und Stabschef des Bundesrats in Bern: »Mit wenigen, einfachen Instrumenten der direkten Demokratie wird die Verfassung immer wieder angepasst, an die Umstände und an den Willen jener, die sie respektieren und leben. Andere Länder behalten ihre Verfassung und ändern ständig ihre Regierung. Wir halten an der Regierung fest und ändern laufend die Verfassung.«[39]

Auch sollte diese Koalitionsregierung einigermaßen zusammenstehen, denn ein zerstrittenes Kabinett verliert eine Volksabstimmung nach der anderen, wenn es seine Dossiers nicht einträchtig und glaubwürdig verficht. Allerdings verspannte die allgemeine Drift nach rechts der vergangenen Jahre nicht nur Deutschlands Große Koalition, sondern auch die Schweizer Riesenkoalition von drei bürgerlichen, zwei sozialdemokratischen und zwei reaktionären Ministern. Der Christdemokrat Thurnherr vermerkt: »Jedem Autofahrer ist bewusst, dass trotz durchquerter sanfter Wald- und Flurlandschaften eine scharfe

Rechtskurve das plötzliche Ende seiner vermeintlich sicheren Fahrt bedeuten kann, wenn er sich beim Fahren ausschliesslich mit dem Blick in den Rückspiegel orientiert. Aber achten Sie einmal, wie beliebt das Fahren mit Rückspiegel in der Politik geworden ist: In den USA, in Großbritannien, zum Teil auch in Deutschland, Frankreich oder in der Schweiz.« Das sahen viele Schweizerinnen und Schweizer ähnlich. Bei den Parlamentswahlen 2019 erzielten die Grünen einen Rekordgewinn und erlitt die reaktionäre SVP einen Rekordverlust; eine solch massive Sitzverschiebung hatte es in der Geschichte des Schweizer Parlaments (seit Einführung des Verhältniswahlrechts 1919) noch nie gegeben.

Fünftens: Die direkte Demokratie ermöglicht eine ansteigende Lernkurve. Vor einer wichtigen Volksabstimmung befasst sich rund die Hälfte der Bürgerinnen und Bürger mit der Vorlage. Die Meinungsbildung schreitet fort. Umfragen zeigen, dass erstaunlich viele Stimmberechtigte ihre Ansicht ändern oder nuancieren, wenn sie sich in das Dossier eingelesen, die Analysen und Debatten in den Medien verfolgt haben. Am Schluss des mehrmonatigen Abstimmungskampfs ist ein Teil der Bevölkerung mindestens so sachkundig wie ein durchschnittlicher Abgeordneter zum Deutschen Bundestag oder im österreichischen Nationalrat.

Wie die repräsentative kennt die direkte Demokratie krasse Fehlentwicklungen und Gefährdungen, Stillstand und zugleich Hyperaktivität, Morast und Filz, Langsamkeit und Verführung. Aber sie bringt viele Bürgerinnen und Bürger weiter. Der erste Staatstheoretiker der direkten Demokratie war übrigens ein 1827 in die Schweiz geflüchteter Deutscher, der Nassauer Theologe und Liberale Ludwig Snell (1785-1854). Erst nach seinem Tod setzten sich seine Ideen durch. 1874 führte die Schweiz Referenden gegen Gesetze ein und 1891 Volksinitiativen zur Änderung der Verfassung, die Eidgenossenschaft wechselte von der repräsentativen zur direkten Demokratie. In ihren Anfängen ist sie heikel: bevor die Lernkurve zu steigen begonnen hat.[40] Doch macht sie im Lauf der Jahrzehnte die Menschen nicht kleiner, sondern größer. Auch mehrt sie das Vertrauen in das Staatswesen, letztlich also in die Regierung. Im Internetzeitalter ist sie eine zukunftsweisende Staatsform: Die Ausdrucks- und Einwirkungsmöglichkeiten der Bürgerinnen und Bürger sind kongruenter.

Bündnis 90/Die Grünen (mit ihrer Tradition der Basisdemokratie) und die AfD (die mit demagogischen Volksbegehren punkten will) setzen sich bislang am stärksten für bundesweite Volksbegehren ein. Schwankend bleibt die CDU, während die Programme der übrigen deutschen Parteien direktdemokratische Instrumente auf Bundesebene ausdrücklicher andenken. Lippenbekenntnisse?

— Die CSU fordert, »dass das Grundgesetz durch das deutsche Volk auch auf dem Weg von Volksbegehren und Volksentscheid mit Zweidrittel-Mehrheit geändert werden kann«.[41] Zu Recht unterstreicht sie, unantastbar sei der Wesenskern des Grundgesetzes, der Föderalismus und die Grundrechte in den entscheidenden Artikeln 1 bis 20.

— Dies betont ebenso die SPD. Sie will »in gesetzlich festzulegenden Grenzen« mit Volksbegehren und Volksentscheiden »die parlamentarische Demokratie ergänzen, [...] auch im Bund«.[42]

— Die FDP möchte Deutschland »zu einer Bürgerdemokratie weiterentwickeln. [...] Die Wissensgesellschaft ermöglicht Formen und Chancen der politischen Teilhabe, die experimentell und vertrauensvoll weiterentwickelt werden müssen. [...] Wir Liberalen setzen uns darüber hinaus für die Einführung von Volksbegehren und Volksentscheiden auch auf der Ebene des Bundes ein«.[43]

— Die Linke verlangte 2017 in einem Gesetzesentwurf Volksabstimmungen, an der vom sechzehnten Altersjahr an alle Menschen teilnehmen dürften, einschließlich der Ausländerinnen und Ausländer, die seit fünf Jahren in Deutschland leben. Das Parteiprogramm will die direkte Demokratie »durch Runde Tische und Wirtschafts- und Sozialräte auf allen Ebenen« erweitern; auch diese Gremien sollten »gesetzgeberische Initiativen« ergreifen dürfen: ein Schritt zur Wirtschaftsdemokratie, die diese Partei als einzige parlamentarische Kraft fordert.[44]

— Die Grünen möchten »das Petitionsrecht beim Bundestag [...] zu einem wirksamen Mittel der Bürgerbeteiligung weiterentwickeln. Wir wollen Volksentscheide im Grundgesetz verankern und direktdemokratische Beteiligung auf allen Ebenen stärken«.[45] Laut Umfragen sprechen sich knapp drei Viertel der Deutschen dafür aus, die direkte Demokratie zu stärken. Und Erfahrung auf regionaler oder lokaler Ebene gibt es ja. Längst könnte also eine riesengroße Koalition fast aller Parteien erste Schritte tun. Die real existierende Große Koalition von Union und SPD hat 2018 im Koalitionsvertrag wenig versprochen und nichts gehalten: »Wir werden eine Expertenkommission einsetzen, die Vorschläge erarbeiten soll, ob und in welcher Form unsere bewährte parlamentarisch-repräsentative Demokratie durch weitere Elemente der Bürgerbeteiligung und direkter Demokratie ergänzt werden kann. Zudem sollen Vorschläge zur Stärkung demokratischer Prozesse erarbeitet werden.«[46] Anderthalb Jahre später gab es nicht einmal die Kommission.

12. Gute Demokratie braucht guten Journalismus

Medienpolitik ist Demokratiepolitik: Eine gute Demokratie ist auf guten Journalismus angewiesen. Aber der ist zum Verlustgeschäft geworden – nur wenige Medienhäuser in Europa verdienen noch Geld mit Journalismus. Wer wird in Zukunft das breite Publikum verlässlich informieren, wenn sich das nicht mehr rentiert? Eine Stütze der liberalen Demokratie wankt, die demokratischen Politiker machen – nichts. Oder fast nichts. Schlimmer, in halb Europa wollen sie die öffentlichen Medienhäuser massiv redimensionieren, unter dem Druck und Beifall der Reaktionäre. Die wachsende Einsicht, dass Journalismus zu fördern ist, hält sie in vielen Ländern nicht davon ab, die öffentlich-rechtlichen Anbieter zu stutzen, die bei allen Stärken und Schwächen Qualität für das breiteste Publikum bereitstellen.

»Hassen ohne lügen geht nicht«, soll Albert Camus gesagt haben. Der Hass war immer da, auch die Lüge. Neu ist: Die Lügerei bemüht sich nicht mehr darum, glaubwürdig zu sein. Donald Trump lügt so, dass alle wissen, dass er lügt, und dass alle wissen, dass er weiß, dass er lügt, aber dass viele es nicht wissen wollen, und er weiß, dass sie es nicht wissen wollen – weil ihnen die Lüge ins politische Konzept passt. In der Ukraine-Affäre, die den US-Demokraten die Scheu vor einem Impeachment nahm, schwankte anfangs das Weiße Haus in aller Öffentlichkeit zwischen der schlichten Verleugnung von Tatsachen und der offenen Lüge, es sei das gute Recht des Präsidenten, ein anderes Land zu erpressen, damit es ihm Wahlkampfhilfe leiste. Selbstverständlich verbietet sich das. Aber nicht evident ist, dass sich Evidenzen durchsetzen.

Im Moment, wahrscheinlich vorübergehend, behauptet sich die Wahrheit nicht auf Anhieb gegen offensichtliche Unwahrheiten. Das ist ein Déjà-vu, denn oft geriet die Aufklärung in die Defensive – allerdings ohne dass allgemein die große Wende zur »Postwahrheit« ausgerufen und trübselig unterstellt worden wäre, aufgeklärte Meinungen gehörten der Vergangenheit an. Nazis, Faschisten, Stalinisten, Maoisten wollten nicht einfach nur lügen, sondern die Wahrheit vernichten. Damals hoffte indessen jeder vernünftige Mensch, einschließlich des *1984*-Autors George Orwell, bald hätte die Wahrheit wieder bessere Chancen. So kam es auch. Nach dem Krieg – und trotz glanzvoller Wahrheitsdekonstruktionen durch poststrukturalistische Denker – gewöhnte sich die westliche Welt wieder daran, dass es unwiderlegbar Wahres gibt (um es ganz unphilosophisch zu fassen). Wie zum Beispiel: Trump missbrauchte sein Amt, als er im Eigeninteresse gegen die Landesinteressen handelte.

»Eine Lüge wird durch Wiederholung nicht zur Wahrheit, aber zur Tatsache. Und laut Wittgenstein besteht die Welt aus Tatsachen«, sagt der Schriftsteller Lukas Bärfuss, Träger des Georg-Büchner-Preises 2019.[47] Kraftstoff der Autoritären ist die eingehämmerte Propaganda: von der plumpen Lügerei zur planvollen Diffamierung, von den Fake News samt russischen Trollfabriken zu den Verschwörungstheorien. Würdelos betreiben das im Großen Putin oder Trump, im Kleinlichen Matteo Salvini oder Alexander Gauland. »Es gibt in der Politik Situationen, in denen man lügen muss«, sagt rundheraus

Christoph Blocher, der von dieser Doktrin öfter Gebrauch macht.[48] Realität ist nur das, was nützt. Der Illiberalismus bedarf des Irrealismus.

»Der ideale Untertan der totalitären Herrschaft ist nicht der überzeugte Nazi oder der überzeugte Kommunist, sondern der Mensch, für den die Unterscheidung zwischen Fakt und Fiktion (das heißt die Realität des Erlebens) und die Unterscheidung zwischen Wahr und Falsch (das heißt die Maßstäbe des Denkens) nicht länger existiert«, schrieb Hannah Arendt.[49] Der reaktionäre Populismus will die Realität des Erlebens und die Maßstäbe des Denkens verrücken, meilenweit über das in der Politik übliche Malträtieren der Wahrheit hinaus. Tag und Nacht läuft industriell die »Realitätsumdeutungsmaschinerie«, wie es der *Spiegel*-Auslandschef Matthieu von Rohr auf den Punkt brachte.[50]

Als Mitte der achtziger Jahre Jean-Marie Le Pen, der Vater von Marine, und sein Front National erste Wahlerfolge erzielten, beugten sich Investigativjournalisten über die Vergangenheit dieses Rechtsextremisten. Erst veröffentlichte die Tageszeitung *Libération* einen Bericht, wonach der Politiker im Algerienkrieg Partisanen gefoltert habe – worauf er in den Umfragen stieg. Bald enthüllte *Le Monde*, Le Pen sei ein Erbschleicher, und weiter kletterten seine Umfragewerte. Später gab er ein kränkendes Interview über seine Exfrau, der er Alimente verweigerte: »Wenn sie Geld braucht, soll sie doch als Putzfrau arbeiten.« Wieder legte er in den Umfragen zu. Die Ex rächte sich, halb nackt posierte sie als Putzfrau in der französischen Ausgabe des *Playboy*-Herrenmagazins, und abermals schmeichelten Le Pen die Umfragen. Damals stotterte noch die Realitätsumdeutungsmaschine, aber im Ansatz wirkte bereits die perverse Mechanik, die viel später ein Donald Trump perfektionierte: Es ist das Diskreditierende, das die Glaubwürdigkeit mehrt – und zwar bei jenem Teil des Publikums, das nach Grenzüberschreitungen giert, gern die Sau rauslassen möchte und jeden bewundert, der tatsächlich das Recht auf Skrupellosigkeit behauptet und beansprucht. Je schamloser, desto vorteilhafter: Man bewundert die Brutalitäten, die man selbst vorerst nicht zu begehen wagt. Le Pen bediente die latente Nachfrage nach Diabolismus, die sich erst richtig bemerkbar machte, als er das entsprechende Angebot bereitstellte: den Rechtspopulismus.

Populismus ist nichts anderes als die Boulevardisierung der Politik. Populisten und viele Boulevardjournalisten schrecken vor nichts zurück, um den Wähleranteil, die Klicks, die Einschaltquote oder die Auflage zu maximieren. Beide bedienen sich derselben Stilmittel, die auch von den Facebook-Algorithmen hochgespült und hochgespielt werden:

– Populisten provozieren, um zu polarisieren. Der Boulevard greift und wertet ihre Provokationen besonders gern auf, denn sein Thema sind ja Grenzüberschreitungen aller Art.
– Populismus und Boulevard schüren Ängste und bewirtschaften Emotionen, das bleibt ihr Kerngeschäft.
– Beide dramatisieren auch Undramatisches, ebenso skandalisieren sie das nur leicht Problematische.
– Einzelne Missbräuche werden hochstilisiert, um gleich das ganze Asylwesen anzuprangern.
– Populismus und Boulevard nehmen jeweils den zweckdienlichen moralischen Standpunkt ein, der einem Skandal vermeintliche Brisanz verleiht. Der Soziologe Niklas Luhmann ortete eine »durch die Massenmedien verwaltete Moral«.[51]
– Beide sind wetterwendisch in ihrer Entrüstung – zieht ein Empörungssujet nicht (mehr), folgt das nächste.
– Nicht die Relevanz, sondern die Faszination des Themas zählt. Der Medienforscher Geert Lovink diagnostiziert eine »Ablenkungsepidemie«.[52]
– Populisten und Boulevardisten vernachlässigen zähe Entwicklungen, aus denen die Politik im Wesentlichen besteht, zugunsten spektakulärer Ereignisse.
– Was komplex ist, wird ausgeblendet: Beide bevorzugen schlichte Narrative, sie amtieren als schreckliche Vereinfacher. Es gewinnt statt des besseren das einfachere Argument – manchmal das dreckigere. Der Medienwissenschaftler Wolfgang Hagen sieht »den

strukturell immanenten Populismus der Kurzpointen-Sprache«, die sich wie bei Trump »um keinerlei innere Logik mehr bemühen« muss.[53]
- Beide bauen auf den »gesunden Menschenverstand« statt auf das fundierte Verständnis einer Frage.
- Sie wettern gegen »die da oben«, selbst wenn Volksverführer wie Nigel Farage bzw. Boulevardmedienunternehmer wie Rupert Murdoch, Silvio Berlusconi oder Mathias Döpfner selber zu denen da oben zählen.
- Beide überreizen das Wir: Wir und die Ausländer, wir und der Islam, wir und die Eurokraten – an alles und jedes kleben sie schnell dieses Etikett.
- Populismus und Boulevard setzen auf Inszenierung, Dekor und Showeinlagen, deren Pep in der gnadenlosen Verkürzung und verpönten Vertiefung liegt. Verpackung ist wichtiger als Substanz.
- Beide ziehen den Konflikt dem Kompromiss vor.
- Und beide treiben die Personalisierung auf die Spitze. Das Star- und Superstarsystem wohnt dem Populismus wie dem Boulevard inne.

Populisten führen das große Wort, Boulevardisten tragen mit dickem Pinsel auf. Selbst wenn sie einander heftig kritisieren – der Sensationalismus bestärkt die Agenda des Populismus, er setzt ähnliche Themen: Kriminalität, Unsicherheit, Ausländer als gefühlte größte Bedrohung, Unfähigkeit des Staats und seiner Beamten, Verruchtheit der Eliten bei gleichzeitigem Kult um die Promis, Betrug am kleinen Mann unter Verzicht auf Systemkritik. Populisten und die Mehrzahl der Boulevardjournalisten bilden letztlich eine objektive Allianz, die laufend an Macht gewinnt: weil sich der Boulevard weiter ausbreitet, über die spezifischen Boulevardmedien hinaus. Dreierlei befördert das: erstens den Vormarsch der sozialen Medien, die nach dem Boulevard-Prinzip der Kürze und Zuspitzung, der Emotionalität und des vorweggenommenen Verzichts auf Differenzierung funktionieren. Zweitens ist online der geschriebene Journalismus, wie seit je das kommerzielle Radio und Fernsehen, dem Gesetz der großen Zahl unterworfen: dem Dauerdruck der Klicks und Einschaltquoten, die das Aufsehenerregende belohnen. Drittens läuft das Geschäftsmodell herkömmlicher Massenmedien aus, weswegen viele ihr Heil in der Kommerzialisierung – sprich Boulevardisierung – suchen.

Onlinemarktplätze für Immobilien, Stellen, Fahrzeuge oder Waren aller Art haben die Kleinanzeigen abgelöst, sie waren einst das finanzielle Rückgrat der Zeitungen. Die Werbung kann online das Zielpublikum viel genauer anpeilen als mit papierenen Anzeigen. Die Gratiskultur aus der Anfangszeit des Internets, als Verleger ihr Angebot kostenlos ins Netz stellten, wirkt nach. Facebook ist für journalistische Videos und Artikel ein »Vertriebsnetz«, das willkürlich die Spielregeln zu ändern pflegt. Und viele Menschen informieren sich über soziale Medien oder Webseiten, die zwar im journalistischen Gewand auftreten, aber die Kernaufgaben des Journalismus vernachlässigen: Informationen suchen, prüfen, überprüfen, sortieren, in einen Zusammenhang stellen, gewichten, erklären, vertiefen, eventuell kommentieren und bei Bedarf ohne Federlesens korrigieren. Viele Blogs befolgen nur eines dieser zehn Gebote, das Kommentieren.

All das setzt herkömmlichen Medienhäusern zu. Und der Journalismus ist die einzige Branche, die im Zweifel die Qualität senkt, wenn der Absatz stockt, schöne Ausnahmen bestätigen die Regel. Hervorragende Medien, die sich an einen kleinen, zahlungskräftigen, auf vertiefte und verlässliche Information angewiesenen Kreis von Entscheidungsträgern oder Firmen wenden, halten sich trotz aller Erschwernisse ziemlich gut. Namentlich angelsächsische Qualitätsmedien wie die *New York Times*, die *Financial Times* oder der *Economist* haben es dank ihres globalen Markts einfacher. Wochentitel, die Substanz bieten und auf Papier zur Sofalektüre in der Muße des Wochenendes einladen, verlieren weniger Anzeigen als Tageszeitungen. Am meisten leiden Vielfalt und Anspruch in kleinen Ländern. In ansehnlichen Nischen behaupten sich alternative Anbieter mit charaktervollem Profil wie die *taz*, der österreichische *Falter*, die Schweizer *Wochenzeitung WOZ* und das Onlinemagazin *Republik* oder die französische Plattform *Mediapart* – lauter Medien, die mehr zweck- als gewinnorientiert und oft auf Crowdfunding oder Mäzene angewiesen sind. Sie erreichen eine politisch bewusste, gebildete, überschaubare Leserschaft.

Die Schlüsselfrage ist aber eine ganz andere: Wer bedient künftig das breite und breiteste Publikum mit solider Information, wenn der Journalismus ein Minus bringt? Von der Qualität der Informationen, die Bürgerinnen und Bürgern zur Verfügung stehen, hängt die Qualität ihrer Teilhabe an der Demokratie ab, ihrer Debatten im Bekanntenkreis, ihrer Entscheidungen bei Abstimmungen und Wahlen. Doch viele der im Föderalismus unerlässlichen Regionalmedien fürchten um ihre Zukunft. Und die Konzentration von Anbietern, die durch Schulterschlüsse Geld sparen wollen und müssen, ist ein großangelegtes Programm wider den Pluralismus.

Es ist eine Kernaufgabe der Demokratie, die Voraussetzungen von Demokratie zu finanzieren. Guter Journalismus ist so unerlässlich wie der öffentliche Verkehr – er zählt zur »Demokratieinfrastruktur«. Modelle für die direkte Finanzierung privater Medien durch die öffentliche Hand gibt es zuhauf.[54] In Nordeuropa haben sich einige Varianten bewährt, ohne die Unabhängigkeit der Redaktionen zu schmälern. Einen ganz neuen Weg hat der schweizerisch-deutsche Journalist Hansi Voigt gewiesen: die öffentliche Finanzierung der für kleine Onlineanbieter und regionale Medien ruinösen digitalen Systeme für Produktion und Distribution, für das komplexe Abonnementwesen bis hin zu den Mikro-Zahlungen und der Onlinewerbung. Diese Medien könnten für alle digital-technischen Belange gemeinsame Plattformen entwickeln, die der Staat fördern würde. Einflussnahme wäre da noch unwahrscheinlicher, und die Medien könnten ihre begrenzten Mittel auf das redaktionelle Angebot verwenden.

Der Aufschrei freidemokratisierter »Ordnungspolitiker«, die indirekte und erst recht direkte Staatshilfen beargwöhnen, geht nicht nur an der Wirklichkeit, sondern auch an der Geschichte vorbei: Die liberalen USA waren es, die 1792 mit dem Postal Office Act Medien förderten, mit einem Penny für den Vertrieb innerhalb hundert Meilen und 1,5 Cent darüber hinaus.

Frankreich hat in Gestalt der Académie française eine Sprachinstanz, die mit Erfolg Wörter erfindet, um die allgegenwärtigen Anglizismen zu ersetzen. Für Fake News kreierte sie den sehr sprechenden Ausdruck »infox«, den nunmehr viele Franzosen verwenden. Schauen die Staaten weiter zu, wird die Verwandlung von Medien in Propagandamaschinen wie Fox News fortschreiten. Ihre Ideologisierung und Instrumentalisierung im Dienst von Plutopopulisten wie Rupert Murdoch hat in den USA, Großbritannien und Australien die Demokratie zunehmend beschädigt. Einen Vorgeschmack im deutschen Sprachraum bietet die Meinungsmache der *Kronen Zeitung*, die in Österreich 44 Prozent der Tageszeitungsleser und knapp 40 Prozent der Onlinenutzer erreicht. Noch mehr »foxifizierte« Medien bringen eine noch stärker foxifizierte Demokratie: nicht bloß einen Riss durch die Öffentlichkeit, sondern regelrecht zwei Denkwelten, die voneinander nichts mehr wissen wollen. Kann es mit zwei Öffentlichkeiten eine Res publica geben?

In seiner »großen und unerreichten Weisheit«, wie Trump twitterte, hat er als »sehr stabiles Genie« auf Fox News gesetzt.[55] Und obwohl es selbst vielen reaktionären Journalisten zusehends schwerfällt: Fox News steht zu dem foxifizierten Präsidenten, diesem »Auserwählten«, wie er sich ebenfalls bezeichnet – nämlich auserwählt vom Verleger Rupert Murdoch.[56] So infantil Narzissten bleiben, die wie Kleinkinder nur die eigene Sicht kennen, so infantilisierend ist die Foxifizierung.

Gegen das Ende seiner Amtszeit hin ließ der neoliberale US-Präsident Ronald Reagan 1987 die sechs Jahrzehnte alte Fairness-Doktrin streichen: das Gesetz, das den privaten amerikanischen Rundfunk zu einer »ehrlichen und ausgewogenen« Berichterstattung verpflichtete. Der eigentliche Grund? Sender, die dazu verpflichtet seien, hätten weniger kommerziellen Erfolg, seien weniger wert. Alsbald kamen denn auch lauter Medien hoch, die kaum Gegenmeinungen zulassen und den Hass zum Geschäftsmodell erhoben haben, von den landesweit rund 3500 rechten Talk-Radios bis Fox News. Donald Trump forderte, dass die Bundesbehörden die *New York Times* und die *Washington Post* abbestellen. Jair Bolsonaro ging einen Schritt weiter: Er ließ die kritische, traditionsreiche Zeitung *Folha de S. Paulo* nicht nur abbestellen – er gab den brasilianischen Firmen zu verstehen, sie würden Staatsaufträge verlieren, wenn sie in dem Blatt weiterhin Werbung schalteten. Dem Fernsehkanal Globo drohte er mit dem Entzug der Sendelizenz. Das spricht dafür, parteipolitisch unabhängige Instanzen mit der Förderung privater und öffentlicher Medien zu betrauen.

Die Medien sind Kinder der Aufklärung – die Demokratie auch. Wendet sich der Journalismus von der Aufklärung ab, lässt er die Demokratie im Stich – auf die er angewiesen ist. Dem sollten liberale Demokraten mit medienpolitischen Reformen wehren, statt auch Europa einer raumgreifenden Unfairness-Doktrin auszusetzen. Demokratie braucht guten Journalismus, guter Journalismus braucht Geld. Das ist nicht nur eine medienpolitische, es ist eine zentrale demokratiepolitische Herausforderung.

Handeln schafft Hoffnung

Der Weg zu Modernisierungen der Demokratie ist nicht versperrt – aber er ist lang. Die zwölf möglichen Neuerungen, die dieses Kapitel umriss, wären in der Summe zu viele – in Wirklichkeit dürfte die Summe zunächst klein bleiben. Aber die Debatte über Demokratieinnovationen bedarf der Anstöße, sie fängt erst richtig an. Die wenigsten Politikerinnen und Politiker haben sich bislang ernsthaft damit befasst und die Chance erkannt. Wann wird die Debatte drehen und schöpferisch werden?

Aber gerade das Auftrumpfen der Antidemokraten fordert die Demokraten auf, die Demokratie zu reflektieren. Nichts von dem, was den Aufmarsch der Reaktionäre verursacht hat, ist gelöst. Die Verunsicherung bleibt, und für Verunsicherer sind bereits verunsicherte Menschen besonders anfällig. Die Schwäche der Demokraten ist gefährlicher als die Lautstärke der autoritären Reaktionäre.

Max Frisch stellte an einem Podiumsgespräch des Jahres 1987 rhetorische Fragen: »Kann unsere Demokratie-Utopie, ausgesetzt der menschlichen Natur, also der Canaille, die der Mensch in der Mehrheit ist, zu etwas anderem führen als zu der real existierenden Demokratie der Lobbies, getarnt durch Folklore? Oder mit anderen Worten: Wieviel wirkliche Demokratie – Volk als Souverän – ist im real existierenden Kapitalismus überhaupt möglich?«[57] Max Frisch sprach nicht von der Demokratie als Illusion, sondern als Traum – als die unerlässliche, reale Utopie. Ohne Fortschrittsoptimismus ist kein Vorankommen.

Eine mustergültige Demokratie und ein ebenso mustergültiges Wirtschaftssystem gäbe es nur mit lauter mustergültigen Menschen, vermutlich selbst dann nicht. Jederzeit und in jeder Demokratie wird sehr vieles nicht stimmen, ärgerlich sein. Andersherum: Die imperfekte Demokratie macht aus der Imperfektion des Menschen das Bestmögliche; sie lässt die drei Institutionen Parlament, Regierung und Justiz um die Macht konkurrieren und ebenso die drei Grundwerte Freiheit, Gleichheit und Nachhaltigkeit um die Geltung wetteifern. Sie ist die einzige Staatsform, die den Untugenden des Menschen (erst recht des Machtmenschen) Rechnung trägt, aber gleichzeitig auch auf seine wunderbare Lernfähigkeit und Bereitschaft zum Weiterdenken baut.

Europäisches Nachwort

Konzentration und Desintegration sind die zwei Grundbewegungen der Gegenwart.[1] Auf der einen Seite bündelt eine Handvoll digital-globaler Plattformen zu viel politische und wirtschaftliche Macht. Sie überfahren die Politik und die Ökonomie. Auf der anderen Seite entfalten sich in der Weltpolitik wie in den Gesellschaften gewaltige Fliehkräfte.

Der Kalte Krieg zwischen USA und Sowjetunion, West und Ost, währte von 1947 bis zum Mauerfall 1989. Es war ein klar strukturierter Konflikt: Kapitalismus wider Kommunismus, Marktwirtschaft versus Planwirtschaft, Nordatlantikpakt (Nato) gegen Warschauer Pakt. In beiden Lagern wirkte die jahrzehntelange Frontstellung integrativ, man musste die Reihen schließen. Der »freie Westen« war sich im Kräftemessen mit dem »Reich des Bösen« ziemlich einig, und die westeuropäische Einigung vollzog sich unter dem Außendruck des von der UdSSR eisern und bleiern zusammengehaltenen »Ostblocks«.

Dann begann die große Desintegration. Am Ende des Kalten Kriegs zerbrachen die Sowjetunion, die Tschechoslowakei, Jugoslawien, jetzt ist die Ukraine dividiert. Das Militärbündnis Nato erodiert, Donald Trump tat sie als »obsolet« ab, Emmanuel Macron bescheinigte ihr den »Hirntod«, der türkische Bündnispartner Recep Tayyip Erdoğan spielt Washington gegen Moskau aus, in Syrien patrouillieren türkische mit russischen Soldaten.[2] Allerwärts laufen Konflikte aller gegen alle, vollkommen unstrukturiert, und sie desintegrieren die Staatenwelt. Länder, die mehr eine Ansammlung von Stämmen als eine gewachsene Nation sind, zerfransen. In Afrika wie im Nahen und Mittleren Osten mehren sich die ganz oder teilweise gescheiterten Staaten: Afghanistan, Irak, Syrien, Jemen, Libyen, Tschad, Sudan und Südsudan, Somalia, Kongo oder die Teile von Nigeria, in denen die islamistischen Boko-Haram-Terroristen wüten. In Mittelamerika wie in Venezuela zersetzen das Drogengeld und der linke oder rechte Populismus die Staaten. Mit Ausnahme der OECD lahmen obendrein die wichtigsten internationalen Organisationen, besonders die Vereinten Nationen und die Welthandelsorganisation WTO.

Und: Überall fragmentiert die Digitalisierung die Öffentlichkeit, während reaktionäre Kräfte sie zweiteilen. Die Allgemeinheit ist nicht mehr allen gemein; sie weicht der Sonderheit von Onlinegruppen und der Sonderlichkeit foxifizierter Massenmedien. Einige westliche Länder haben die gesellschaftliche Desintegration auf die Spitze getrieben, allen voran der neoliberale Champion in Europa, Großbritannien.

Die Europäische Union ist in der großen Desintegration die einzige Integratorin: Alle ost- und mitteleuropäischen Staaten strebten oder streben die Mitgliedschaft an oder wenigstens die Assoziierung. Auch in der EU regen sich zwar zentrifugale Kräfte. Illiberale Regierungen strapazieren die Wertegemeinschaft, manche flirten mit Russland oder China. In Katalonien tost der Separatismus. Aus Enttäuschung über England denken die Schotten abermals über ihre Unabhängigkeit nach. Brexit- und Eurokrise hätten der Anfang der EU-Desintegration bedeuten können – doch dem ist überhaupt nicht so. Die Europäische Union musste zwar in den Spagat gehen, das hat sie verspannt, aber nicht zerrissen. Kein einziges Mitglied will Großbritannien nachahmen. Was steckt dahinter?

Das schöne Pendant zum Riss innerhalb der europäischen Nationen sind die transnationalen Solidaritäten und Netzwerke. An der Basis erleichtern soziale Medien – wie nie zuvor in der Geschichte – die Pflege von Bekanntschaften in Europa und darüber hinaus. Nachhaltig wirken die Erasmus-Programme für Auslandsaufenthalte junger Leute. Nicht zu unterschätzen ist das mal lose, mal feste Netz von Gemeinde- und Städtepartnerschaften. Die Bewegungen Pulse of Europe und vor allem Fridays for Future sind zu gesamteuropäischen Akteuren gediehen. Die unzähligen Nichtregierungsorganisationen, die europäischen Verbände und Gewerkschaften verkörpern transnationale Interessen, desgleichen die auf dem ganzen Kontinent präsenten Konzerne. Die EU ist ein reißfestes Beziehungsgewebe, an dem nationalistische Politik sich abmüht. Die Macht des Faktischen ist stärker als die Wortmacht der Reaktionäre – sie beschimpfen »Brüssel«, weil sie an der EU scheitern.

Ordnung sei die Ausnahme, Unordnung die Regel – das ist eine Quintessenz des Werks von Jacob Burckhardt, dem großen Basler Kulturhistoriker des 19. Jahrhunderts. Die Europäische Union hat aus der Ausnahme die Regel zu machen gewusst. Die Weltgeschichte kennt verschiedene Formen, um geografisch-gesellschaftliche Räume zu ordnen. Das älteste Muster ist der Stamm, der in der Weltunordnung vielerorts auflebt. Er verlangt unbedingte Solidarität nach innen und lebt von der Hostilität nach außen, gegenüber den anderen Stämmen. Uralt ist auch die Theokratie: wenn der Herrscher eine Gottheit ist oder die Herrschaft in Händen des Klerus liegt. Nur noch der Vatikan und Iran – eines Tages vielleicht wieder Afghanistan – sind regelrechte Gottesstaaten. Aus alten Theokratien erwuchsen oft Monarchien, in denen das Gottesgnadentum in der einen oder anderen Weise fortlebte. Daneben blühten die Stadtstaaten, im antiken Griechenland, danach Rom, viel später kamen die italienischen Metropolen des Hochmittelalters und der Renaissance empor, Genua, Venedig, Florenz und andere. Einzelne Monarchien oder Stadtstaaten dehnten sich gewaltsam zu Imperien aus, am konsequentesten das alte Rom.

Ein viel jüngeres, diffuses Ordnungsmuster ist die Nation, Hort der Demokratie und Herd schlimmster Kriege. Niemand weiß sie genauer zu definieren. Was ist eine Nation? Am Schluss seiner berühmten, genialen Rede in Paris an der Sorbonne-Universität antwortete 1882 der Historiker Ernest Renan im Grunde tautologisch, sie sei »eine Übereinkunft, der klar bekundete Wunsch, das gemeinsame Leben fortzuführen«, im Wissen um das, was man dafür auf sich nehmen musste und noch werde auf sich nehmen müssen.[3] Doch Nationen, auch große wie die Vereinigten Staaten, sind im Alleingang nunmehr überfordert und wenig schöpferisch. Rein nationale

Demokratien versagen darin, der transnationalen Wirtschaft einen Rahmen zu setzen. Klimapolitik sprengt ohnehin nationale Grenzen. Und so dauerhaft die Nation Identität stiftet (ähnlich wie Schweizer Kantone und ihre Bewohner nach 175 Jahren Bundesstaat nichts von ihrem Bewusstsein verloren haben), so verheerend ist der wieder einmal emporschießende, anachronistische Nationalismus. Denn »Nationalismus ist Krieg«, vermerkte der französische Präsident François Mitterrand 1995 vor dem Europäischen Parlament.[4]

Allerdings hat sich seit 1957 ein weiteres Ordnungsmuster entwickelt, das die Weltgeschichte zuvor nicht gekannt hatte: die Europäische Union. Sie ist weder Nation noch Imperium. Kein Mitglied ist unfreiwillig beigetreten. Jedes Mitglied kann austreten, wenn es die Nachteile eines Abseitsstehens in Kauf nimmt. Nie hat sie Gewalt gegen ein Mitglied ausgeübt. Sie ist die zivilisierteste politische Ordnung.

Voriges Jahrhundert artete der Zusammenprall der Nationen aus. Da war es evident, dass Europa sich endlich neu ordnen musste. Was taten die sechs Gründerstaaten Frankreich, Deutschland, Italien, Belgien, die Niederlande und Luxemburg nach zwei Weltkriegen, die im Nachhinein als europäische Bürgerkriege zu begreifen sind? Sie errichteten zuallererst die Europäische Gemeinschaft für Kohle und Stahl (Montanunion); sie vergemeinschafteten, was Deutsche und Franzosen für ihre Kriege benötigt hatten: den Stahl für die Waffen, die Kohle als damals primäre Energiequelle. Und sie schufen eine große, langsame, aber hoch effiziente Kompromissmaschine: Brüssel. Seither herrscht Frieden im Einzugsgebiet der EU.

Doch sei das Narrativ einer Friedensunion mittlerweile veraltet, heißt es ständig. Aber nein, denn ohne EU droht auch heute Krieg: Widerstünde ein Viktor Orbán wirklich der Versuchung, sich die ungarischen Minderheiten aus dem Umland einzuverleiben? Wie der Untergang des Habsburgischen Reichs hätte der Zerfall des sowjetischen Imperiums erfahrungsgemäß zahllose, endlose Konflikte nach sich ziehen müssen. Aber es blieb friedlich in allen osteuropäischen Staaten, denen die EU den Beitritt anbieten konnte. Hingegen floss Blut überall dort, wo ein (schneller) Beitritt abwegig gewesen wäre, in der Ukraine und auf dem Balkan.

Die Europäische Union stiftet Frieden – weltweit lodert neuer, streitsüchtiger Nationalismus. Die EU ist nicht dessen Ursache, sondern eines seiner vielen Hassobjekte. Manche Nationalisten würden viel schlimmer wüten, gäbe es keine EU, die ihnen Schranken setzte: so dem »America first«-Präsidenten, der die EU als »Feind« schmäht, weil sie in der Handelspolitik einig genug ist, ihm zu widerstehen; so dem Polen Jarosław Kaczyński, der beim Abbau des Rechtsstaats gebremst wird.

Die größeren Schwierigkeiten im heutigen Europa verursachen lauter Nationalisten, die aber von der EU halbwegs im Zaum gehalten werden: mitteleuropäische Reaktionäre, die nach vier Jahrzehnten verlogener sowjetischer »Völkerfreundschaft« das Nationale ausleben; Nationalzyniker wie Matteo Salvini, die Europas Seele zusetzen; Briten, die inzwischen außerhalb wie innerhalb der EU unglücklich sind. Und wie die meisten Nationalisten wissen auch viele Deutsche nicht um ihren Nationalismus: Sie halten es für selbstverständlich, ja tugendhaft, dass die Bundesrepublik zulasten des übrigen Europa selbst dann »spart«, wenn sie Geld ausgeben müsste, und auch dann die Löhne tief hält, wenn die Produktivität steigt. Deutschsprachige Medien benennen Frankreich stereotyp als *Grande Nation* – den allermeisten Franzosen ist diese Wendung unbekannt, seit dem Ende von Napoleon ist sie außer Kurs. Berlin und Paris, diese wenig führenden »Führungsmächte« in Europa, gestehen sich ungern ein, was der belgische Sozialist und EU-Gründervater Paul-Henri Spaak vermerkte: Es gibt in Europa kleine Länder und Länder, die noch nicht wissen, dass sie klein sind.

Die EU sei unpopulär, heißt es außerdem die ganze Zeit. Aber nein, es gehört zwar zum guten Ton, sie schlechtzureden, aber sie ist beliebt und zukunftsweisend. Ihre Bürgerinnen und Bürger loben sie wie noch nie seit 1983. Der repräsentative Eurobarometer ist auf Höchststand.[5] An die 70 Prozent der befragten Personen sehen es als Vorteil, dass ihr Land in der EU ist – mit der einzigen Ausnahme Italiens. Im europäischen Schnitt möchten 14 Prozent aus der EU aussteigen und auch nur 19 Prozent der Italiener. Außer den Briten und Griechen ist die Mehrzahl der EU-Europäerinnen und Europäer optimistisch für die EU, nur in Griechenland ist eine relative Mehrheit »nicht zufrieden, wie die Demokratie in der EU funktioniert«.

Europas Nationalisten haben das begriffen, fast alle strichen aus ihrem Programm den Austritt aus EU und Euro. Donald Trumps Machtgebaren, Wladimir Putins »Zündeln«, der schleichende Imperialismus von Xi Jinping und die Hegemonie von Facebook & Co. fördern die Einsicht, dass auf strategischen Feldern der Politik nur Eintracht die Europäer stärkt, zumal sich um sie herum ein Chaos-Bogen zieht, von der Ukraine über die Türkei und den Nahen Osten bis Nordafrika. Außendruck schafft Kohäsion. Ohnedies hat das Brexit-Tohuwabohu im Uneinigen Königreich sogar radikale EU-Gegner verunsichert. Vorteile sind nicht auszumachen, Brexit-Nachahmer nirgends in Sicht, trotz Boris Johnsons Erdrutschsieg Ende 2019. Wie immer in der Geschichte bleibt Großbritannien der Einzelfall.

Die EU sei undemokratisch, heißt es immer wieder. Aber nein, das Europaparlament ist erstarkt. Allerdings bleibt die EU halb Staatenbund, halb Bundesstaat: Nur in einem europäischen Bundesstaat würde sich die Demokratie vollends entfalten. Gerade diesen »Superstaat« fürchten jedoch EU-Skeptiker wie die Pest; sie ziehen den weniger demokratischen Staatenbund vor, in dem nationale Regierungen bisweilen an ihren Parlamenten vorbei verhandeln. Kurzum, scheinheilige EU-Kritiker bemängeln das Demokratiedefizit – und lehnen ab, was mehr Demokratie brächte. In den Klagechor stimmen auch just die vaterländischen »Autoritärdemokraten« ein, die bei sich zu Hause die Demokratie beschädigen.

Die Europäische Union ist im Vergleich zu allen anderen politischen Ordnungen so jung, dass sie ihre Formen sucht und wohl auf Jahrzehnte hinaus noch erproben wird. Die Institutionen der EU werden sich weiter ausprägen. Und sie ist so sehr vom Kompromissgedanken durchdrungen, dass sie komplex bleiben muss: An die dreißig europäische Staaten können sich nun einmal nicht auf einfache Weise finden. Die EU ist ein Kompromiss zwischen Nord und Süd, Ost und West, unter lateinischen, germanischen und slawischen Sprachen, Kulturen und Denkarten – eine Erbengemeinschaft der diametral verschiedenen historischen Erbschaften. Deshalb wird die EU nie allen in allem entsprechen, sie kann und darf gar nicht allen durchweg gefallen. Jedes europäische Land träumt ein bisschen davon, dass die EU so wäre, wie es selber ist. Nie wird das der Fall sein. (Die Schweizer Außenseiter möchten im Grunde, dass die Europäische Union der Eidgenossenschaft beitritt.)

Und: Stets wird der Zeitgeist in den Mitgliedsländern die Politik der EU prägen. Als der Neoliberalismus in der Luft lag, schlug die Europäische Union ihren neoliberalen Kurs ein. Als Grün zur Farbe der Zukunft avancierte, schwenkte die EU eher früher als ihre Mitglieder in Richtung mehr Ökologie. Kein Deutscher »lehnt Deutschland ab«, nur weil ihm die jeweilige deutsche Politik missfällt. Viele Europäer auf der Rechten wie auf der Linken »lehnen die EU ab«, sobald ihnen die eine oder andere Tendenz wider den Strich geht. Für die einen ist die Europäische Union dirigistisch und für die anderen marktradikal. Sie ist viel föderalistischer als die meisten Mitgliedsländer, zugleich wird sie als zentralistisch verschrien. Woher dieser Meinungswirrwarr? Weil die Europäische Union ein ganz großer Kompromiss ist, werden alle allzeit mit ihr hadern, das ist ganz natürlich. Aber die mittlere Zufriedenheit ist weit größer als die mittlere Unzufriedenheit.

An der Universität Basel hielt Jacob Burckhardt Ende der sechziger, Anfang der siebziger Jahre des 19. Jahrhunderts ein Kolleg »Über das Studium der Geschichte«. Die bearbeiteten Notizen und das Material erschienen posthum unter dem Titel *Weltgeschichtliche Betrachtungen*.[6] Darin erörterte er die »drei großen Potenzen Staat, Religion und Kultur«. In der glänzenden Interpretation von Adolf Muschg steht die erste Potenz für das Bedürfnis nach Ordnung des Gemeinwesens, die zweite für die Sehnsucht nach einem höheren Sinn des Lebens, die dritte für das Streben nach Freiheit und Suchbewegungen – ist doch jedes kulturelle Gestalten ein Suchen und der Geist ein »Wühler«, wie Burckhardt schrieb.

Die Europäische Union hat eine stabile transnationale Ordnung errichtet, die in die Zukunft weist. Sie ist keine Nation, die sich gleichsam »polit-religiös« überhöhen ließe, wozu Nationalisten neigen. Vielmehr ist sie ein sinnvolles und sinnträchtiges, pragmatisches Projekt, das die Europäer zusammenführt und an dem sie immer zu arbeiten haben werden, ganz handfest. Auch ist die EU ein Treffpunkt grundverschiedener Kulturen, konträrer Denkweisen und antagonistischer Auffassungen von Politik, um sich in aller Freiheit auszutauschen und produktiv mit dieser Vielfalt auseinanderzusetzen – dazu sind die europäischen Institutionen da. Das ist im besten Sinne europäisches Suchen und gemeinsames Gestalten. Die Europäische Union ist der Rahmen, in dem Demokratie künftig am meisten bewirken kann.

Es gebe erfolgreiche und »gescheiterte Krisen«, meinte Jacob Burckhardt. Oft in der Geschichte habe eine Krise »die Luft mit sehr langem und intensivem Lärm erfüllt, ohne jedoch vitale Umgestaltungen mit sich zu führen«. Und »das bleibende Resultat erscheint gering im Vergleich zu den hohen Anstrengungen und Leidenschaften, die während der Krisis zutage getreten sind«. Wir stehen vor der Aufgabe, aus der Demokratiekrise eine erfolgreiche Krise zu machen.

Anmerkungen

Einleitung

1 Vgl. »Donald Trump's most disgusting moments from The Apprentice« (16. September 2016); online verfügbar unter: {https://www.youtube.com/watch?v=ZZzwPBlPweo} (alle URL Stand November 2019).
2 N.N., »EU Referendum: Farage declares ›independence day‹«, bbc.com (24. Januar 2016); online verfügbar unter: {https://www.bbc.com/news/av/uk-politics-eu-referendum-36613295/eu-referendum-farage-declares-independence-day}; vgl. für die AfD z. B. Hanno Müller, »Historiker: ›Höcke weiß genau, aus welchem Kontext seine Äußerungen kommen‹«, in: *Thüringer Allgemeine* (15. Dezember 2015); online verfügbar unter: {https://www.thueringer-allgemeine.de/politik/histori ker-hoecke-weiss-genau-aus-welchem-kontext-seine-aeusserungen-kommen-id221398083.html}; vgl. für die FPÖ z.B. FPÖ, »FPÖ: Kickl: EU-Migrantenverteilung ist Verrat an der eigenen Bevölkerung«, in: *APA/OTS* (8. Oktober 2019); online verfügbar unter: {https://www.ots.at/presseaussendung/OTS_20191008_OTS0049/fpoe-kickl-eu-migrantenverteilung-ist-verrat-an-der-eigenen-be voelkerung}; vgl. für die SVP z. B. Toni Brunner (damaliger SVP-Präsident), »Lagebeurteilung nach dem Verrat am Volk«, SVP-Webseite (27. Juni 2008); online verfügbar unter: {https://www.svp.ch/news/artikel/referate/lagebeurteilung-nach-dem-verrat-am-volk/}; Marine Le Pen, @MLP_officiel, Tweet (18. Januar 2019, 4:01 Uhr); online verfügbar unter: {https://twitter.com/MLP_officiel/sta tus/1086232078524526592}.
3 SRF Schweizer Radio und Fernsehen, »Dürrenmatts Rede: ›Die Schweiz – ein Gefängnis‹« (22. November 1990), SRF Schweizer Radio und Fernsehen (10. Dezember 2010); online verfügbar unter: {https://www.srf.ch/play/radio/srf-2-kultur-extra/audio/duerrenmatts-rede-die-schweiz-ein-gefaengnis?id=790cc83e-40fc-47ce-b333-37237c025fce}; Friedrich Dürrenmatt, »Die Schweiz – ein Gefängnis. Rede auf Václav Havel«, in: ders., *Meine Schweiz. Ein Lesebuch*, Zürich: Diogenes 1998, S. 224.
4 Carl Schmitt, *Die geistesgeschichtliche Lage des heutigen Parlamentarismus*, Berlin: Duncker & Humblot 2017 [1923], S. 34.
5 Viktor Orbán, Rede auf der 25. Freien Sommeruniversität in Băile Tuşnad, Rumänien (26. Juli 2014); online verfügbar unter: {https://pusztaranger.wordpress.com/2014/08/01/viktor-orbans-rede-auf-der-25-freien-sommeruniversitat-in-baile-tusnad-rumanien-am-26-juli-2014/}.
6 Viktor Orbán, Rede auf der 30. Freien Sommeruniversität in Băile Tuşnad (27. Juli 2019); online verfügbar unter: {https://munchen.mfa.gov.hu/assets/57/01/33/6a8cc2afe9df5ce45ffcc0bf54b181b4286bae57.pdf}.

7 Immanuel Kant, *Die Metaphysik der Sitten*, in: *Werkausgabe*, herausgegeben von Wilhelm Weischedel, Bd. VIII, Frankfurt am Main: Suhrkamp 1997 [1797], S. 345.
8 Peter Ulrich, »Die gesellschaftliche Einbettung der Marktwirtschaft als Kernproblem des 21. Jahrhunderts. Eine wirtschaftsethische Fortschrittsperspektive«, Abschiedsvorlesung (5. Mai 2009), St. Gallen: Berichte des Instituts für Wirtschaftsethik, Nr. 115, 2009, S. 1-2; online verfügbar unter: {https://www.alexandria.unisg.ch/53331/1/Bericht-115.pdf}.
9 Walter Hollstein, »Der entwertete Mann. Die männliche Sicht der Emanzipation«, in: *Tattva Viveka. Zeitschrift für Wissenschaft, Philosophie und spirituelle Kultur* (2012/52); online verfügbar unter: {https://www.tattva.de/der-entwertete-mann/}.

I. Im Bann der Reaktionäre, im Sog der Machtwirtschaft

1 Greta Thunberg, Rede bei COP24 (12. Dezember 2018); online verfügbar unter: {https://www.fridaysforfuture.org/greta-speeches#greta_speech_dec12_2018}.
2 Zitate aus dem ZDF-Sommerinterview (12. August 2018); online verfügbar unter: {https://www.zdf.de/nachrichten/heute/alexander-gauland-im-zdf-sommerinterview-100.html}; aus Bayrischer Rundfunk BR, Sonntags-Stammtisch (31. März 2019); online verfügbar unter: {https://www.br.de/nachrichten/bayern/sonntags-stammtisch-mit-alexander-gauland,RMHL8x7}; aus Vera Deleja-Hotko u.a., »Neue Wählerfang-Strategie der AfD, Klimakrise leugnen, Diesel preisen«, in: *Der Spiegel* (26. April 2019); online verfügbar unter: {https://www.spiegel.de/plus/afd-mit-neuer-strategie-die-angstmacher-a-00000000-0002-0001-0000-000163612063}; »›Hitler hat den Deutschen das Rückgrat gebrochen‹«, Alexander Gauland im Interview, in: *Die Zeit* (14. April 2016); online verfügbar unter: {https://www.zeit.de/2016/17/alexander-gauland-afd-cdu-konservatismus/komplettansicht}.
3 Parteiprogramm der Freiheitlichen Partei Österreichs (18. Juni 2011), Ziffer 2; online verfügbar unter: {https://www.fpoe.at/themen/parteiprogramm/heimat-identitaet-und-umwelt/}.
4 SVP-Positionspapier, Stichwort Umwelt, »Stopp dem links-grünen Raubzug auf den Mittelstand« (15. Juni 2019); online verfügbar unter: {https://www.svp.ch/wp-content/uploads/RaubzugaufMittelstand_Positionspapier_15.6.2019-d.pdf}.
5 Alexander Gauland, Video »Die Grünen werden dieses Land zerstören«, in: *Die Welt* (27. Mai 2019); online verfügbar unter: {https://www.welt.de/politik/deutschland/video194243711/AfD-Chef-Gauland-Die-Gruenen-werden-dieses-Land-zerstoeren.html}.
6 Terry McCarthy, The American Academy in Berlin, »Summary: Timothy Snyder on democracy, neofascism, and the importance of language« (14. Januar 2019); online verfügbar unter: {https://182190.seu2.cleverreach.com/m/11199135/576787-edf32640f7fd2edc1f5e8ec11e9a732b}.
7 Viktor Orbán, Rede auf der 25. Freien Sommeruniversität in Băile Tuşnad, Rumä-

nien (26. Juli 2014); online verfügbar unter: {https://pusztaranger.wordpress.com/2014/08/01/viktor-orbans-rede-auf-der-25-freien-sommeruniversitat-in-baile-tusnad-rumanien-am-26-juli-2014/}.
8 »Horst Seehofer: ›Die Asylpolitik ist die Achillesferse Europas‹«, Horst Seehofer im Interview, in: *Neue Zürcher Zeitung* (20. April 2019); online verfügbar unter: {https://www.nzz.ch/international/horst-seehofer-die-asylpolitik-ist-die-achillesferse-europas-ld.1476349}.
9 Christian Koller, »Der Frontenfrühling in der Schweiz und die Bürgerlichen: ›… mit ihnen einverstanden, wenn sie es unternehmen, unsere Ratssäle von russischem Ungeziefer zu säubern‹«, in: *Rote Revue, Zeitschrift für Politik, Wirtschaft und Kultur* 1/86 (2008); online verfügbar unter: {https://www.e-periodica.ch/cntmng?pid=ror-004:2008:86::266}.
10 Herbert Marcuse, »Repressive Toleranz«, in: Robert Paul Wolf/Barrington Moore/Herbert Marcuse, *Kritik der reinen Toleranz*, Frankfurt am Main: Suhrkamp 1965, S. 91ff.
11 Odo Marquard, »Apologie der Bürgerlichkeit«, in: ders., *Philosophie des Stattdessen. Studien*, Stuttgart: Reclam 2000, S. 105-106.
12 Winfried Kretschmann, *Worauf wir uns verlassen wollen. Für eine neue Idee des Konservativen*, Frankfurt am Main: S. Fischer 2018, S. 13, S. 43.
13 Georg Kohler, »Warum es heute so schwierig ist, konservativ zu sein«, in: *Neue Zürcher Zeitung* (10. März 2018); online verfügbar unter: {https://www.nzz.ch/feuilleton/der-zitternde-kompass-und-die-disruption-ld.1364039}.
14 Zit. n. Manfred Osten, *»Alles veloziferisch« oder Goethes Entdeckung der Langsamkeit. Zur Modernität eines Klassikers im 21. Jahrhundert*, Frankfurt am Main: Insel 2003.
15 N.N., »Strategische Grundanlage und Positionierung« (21. Juli 2016), in: *Falter* (19. September 2017); online verfügbar unter: {https://cms.falter.at/falter/wp-content/uploads/StrategischeGrundanlageundPositionierung.pdf}.
16 Günter Traxler, »Haider, Kurz, Kickl und Koller im ›Blattsalat‹«, in: *Der Standard* (1. September 2019); online verfügbar unter: {https://www.derstandard.at/story/2000108049284/wessen-sprache-du-sprichst-haider-kurz-kickl-und-koller-im}.
17 N.N., »›Eine Debatte wie ein Herpes‹ – Pressestimmen zum AfD-Flirt der Thüringer CDU«, in: *Thüringer Allgemeine* (6. November 2019); online verfügbar unter: {https://www.thueringer-allgemeine.de/politik/eine-debatte-wie-ein-herpes-pressestimmen-zum-afd-flirt-der-thueringer-cdu-id227574387.html}.
18 Vgl. z. B. Karin Dohr, »AfD-Chef Gauland. Der ›Bürgerliche‹ und der Flügel«, in: *tagesschau.de* (14. September 2019); online verfügbar unter: {https://www.tagesschau.de/inland/afd-sommerinterview-vorab-101.html}.
19 »›Wir müssen lernen, mutiger intolerant zu sein‹«, Joachim Gauck im Interview, in: *Der Spiegel* (14. Juni 2019); online verfügbar unter: {https://www.spiegel.de/politik/deutschland/joachim-gauck-will-den-begriff-rechts-entgiften-a-1273555.html}.
20 Steven Levitsky/Daniel Ziblatt, *Wie Demokratien sterben*, München: Deutsche Verlags-Anstalt 2018.

21 Jan-Werner Müller, *Was ist Populismus? Ein Essay*, Berlin: Suhrkamp 2016; ders., »Was ist am Populismus so gefährlich? Es ist die Mitte, die sich an den Rändern anbiedert«, in: *Neue Zürcher Zeitung* (11. Juni 2019); online verfügbar unter: {https://www.nzz.ch/meinung/gefaehrlich-am-populismus-sind-seine-steigbue gelhalter-in-der-mitte-ld.1487000}.

22 »De Vienne à Vienne, naissance et mort de la société ouverte?«, Alain de Benoist im Interview (4. Januar 2018); online verfügbar unter: {https://www.alaindebe noist.com/2018/01/04/de-vienne-a-vienne-naissance-et-mort-de-la-societe-ou verte/#more-5603}.

23 Donald Trump, »The Inaugural Address« (20. Januar 2017); online verfügbar unter: {https://www.whitehouse.gov/briefings-statements/the-inaugural-ad dress/}.

24 Leonhard Horowski, *Das Europa der Könige. Macht und Spiel an den Höfen des 17. und 18. Jahrhunderts*, Reinbek: Rowohlt 2017, S. 11-13.

25 Karl Marx, *Das Elend der Philosophie*, in: ders./Friedrich Engels, *Werke* (= MEW), herausgegeben vom Institut für Marxismus-Leninismus beim ZK der SED, Bd. 4, Berlin: Dietz 1990 [1847], S. 109.

26 Stephanie Berger, Seminararbeit *Die Fortschrittspartei in Dänemark* (2001), München: Grin 2001; online verfügbar unter: {https://www.grin.com/document/106064}.

27 Joachim Fest, *Die schwierige Freiheit. Über die offene Flanke der offenen Gesellschaft*, Berlin: Siedler 1993, S. 32 ff. und S. 49 ff.

28 Carmen M. Reinhart/Kenneth S. Rogoff, *Dieses Mal ist alles anders. Acht Jahrhunderte Finanzkrisen*, München: Finanzbuch 2010.

29 Joseph Schumpeter, *Kapitalismus, Sozialismus und Demokratie*, Tübingen/Basel: A. Francke 2005 [1942], S. 134 ff.

30 Brief von Milton Friedman an Präsident Augusto Pinochet (21. April 1975); online verfügbar unter: {https://bdgrdemocracy.files.wordpress.com/2011/07/friedman-pinochet-letters.pdf}.

31 Siehe dazu auch Quinn Slobodian, »Democracy doesn't matter to the defenders of ›economic freedom‹«, in: *The Guardian* (11. November 2019); online verfügbar unter: {https://www.theguardian.com/commentisfree/2019/nov/11/democracy-defenders-economic-freedom-neoliberalism}.

32 Max Weber, *Die protestantische Ethik und der »Geist« des Kapitalismus*, Stuttgart: Reclam 2017 [1904/05].

33 Lee Drutman/Larry Diamond/Joe Goldman, »Follow the leader. Exploring American support for democracy and authoritarianism« (März 2018), Democracy Fund, Voter Study Group; online verfügbar unter: {https://www.voterstudy group.org/publication/follow-the-leader}.

34 Johannes Hillje, »Rückkehr zu den politisch Verlassenen, Gespräche in rechtspopulistischen Hochburgen in Deutschland und Frankreich«, Berlin: Das Progressive Zentrum in Zusammenarbeit mit Liegey Muller Pons (heute Explain) 2018; online verfügbar unter: {https://www.progressives-zentrum.org/wp-con tent/uploads/2018/03/Rückkehr-zu-den-politisch-Verlassenen_500-Gespräche-

in-rechtspopulistischen-Hochburgen-in-Deutschland-und-Frankreich_Studie-von-Johannes-Hillje_Das-Progressive-Zentrum.pdf}.
35 Pablo Beramendi/Silja Häusermann u. a. (Hg.), *The Politics of Advanced Capitalism*, Cambridge: Cambridge University Press 2015.
36 »Es geht um Würde und Anerkennung«, Silja Häusermann im Interview, in: *Republik.ch* (8. März 2018); online verfügbar unter: {https://www.republik.ch/2018/03/08/es-geht-um-wuerde-und-anerkennung}.
37 William D. Cohan, »Clinton's leaked Wall Street speeches reveal, shockingly, that she gets Wall Street«, in: *Vanity Fair* (11. Oktober 2016); online verfügbar unter: {https://www.vanityfair.com/news/2016/10/hillary-clinton-leaked-wall-street-speeches}.
38 Majid Sattar, »Reaktionen auf Kritik Trumps. ›Besser, einige Ratten zu haben, als eine zu sein‹«, in: *Frankfurter Allgemeine Zeitung* (28. Juli 2019); online verfügbar unter: {https://www.faz.net/aktuell/politik/trumps-praesidentschaft/demokraten-empoert-ueber-kritk-trumps-an-schwarzem-abgeordneten-16306932.html}.
39 Yascha Mounk, *Der Zerfall der Demokratie. Wie der Populismus den Rechtsstaat bedroht*, München: Droemer 2018.
40 Dirk Jörke, *Die Größe der Demokratie. Über die räumliche Dimension von Herrschaft und Partizipation*, Berlin: Suhrkamp 2019, S. 111 ff.; Dani Rodrik, »Der Illiberalismus ist nicht das einzige Problem, vor dem wir stehen«, in: *Die Welt* (20. Februar 2018); online verfügbar unter: {https://www.welt.de/wirtschaft/bilanz/article173619025/Der-Aufstieg-des-undemokratischen-Liberalismus-ist-eine-Bedrohung-fuer-den-Westen.html}.
41 Alexander Gauland, »Warum muss es Populismus sein?«, in: *Frankfurter Allgemeine Zeitung* (6. Oktober 2018); online verfügbar unter: {https://www.faz.net/aktuell/politik/inland/alexander-gauland-warum-muss-es-populismus-sein-15823206.html?premium}.
42 Zeike J. Miller, »Donald Trump has a grand unified campaign conspiracy theory«, in: *Time* (13. Oktober 2016); online verfügbar unter: {https://time.com/4530568/donald-trump-hillary-clinton-conspiracy/}.
43 Insgesamt attackierten 21 Prozent der Tweets die Demokraten, 18 Prozent die Ermittlungen gegen ihn, 15 Prozent die Medien, 8 Prozent die Minoritäten, 2 Prozent mit den USA verbündete Länder. In 18 Prozent der Tweets lobte Trump sich selbst, 7 Prozent priesen Fox News und andere reaktionäre Medien, 15 Prozent verbreiteten Verschwörungstheorien. 417 Mal führte der Präsident Regierungsgeschäfte via Twitter; siehe Michael D. Shear u. a., »How Trump reshaped the presidency in over 11,000 tweets«, in: *New York Times* (2. November 2019); online verfügbar unter: {https://www.nytimes.com/interactive/2019/11/02/us/politics/trump-twitter-presidency.html}.
44 Ulrich Beck, *Was ist Globalisierung? Irrtümer des Globalismus – Antworten auf die Globalisierung*, Frankfurt am Main: Suhrkamp 1997, S. 2.
45 Werner Plumpe, *Das Kalte Herz. Kapitalismus: Geschichte einer andauernden Revolution*, Berlin: Rowohlt 2019.
46 Dwight D. Eisenhower, »Military-Industrial Complex Speech« (17. Januar 1961);

online verfügbar unter: {https://avalon.law.yale.edu/20th_century/eisenhower001.asp}.

47 »Luciano Floridi: Die digitale Gesellschaft braucht ein ethisches Upgrade«, Luciano Floridi im Interview, in: *Wired.de* (13. Oktober 2017); online verfügbar unter: {https://www.gq-magazin.de/auto-technik/articles/digitalphilosoph-luciano-floridi-wir-passen-uns-der-technologie-an}.

48 Ralf Dahrendorf/Antonio Polito, *Die Krisen der Demokratie. Ein Gespräch mit Antonio Polito*, München: C. H. Beck 2002, S. 20ff.

49 Colin Crouch, *Postdemokratie*, Frankfurt am Main: Suhrkamp 2008 [2000].

50 Vgl. Roger de Weck, »Die Weltordnung ist Kriegsordnung«, in: *Das Magazin* (November 2003).

51 Heinrich August Winkler, *Geschichte des Westens. Von den Anfängen in der Antike bis zum 20. Jahrhundert*, München: C. H. Beck 2009, insb. S. 52-72, S. 175-226.

52 Bills of Rights (1689); online verfügbar z. B. unter: {http://www.servat.unibe.ch/verfg/gb/1689_english_bill_of_rights-unterricht.pdf}.

53 Charles de Secondat de Montesquieu, *De l'esprit des lois*, insb. Buch XI, Kapitel 4 und 6; online verfügbar z. B.: {http://www.voxpopuli.media/assets/files/14055_MONT.pdf}, S. 112.

54 N. N., »Nach Supreme-Court-Entscheidung: Johnson will wohl nicht zurücktreten«, in: *Spiegel online* (24. September 2019); online verfügbar unter: {https://www.spiegel.de/politik/ausland/boris-johnson-will-nach-supreme-court-urteil-offenbar-nicht-zuruecktreten-a-1288371.html}.

55 Donald J. Trump, @realDonaldTrump, Tweet (23. Oktober 2019, 10:48 Uhr); online verfügbar unter: {https://twitter.com/realDonaldTrump/status/1187063301731209220?ref_src=twsrc%5Etfw%7Ctwcamp%5Etweetembed%7Ctwterm%5E1187063301731209220&ref_url=https%3A%2F%2Fwww.faz.net%2Faktuell%2Fpolitik%2Ftrumps-praesidentschaft%2Ftrump-bezeichnet-im-tweet-seine-gegner-als-abschaum-16449312.html}.

56 Jochen Stahnke, »Aufstacheln als Strategie«, in: *Frankfurter Allgemeine Zeitung* (8. April 2019); online verfügbar unter: {https://www.faz.net/aktuell/politik/ausland/israel-benjamin-netanjahu-fuehrt-einen-populistischen-wahlkampf-16129540.html}.

57 Max Weber, *Wirtschaft und Gesellschaft, Grundriss der verstehenden Soziologie*, Tübingen: Mohr Siebeck 1972 [1921/22], insb. S. 140ff.

58 Donald Trump in einer Medienkonferenz im Garten des Weißen Hauses, Washington 22. August 2019; online verfügbar unter: {https://www.n-tv.de/der_tag/Trump-Ich-bin-der-Auserwaehlte-article21222553.html}.

59 Emmanuel Macron, »Transcription du discours du Président de la République au Parlement Européen« (17. April 2018), hier vom Verfasser übersetzt; deutsche Fassung online verfügbar unter: {https://de.ambafrance.org/Staatsprasident-Macron-vor-dem-Europaparlament-Fur-eine-neue-europaische}.

60 »Kann man SUVs eigentlich verbieten, Herr Habeck?«, Robert Habeck im Interview, in: *Die Zeit* (5. Juni 2019); online verfügbar unter: {https://www.zeit.de/2019/24/robert-habeck-die-gruenen-klimapolitik-verkehrswende-suv}.

61 »»Ich brauche kein Ministeramt mehr aus Karrieregründen‹«, Thomas de Maizière im Interview, in: *Frankfurter Allgemeine Zeitung* (26. Februar 2018); online verfügbar unter: {https://www.bmi.bund.de/SharedDocs/interviews/DE/2018/02/interview-faz-2.html}.
62 Körber-Stiftung, *Gemeinsam oder allein? Ergebnisse einer repräsentativen Umfrage im Auftrag der Körber-Stiftung zu Multilateralismus und internationaler Zusammenarbeit*, Hamburg: Körber-Stiftung 2019; online verfügbar unter: {https://www.koerber-stiftung.de/fileadmin/user_upload/koerber-stiftung/redaktion/handlungsfeld_internationale-verstaendigung/pdf/2019/multilateralismus/Broschuere_Umfrage_Multilateralismus_deutsch.pdf}.
63 Blocher im Interview: ›Parlamentsmandat ist Zeitverschwendung‹«, Interview mit Christoph Blocher, SRF Schweizer Radio und Fernsehen (9. Mai 2014); online verfügbar unter: {https://www.srf.ch/news/regional/zuerich-schaffhausen/blocher-im-interview-parlamentsmandat-ist-zeitverschwendung}; Alfred Borter, »Die politische Diskussion musste geführt werden«, in: *Limmattaler-Zeitung* (28. November 2011); online verfügbar unter: {https://www.blocher.ch/2011/11/28/die-politische-diskussion-musste-gefuhrt-werden/}.
64 Siehe dazu »Gaulands Rede im Wortlaut«, in: *Frankfurter Allgemeine Zeitung* (5. Juni 2016); online verfügbar unter: {https://www.faz.net/aktuell/politik/inland/zum-nachlesen-gaulands-rede-im-wortlaut-14269861-p3.html}.
65 Vgl. DOK-Redaktion SRF, Dokumentarfilm *Gegen das Fremde. Der lange Schatten des James Schwarzenbach*, SRF Schweizer Radio und Fernsehen (16. Oktober 2014), Minute 16:50; online verfügbar unter: {https://www.srf.ch/play/tv/dok/video/gegen-das-fremde---der-lange-schatten-des-james-schwarzenbach?id=ae1faadc-0e53-4dc9-8018-bd5c3ffe81a9}.
66 Sahil Chinoy, »What happened to America's political center of gravity?«, in: *New York Times* (26. Juni 2019); online verfügbar unter: {https://www.nytimes.com/interactive/2019/06/26/opinion/sunday/republican-platform-far-right.html}.
67 Siehe Richard R. Beeman, »Perspectives on the constitution: A republic, if you can keep it«; online verfügbar unter: {https://constitutioncenter.org/learn/educational-resources/historical-documents/perspectives-on-the-constitution-a-republic-if-you-can-keep-it}.
68 Richard Sennett, *Der flexible Mensch. Die Kultur des neuen Kapitalismus*, Berlin: Berlin 1998.
69 David Gugerli/Hannes Mangold, »Diskussionsforum Betriebssysteme und Computerfahndung. Zur Genese einer digitalen Überwachungskultur«, in: *Geschichte und Gesellschaft* 42 (2016), Göttingen: Vandenhoeck & Ruprecht 2016, S. 146: online verfügbar unter: {https://www.tg.ethz.ch/fileadmin/redaktion/dokumente/PDF_Files/2016__Gugerli_Mangold_Betriebssysteme_und_Computerfahndung.pdf}.
70 Joseph A. Schumpeter, *Kapitalismus, Sozialismus und Demokratie*, a.a.O., S. 230.
71 Ernst-Wolfgang Böckenförde, »Die Entstehung des Staates als Vorgang der Säkularisation«, in: ders. *Recht, Staat, Freiheit. Studien zur Rechtsphilosophie, Staatstheorie und Verfassungsgeschichte*, Frankfurt am Main: Suhrkamp 1991.

72 Friedrich Nietzsche, *Der Wille zur Macht* I, Leipzig: Alfred Kröner 1922 [1901], Kapitel 4, Ziffer 3.
73 Yascha Mounk, »Was hilft gegen den Hass? Eine härtere Justiz«, in: *Die Zeit* (11. September 2019); online verfügbar unter: {https://www.zeit.de/2019/38/straf mass-justiz-reform-gewalttaten-fluechtlinge-rechte-gewalt}.
74 »Regeln für Einwanderung ›notfalls mit aller Härte durchsetzen‹«, Thomas Oppermann im Interview, in: *Der Tagesspiegel* (9. Juni 2019); online verfügbar unter: {https://www.tagesspiegel.de/politik/oppermann-raet-seiner-spd-regeln-fuer-einwanderung-notfalls-mit-aller-haerte-durchsetzen/24438864.html}.
75 Andreas Zick/Beate Küpper/Wilhelm Berghan, *Verlorene Mitte, feindselige Zustände. Rechtsextreme Einstellungen in Deutschland 2018/19*, Bonn: J.H.W. Dietz 2019.
76 Laut der etwa zeitgleich veröffentlichten Ergebnisse einer Umfrage des Washingtoner Forschungszentrums Pew in 27 Ländern waren im Schnitt 45 Prozent der Bürgerinnen und Bürger zufrieden damit, wie ihre Demokratie funktioniert (Schweden 69 Prozent, Niederlande 64, Deutschland 56, Polen 51, Frankreich 48, Ungarn 45, Großbritannien 42, Vereinigte Staaten 40, Italien 29, Spanien 20, Griechenland und Brasilien 16, Mexiko 14 Prozent).
77 Christoph Möllers, »Wir, die Bürger(lichen)«, in: *Merkur* 71/818 (Juli 2017), S. 5-16.
78 »›Freiheit ist ansteckend‹«, Ernst-Wolfgang Böckenförde im Interview, in: *tageszeitung* (23. September 2009), S. 4; online verfügbar unter: {https://taz.de/!576006/}.
79 Wolfram Schulz u. a., »Becoming citizens in a changing world«, IEA International Civic and Citizenship Education Study 2016, International Report, Amsterdam: Springer Open 2018; online verfügbar unter: {https://link.springer.com/book/10.1007%2F978-3-319-73963-2}.
80 »›Wut entlädt sich an Fremden‹«, Yascha Mounk im Interview, in: *Tages-Anzeiger* (21. Januar 2018); online verfügbar unter: {https://link.springer.com/book/10.1007%2F978-3-319-73963-2}.
81 Carlo Strenger, *Diese verdammten liberalen Eliten. Wer sie sind und warum wir sie brauchen*, Berlin: Suhrkamp 2019, insb. das Kapitel »Warum wir eine umfassende Erziehung zur Freiheit brauchen«, S. 148-161.
82 Thomas Biebricher, *Geistig-moralische Wende. Die Erschöpfung des deutschen Konservatismus*, Berlin: Matthes & Seitz 2018.
83 »A call to action: A letter in support of a wealth tax« (24. Juni 2019); online verfügbar unter: {https://int.nyt.com/data/documenthelper/1342-wealthtaxletter-june2019/1852b1968e8e0d52b1a0/optimized/full.pdf#page=1}.
84 Ralf Dahrendorf, »Acht Anmerkungen zum Populismus«, in: *Transit* 2 (2003); online verfügbar unter: {https://www.eurozine.com/acht-anmerkungen-zum-populismus/?pdf}.
85 Thomas Piketty, *Kapital und Ideologie*, München: C.H. Beck 2020; Gabriel Zucman, *Steueroasen. Wo der Wohlstand der Nationen versteckt wird*, Berlin: Suhrkamp 2014; vgl. auch Emmanuel Saez/Gabriel Zucman, *Der Triumph der Ungerechtigkeit. Steuern und Ungleichheit im 21. Jahrhundert*, Berlin: Suhrkamp 2020.

86 Friedrich August von Hayek, *Der Weg zur Knechtschaft*, Reinbek/München: Lau 2014 [1944].
87 *Meyers Enzyklopädisches Lexikon*, Bd. 15, Mannheim: Bibliographisches Institut 1975.
88 Ralf Dahrendorf, *Die Chancen der Krise. Über die Zukunft des Liberalismus*, München: Knaur 1983, insb. S. 16-24, S. 130.
89 Ralf Dahrendorf, »Schritte in die richtige Richtung. Plädoyer für einen historischen Themenwechsel und einen Wandel unserer Einstellung«, in: *Die Zeit* (17. Januar 1975); online verfügbar unter: {https://www.zeit.de/1975/04/schritte-in-die-richtige-richtung/komplettansicht}.
90 Reni Eddo-Lodge, *Warum ich nicht länger mit Weißen über Hautfarbe rede*, Stuttgart: Tropen 2019.
91 Anna Greve, *Farbe – Macht – Körper. Kritische Weißseinsforschung in der europäischen Kunstgeschichte*, Karlsruhe: KIT Scientific Publishing 2013, S. 199f.
92 Daniela Hrzán, »Female genital cutting: Die Schwierigkeit, sich zu positionieren – Eine Einleitung«, in: *Bulletin* (2005/Nr. 28), S. 1-7; online verfügbar unter: {https://www.gender.hu-berlin.de/de/publikationen/gender-bulletin-bro schueren/bulletin-texte/texte-28/bulletin-texte-28}.
93 Günter Gaus, »Zur Person«, im Gespräch mit Hannah Arendt (28. Oktober 1964); Mitschrift online verfügbar unter: {https://www.rbb-online.de/zur person/interview_archiv/arendt_hannah.html}; Video online verfügbar unter: {https://www.youtube.com/watch?v=J9SyTEUi6Kw}.
94 Francis Fukuyama, *Identität. Wie der Verlust der Würde unsere Demokratie gefährdet*, Hamburg: Hoffmann und Campe 2019.
95 Francis Fukuyama, »Against identity politics. The new tribalism and the crisis of the democracy«, in: *Foreign Affairs* (September/Oktober 2018); online verfügbar unter: {https://www.foreignaffairs.com/articles/americas/2018-08-14/against-identity-politics-tribalism-francis-fukuyama}.
96 N. N., »Diese Fraktionen haben den höchsten Anteil an Migranten«, in: *Die Welt* (28. September 2017); online verfügbar unter: {https://www.welt.de/politik/deutschland/article169124118/Diese-Fraktionen-haben-den-hoechsten-Anteil-an-Migranten.html}. Verlässliche Angaben zum österreichischen und schweizerischen Parlament fehlen.
97 »Es geht um Würde und Anerkennung«, Silja Häusermann im Interview; a. a. O.
98 Bernd Stegemann, »Der gute Mensch und seine Lügen«, in: *Die Zeit* (23. Februar 2017); online verfügbar unter: {https://www.zeit.de/2017/09/populismus-eli ten-gutmensch-luegen/komplettansicht}.
99 Kevin P. Phillips, *The Emerging Republican Majority*, New Rochelle, NY: Arlington House 1969.
100 James Boyd, »Nixon's Southern Strategy, ›It's all in the charts‹«, in: *New York Times* (17. Mai 1970), S. 215; online verfügbar: {http://www.nytimes.com/packa ges/html/books/phillips-southern.pdf}.
101 Zit. n. Dov Grohsgal/Kevin M. Krise, »How the Republican majority emerged«, in: *The Atlantic* (6. August 2019); online verfügbar unter: {https://www.theatlan tic.com/ideas/archive/2019/08/emerging-republican-majority/595504/}.

102 »›Die wollen deine Seele‹«, Interview mit Mark Lilla, in: *Die Zeit* (10. Januar 2018); online verfügbar unter: {https://marklilla.com/wp-content/uploads/2018/01/Die-Zeit-interview-about-the-future-of-American-liberalism.pdf}.
103 Mark Lilla, *Der Glanz der Vergangenheit. Über den Geist der Reaktion*, Zürich: NZZ Libro 2018.
104 Adolf Muschg, *Was ist europäisch?*, München: C. H. Beck 2005, S. 15.

II. Aus dem Arsenal der Reaktionäre

1 Zit. n. Christopher Hope/Theodora Louloudis, »The Government should not ban people from watching child porn and Jihadi videos online, says new Brexit Party candidate«, in: *The Telegraph* (25. April 2019); online verfügbar unter: {https://www.telegraph.co.uk/politics/2019/04/25/people-should-free-watch-child-porn-jihadi-videos-online-says/}.
2 Vgl. N. N., »Gauland heißt NPD-Slogan gut«, in: *Die Zeit* (5. Juni 2016); online verfügbar unter: {https://www.zeit.de/politik/deutschland/2016-06/afp-alexander-gauland-zitat-npd-neonazi-band}; Sabine Beikler, »Berliner AfD-Politiker Fest nennt Zuwanderer ›Gesindel‹«, in: *Der Tagesspiegel* (29. März 2017); online verfügbar unter: {https://www.tagesspiegel.de/berlin/alternative-fuer-deutschland-berliner-afd-politiker-fest-nennt-zuwanderer-gesindel/19588056.html}.
3 »In der AfD gibt es keine Rechtsextremen‹«, Interview mit Alexander Gauland, in: *Die Weltwoche* (30. Juli 2018); online verfügbar unter: {https://www.weltwoche.ch/ausgaben/2018-30/artikel/in-der-afd-gibt-es-keine-rechtsextremen-die-weltwoche-ausgabe-30-2018.html}; und zit. n. CHT, »In Anatolien entsorgen«, in: *Spiegel online* (7. September 2017); online verfügbar unter: {https://www.spiegel.de/politik/deutschland/in-anatolien-entsorgen-aydan-oezoguz-reagiert-auf-alexander-gauland-a-1166487.html}.
4 »Gaulands Rede im Wortlaut«, in: *Frankfurter Allgemeine Zeitung* (5. Juni 2016); online verfügbar unter: {https://www.faz.net/aktuell/politik/inland/zum-nachlesen-gaulands-rede-im-wortlaut-14269861.html}.
5 Vgl. z. B. Tom Liehr, »Schreiben mit Kondom: Diversität, politische Korrektheit, Empfindlichkeitslesen und die Literatur«, in: *literaturcafe.de* (14. August 2019); online verfügbar unter: {https://www.literaturcafe.de/schreiben-mit-kondom-diversitaet-politische-korrektheit-empfindlichkeitslesen-und-die-literatur/}.
6 Monika Maron, »Unser galliges Gelächter. Es liegt mir fern, die Bundesrepublik mit der DDR zu vergleichen«, in: *Neue Zürcher Zeitung* (9. November 2019), S. 43; online verfügbar unter {https://www.nzz.ch/feuilleton/monika-maron-es-liegt-mir-fern-die-bundesrepublik-mit-der-ddr-zu-vergleich-ld.1519713}.
7 Christoph Möllers, »Wir, die Bürger(lichen)«, in: *Merkur* 818/71 (Juli 2017), S. 5-16, S. 10f.
8 Anne Schulz/David A. L. Levy/Rasmus Kleis Nielsen, *Old, Educated, and Politically Diverse: The Audience of Public Service News. Reuters Institute Report Septem-*

ber 2019, Oxford: Reuters Institute for the Study of Journalism at the University of Oxford 2019, S. 28; online verfügbar unter: {https://reutersinstitute.politics.ox.ac.uk/sites/default/files/2019-09/The_audience_of_public_service_news_FINAL.pdf}; vgl. für die besonderen deutschen Aspekte: Sacha Hölig/Uwe Hasebrink, *Reuters Institute International News Report 2019 – Ergebnisse für Deutschland*, Arbeitspapiere des HBI Nr. 47 (Juni 2019), Hamburg: Leibniz-Institut für Medienforschung/Hans-Bredow-Institut 2019, S. 29 (Tabelle: Vertrauen in Nachrichtenmarken); online verfügbar unter: {https://hans-bredow-institut.de/uploads/media/default/cms/media/x52wfy2_AP47_RDNR19_Deutschland.pdf}.

9 Paul Wrusch, »Infantiler Protest«, in: *die tageszeitung* (18. Oktober 2019), S. 14.
10 Monika Maron, »Merkels kopflose Politik macht die Rechten stark«, in: *Frankfurter Allgemeine Zeitung* (14. Januar 2016); online verfügbar unter: {https://www.faz.net/aktuell/politik/fluechtlingskrise/monika-maron-merkels-kopflose-politik-macht-die-rechten-stark-14012515.html?printPagedArticle=true#pageIndex_2}.
11 Antonio Gramsci, *Gefängnishefte*, Gesamtausgabe in zehn Bänden, Hamburg: Argument 1999.
12 Jörg Baberowski, »Die Bürgergesellschaft ist am Ende«, in: *Neue Zürcher Zeitung* (15. Juli 2017); online verfügbar unter: {https://www.nzz.ch/feuilleton/elite-und-politik-die-buergergesellschaft-ist-am-ende-ld.1306099}.
13 Svenja Goltermann, *Opfer. Die Wahrnehmung von Krieg und Gewalt in der Moderne*, Frankfurt am Main: S. Fischer 2017, S. 238f.
14 Ebd.
15 Hannah Bethke, »Galerie der Humboldt-Uni – Erinnert Euch!«, in: *Frankfurter Allgemeine Zeitung* (28. Oktober 2019); {https://www.faz.net/aktuell/feuilleton/debatten/berlin-galerie-der-humboldt-uni-soll-politisch-umgestaltet-werden-16454182.html}.
16 »avenidas / avenidas y flores / flores / flores y mujeres / avenidas / avenidas y mujeres / avenidas y flores y mujeres y un admirador« (Alleen / Alleen und Blumen / Blumen / Blumen und Frauen / Alleen / Alleen und Frauen / Alleen und Blumen und Frauen und ein Verehrer).
17 N. N., »»Erschreckender Akt der Kulturbarbarei««, in: *Frankfurter Allgemeine Zeitung* (24. Januar 2018); online verfügbar unter: {https://www.faz.net/aktuell/feuilleton/debatten/gomringer-debatte-erschreckenden-akt-der-kulturbarbarei-15415612.html}.
18 Kia Vahland, »Nackt im Museum«, in: *Süddeutsche Zeitung* (16. Februar 2018), S. 11.
19 Milosz Matuschek, »Die folgsame Schar der Moralisten«, in: *Neue Zürcher Zeitung* (29. April 2019); online verfügbar unter: {https://www.nzz.ch/meinung/der-ungeist-der-politischen-korrektheit-ld.1473914}.
20 Hans-Dieter Radecke, »Die Diktatur der politischen Korrektheit«, in: *Cicero* (21. Februar 2014); online verfügbar unter: {https://www.cicero.de/kultur/politisch-korrekt-die-gleichschritt-gesellschaft/57080}
21 Thierry Chervel, »Ausnahmslos Differenz«, in: *Perlentaucher* (13. Januar 2016); online verfügbar unter: {https://www.perlentaucher.de/blog/2016/01/13/ausnahmslos-differenz.html}.

22 Georges-Arthur Goldschmidt, *Als Freud das Meer sah. Freud und die deutsche Sprache*, aus dem Französischen von Brigitte Große, Zürich: Ammann 1999.
23 Verein Deutsche Sprache: »Schluss mit dem Gender-Unfug!« (6. März 2019, Dortmund); online verfügbar unter: {https://vds-ev.de/gegenwartsdeutsch/gender sprache/gendersprache-unterschriften/schluss-mit-dem-gender-unfug/}.
24 Ludwig Wittgenstein, *Tractatus logico-philosophicus. Logisch philosophische Abhandlung*, Frankfurt am Main: Suhrkamp 2009 [1922], S. 86.
25 Feridun Zaimoglu, *Kanak Sprak. 24 Mißtöne vom Rande der Gesellschaft*, Berlin: Rotbuch 2013. Zur Illustration ein Auszug aus dem Monolog »Den Fremdländer kannst du nimmer aus der Fresse wischen«, S. 20. Es spricht die Figur Akay, 29 Jahre alt: »Klar hab ich was anzubieten, was feines noch dazu, aber nicht, wie der dumme rest, schimmelmarok oder roten libanesen oder was auch immer die verscherbeln, wenn's um's abzocken geht, muss ja jeder sehen, wo er bleibt, illegal ist nur auf die länge 'n bisschen knechtmaloche, und wenn der gendarm dir auf den fersen ist, bist du pur zombie, weil du ja krumm bist und immer schön an der wand klebst, bevor der handel in die gänge kommt, und's geschäft blüht und rankt bis zum großen bang.«
26 Robert Habeck, *Was wir sein könnten. Warum unsere Demokratie eine offene und vielfältige Sprache braucht*, Köln: Kiepenheuer & Witsch 2018; N.N., »Politik des Gehörtwerdens ist der richtige Weg« (20. August 2015); online verfügbar unter: {https://www.baden-wuerttemberg.de/de/service/alle-meldungen/mel dung/pid/politik-des-gehoertwerdens-ist-der-richtige-weg/}.
27 Christophe Guilluy, *La France périphérique*, Paris: Flammarion 2014.
28 Wolfgang Schäuble, »Die Balance halten. Leidenschaft, Verantwortungsgefühl, Augenmaß – was uns Max Weber noch immer zu sagen hat«, in: *Frankfurter Allgemeine Zeitung* (17. Januar 2019), S. 6.
29 Zit. n. Andrew Ross Sorkin, »Paul Volcker, at 91, sees ›a hell of a mess in every direction‹«, in: *The New York Times* (23. Oktober 2018); online verfügbar unter: {https://www.nytimes.com/2018/10/23/business/dealbook/paul-volcker-federal-reserve.html}.
30 Ronald Reagan, »Inaugural Address« (20. Januar 1981), S. 2; online verfügbar unter: {https://www.reaganfoundation.org/media/128614/inaguration.pdf}.
31 Gottfried Keller, *Das Fähnlein der sieben Aufrechten, Züricher Novellen*, Bd. 2, *Gottfried Keller. Sämtliche Werke in sieben Bänden*, herausgegeben von Thomas Böning, Frankfurt am Main: Deutscher Klassiker Verlag 2009 [1860], S. 235-302, S. 260f.
32 Oxfam, »5 shocking facts about extreme global inequality and how to even it up«; online verfügbar unter: {https://www.oxfam.org/en/5-shocking-facts-about-ex treme-global-inequality-and-how-even-it}.
33 Ijoma Mangold, »Der neue Ernstfall«, in: *Die Zeit* (13. März 2019); online verfügbar unter: {https://www.zeit.de/2019/12/brexit-irland-grenztruppen-eu-austritt-grossbritannien/komplettansicht}.
34 Bernd Stegemann, *Die Moralfalle. Für eine Befreiung linker Politik*, Berlin: Matthes & Seitz 2018, S. 10.

35 »›Wir versuchen, die Grenzen des Sagbaren auszuweiten‹«, Alexander Gauland im Interview, in: *Frankfurter Allgemeine Zeitung* (7. Juni 2018); online verfügbar unter: {https://www.faz.net/aktuell/politik/inland/gauland-interview-afd-will-grenzen-des-sagbaren-ausweiten-15627982.html?premium}.
36 Rolf Peter Sieferle, *Finis Germania*, Steigra: Antaios 2017, S. 77.
37 Ebd., S. 70.
38 Das Zitat stammt aus Weidels Rede auf dem AfD-Bundesparteitag 2017 in Köln; zit. n. Benedikt Peters, »Schrill in den Wahlkampf«, in: *Süddeutsche Zeitung* (23. April 2017); online verfügbar unter: {https://www.sueddeutsche.de/politik/afd-parteitag-in-koeln-schrill-in-den-wahlkampf-1.3475494}.
39 Für die drei Zitate vgl. z. B.: N. N., »Nach rassistischer Beleidigung: AfD-Politiker zahlt Noah Becker Schmerzensgeld«, in: *tagesschau.de* (2. September 2019); online verfügbar unter: {https://www.tagesschau.de/inland/becker-135.html}; N. N., »FPÖ-Stadtrat schimpft über ›Neger und Schwuchteln‹ in ÖBB-Werbung«, in: *Der Standard* (15. August 2018); online verfügbar unter: {https://www.derstandard.at/story/2000085399760/fpoe-stadtrat-schimpft-ueber-neger-und-schwuchteln-in-oebb-werbung}; Stiftung gegen Rassismus und Antisemitismus (GRA), Webseite »Chronologie 2015, Lugano 31. August 2015«; online verfügbar unter: {https://chronologie.gra.ch/chronology/280/}.
40 Hans Geiger, »Von Mohren, kleinen Prinzen und Negern«, in der rechtsradikalen Zeitung *Schweizerzeit* (19. Juli 2019); online verfügbar unter: {https://schweizerzeit.ch/von-mohren-kleinen-prinzen-und-negern/}.
41 Sergio Rame, »Diede dell' ›orango‹ alla Kyenge: Calderoli condannato a 18 mesi«, in: *Il Giornale* (14. Januar 2019); online verfügbar unter: {http://www.ilgiornale.it/news/politica/diede-dellorango-kyenge-calderoli-condannato-18-mesi-1628756.html}.
42 Für die Zitate vgl. z. B.: N. N., »Orbán sieht Flüchtlinge als ›muslimische Invasoren‹«, in: *Die Welt* (7. Januar 2018); online verfügbar unter: {https://www.welt.de/politik/ausland/article172254332/Ungarischer-Ministerpraesident-Orban-sieht-Fluechtlinge-als-muslimische-Invasoren-an.html}; und Andrea Böhm, »EU-Asylpolitik – Europa Flucht vor der Realität«, in: *Die Zeit* (6. Juli 2018); online verfügbar unter: { https://www.zeit.de/politik/2018-07/eu-asylpolitik-fluechtlinge-migration-grenzschutz}.
43 N. N., »Bachmann wegen Volksverhetzung verurteilt«, in: *Sächsische Zeitung* (30. November 2016); online verfügbar unter: {https://www.saechsische.de/bachmann-rechtskraeftig-wegen-volksverhetzung-verurteilt-3552673.html}.
44 N. N., »Horst Seehofer weist Kritik an Aufnahme von Flüchtlingen zurück«, in: *Zeit online* (19. September 2019); online verfügbar unter: {https://www.zeit.de/politik/deutschland/2019-09/innenminister-horst-seehofer-aufnahme-boots fluechtlinge-kritik}.
45 Maria-Sibylla Lotter, »Der Wille zur Schuld«, in: *Die Zeit* (15. August 2018); online verfügbar unter: {https://www.zeit.de/2018/34/schuldgefuehl-moral-verantwortung-macht-debatte}.
46 Andrea Schneider, »Niederlande – Mit Teer und Federn außer Landes jagen«, in:

Frankfurter Allgemeine Zeitung (20. Februar 2007); online verfügbar unter: {https://www.faz.net/aktuell/politik/ausland/niederlande-mit-teer-und-federn-ausser-landes-jagen-1408941.html}.

47 Vgl. zu den vier Zitaten z. B.: N. N, »Boris Johnson: Brexit opponents ›collaborating‹ with EU«, bbc.com (14. August 2019); online verfügbar unter: {https://www.bbc.com/news/uk-politics-49348072; N. N., »Boris Johnson stands by Hitler EU comparison«, bbc.com (16. Mai 2016); online verfügbar unter: {https://www.bbc.com/news/uk-politics-eu-referendum-36295208}.

48 Zu den Zitaten vgl z. B.: N. N., »Trump tells Congresswomen to ›go back where they're from‹«; online verfügbar unter: {https://www.youtube.com/watch?v=7udi Zajp6ys}; Chris Cillizza, »Trump basically called Mexicans rapists again«, cnn.com (6. April 2018); online verfügbar unter: {https://edition.cnn.com/2018/04/06/politics/trump-mexico-rapists/index.html}; Eli Watkins/Abby Philip, »Trump decries immigrants from ›shithole countries‹ coming to US«, cnn.com (12. Januar 2018); online verfügbar in {https://edition.cnn.com/2018/01/11/politics/immigrants-shithole-countries-trump/index.html}; und Maggie Haberman/Katie Rogers, »Trump attacks whistleblower's source and alludes to punishment for spies«, in: *New York Times* (26. September 2019); online verfügbar unter: {https://www.nytimes.com/2019/09/26/us/politics/trump-whistle-blower-spy.html}.

49 »Alexander Gauland: ›Es gibt ein merkwürdiges Verständnis von Meinungsfreiheit in der AfD‹«, Alexander Gauland im Interview, in: *Neue Zürcher Zeitung* (3. Dezember 2018); online verfügbar unter: {https://www.nzz.ch/internatio nal/deutschland/afd-chef-alexander-gauland-im-interview-merz-hasst-angela-merkel-ld.1440697}.

50 Hermann Lübbe, »*Ich entschuldige mich*«. *Das neue politische Bußritual*, Berlin: Siedler 2001, S. 7 ff.

51 Ebd.

52 Václav Havel, »Vom Wert der Freiheit«, in: *Frankfurter Allgemeine Zeitung* (24. Dezember 2012), S. 7.

53 Vgl. Ulrich Brand/Markus Wissen, *Imperiale Lebensweise. Zur Ausbeutung von Mensch und Natur im globalen Kapitalismus*, München: Oekom 2017.

54 Carl Moses, »Brasilien holzt so viel Regenwald ab wie lange nicht mehr«, in: *Frankfurter Allgemeine Zeitung* (8. August 2019); online verfügbar unter: {https://www.faz.net/aktuell/wirtschaft/brasilien-holzt-so-viel-regenwald-ab-wie-lange-nicht-mehr-16324209.html}.

55 Philip K. Dick, »How to build a universe that doesn't fall apart two days later« (1978); online verfügbar unter: {https://urbigenous.net/library/how_to_build.html}.

56 Helmut Schmidt, »Das rechte Augenmaß. Pragmatismus braucht Moral«, in: *Die Zeit* (11. Dezember 2008); online verfügbar unter: {https://www.zeit.de/2008/51/Nachdruck-Maximen}.

57 Niccolò Macchiavelli, *Discorsi. Staat und Politik*, herausgegeben und mit einem Nachwort von Horst Günther, Frankfurt am Main: Insel 2000 [ca. 1513-1519], III/41, S. 417.

58 Niccolò Macchiavelli, *Der Fürst*, mit einem Nachwort von Horst Günther, Berlin: Insel 2011 [1513], S. 25f.
59 Alain de Benoist, *Les idées à l'endroit*, Paris: Hallier 1979, S. 62
60 Auf Deutsch: Alain de Benoist, *Kulturrevolution von rechts*, Dresden: Jungeuropa 2017.
61 Eric Gujer, »Der hässliche Deutsche trägt keinen Stahlhelm mehr – er belehrt die Welt moralisch«, in: *Neue Zürcher Zeitung* (5. Juli 2019); online verfügbar unter: {https://www.nzz.ch/international/der-andere-blick-die-deutschen-waeren-gerne-moralweltmeister-ld.1493987}.
62 Maria-Sibylla Lotter, »Der Wille zur Schuld«, a. a. O.
63 Johann Wolfgang Goethe, *Die natürliche Tochter*, Zweiter Aufzug, Fünfter Auftritt, Eugenie.
64 Das dem österreichischen Magazin *Falter* zugespielte Dokument ist online verfügbar unter: {https://cms.falter.at/falter/wp-content/uploads/StrategischeGrundanlageundPositionierung.pdf}; die zitierte Stelle findet sich dort auf S. 10.
65 »Springer-CEO Mathias Döpfner: ›Viele Journalisten verhalten sich zutiefst unjournalistisch‹«, Mathias Döpfner im Interview, in: *Neue Zürcher Zeitung* (9. Februar 2019); online verfügbar unter: {https://www.nzz.ch/feuilleton/medien/springer-ceo-doepfner-viele-verhalten-sich-unjournalistisch-ld.1457143}.
66 Wolfgang Ullrich, »Werte muss man sich leisten können. Der neue Moraladel«, in: *Neue Zürcher Zeitung* (3. Januar 2018); online verfügbar unter: {https://portal.dnb.de/bookviewer/view/1032490276#page/n8/mode/1up}.
67 *Nie zweimal in denselben Fluss. Björn Höcke im Gespräch mit Sebastian Hennig*, Lüdinghausen: Manuscriptum 2018, S. 142.
68 Ernst Röhm, *Die Geschichte eines Hochverräters*, München: Franz Eher 1930, S. 236f.; online verfügbar unter: {https://portal.dnb.de/bookviewer/view/1032490276#page/n8/mode/1up}; auf Auszüge aus dieser Passage verweist Hannah Arendt in: *Elemente und Ursprünge totaler Herrschaft*, München: Piper 2000, S. 715.
69 Ebd., S. 199.
70 André Glucksmann, *Hass. Die Rückkehr einer elementaren Gewalt*, Zürich und München: Nagel & Kimche 2005.
71 »›Hollande ist eine halb tragische Figur, weil er den Franzosen eine Botschaft übermitteln wollte, für die sie nicht bereit sind‹«, Peter Sloterdijk im Interview, in: *Neue Zürcher Zeitung* (22. April 2017); online verfügbar unter: {https://www.nzz.ch/feuilleton/wahlen-in-frankreich-delirien-im-linken-und-im-rechten-jargon-ld.1288012}.
72 Daniel Binswanger, »Der neue Chauvinismus«, in: *Republik.ch* (18. August 2018); online verfügbar unter: {https://www.republik.ch/2018/08/18/der-neue-chauvinismus}.
73 Karlheinz Weißmann, »Der Zwang, sich bedeckt zu halten«, in: *Junge Freiheit* (24/31. Dezember 2010); online verfügbar über das Online-Archiv der *Jungen Freiheit*: {https://jungefreiheit.de/archiv/}.
74 Rainer Zitelmann, *Die Gesellschaft und ihre Reichen. Vorurteile über eine beneidete Minderheit*, München: Finanzbuch 2018.

75 Sonja Blaschke, »Eine ›echte‹ Japanerin spricht nicht darüber, wenn sie vergewaltigt wird«, in der Übersicht »Es reicht! Wie die #MeToo-Bewegung die Welt verändert«, in: *Neue Zürcher Zeitung* (8. März 2018); online verfügbar unter: {https://www.nzz.ch/gesellschaft/andere-kulturen-andere-sitten-ld.1363788 }.

76 Vgl. Video »Kulturpalast Dresden: STREITBAR mit Uwe Tellkamp und Durs Grünbein« ; online verfügbar unter: {https://www.youtube.com/watch?v=V6nSgCCZM2Q}.

77 Nicole Höchst, »Brauchen wir eine Debatte, die sich für Männer einsetzt?«, in: *AfD Kompakt* (20. Juli 2018); online verfügbar unter: {https://afdkompakt.de/2018/07/20/brauchen-wir-eine-me-too-debatte-die-sich-fuer-maenner-ein setzt/}.

78 Vgl. Video »Di Stefano (Casapound): ›Il fascismo è una dottrina, non una dittatura‹«, *Vista Agenza Televisiva Nazionale*; online verfügbar unter: {https://www.youtube.com/watch?v=oGdezsGmXJs}.

79 Vgl. Tweet-Wechsel von Johannes Schüller mit dem Undercover-Investigativ-Journalisten Danijel Majic (heute *Frankfurter Rundschau*) (2. Mai 2018); online verfügbar unter: {https://www.facebook.com/photo.php?fbid=1823938494316 212&set=a.14469841224037&type=3&fref=mentions&__tn__=K-R}.

80 Carl Schmitt, *Der Begriff des Politischen. Text von 1932 mit einem Vorwort und drei Corollarien*, Berlin: Duncker & Humblot 1996, S. 55.

81 Oswald Spengler, *Der Untergang des Abendlandes. Umrisse einer Morphologie der Weltgeschichte*, München: C. H. Beck 1998 [1918, 1922], S. 28.

82 Arnold Gehlen, *Moral und Hypermoral*, Wiesbaden: Aula 1986 [1969], S. 92.

83 Arnold Gehlen, *Der Mensch. Seine Natur und seine Stellung in der Welt*, in: ders., *Gesamtausgabe*, Frankfurt: Klostermann 1993 [1940], S. 14 ff., S. 64, S. 428 f.

84 Adam Smith, *Theorie der ethischen Gefühle*, Hamburg: Felix Meiner 1985 [1759], S. 128 f.

85 Theodor Fontane, *Effi Briest*, Frankfurt am Main: Insel 2008 [1896], S. 191.

86 Zitate siehe: N. N., »›Selbstmord für die Schweiz‹«, Schweizer Radio und Fernsehen SRF (19. Januar 2019); online verfügbar unter: {https://www.srf.ch/news/schweiz/eu-schelte-im-albisgueetli-selbstmord-fuer-die-schweiz}; N. N., »Norbert Hofer wird neuer FPÖ-Chef«, in: Frankfurter Allgemeine (19. Mai 2019); online verfügbar unter: {https://www.faz.net/aktuell/politik/ausland/nach-strache-ruecktritt-norbert-hofer-neuer-fpoe-chef-16196264.html}; AfD, »Programm für Deutschland, Wahlprogramm der Alternative für Deutschland für die Wahl zum Deutschen Bundestag am 24. September 2017« (22./23. April 2017), S. 37, Ziffer 7.1.; online verfügbar unter: {https://cdn.afd.tools/wp-content/uploads/sites/111/2017/06/2017-06-01_AfD-Bundestagswahlprogramm_Onlinefassung.pdf}; N. N., »Backlash in Commons over Boris Johnson's language«, bbc.com (25. September 2019); online verfügbar unter: {https://www.bbc.com/news/av/uk-politics-49833623/backlash-in-commons-over-boris-johnson-s-language}.

87 Carl Schmitt, »Der Führer schützt das Recht. Zur Reichstagsrede Adolf Hitlers am 13. Juli 1934«, in: *Deutsche Juristen-Zeitung* 15/39 (1. August 1934), S. 945-950, S. 946 ff.

88 Carl Schmitt, *Politische Theologie*, München und Leipzig: Duncker & Humblot 1934, S. 11.
89 Carl Schmitt, *Die geistesgeschichtliche Lage des heutigen Parlamentarismus*, Berlin: Duncker & Humblot 2017 [1923], S. 13-14.
90 *Nie zweimal in denselben Fluss*, a.a.O., S. 235.
91 Ebd., S. 258.
92 Hans Kelsen, *Was ist Gerechtigkeit?*, Wien: Deuticke 1975 [1953], S. 42.
93 Carl Schmitt, *Glossarium, Aufzeichnungen der Jahre 1947-1951*, Berlin: Duncker & Humblot 1991, S. 162 (11. Juni 1948).
94 Vgl. Fareed Zakaria, »The rise of illiberal democracy«, in: *Foreign Affairs* 76/6 (November/Dezember 1997), S. 22-43.
95 Heimo Schwilk/Ulrich Schacht (Hg.), *Die selbstbewußte Nation. »Anschwellender Bocksgesang« und weitere Beiträge zu einer deutschen Debatte*, Frankfurt am Main/Berlin: Ullstein 1994.
96 Reinhart Maurer, »Schuld und Wohlstand. Über die westlich-deutsche Generallinie«, in: *Die selbstbewußte Nation*, a.a.O., S. 69-84, S. 77.
97 Rainer Zitelmann, »Position und Begriff. Über eine neue demokratische Rechte«, in: *Die selbstbewußte Nation*, a.a.O., S. 163-181, S. 175.
98 Rainer Zitelmann, »War Hitler rechts?«, in: *Die Weltwoche* (9. August 2017); online verfügbar unter: {https://www.weltwoche.ch/ausgaben/2017-32/artikel/war-hitler-rechts-die-weltwoche-ausgabe-322017.html}.
99 N.N., »NS-Zeit = DDR-Sozialismus? CDU verteidigt umstrittene Fotocollage«, mdr.de (22. Juli 2019); online verfügbar unter: {https://www.mdr.de/nachrichten/politik/regional/kritik-reaktionen-cdu-sachsen-vergleich-ns-ddr-sozialismus-100.html}.
100 Felix Stern, »Feminismus und Apartheid«, in: *Die selbstbewusste Nation*, a.a.O., S. 306.
101 Gabriele Kämper, »Von der *Selbstbewussten Nation* zum nationalen Selbstbewusstsein. Die Neue intellektuelle Rechte bewegt sich auf rhetorischen Pfaden in die Mitte der Gesellschaft«, in: *WerkstattGeschichte* 37 (3004), S. 64-79, S. 70.
102 Fontane, *Effi Briest*, a.a.O., S. 13.
103 *Nie zweimal in denselben Fluss*, a.a.O., S. 115.
104 Fabian Schmidt-Ahmad, »Der sogenannte Feminismus«, in: *Junge Freiheit* (8. Juni 2010); online verfügbar unter: {https://jungefreiheit.de/kolumne/2010/der-sogenannte-feminismus/}.
105 Michal Houellebecq, »Rede zum Schirrmacher-Preis. Houellebecq: ›Ich bin ein halber Prophet‹«, in: *Frankfurter Allgemeine Zeitung* (27. September 2016), durch den Verfasser leicht geänderte Übersetzung aus dem Französischen; online verfügbar unter: {https://www.faz.net/aktuell/feuilleton/michel-houellebecq-ich-bin-ein-halber-prophet-14454177.html?printPagedArticle=true#pageIndex_2}.
106 Éric Zemmour, *Le premier sexe*, Paris: Denoël 2006.
107 Zit. n. Nicholas Farrell, »›I'm fascinated by Mussolini‹. Steve Bannon talks fascism«, in: *Spectator USA* (14. März 2018); online verfügbar unter: {https://spectator.us/mussolini-steve-bannon/}.

108 Roger Köppel, »Begehren. Man sollte eine gewisse Toleranz entwickeln für Männer, die ihren Trieben legal zum Opfer fallen«, in: *Die Weltwoche* (3. September 2018); online verfügbar unter: {https://www.weltwoche.ch/ausgaben/2014-36/artikel/editorial-begehren-die-weltwoche-ausgabe-362014.html}.

109 Claus Hecking, »Niederländischer Polit-Aufsteiger Thierry Baudet. Klimpert Chopin, hetzt gegen Ausländer«, in: *Spiegel online* (21. März 2019); online verfügbar unter: {https://www.spiegel.de/politik/ausland/niederlande-thierry-baudet-hat-mit-rechter-hetze-und-leisen-toenen-erfolg-a-1258991.html}.

110 Kollegah, *Das ist Alpha! Die 10 Boss-Gebote*, München: Riva 2018, S. 22-25.

111 Kollegah und Farid Bang, »Ave Maria«, auf dem Album *Jung Brutal Gutaussehend 3* (2017); Lyrics online verfügbar unter: {https://genius.com/Kollegah-and-farid-bang-ave-maria-lyrics}.

112 Jens Jessen, »Der bedrohte Mann«, in: *Die Zeit* (5. April 2018); online verfügbar unter: {https://www.zeit.de/2018/15/metoo-debatte-maenner-feminismus-gleichberechtigung}.

113 Bei den österreichischen Nationalratswahlen Ende September 2019 wählten 11 Prozent der Stimmbürgerinnen und 21 Prozent der Stimmbürger die FPÖ. 17 Prozent der Frauen bevorzugten und 10 Prozent der Männer bevorzugten die Grünen.

114 Michael Howanietz, *Für ein freies Österreich. Souveränität als Zukunftsmodell*, herausgegeben von Norbert Hofer, Wien: Freiheitlicher Parlamentsklub 2013, S. 32.

115 René Scheu, »Das Wir löst sich auf. Warum die Identitätspolitik ein gezinktes Machtspiel ist, erklärt der Philosoph Tristan Garcia«, in: *Neue Zürcher Zeitung* (8. Februar 2019), S. 35; online verfügbar unter: {https://www.nzz.ch/feuilleton/tristan-garcia-identitaetspolitik-boomt-das-wir-loest-sich-auf-ld.1457594}; René Scheu, »Die neue kulturelle Apartheid. Wie die Identitätspolitik rassistische Denkmuster wiederbelebt«, in: *Neue Zürcher Zeitung* (11. August 2018), S. 37; online verfügbar unter: {https://www.nzz.ch/feuilleton/nur-schwarze-koennen-schwarze-verstehen-so-funktioniert-die-neue-kulturelle-apartheid-ld.1410207}.

116 Ebd.

117 »Parität scheint mir logisch«, Angela Merkel im Interview, in: *Die Zeit* (23. Januar 2019); online verfügbar unter: {https://www.zeit.de/2019/05/angela-merkel-bundeskanzlerin-cdu-feminismus-lebensleistung/komplettansicht}.

118 AfD, »Programm für Deutschland. Das Grundsatzprogramm der Alternative für Deutschland« (30. April/1. Mai 2016), S. 103-109; online verfügbar unter: {https://www.afd.de/grundsatzprogramm/}.

119 Walter Wobmann, »Sie können direkt etwas tun für mehr Sicherheit«, in: *SVP-Klartext* (9. September 2019); online verfügbar unter: {https://www.svp.ch/partei/publikationen/parteizeitung/2019-2/svp-klartext-september-2019/sie-koennen-direkt-etwas-tun-fuer-mehr-sicherheit/}.

120 »›Ein Stilmittel.‹ ›Genau das ist 68!‹ ›Da hast du jetzt recht‹«, Gespräch mit Christoph Blocher, Adolf Muschg u. a., in: *Schweizer Monat* (Februar 2015); on-

line verfügbar unter: {https://schweizermonat.ch/ein-stilmittel-genau-das-ist-68-da-hast-du-jetzt-recht-1/#}
121 Botho Strauß, »Anschwellender Bocksgesang«, in: *Der Spiegel* 6/1993, S. 202-207; online verfügbar unter: {https://www.spiegel.de/spiegel/print/d-13681004.html}.
122 Siehe Video »The presidency and executive power. Academics talked about President Trump' use of executive power«, in: *C-Span* (22. Februar 2018); online verfügbar unter: {https://www.c-span.org/video/?441531-1/heritage-foundation-hosts-discussion-executive-power}; zit. in Marc Neumann, »Sie sehen sich als konservative Avantgarde: So ticken die Intellektuellen, die US-Präsident Trump hofieren«, in: *Neue Zürcher Zeitung* (4. April 2018); online verfügbar unter: {https://www.nzz.ch/feuilleton/die-trump-philosophen-ld.1371101}.
123 Angela Merkel, »Bericht der Vorsitzenden der CDU Deutschlands, zugleich Einführung in den Antrag des Bundesvorstandes ›Karlsruher Erklärung zu Terror und Sicherheit, Flucht und Integration‹« (14. Dezember 2015); online verfügbar bei der Konrad-Adenauer-Stiftung unter: {https://www.kas.de/c/document_library/get_file?uuid=5a4e1abe-5e28-05c0-6c7e-06f53dedada3&groupId=252038}.
124 Bassam Tibi, »Die Tyrannei der Willkommenskultur«, in: *Basler Zeitung* (26. August 2016), S. 2; online verfügbar unter: {https://www.bazonline.ch/ausland/europa/die-tyrannei-der-willkommenskultur/story/31497298}; Video »Thiele (Knorr-Bremse AG): Merkel ist eine Autokratin« (23. Oktober 2018); online verfügbar unter: {https://www.youtube.com/watch?v=USqGwVUqU2A}; N. N., »Gauland nennt Merkel ›Kanzler-Diktatorin‹«, in: *Frankfurter Allgemeine Zeitung* (5. Juni 2016); online verfügbar unter: {https://www.youtube.com/watch?v=USqGwVUqU2A}.
125 »Gemeinsame Erklärung 2018« (15. März 2018); online verfügbar unter: {https://www.erklaerung2018.de}.
126 Alle Zitate: Botho Strauß, »Anschwellender Bocksgesang«, a. a. O.
127 Götz Kubitschek, »Gegenaufklärung – Botho Strauß ist 70«, in: *Sezession* 63 (Dezember 2014), S. 47; online verfügbar unter: {https://sezession.de/57147/gegenaufklarung-botho-strauss-ist-70}.
128 Aischylos, »Agamemnon«, in: ders., *Die sieben Tragödien*, Berlin: Contumax 2016, S. 194.
129 Matthias Kamann/Annelie Naumann, »Hitler, die Wehrmacht – und die Radikalität des Andreas Kalbitz«, in: *Die Welt* (1. August 2019), S. 8.
130 Renaud Camus, *Le grand remplacement, suivi de discours d'orange*, Eigenverlag 2012, S. 45, S. 54 f. (ursprünglich Neuilly sur Seine: Éditions David Reinharc 2011); online verfügbar unter: {http://www.renaud-camus.net/livres-et-textes-en-ligne/t/7/Le-Grand-Remplacement}; auf Deutsch: Renaud Camus, *Revolte gegen den Großen Austausch*, Steigra: Antaios 2016.
131 Georg Mascolo u. a., »Österreichischer Rechtsextremer wird stark von deutschen Spendern unterstützt«, in: *Süddeutsche Zeitung* (15. Mai 2019); online verfügbar unter: {https://www.sueddeutsche.de/politik/identitaere-bewegung-sellner-spenden-1.4447404}.

132 Martin Sellner, @Martin_Sellner, Tweet (25. März 2019); online verfügbar unter: {https://twitter.com/Martin_Sellner/status/1110148136884948997}.
133 Zit. n. Mariam Lau, »Die Avant-Gestrigen«, in: *Die Zeit* (1. Dezember 2016); online verfügbar unter: {https://www.zeit.de/2016/49/identitaere-bewegung-rechtsextremismus-verfassungsschutz}.
134 Sasha Polakow-Suransky/Sarah Wildman, »Renaud Camus, les idées derrière les balles de l'attentat de Christchurch«, in: *Slate* (20. März 2019); online verfügbar unter: {http://www.slate.fr/story/174768/nouvelle-zelande-christchurch-idees-terroriste-france-grand-remplacement-renaud-camus}.
135 Der entsprechende Tweet vom 8. Mai 2016 ist bis heute online.
136 Das Zitat stammt aus einer Rede, die Viktor Orbán Anfang April 2019 im Vorfeld der Europawahl gehalten hat; eine deutsche Übersetzung ist online verfügbar unter: {https://www.tichyseinblick.de/kolumnen/aus-aller-welt/viktor-orban-rede-bei-fidesz-kdnp-fuer-die-eu-wahl/}.
137 AfD, »Programm für Deutschland. Das Grundsatzprogramm der Alternative für Deutschland« (30. April/1. Mai 2016), S. 37; online verfügbar unter: {https://www.afd.de/grundsatzprogramm/}.
138 »Parität scheint mir logisch«, Angela Merkel im Interview, a. a. O.
139 »Ian McEwan: ›Die öffentliche Diskussion ist es kaum mehr wert, dass man sich äussert‹«, Ian McEwan im Interview, in: *Neue Zürcher Zeitung* (16. Juli 2018); online verfügbar unter: {https://www.nzz.ch/feuilleton/ian-mcewan-die-oeffentliche-diskussion-ist-es-kaum-mehr-wert-dass-man-sich-aeussert-ld.1401962}.
140 Daniel Strassberg, »›Make America great again‹. Versprechen und Ressentiment«, Vortrag, gehalten am 1. Dezember 2016; online verfügbar unter: {https://www.gad-das.ch/files/dtp002/medien/bulletin/2017-1/2017-01-03-strassberg.pdf}.
141 Forschungsinstitut Öffentlichkeit und Gesellschaft/Universität Zürich, im Auftrag der Kurt Imhof Stiftung für Medienqualität, *Jahrbuch 2019 Qualität der Medien Schweiz*, Basel: Schwabe 2019, S. 32 ff.; Hauptbefunde online verfügbar unter: {https://www.qualitaet-der-medien.ch}.
142 Nic Newman u. a., *Reuters Institute Digital News Report 2019*, Oxford: Reuters Institute for the Study of Journalism at the University of Oxford, 2019, S. 24-25; online verfügbar unter: {https://reutersinstitute.politics.ox.ac.uk/sites/default/files/inline-files/DNR_2019_FINAL.pdf}.
143 APA, »Strache schwer belastet: Das sagt der FPÖ-Chef im Video«, in: *News* (17. Mai 2019); online verfügbar unter: {https://www.news.at/a/zitate-strache-fpö-chef-video-10795150}.
144 »›Es gibt ein merkwürdiges Verständnis von Meinungsfreiheit in der AfD‹«, Alexander Gauland im Interview, a. a. O.
145 Vgl. Video »Gauland: ›Wir bestimmen die Themen im Lande‹«; online verfügbar unter: {https://www.youtube.com/watch?v=ihkMre3wiOU}.
146 Zit. n. Matthias Kamann, »Die AfD und die ›sogenannte Klimaschutzpolitik‹«, in: *Die Welt* (28. September 2019); online verfügbar unter: {https://www.welt.de/politik/deutschland/article201093000/CO2-Emissionen-Die-AfD-und-die-so-genannte-Klimaschutzpolitik.html}.

147 »Die Umweltdiktatur ist eine Bedrohung des sozialen Friedens«, Roger Köppel im Interview, in: *Neue Zürcher Zeitung* (4. April 2019); online verfügbar unter: {https://www.nzz.ch/zuerich/roger-koeppel-im-interview-angreifen-und-ein stecken-ld.1472551}.
148 »Steve Bannon: ›Nach der Wahl wird jeder Tag in Brüssel Stalingrad sein‹«, Steve Bannon im Interview, in: *Neue Zürcher Zeitung* (16. Mai 2019); online verfügbar unter: {https://www.nzz.ch/international/steve-bannon-im-interview-bruessel-wird-zu-stalingrad-ld.1481934}.
149 Jürgen Wertheim, »Was macht die Eigenart Europas aus?«, in: *Neue Zürcher Zeitung* (8. Dezember 2018); online verfügbar unter: {https://www.nzz.ch/feuille ton/europa-ist-ein-verbund-ohne-zentrum-seine-vielfalt-macht-es-aus-ld. 1441889}.
150 N. N., »Baudet: ›Het allerbeste zou zijn als wij absolute heersers zijn‹«, in: Online-Portal *Joop* (4. November 2017); online verfügbar unter: {https://joop.bnnvara.nl/nieuws/thierry-baudet-allerbeste-zou-als-absolute-heersers}.
151 Michael Pawlik, »Gefängnisse sind keine Läuterungsorte«, in: *Frankfurter Allgemeine Zeitung* (12. Januar 2019), S. 12.
152 Vgl. Video »Gauland von der AfD: ›Wir werden Frau Merkel jagen‹« (24. September 2017); online verfügbar unter: {https://www.youtube.com/watch?v=_fnja9qN2vM}.
153 Vgl. Video »Tag der Patrioten – Höcke trifft Kandel überall« (19. Juni 2018); online verfügbar unter: {https://www.youtube.com/watch?v=JzkXMJjBqH8}; zit. in Sascha Lobo, »Die braunen Schläfer erwachen«, in: *Der Spiegel* (19. Juni 2019); online verfügbar unter: {https://www.spiegel.de/netzwelt/web/mordfall-walter-luebcke-die-braunen-schlaefer-erwachen-kolumne-a-1273204.html}.
154 JSVP Schweiz, Facebook-Posting (21. September 2016); online verfügbar unter: {https://www.facebook.com/jsvpch/posts/1123528091028086/}.
155 David Barstow/Susanne Craig/Russ Buettner, »Trump engaged in suspect tax schemes as he reaped riches from his father«, in: *New York Times* (2. Oktober 2018); online verfügbar unter: {https://www.nytimes.com/interactive/2018/10/02/us/politics/donald-trump-tax-schemes-fred-trump.html}.
156 Roger Köppel/Markus Somm, »Konrad Hummler über Steuerhinterziehung. ›Deutschland ist ein Unrechtsstaat‹«, in: *Die Weltwoche* (19. März 2008); online verfügbar unter: {https://www.weltwoche.ch/ausgaben/2008-12/artikel/artikel-2008-12-deutschland-ist-ein-unrechtsstaat.html}.
157 Statement beim NZZ-Podium »Schuldenwirtschaft«, Zürich (8. Februar 2018); online verfügbar unter: Podcast {https://podcasts.apple.com/ch/podcast/nzz-podium-schuldenwirtschaft-diskussion-vom-08-02-2018/id1011831029?i=1000402074341&l=en}.
158 Lisa Marie Kaus, »Steuern sind Diebstahl!«, achgut.com (17. Februar 2019); online verfügbar unter: {https://www.achgut.com/artikel/steuern_sind_dieb stahl}.
159 »›Wir werden auf Jahrzehnte für die heutige Political Correctness bezahlen‹«, Vitaly Malkin im Interview, in: *Neue Zürcher Zeitung* (31. Oktober 2018); online

verfügbar unter: {https://www.nzz.ch/feuilleton/wir-werden-auf-jahrzehnte-fuer-die-heutige-political-correctness-bezahlen-ld.1431065}.
160 Jürgen Kaube, »Im politischen Kostümverleih«, in: *Frankfurter Allgemeine Zeitung* (11. Januar 2018), S. 9.
161 Zit. n. Lionel Barber/Henry Foy/Alex Barker, »Vladimir Putin says liberalism has ›become obsolete‹«, in: *Financial Times* (26. Juni 2019); online verfügbar unter: {https://www.ft.com/content/670039ec-98f3-11e9-9573-ee5cbb98ed36}.
162 Zygmunt Bauman, *Retrotopia*, Berlin: Suhrkamp 2017.
163 Milton Friedman, »The social responsability of business is to increase is to profits«, in: *The New York Times Magazine* (13. September 1970); online verfügbar unter: {http://umich.edu/~thecore/doc/Friedman.pdf}.
164 Business Roundtable, »Statement on the purpose of a corporation« (19. August 2019), unterzeichnet von 183 Konzernchefs; online verfügbar unter: {https://opportunity.businessroundtable.org/wp-content/uploads/2019/09/BRT-Statement-on-the-Purpose-of-a-Corporation-with-Signatures-1.pdf}.
165 Joseph Schumpeter, *Kapitalismus, Sozialismus und Demokratie*, Tübingen/Basel: A. Franck 2005 [1942], S. 137f.
166 Karl Marx, *Der achtzehnte Brumaire des Louis Bonaparte*, Kommentar von Hauke Brunkhorst, Berlin: Suhrkamp 2018 [1852], S. 9f.
167 Alexander Grau, »Gemüse-Bürgertum. Veganer sind moralische Totalitaristen«, in: *Cicero* (4. Mai 2014); online verfügbar unter: {https://www.cicero.de/kultur/veggie-kult-gemuese-buergertum-veganer-sind-moralische-totalitaristen/57512}.
168 Gilles Deleuze, *Nietzsche*, Paris: Presses Universitaires de France PUF 1965, S. 25 (Übersetzung durch den Verfasser); auf Deutsch: Gilles Deleuze, *Nietzsche und die Philosophie*, München: Rogner & Bernhard 1976.
169 Bundesregierung, »Im Wortlaut. Sommerpressekonferenz von Bundeskanzlerin Merkel, Mitschrift Pressekonferenz« (31. August 2015); online verfügbar unter: {https://www.bundesregierung.de/breg-de/aktuelles/pressekonferenzen/sommerpressekonferenz-von-bundeskanzlerin-merkel-848300}.
170 Keno Verseck, »Würdigung für ungarischen Hitler-Verbündeten. Orbán wagt den Tabubruch«, in: *Spiegel online* (26. Juni 2017); online verfügbar unter: {https://www.spiegel.de/politik/ausland/orban-wagt-den-tabubruch-und-wuerdigt-hitler-verbuendeten-miklos-horthy-a-1154518.html}.
171 Thomas Milz, »Bolsonaro passt Brasiliens Vergangenheit in seinem Sinne an – und stösst damit jahrzehntealte Gewissheiten um«, in: *Neue Zürcher Zeitung* (12. April 2019); online verfügbar unter: {https://www.nzz.ch/international/brasilien-uebt-mit-bolsonaro-die-vorwaertsrolle-ins-gestern-ld.1474675}
172 V.V. (mit AFP), »Les cours d'histoire de Marine Le Pen«, in: *Le Journal du Dimanche* (27. Februar 2013/19. Juni 2017); online verfügbar unter : {https://www.lejdd.fr/Politique/Les-cours-d-histoire-de-Marine-Le-Pen-593852-3136244}.
173 Bernhard Pörksen, *Die große Gereiztheit. Wege aus der kollektiven Erregung*, München: Hanser 2018.

174 Hannah Arendt, *Elemente und Ursprünge totaler Herrschaft. Antisemitismus, Imperialismus, Totalitarismus*, München/Zürich: Piper 1986 [1951], vgl. S. 702-725, Zitate S. 714-717.
175 Siehe zu diesem Zitat auch Heinrich Detering, *Was heißt »wir«? Zur Rhetorik der parlamentarischen Rechten*, Stuttgart: Reclam 2019, S. 19-20.
176 Jean-Paul Sartre, *Réflexions sur la question juive*, Paris: Gallimard 2004 [1946], S. 14.
177 Stephan Zweig, *Triumph und Tragik des Erasmus von Rotterdam*, in: ders: *Sämtliche Biografien*, e-book: e-artnow 2015 [1934], S. 2231-2233.
178 N. N., »Analyse: Sind AfD-Politiker ›geistige Brandstifter‹?« (15. Oktober 2019); online verfügbar unter: {https://www.br.de/nachrichten/deutschland-welt/analyse-sind-afd-politiker-geistige-brandstifter,ReyGTZT}.
179 Rubén Cruz: »A la caza del voto católico«, in: *VN Vida Nueva Digital* (12. Oktober 2018) ; online verfügbar unter: {https://www.vidanuevadigital.com/2018/10/12/vox-a-la-caza-del-voto-catolico/}.
180 Lyrics online verfügbar unter: {https://genius.com/Liquit-walker-hassmodus-lyrics}.
181 Wenn es keine Zukunft gibt / wie kann es dann Sünde geben / Wir sind die Blumen / In der Mülltonne / Wir sind das Gift / In eurer Menschmaschine / Wir sind die Zukunft / eure Zukunft.
182 Lyrics bis heute online unter: {https://genius.com/Bohse-onkelz-turken-raus-lyrics}.
183 Stefan Sommer, »Neuer Deutscher Rechtsrap. Wie der vom Verfassungsschutz beobachtete Rapper Chris Ares die Charts erobert – und was AfD-Funktionäre damit zu tun haben«, in: *puls Musik* (24. September 2019); online verfügbar unter: {https://www.br.de/puls/musik/aktuell/chris-ares-neuer-deutscher-rechtsrap-afd-100.html}.
184 Echo Deutscher Musikpreis, Pressemeldungen vom 6. und 12. April 2018; online verfügbar unter: {http://www.echopop.de/pop-presse-detailansicht/controller/News/action/detail/news/zur-diskussion-um-das-album-jbg3-von-kollegah-farid-bang-sowie-zum-beschluss-des-echo-beirat/} und {http://www.echopop.de/pop-presse-detailansicht/controller/News/action/detail/news/echo-2018-erklaerung-des-bvmi-zum-auftritt-von-kollegah-farid-bang-beim-echo/}.
185 Hannah Arendt, *Elemente und Ursprünge totaler Herrschaft*, a. a. O., S. 715-716, S. 560.
186 *Nie zweimal in denselben Fluss*, a. a. O.
187 Richard von Weizsäcker, »Gedenkveranstaltung im Plenarsaal des Deutschen Bundestages zum 40. Jahrestag des Endes des Zweiten Weltkrieges in Europa«, Bonn (8. Mai 1985); online verfügbar unter: {http://www.bundespraesident.de/SharedDocs/Reden/DE/Richard-von-Weizsaecker/Reden/1985/05/19850508_Rede.html}.
188 Netzpolitik, »Wir veröffentlichen das Verfassungsschutz-Gutachten zur AfD« (28. Januar 2019); online verfügbar unter: {https://netzpolitik.org/2019/wir-veroeffentlichen-das-verfassungsschutz-gutachten-zur-afd/#2019-01-15_BfV-AfD-Gutachten_C-III-3.3.2}.

189 Dominik Straub, »Hetze gegen Ausländer, Faschisten marschieren. Italien ist kaum wiederzuerkennen«, in: *Der Tagesspiegel* (1. Juni 2019); online verfügbar unter: {https://www.tagesspiegel.de/politik/hetze-gegen-auslaender-faschisten-marschieren-italien-ist-kaum-wiederzuerkennen/24411090.html}.
190 AFP, »Kaczyński bezeichnet Homosexuelle als ›Bedrohung‹ für Polen, in: *Zeit online* (25. April 2019); online verfügbar unter: {https://www.zeit.de/news/2019-04/25/kaczynski-bezeichnet-homosexuelle-als-bedrohung-fuer-polen-201904 25-doc-1fx723}.
191 Lara Thiede, »Vergewaltigungsspiel ›Rape Day‹ sorgt für Empörung«, in: *Jetzt.de* (4. März 2019); online verfügbar unter: {https://www.jetzt.de/digital/steam-game-rape-day-in-der-kritik}.
192 Moritz Schwarz, »Pfarrerin wollte Grabstein sprengen lassen«, in: *Junge Freiheit* (10. März 200); online verfügbar über das Archiv: {https://jungefreiheit.de/archiv/}.
193 Stephan Zweig, *Triumph und Tragik des Erasmus von Rotterdam*, a.a.O., S. 2233.
194 Heinrich Geiselberger (Hg.), *Die große Regression. Eine internationale Debatte über die geistige Situation der Zeit*, Berlin: Suhrkamp 2017.

III. Die Demokraten unterschätzen die Demokratie

1 Vgl. Siegfried Weichlein, *Föderalismus und Demokratie in der Bundesrepublik*, Stuttgart: Kohlhammer 2019.
2 Helmuth Plessner, *Die verspätete Nation. Über die politische Verführbarkeit bürgerlichen Geistes*, in: ders., *Gesammelte Schriften in zehn Bänden*, Bd. VI: *Die Verführbarkeit bürgerlichen Geistes. Politische Schriften*, Frankfurt am Main: Suhrkamp 2003 [1935].
3 Ivan Krastev, *Europadämmerung. Ein Essay*, Berlin: Suhrkamp 2017.
4 Elisabeth Katalin Grabow, »Orbán: ›Wir sind die Zukunft Europas‹«, in: *Budapester Zeitung* (27. Mai 2018); online verfügbar unter: {https://www.budapester.hu/2018/05/27/orban-wir-sind-die-zukunft-europas}.
5 Aus der Erinnerung des Autors.
6 Claus Noé, »Im Klimawandel – Teilen lernen oder scheitern«, in: Egon Bahr (Hg.), *Weltgesellschaft – ein Projekt von links!*, Berlin: Vorwärts Buch 2008, S. 132-144, S. 132.
7 N.N.: »Der Weltklimarat IPCC und sein 1,5-Grad-Report«, in: *Neue Zürcher Zeitung* (8. Oktober 2018); online verfügbar unter: {https://www.nzz.ch/wissenschaft/der-weltklimarat-ipcc-und-sein-15-grad-report-ld.1426517}.
8 Deng Tingting, »In China, the water you drink is as dangerous as the air you breathe«, in *The Guardian* (2. Juni 2017); online verfügbar unter: {https://www.theguardian.com/global-development-professionals-network/2017/jun/02/china-water-dangerous-pollution-greenpeace}.
9 N.N., »China beeinflusst die Welt«; online verfügbar unter: {https://www.wwf.

ch/de/wo-wir-arbeiten/china-land-der-superlative?gclid=EAIaIQobChMItI-droGD5QIVWud3Chonxwt_EAAYASAAEgKSw_D_BwE}.

10 Peter Graf Kielmansegg, »Muss die Demokratie durch eine ›Ökodiktatur‹ ersetzt werden?«, in: *Frankfurter Allgemeine Zeitung* (16. September 2019); online verfügbar unter: {https://www.faz.net/aktuell/politik/die-gegenwart/demokratie-hat-die-oekologische-katastrophe-unterschaetzt-16385819.html?premium}.

11 Carl Schmitt, *Die geistesgeschichtliche Lage des heutigen Parlamentarismus*, Berlin: Duncker & Humblot 2017 [1923], S. 14.

12 Saša Stanišić, *Herkunft*, München: Luchterhand 2019.

13 Peter Maurer, »Die Transformation humanitären Handelns«, Vortrag vor dem Schweizerischen Institut für Auslandforschung SIAF, Universität Zürich (13. November 2019).

14 Michael Hampe, *Die Dritte Aufklärung*, Berlin: Nicolai 2018, S. 7.

15 Eine Illustration des mentalen Stehenbleibens bieten die Autoritären in Budapest. Das poststalinistische Regime, das 1956 den »Ungarischen Frühling« gewaltsam niederschlug, bewirkte eine Massenflucht der ungarischen Elite, 200 000 Menschen verließen das Land. Das christliche Orbán-Regime beschleunigt seinerseits die Auswanderung des am besten ausgebildeten Teils der Jugend – die Emigration »erreicht ein seit Jahrzehnten beispielloses Niveau«, besagt eine Studie der Humangeografin Beáta Siskáné Szilasi.

16 Zu Putin N. N., »Greta Thunberg trollt Putin auf Twitter«, in: *Jetzt.de* (4. Oktober 2019); online verfügbar unter: {https://www.jetzt.de/umwelt/greta-thunberg-reagiert-auf-kritik-von-putin}; zu Lindner N. N.: »Das ist eine Sache für Profis«, in: *Frankfurter Allgemeine Zeitung* (10. März 2019); online verfügbar unter: {https://www.faz.net/aktuell/politik/inland/schuelerdemos-fuer-klimaschutz-das-ist-eine-sache-fuer-profis-16081172.html}.

17 Friedrich August von Hayek, »Der Wettbewerb als Entdeckungsverfahren«, in: ders., *Freiburger Studien*, Tübingen: Mohr 1969, S. 249 ff.

18 Winston Churchill, laut Parlamentsprotokoll: »Orders of the day, Parliament Bill«, London: Hansard 1803-2005, HC Deb 11 November 1947, vol 444, cc 203-321, § 207; online verfügbar unter: {https://api.parliament.uk/historic-hansard/commons/1947/nov/11/parliament-bill#column_206}.

19 Vgl. dazu auch Daniel Binswanger, »Ohne Zukunft keine Wahrheit«, in: *Republik.ch* (16. November 2019); online verfügbar unter: {https://www.republik.ch/2019/11/16/ohne-zukunft-keine-wahrheit}; darin auch sein Verweis auf Peter Pomerantsev, *This Is Not Propaganda. Adventures in the War against Reality*, London: Faber & Faber 2019.

20 Siehe dazu Bruno Latour, *Wir sind nie modern gewesen*, Frankfurt am Main: Suhrkamp 2008; ders., *Das Parlament der Dinge. Für eine politische Ökologie*, Frankfurt am Main: Suhrkamp 2009.

21 Siehe Roger de Weck, »Die Lust des Erzählens und die Zucht des Erzählers«, in: Jeroen Dewulf, Rosmarie Zeller (Hg.), *In alle Richtungen gehen, Reden und Aufsätze über Hugo Loetscher*, Zürich: Diogenes 2005, S. 59.

22 Hugo Loetscher, *War meine Zeit meine Zeit*, Zürich: Diogenes 2009, Ziff. 404.

23 Paul Ricœur, *Das Selbst als ein Anderer*, Paderborn: Wilhelm Fink 2015 [1990], 2. Auflage.
24 Jean-Luc Nancy, *singulär plural sein*, Zürich: diaphanes 2016.
25 Marc Ragon, »L'un dans l'autre. Pour Jean-Luc Nancy, la liste des catastrophes contemporaines nous invite à refaire toute la philosophie. En lui donnant pour fondation le »singulier-pluriel« de l'être«, in: *Libération* (29. Februar 1996); online verfügbar unter: {https://next.liberation.fr/livres/1996/02/29/l-un-dans-l-autre-pour-jean-luc-nancy-la-liste-des-catastrophes-contemporaines-nous-invite-a-re faire-_161532}.
26 Daniel Binswanger, »Es geht um Würde und Anerkennung«, in: *Republik.ch* (8. März 2018); online verfügbar unter: {https://www.republik.ch/2018/03/08/es-geht-um-wuerde-und-anerkennung}.
27 Siehe z. B. »Bei mir hat sich ein Zuwachs von konservativen Elementen entwickelt«, Peter Sloterdijk im Interview, in: *Der Spiegel* (30. Juni 2017); online verfügbar unter: {https://www.spiegel.de/spiegel/peter-sloterdijk-ueber-seinen-zu nehmenden-konservatismus-a-1153758.html}.
28 Ingolfur Blühdorn, *Simulative Demokratie. Neue Politik nach der postdemokratischen Wende*, Frankfurt am Main: Suhrkamp 2013.
29 David Van Reybrouck, *Gegen Wahlen. Warum Abstimmen nicht demokratisch ist*, Göttingen: Wallstein 2016.
30 Freedom House, *Democracy in Retreat, Freedom in the World 2019*, Washington; online verfügbar unter: {https://freedomhouse.org/sites/default/files/Feb2019_FH_FITW_2019_Report_ForWeb-compressed.pdf}.
31 Vgl. Daniel Binswanger, »Was kann Demokratie leisten«, in: *Das Magazin* (7. Oktober 2017/40); darin zitiert Christopher H. Achen/Larry M. Bartels, *Democracy for Realists. Why Elections Do Not Produce Responsive Government*, Princeton: Princeton University Press 2016.
32 Lord Salisbury, »»Dying Nations«-Speech« (4. Mai 1898); online verfügbar unter: {https://clio-texte.clionautes.org/salisburys-dying-nations-speech.html}.
33 »*Nous ?* mais c'est nous-mêmes que nous attendons sans savoir si nous nous reconnaîtrons.« In dem Vorstellungstext »Présentation, J.-L. N.« der Originalausgabe von *singular plural sein*: Jean-Luc Nancy, *Être singulier pluriel. Nouvelle édition augmentée*, Paris: Galilée 1996.
34 Greta Thunberg, Luisa Neubauer und Aktivistinnen von Fridays for Future, »Streikt mit uns«, in: *Süddeutsche Zeitung* (23. Mai 2019); online verfügbar unter: {https://www.sueddeutsche.de/kultur/greta-thunberg-fridays-for-future-streik-1.4459464}.

IV. Zwölf Vorschläge für die Demokratie

1 Siehe dazu den Wirtschaftshistoriker Hansjörg Siegenthaler, »Regelvertrauen, Prosperität und Krisen: Konjunkturgeschichte als Gegenstand der Wirtschafts- und Mentalitätsgeschichte«, in: *Schweizerische Zeitschrift für Wirtschafts- und Sozialgeschichte* (Bd. 27, 2012), S. 35-42; online verfügbar unter: {https://www.e-pe riodica.ch/digbib/view?pid=sgw-002:2012:27::309#36} oder {http://doi.org/10.5169/seals-632407}.
2 Siehe dazu auch Andreas Rödder, *21.0: Eine kurze Geschichte der Gegenwart*, München: C. H. Beck 2015.
3 Karl Popper, *Das Elend des Historizismus*, Studienausgabe, Tübingen: Mohr Siebeck 2003 [1944], S. 59-61.
4 Dina Pomeranz, »Mit Wissenschaft Spendenwirksamkeit messen«, in: *Tacheles* (16. März 2018), S. 8; online verfügbar unter: {https://www.econ.uzh.ch/dam/jcr:8500bbfc-34c8-44e5-9751-16893bed7998/Article%20Tacheles%2003.18.pdf}.
5 Hugo Loetscher, *Abwässer – Ein Gutachten*, Zürich: Diogenes 1994.
6 *The Daily Show with Trevor Noah* (11. September 2019); online verfügbar unter: {http://www.cc.com/video-clips/ed6ma7/the-daily-show-with-trevor-noah-gre ta-thunberg---inspiring-others-to-take-a-stand-against-climate-change---exten ded-interview}.
7 Vgl. auch Bernd Ulrich, *Alles wird anders. Das Zeitalter der Ökologie*, Köln: Kiepenheuer & Witsch 2019.
8 Claus Noé, »Im Klimawandel – Teilen lernen oder scheitern«, in: Egon Bahr (Hg.), *Weltgesellschaft – ein Projekt von links!*, Berlin: Vorwärts Buch 2008, S. 132-144, S. 132.
9 Sachverständigenrat für Umweltfragen, *Demokratisch regieren in ökologischen Grenzen. Zur Legitimation von Umweltpolitik*, Sondergutachten (Juni 2019), Berlin, S. 13/19-22/163-205/209-213; online verfügbar unter: {https://www.umweltrat. de/SharedDocs/Downloads/DE/02_Sondergutachten/2016_2020/2019_06_SG_ Legitimation_von_Umweltpolitik.pdf?__blob=publicationFile&v=12}.
10 Bruno Latour, *Das Parlament der Dinge. Für eine politische Ökologie*, Frankfurt am Main: Suhrkamp 2009.
11 Jürgen Kalb, »Wahlalter 16? Nichts ist aktivierender als die Aktivität selbst«, in: *Deutschland und Europa* (65/2013), S. 54-57; online verfügbar unter: {https:// www.lpb-bw.de/fileadmin/lpb_hauptportal/aktuell_dossiers/Kommunalwahl_ ab_16/hurrelmann_wahlalter16.pdf}.
12 Mathias Albert/Klaus Hurrelmann/Gudrun Quenzel Kantar, »18. Shell-Jugendstudie, Jugend 2019 – Eine Generation meldet sich zu Wort« (Oktober 2019); Zusammenfassung online verfügbar unter: {https://www.shell.de/ueber-uns/shell-jugendstudie/_jcr_content/par/toptasks.stream/1570708341213/4a002dff58a7a95 40cb9e83ee0a37a0ed8a0fd55/shell-youth-study-summary-2019-de.pdf}.
13 Spezifische Angaben über das Wahlverhalten der 16- und 17-Jährigen fehlen.
14 Aleida Assmann, *Menschenrechte und Menschenpflichten. Schlüsselbegriffe für eine humane Gesellschaft*, Wien: Picus 2018.

15 Hans Küng, *Projekt Weltethos*, München: Piper 1996.
16 InterAction Council, *Allgemeine Erklärung der Menschenpflichten. Vorgeschlagen vom InterAction Council* (1997); online verfügbar unter: {https://www.interaction council.org/sites/default/files/de_udhr%20ltr.pdf}.
17 Constitución de la República del Ecuador (2008); online verfügbar unter: {https://www.oas.org/juridico/mla/sp/ecu/sp_ecu-int-text-const.pdf}.
18 Constitución Política del Estado (in Kraft 7. Februar 2009); online verfügbar unter: {https://www.oas.org/dil/esp/Constitucion_Bolivia.pdf}.
19 *Klimaschutzprogramm 2030 der Bundesregierung zur Umsetzung des Klimaschutzplans 2050* (8. Oktober 2019, 13:58 Uhr), Berlin, S. 24-25; online verfügbar unter: {https://www.bundesregierung.de/resource/blob/975226/1679914/e01d6bd855f09bf05cf7498e06d0a3ff/2019-10-09-klima-massnahmen-data.pdf?download=1}.
20 Vom Limit wären vorab 20 Prozent abzuziehen: für die rund 20 Prozent seines Fußabdrucks, die der einzelne Mensch direkt verursacht. 80 Prozent bewirkt er durch den Kauf von Waren und Dienstleistungen bei Unternehmen, die Treibhausgase freisetzen und über Gebühr natürliche Ressourcen verbrauchen.
21 Die Fußabdruckerklärung hätte eine ähnliche, aber stärker prüfbare Struktur wie zum Beispiel der WWF-Klimarechner; online verfügbar unter: {https://www.wwf.de/themen-projekte/klima-energie/wwf-klimarechner/}.
22 Gwyn Topham, »OECD tax reform plans could make inequality worse, analysis finds«, in: *The Guardian* (6. Oktober 2019); online verfügbar unter: {https://www.theguardian.com/business/2019/oct/06/oecd-tax-reform-plans-inequality-analysis}.
23 Europäische Union, Argentinien, Australien, Brasilien, China, Deutschland, Frankreich, Großbritannien, Indien, Indonesien, Italien, Japan, Kanada, Mexiko, Russland, Saudi-Arabien, Südafrika, Südkorea, Türkei und USA.
24 OECD-Medienmitteilung, »OECD leading multilateral efforts to address tax challenges from digitalization of the economy« (9. Oktober 2009), Paris; online verfügbar unter: {https://www.oecd.org/tax/oecd-leading-multilateral-efforts-to-address-tax-challenges-from-digitalisation-of-the-economy.htm}.
25 OECD, »OECD-Secretary-General tax report to G20 finance ministers and central bank governors« (Oktober 2019), Paris; online verfügbar unter: {https://www.oecd.org/tax/oecd-secretary-general-tax-report-g20-finance-ministers-october-2019.pdf}.
26 Pascal Saint-Amans, »Informationsaustausch hat sich weltweit etabliert«, in: *Die Volkswirtschaft* (7/21. Juni 2019), S. 9-12; online verfügbar unter: {https://dievolkswirtschaft.ch/de/2019/06/saint-amans-07-2019/}.
27 Bundesrechnungshof, Prüfungsmitteilung *Nationale Umsetzung der Ziele für Nachhaltige Entwicklung der Vereinten Nationen* (13. August 2019), Berlin; online verfügbar unter: {https://www.bundesrechnungshof.de/de/veroeffentlichungen/produkte/pruefungsmitteilungen/2019/2019-pm-nationale-umsetzung-der-ziele-fuer-nachhaltige-entwicklung-der-vereinten-nationen-agenda-2030}.
28 Sachverständigenrat für Umweltfragen, *Demokratisch regieren in ökologischen Gren-*

zen – *Zur Legitimation von Umweltpolitik*, Sondergutachten (Juni 2019), Berlin; online verfügbar unter: {https://www.umweltrat.de/SharedDocs/Downloads/DE/02_Sondergutachten/2016_2020/2019_06_SG_Legitimation_von_Umweltpolitik.pdf?__blob=publicationFile&v=12}.

29 Constitution de la République française, Artikel 11; online verfügbar unter: {http://www.assemblee-nationale.fr/connaissance/constitution.asp#titre_4}.

30 Das österreichische Parlament beschloss nur einmal, 1978, eine fakultative Volksabstimmung: 50,5 Prozent lehnten die Aufschaltung des Atomkraftwerks Zwentendorf ab. Daraufhin beschloss der Nationalrat einstimmig ein Atomsperrgesetz. Nicht etwa ein Volksbegehren, sondern massiver Protest gegen das Kraftwerk bewirkte die Volksabstimmung. In einer obligatorischen Volksabstimmung wiederum beschlossen 1994 gut zwei Drittel der Österreicherinnen und Österreicher den Beitritt zur EU. Auch in Kroatien, Lettland, Litauen, Luxemburg, Malta, den Niederlanden, in Schweden und der Slowakei stimmt das Volk höchst selten ab.

31 Siehe »Mehr Demokratie«, Volksbegehrensbericht 2019, Berlin; online verfügbar unter: {https://www.mehr-demokratie.de/fileadmin/pdf/Volksbegehrensbericht_2019.pdf} und *Bürgerbegehrensbericht 2018*, Berlin; online verfügbar unter: {https://www.mehr-demokratie.de/fileadmin/pdf/2018-12-04_BB-Bericht2018.pdf}.

32 James W. Sullivan, *Direct Legislation by the Citizenship Through the Initiative and Referendum*, New York: Twentieth Century Publishing Company 1892, S. i; online verfügbar unter: {https://archive.org/details/directlegislatio00sull/page/n9}.

33 Marcel Solar, *Die Initiative und das Referendum in den Gliedstaaten der USA – Impulse für die Debatte um direkte Demokratie in Nordrhein-Westfalen*, Duisburg: NRW School of Governance, Universität Duisburg-Essen (2. September 2011), S. 6.

34 Im Kulturkreis der USA, wo die Tradition der Todesstrafe verankert bleibt, ist zwischen Bundesstaaten mit und ohne Volksbegehren kein nennenswerter Unterschied auszumachen: Je drei Viertel sehen die Todesstrafe vor. In direktdemokratischen Bundesstaaten gibt es tendenziell weniger Hinrichtungen. Wo die Todesstrafe vor Einführung der Volksgesetzgebung abgeschafft worden war, gab es weder Volksbegehren noch parlamentarische Vorstöße, sie wieder einzuführen; siehe Hermann K. Heußner, *Droht bei Volksentscheid die Todesstrafe?*, Positionspapier Nr. 5, Berlin: »Mehr Demokratie« (4. Dezember 2014), S. 6-10.

35 Für die (teilweise kritischen) Details siehe das eidgenössische Gesetz über die Bundesversammlung (Parlamentsgesetz), Artikel 95-106; online verfügbar unter: {https://www.admin.ch/opc/de/classified-compilation/20010664/201802270000/171.10.pdf}.

36 Deutscher Bundestag, Drucksache 19/12371, »Entwurf eines Gesetzes zur Änderung des Grundgesetzes für die Bundesrepublik Deutschland – Direkte Demokratie Einführungsgesetz« von 47 AfD-Abgeordneten und der AfD-Fraktion (13. August 2019), siehe Ziffer 5; online verfügbar unter: {http://dip21.bundestag.de/dip21/btd/19/123/1912371.pdf}. Die Fraktionsvorsitzenden Alexander Gauland und Alice Weidel zählten nicht zu den Unterzeichnerinnen und Unterzeichnern.

37 AfD, »Programm für Deutschland. Das Grundsatzprogramm der Alternative für

Deutschland« (30. April/1. Mai 2016), Ziffer 1.1., S. 9; online verfügbar unter: {https://www.afd.de/grundsatzprogramm/}.
38 Claude Longchamp, »Frauen machen den Unterschied«, in: *Republik.ch* (18. Februar 2019); online verfügbar unter: {https://www.republik.ch/2019/02/18/frauen-machen-den-unterschied}.
39 Walter Thurnherr, Referat in privatem Rahmen, 2017; zitiert mit Einwilligung des Referenten.
40 Das erste Schweizer Volksbegehren überhaupt war 1893 ein antisemitisches: 60 Prozent der Bürger sagten Ja zu einem Verbot des Schächtens.
41 CSU, »Die Ordnung. Grundsatzprogramm der Christlich-Sozialen Union« (2016), München, S. 87; online verfügbar unter: {http://csu-grundsatzprogramm.de/wp-content/uploads/CSU-Grundsatzprogramm-ES.pdf}.
42 SPD, »Hamburger Programm. Grundsatzprogramm der SPD« (2007), Berlin, S. 32-33; online verfügbar unter: {https://www.spd.de/fileadmin/Dokumente/Beschluesse/Grundsatzprogramme/hamburger_programm.pdf}.
43 FDP, »Verantwortung für die Freiheit. Karlsruher Freiheitsthesen der FDP für eine offene Bürgergesellschaft« (2012), Berlin, S. 10/72-73; online verfügbar unter: {https://www.fdp.de/sites/default/files/uploads/2016/01/28/karlsruherfreiheitsthesen.pdf}.
44 Die Linke, »Programm der Partei Die Linke« (2011), Berlin, S. 33/46; online verfügbar unter: {https://archiv2017.die-linke.de/fileadmin/download/dokumente/programm_der_partei_die_linke_erfurt2011.pdf}.
45 Bündnis 90/Die Grünen: »Wir stärken die Demokratie« (2019), Berlin; online verfügbar unter: {https://www.gruene.de/themen/demokratie}.
46 »Ein neuer Aufbruch für Europa. Eine neue Dynamik für Deutschland. Ein neuer Zusammenhalt für unser Land. Koalitionsvertrag zwischen CDU, CSU und SPD, 19. Legislaturperiode« (12. März 2018), Berlin, S. 163; online verfügbar unter: {https://www.bundesregierung.de/resource/blob/656734/847984/5b8bc23590d4cb2892b31c987ad672b7/2018-03-14-koalitionsvertrag-data.pdf?download=1}.
47 Roger de Weck, Video-Gespräch »An der Bar«, in: *Republik.ch* (25. Juli 2018); online verfügbar unter: {https://www.republik.ch/2018/07/25/an-der-bar-mit-lukas-baerfuss}.
48 Henry Habegger, »Blocher hat jeden Tag eine ›neue Wahrheit‹«, in: *Blick* (30. September 2018); online verfügbar unter: {https://www.blick.ch/news/politik/dollar-affaere-was-kann-man-dem-svp-leader-wirklich-glauben-blocher-hat-jeden-tag-eine-neue-wahrheit-id1721069.html}.
49 Hannah Arendt, im dritten Teil – »Totalitarianism« – der amerikanischen Originalausgabe von *Elemente und Ursprüngen totalitärer Herrschaft*: *The Origins of Totalitarianism*, San Diego/New York/London: Harcourt 1966, S. 268.
50 Matthieu von Rohr, Tweet (7. September 2018); online verfügbar unter: {https://twitter.com/mathieuvonrohr/status/1038055713690578944}.
51 Niklas Luhmann, »Die Ehrlichkeit der Politiker und die höhere Amoralität der Politik«, in: Peter Kemper (Hg.), *Opfer der Macht. Müssen Politiker ehrlich sein?*, Frankfurt am Main: Suhrkamp 1993, S. 39.

52 Geert Lovink, »Epidemie der Ablenkung. Von der digitalen Utopie zur Entzauberung des techno-sozialen Raums«, in: *Lettre International* (Frühjahr 2018), S. 17; Auszug online verfügbar unter: {https://www.lettre.de/beitrag/lovink-geert_epidemie-der-ablenkung}.

53 Wolfgang Hagen, *Die Rolle der »Neuen Medien« in der parlamentarischen Demokratie*, Referat (23. Juni 2017), Berlin, Bundestag, Deutsche Sektion der Internationalen Juristen-Kommission e.V.; online verfügbar unter: {http://www.whagen.de/PDFS/10982_HagenDieRollederNeuen_2017.pdf}.

54 Vgl. die gute Übersicht von Matthias Künzler, Manuel Puppis u. a., »Monitoring-Report ›Medienförderung‹« (2013), Institut für Publizistikwissenschaft und Medienforschung der Universität Zürich, im Auftrag des Bundesamts für Kommunikation; online verfügbar unter: {https://www.bakom.admin.ch/bakom/de/home/elektronische-medien/studien/einzelstudien.html}.

55 Donald Trump, Tweet vom 7. Oktober 2019, 8:30 Uhr, und 6. Januar 2018, 7:30 Uhr.

56 Donald Trump in einer Medienkonferenz im Garten des Weißen Hauses, Washington, 22. August 2019; online verfügbar unter: {https://www.n-tv.de/der_tag/Trump-Ich-bin-der-Auserwaehlte-article21222553.html}.

57 Max Frisch, »Demokratie – ein Traum?«, in: *Schweiz als Heimat? Versuche über 50 Jahre*, Frankfurt am Main: Suhrkamp 1990, S. 489-492.

Europäisches Nachwort

1 Einige Passagen dieses Nachworts beruhen auf einem Vortrag des Verfassers auf dem NZZ-Podium Europa, Wien (13. Mai 2019); Auszüge veröffentlicht als Gastkommentar: »Fünf hartnäckige Legenden über die EU«, in: *Neue Zürcher Zeitung* (20. Mai 2019), S. 10; online verfügbar unter: {https://www.nzz.ch/meinung/fuenf-hartnaeckige-legenden-ueber-die-eu-ld.1479797?reduced=true}.

2 Siehe Joe Gould, »Trump says US backs NATO ›100%‹ after report he discussed withdrawal«, in: *Defense News* (17. Januar 2019); online verfügbar unter: {https://www.defensenews.com/congress/2019/01/17/trump-says-us-backs-nato-100-after-report-he-discussed-withdrawal/}.

3 Ernest Renan, »Qu'est-ce qu'une nation?« (11. März 1882), Paris, Universität Sorbonne; Übersetzung durch den Autor; auf Deutsch online verfügbar unter: {http://www.staff.uni-giessen.de/~g31130/PDF/Nationalismus/Was_ist_eine_nation.pdf}.

4 François Mitterrand, »Le nationalisme, c'est la guerre!« (17. Januar 1995), Straßburg, Institut National de l'Audiovisuel INA und Institut François Mitterrand; online verfügbar unter: {https://fresques.ina.fr/mitterrand/fiche-media/Mitter00129/le-nationalisme-c-est-la-guerre.html}.

5 Siehe Zusammenfassung Eurobarometer Spezial EP (Europäisches Parlament) 91.1: »Eurobarometer Frühjahr 2019 – näher an den Bürgern, näher vor der

Wahl«; online verfügbar unter: {https://www.europarl.europa.eu/at-your-ser vice/files/be-heard/eurobarometer/2019/parlemeter-2019/executive-summary/ de-eurobarometer-2019-executive-summary.pdf}.
6 Jacob Burckhardt, *Weltgeschichtliche Betrachtungen*, Wiesbaden: Marix 2011 [1905], S. 193-194, S. 210.

Dank

Dieses Buch verdankt sehr Vieles vier Menschen, die gestorben sind, lange bevor es geschrieben wurde. Mein Lehrer Ota Šik, der im Prager Frühling der tschechoslowakische Vizepremierminister und Architekt der Wirtschaftsreformen gewesen war, brachte mir das Suchen bei: die Suche nach Neuerungen jenseits von Liberalismus und Sozialismus. Šik starb 2004. Brigitte Sauzay, die Dolmetscherin französischer Staatspräsidenten in Paris und Kanzlerberaterin in Berlin, wusste das Sittengemälde der Demokratie zu zeichnen. Diese Freundin starb 2003. Von meinem Freund Claus Noé, dem Ökonomen und Essayisten, Staatsdenker und Staatssekretär im Bundesfinanzministerium, lernte ich das Wesen der demokratischen Institutionen. Mein Freund Kurt Imhof, Soziologe und Gründer des Forschungsinstituts Öffentlichkeit und Gesellschaft an der Universität Zürich, zeigte auf, wie sehr Kulturen die Institutionen prägen und umgekehrt. Noé starb 2008, Imhof 2015. Ob sich die vier, die ich zu vermissen nicht aufgehört habe, an dem Buch freuen würden? Allemal hätten sie mich auf viele Mängel hingewiesen.

Beim Genfer Graduate Institute of International and Development Studies, dessen Stiftungsrat ich präsidierte, arbeitete ich sieben Jahre aufs Engste mit dem Direktor Philippe Burrin zusammen, dem Historiker der französischen Kollaboration und des nationalsozialistischen Antisemitismus. Das Buch schöpft sehr viel aus Gesprächen mit diesem Freund und glänzenden Wissenschaftler. Seine Weltsicht und sein Röntgenblick durchdringen das Dunkelste.

Zu danken habe ich den Freiburger Zeithistorikern Damir Skenderovic, der lang über das Reaktionäre forschte, und Siegfried Weichlein, der immer wieder den Nationalismus erörtert. Die Diskussionen und Seminare mit ihnen gaben mir viele Impulse. Ebenso inspirierend ist, am College of Europe in Brügge, der Austausch mit meinem spanischen Kollegen Luis Bouza García, dem Politologen von der Universidad Autónoma de Madrid, – und mit meinen Studentinnen und Studenten aus ganz Europa, Ost und West, Süd und Nord. Es ist ein Vorzug unserer Umbruchzeit, dass immer mehr die Älteren von den Jüngeren lernen statt umgekehrt.

Alle kann ich nicht erwähnen, sie werden es mir nachsehen. Aber der Essayist Daniel Binswanger, der Medienwissenschaftler Mark Eisenegger, die Vize-Gouverneurin der Banque de France, Sylvie Goulard, Jutta Köhn, die Kennerin des deutschen Bundesrats, die Kolumnistin Joëlle Kuntz, der Wirtschaftsjournalist und Autor François Lenglet, der Politologe Claude Longchamp, der Quer- und Weiterdenker Bernhard Lorentz, Partner beim Wirtschaftsprüfer EY, die Historikerin Béatrice Nicollier, der langjährige Leiter der Civis-Medienstiftung für Integration, Michael Radix, der Wirtschaftshistoriker Hansjörg Siegenthaler dürfen nicht unerwähnt bleiben; ihre Einsichten und Erkenntnisse, im regelmäßigen oder gelegentlichen Austausch über die Jahre, sind in diesen Band eingeflossen. Und – so viele Namen, die ich hier nicht nenne! – mein Dank gilt der *Zeit*, die mein halbes Berufsleben ausmachte und mir ein ganzes Fundament bleibt.

Bis 2017 war ich Generaldirektor der Schweizerischen Radio- und Fernsehgesellschaft SRG SSR in Bern, sieben Jahre erlebte ich Demokratie aus nächster Nähe, ihre Mechanismen, ihre Muster, ihre Stärken und Schwächen: Bei allen Irrungen oder Wirrungen demokratischer Diskurse und Abläufe – mein Respekt vor diesem (zum Glück) imperfekten politischen System ist gestiegen. Ohne diese Erfahrung gäbe es dieses Buch nicht.

Ohne die »Meinen« schon gar nicht, Claudia, Margaux, Laura, Fanny und Joseph de Weck. Ich habe das Privileg, in einem Kreis der Kritikerinnen und Kritiker zu leben. Dazu gehören meine nicht kleine und großartige Familie zuzüglich und einschließlich des Wissenschaftshistorikers Michael Hagner, des Philosophen Georg Kohler, der Tanzwissenschaftlerin Krassimira Kruschkova, der Verlegerin und Autorin Anne Rüffer. Anregung und Kritik als Sprungbrett, um alles zu wägen und dann den Sprung zu wagen: Das macht den Schreiber glücklich. Und genau dieses Glück, das beflügelt, verdanke ich auch meinem brillanten Lektor Heinrich Geiselberger.